现代化之路
太仓实践与探索

魏晓锋 等/著

苏州大学出版社

图书在版编目(CIP)数据

现代化之路：太仓实践与探索／魏晓锋等著. —苏州：苏州大学出版社，2016.6
ISBN 978‐7‐5672‐1096‐7

Ⅰ.①现… Ⅱ.①魏… Ⅲ.①现代化建设-研究-太仓市 Ⅳ.①D675.33

中国版本图书馆 CIP 数据核字(2015)第 235942 号

书　　名：	现代化之路：太仓实践与探索
作　　者：	魏晓锋 等
责任编辑：	刘　海
策划编辑：	周建国
装帧设计：	吴　钰
出版发行：	苏州大学出版社(Soochow University Press)
社　　址：	苏州市十梓街1号　邮编：215006
印　　装：	苏州工业园区美柯乐制版印务有限责任公司
网　　址：	www.sudapress.com
邮购热线：	0512-67480030
销售热线：	0512-65225020
开　　本：	700mm×1000mm　1/16　插页：8　印张：19.75　字数：369千
版　　次：	2016年6月第1版
印　　次：	2016年6月第1次印刷
书　　号：	ISBN 978-7-5672-1096-7
定　　价：	60.00元

凡购本社图书发现印装错误，请与本社联系调换。服务热线：0512-65225020

《现代化之路:太仓实践与探索》
编 委 会

主　　任：魏晓锋
副 主 任：龚　璇　　蔡东辉　　周鸿斌　　潘井亚
　　　　　张荣海
委　　员：王大明　　王　哲　　姜　超　　吴建国
　　　　　李国良　　张　忠　　陈智强　　盛建军
　　　　　张学军　　韩志敏　　刘友佺　　王伟刚
　　　　　高冬华　　马桂明　　赵建中
编著人员：丁　锴　　樊　奇　　陶春柳　　苏志勇
　　　　　周三庆　　许劲松　　何茂昌　　顾月琴
　　　　　宣春霞　　陶泽荣　　王海燕　　邓全明
　　　　　周晓娟　　李嘉倩　　姚骅珊　　廖燕平
　　　　　管海峰　　张明康　　王　洁

太仓区位

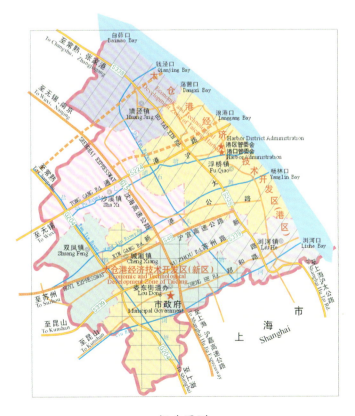

行政区划

海运堤

东仓大桥

科教新城

天镜湖

加弹之乡民企内景

德企之乡自动化车间

崛起的太仓港

太仓港口集装箱堆场

古镇沙溪

玫瑰庄园

南园雪景

太仓大剧院

太仓博物馆

万达广场

民企文化节

城市运动

啤酒节

苏州健雄职业技术学院

金色田野

工厂化育秧

政社互动

笑逐颜开

(摄制:王志航、陈文贤、朱振新、杨忠明、朱明山、葛晓娇等)

序
Preface

一

苏南，是我国改革开放取得辉煌成就的一个窗口，是我国迈向现代化的先行地区。改革开放三十多年来，专家学者们对于苏南发展模式问题的探讨方兴未艾。纵观苏南的发展，虽然在不同阶段有不同的表现形式，从根本上看，所谓"苏南模式"，或者说时下正大力推进的苏南现代化建设示范区的示范点，就是以县域经济为载体、以城乡一体化为主要特征的全面、协调、可持续发展模式。

县域经济属于区域经济范畴，是以县城为中心、乡镇为纽带、农村为腹地的区域经济。县域经济以县级行政区划为地理空间，有县级政权作为市场调控主体，有县级财政，因此，县域经济有相对的独立性，并有一定的能动性。我国幅员辽阔，各地发展层次不一，发展模式迥异，但在我国当前经济发展阶段，县域经济具有推动区域现代化进程的现实性。

同时，县域经济具有地域特色，这种地域特色与其地理区位、历史人文、特定资源相关联。县域经济以市场为导向，不是封闭的"诸侯经济"，具有开放性。县域经济虽然在县级行政区划上形成，但又不同于县级行政区划，随着市场经济的发展，县域经济势必要突破县级行政区划的边界，在更大的区域内进行资源配置，获取竞争优势。区域经济发展的原动力和活力也就由此而生。

县域经济是功能完备的综合性经济体系，县域经济活动涉及生产、流通、消费、分配各环节，连同一、二、三产业各部门。但是，县域经济又不同于国民经济，县域经济不能"小而全"，要"宜农则农""宜工则工""宜商则商""宜游则游"，注重发挥比较优势，突出重点产业。只有充分发挥地方特色的县域经济才具有强大发展潜力。县域经济着眼于城乡一体化发展，但是以工业化、城镇化、信息化和农业现代化为其发展的主题和方向。太仓作为苏南模式的主要代表，在上述方面做了积极探索，并积累了一系列成功经验，在一定范围内起到了示范带动作用，逐渐形成苏南现代化建设示范区的"太仓样本"。

二

太仓是一座历史悠久的江南名城。春秋时期,吴王在此设立粮仓,故得名太仓,素有"锦绣江南金太仓"美誉。元明时期,太仓是我国重要的海港和商埠,商贸繁荣,史称"六国码头"。著名的航海家郑和就是从太仓刘家港出发,七下西洋,远航亚非30余国,在中国对外交往、经济贸易和航海史上谱写了恢宏篇章。

太仓地域不大、人口不多,但名人不少、能量不小。太仓区域面积810平方公里,市域总人口94.7万,其中户籍人口47.2万。但太仓历来崇文尚教,文化繁荣,名人辈出:明清"娄东画派"曾称雄清初画坛,画风绵延至今;"江南丝竹"源远流长,已成为太仓城市的文化名片;近代以来涌现了著名物理学家吴健雄,诺贝尔物理学奖获得者朱棣文,上海交通大学创始人唐文治,舞蹈宗师吴晓邦,丹青大师朱屺瞻、宋文治等名人巨擘。改革开放以来,太仓弘扬"精致、和谐、务实、创新"的城市精神,依托独特的沿江、沿沪、沿海优势,大力推进经济、科技、教育、文化、社会各领域现代化建设,栉风沐雨三十多年,走出了一条不同于周边其他县市的独具特色的县域现代化道路,连续多年综合实力名列全国百强县(市)前茅,成为江苏乃至全国现代化建设的先行军,经济发达、城市宜居、社会和谐、文化繁荣、生态文明、人民幸福的"现代田园城、美丽金太仓"画卷呈现在人们面前。

三

近年来,研究现代化的论著如雨后春笋,但以县域为样本系统探索现代化实现路径却比较少见。《现代化之路:太仓实践与探索》一书在一定程度上推动了县域现代化研究。该书从宏观到中观再到微观,客观反映、理性分析太仓推进社会现代化的来龙去脉,告诉读者太仓"干了什么""成效如何""问题哪些""出路何在",条理清晰,总结全面,剖析深刻,有较强的现实意义和实践指导价值。

该书有三个特色:一是理实一体。书中每章既有相关产业现代化的前沿理论,又有系统翔实的实践梳理总结,把现代化理论和实践做了很好的融合,具备了一定的理论深度和实践广度;二是立足太仓。太仓现代化实践是走在全国前列的,也有自己的一套成功做法和发展特色,这本书是对太仓现代化过去的总结、现在的反思和未来的憧憬,是一个记事本、一把手术刀和一份建言书,历程与成就、问题与挑战、趋势与对策,一条条梳理出来,不同的人打开此书都会有所收获;三是超越太仓。现代化没有教科书,各地现代化的道路不尽相同,但任何事物发展都有其内在规律。解剖太仓这只"麻雀",就是要掌握其内在生命结构、神经网络和血脉流向,为其他县域现代化提供可资借鉴的经验。因此,研究太仓现代化不但对太仓发展有价值,对其他地区的县域发展也有参考意义,书中总结提炼太仓现代化进程中的一些有效经验,如:城乡一体化、产业特色化、教育均衡化、文化本土化、管理社会化,可谓中国现代化的"太仓模式",将来有可能为其他地区县域现代化提供"风向标"或"路线图"。

因此,这是一部当下有重要价值的县域现代化实践研究著作,值得大家沉下心来阅读、思考与借鉴。

王春光

(王春光,男,1964年3月出生,博士,中国社会科学院社会学所研究员、博士生导师。中国社会学会副秘书长,中国社会思想史研究会常务理事、副秘书长,上海经济研究所特约研究员。)

前 言
Preface

现代化是一种全球性的时代发展潮流,也是一个国家和地区发展的必经之路。从广义而言,现代化是指人类社会从工业革命以来所经历的一场急剧变革,这一变革以工业化为推动力,导致传统的农业现代社会向现代工业社会的全球性的大转变过程,它使工业主义渗透到经济、政治、文化、思想等各个领域,并引起深刻的相应变化;从狭义而言,现代化是落后国家或地区通过有计划的经济技术改造和学习世界先进经验,带动广泛的社会改革,以迅速赶上先进工业国和适应现代世界环境的发展过程。

党的十八届三中全会提出了将我国"建成富强民主文明和谐的社会主义现代化国家,实现中华民族伟大复兴的中国梦"的伟大目标,并指出要"加快发展社会主义市场经济、民主政治、先进文化、和谐社会、生态文明"。《江苏基本实现现代化指标体系(试行)》(2013年修订)系统地提出江苏率先基本实现现代化的指标体系。苏州市委明确指出苏州地区到2015年率先达到新修编的江苏省基本现代化指标体系要求。

太仓作为苏州地区发达县市,多年来一直稳居全国百强县前十位。太仓不仅经济发达,而且拥有悠久的历史和深厚的文化。太仓是郑和七下西洋的起锚地,娄东文化的发祥地,江南丝竹的发源地,牛郎织女神话传说的降生地。改革开放以来,太仓通过接轨上海,以港强市,创造了经济发展的奇迹。2014年太仓地区生产总值1065.33亿元,人均地区生产总值134439元。太仓以悠久的历史、璀璨的文化和繁荣的经济,在素称"人间天堂"的江南享有"金太仓"的美誉。如今的太仓,传统与现代融合,经济与生态协调,城乡一体,产城融合,田在城中,城在园中,实践着充满太仓特色的现代化之路,成为全国综合发展百强市、中国全面小康成长型百佳市、中国长三角最具活力民营经济市、全国科技进步市、全国文化先进市、国家生态市、国家卫生城市、国家园林城市、中国优秀旅游城市、全国村民自治模范市、全国创建文明城市工作先进市、全国社会治安综合治理先进市、全国平安建设先进市、全国和谐社区建设示范市、国家环境保护模范城市、中国最关爱民生城市、中国长寿之乡、中国最具幸福感城市等荣誉称号。

为了探索太仓现代化的理论与实践,推动太仓现代化向更高层次发展,由苏州健雄职业技术学院院长魏晓锋任组长,成立课题组,确定了"现代化之路:太仓实践与探索"的研究课题,经过两年多努力,本课题完成了一系列研究报告,为了向政府决策部门和相关领域的研究人员介绍该项目的研究成果,课题组决定在研究报告的基础上整理出版一本著作。

本书的总体目标是在对现代化理论进行梳理和总结的基础上,通过实地调研和深度访谈,并结合统计数据,对太仓现代化实践的现状、特色和创新进行总结,对太仓现代化的发展提出政策建议,通过理论研究和实证研究相结合,以期促进太仓现代化快速、健康的发展。为了实现这一目标,本书研究的问题主要包括:

(1)现代化的相关理论总结与概括,包括现代化的内涵、特征、指标体系的述评,国内外现代化发展历程的回顾等;

(2)太仓现代化发展实践,从工业、农业、服务业、教育、科技、文化、社会等多个方面对太仓现代化实践进行探讨,对太仓现代化历程进行分析;

(3)太仓现代化的特色与创新,对太仓现代化发展的实践进行总结和提炼,提出太仓现代化发展的特色与创新之处;

(4)太仓现代化的探索与展望,在对太仓现代化发展现状及存在不足进行分析的基础上,对太仓现代化的未来发展进行探索,并提出相应的政策建议。

根据研究内容,本书在结构上分为八章,具体如下:

第一章为"总论"。本部分主要分析现代化的内涵、研究现状、研究前沿,解读国内外现代化指标体系,对改革开放以来太仓现代化的发展历程进行回顾,对太仓现代化发展水平进行度量与评价,对太仓现代化的特色和创新进行概括,对太仓现代化的未来发展思路进行分析。

第二章为"工业现代化"。本部分首先对工业现代化的内涵、模式、标志进行界定,然后对太仓工业现代化的发展历程、取得成就及特色进行总结概括,最后从发展的战略重点、具体举措和政策保障等方面对太仓工业现代化的未来发展提出了建议对策。

第三章为"农业现代化"。本部分探讨了农业现代化的内涵、国际经验和发展趋势,回顾了太仓农业现代化的发展历程和特色,分析了太仓农业现代化的机遇和挑战,提出了农业现代化的建议,认为太仓农业应从劳动力素质、产业化水平、科技创新、生态农业、综合服务等方面加大力度、推动农业现代化的发展。

第四章为"服务业现代化"。本部分对服务业现代化的内涵、特征和国际经验进行分析,指出服务业现代化是优化产业结构、促进经济转型升级的重要抓手;然后对太仓服务业现代化的实践进行了回顾,并以港口物流业和休闲旅游业为例,对太仓现代服务业的特色和创新进行了分析,最后对太仓现代服务业的发展进行了探索,认为太仓应在体制机制、人才、投融资等方面加大力度,推动太仓服务业现代化的发展。

第五章为"教育现代化"。本部分首先分析了教育现代化的内涵、特征、内容和模式,认为教育现代化的核心是人的现代化;然后分析了太仓教育现代化的背景实践历程和主要成就,最后对太仓教育现代化的未来走向进行了思考,认为太仓的教育应努力实现终身化、均衡化和多元化。

第六章为"科技现代化"。本部分介绍了科技现代化的概念、内涵和历程,指出世界科技现代化的发展可分为两个阶段和四次浪潮;然后对太仓科技现代化的发展历程和成就进行了回顾,认为太仓科技现代化经历了学习模仿、技术引进和自主创新三个阶段;最后对太仓科技现代化进行了探索和展望,认为太仓科技现代化应从管理制度、政策措施、科技载体、人才结构等方面进行创新。

第七章为"文化现代化"。本部分首先界定了文化现代化的内涵和外延,指出太仓文化现代化主要指中观层面、微观层面的现代化;然后从思想观念、文化设施、文化产业、群众文化、公共文化、文物保护等方面对太仓现代化的发展历程进行了分析;最后指出太仓要实现更高程度的文化现代化,就必须加快发展文化产业,大力繁荣文化事业,努力打造文化品牌,建设与区域经济社会发展相适应的地方文化。

第八章为"社会现代化"。本部分对社会现代化的相关理论进行了梳理,对太仓社会现代化的历程和经验进行了概括与总结,认为太仓已形成了独具特色的社会现代化发展模式。同时对太仓社会现代化过程中相关问题进行了分析,指出太仓应在民生建设、社会协同、城乡一体、公共服务、自然环境等方面不断提升社会现代化发展水平。

太仓现代化实践与探索涉及众多理论和现实问题,本课题研究主要从理论和实证两方面的视角对太仓现代化的实践、特色、创新、不足及未来发展进行了探讨。由于研究时间有限,有些问题的研究还不够深入,特别是相关理论问题还有待进一步研究和深化,不足之处请各位读者不吝指正。

目　　录
Contents

第一章　总　论 /1

一、现代化理论与发展 /3
　　(一) 现代化的内涵 /3
　　(二) 现代化理论的源起和发展 /4
　　(三) 国内外现代化研究述评 /6

二、现代化指标体系解读 /13
　　(一) 国外现代化指标体系 /13
　　(二) 国内现代化指标体系 /16

三、改革开放以来太仓现代化发展历程 /18
　　(一) 第一阶段：1978—1992 /18
　　(二) 第二阶段：1992—2005 /19
　　(三) 第三阶段：2005年开始 /20

四、太仓现代化发展水平的度量与评价 /21
　　(一) 江苏现代化指标体系的变化 /21
　　(二) 太仓现代化指标的完成情况 /22

五、太仓现代化的特色与创新 /25
　　(一) 繁荣太仓 /25
　　(二) 幸福太仓 /27
　　(三) 田园太仓 /28
　　(四) 勤廉太仓 /29
　　(五) 创新太仓 /31

六、太仓现代化发展的战略和策略 /31
　　(一) 太仓现代化的环境分析 /32

（二）太仓现代化的战略选择 / 32
　　（三）太仓现代化的主要策略 / 33
七、本章小结 / 46

第二章　工业现代化 / 47

一、工业现代化概况 / 47
　　（一）工业现代化的内涵 / 47
　　（二）工业现代化的模式 / 52
　　（三）工业现代化的标志 / 55
二、太仓工业现代化的实践 / 60
　　（一）太仓工业现代化的历程 / 60
　　（二）太仓工业现代化的成就 / 65
　　（三）太仓工业现代化的特色 / 67
三、太仓工业现代化的探索 / 69
　　（一）太仓工业现代化发展的战略重点 / 69
　　（二）太仓工业现代化发展的举措 / 70
　　（三）太仓工业现代化发展中的政策保障 / 77
四、本章小结 / 79

第三章　农业现代化 / 80

一、农业现代化的概述 / 80
　　（一）农业现代化的科学内涵 / 81
　　（二）农业现代化的国际经验 / 83
　　（三）农业现代化的发展趋势 / 89
二、太仓农业现代化的实践 / 91
　　（一）太仓农业现代化的概况 / 92
　　（二）太仓农业现代化的历程 / 95
　　（三）太仓农业现代化的特色 / 97
三、太仓农业现代化的探索 / 106
　　（一）太仓农业现代化的挑战 / 106
　　（二）太仓农业现代化的机遇 / 108

　　　　（三）太仓农业现代化的建议　/ 110
　　四、本章小结　/ 114

第四章　服务业现代化　/ 115
　　一、服务业现代化概述　/ 116
　　　　（一）服务业现代化的内涵　/ 116
　　　　（二）服务业现代化的特征　/ 117
　　　　（三）服务业现代化的国际经验　/ 118
　　二、太仓服务业现代化的实践　/ 122
　　　　（一）太仓服务业现代化的发展历史　/ 122
　　　　（二）太仓服务业现代化的主要成就　/ 124
　　　　（三）太仓服务业现代化的特色与创新　/ 128
　　三、太仓服务业现代化的探索　/ 140
　　　　（一）推动制造业服务业产业融合发展　/ 140
　　　　（二）发展多元投融资体系　/ 141
　　　　（三）推动产业集聚集约发展　/ 142
　　　　（四）创新管理机制　/ 143
　　　　（五）构筑服务业人才高地　/ 144
　　四、本章小结　/ 147

第五章　教育现代化　/ 148
　　一、教育现代化的概述　/ 148
　　　　（一）教育现代化的内涵　/ 148
　　　　（二）教育现代化的基本特征　/ 149
　　　　（三）教育现代化的内容　/ 151
　　　　（四）教育现代化的模式　/ 152
　　二、太仓教育现代化的实践　/ 156
　　　　（一）太仓推进教育现代化的背景　/ 157
　　　　（二）太仓教育现代化的实践　/ 159
　　三、太仓教育现代化的探索　/ 169
　　　　（一）太仓教育发展现状　/ 169

（二）太仓教育现代化面临的机遇和优势 / 177
　　（三）太仓教育现代化存在的问题 / 179
　　（四）太仓教育现代化未来走向的思考 / 180
四、本章小结 / 183

第六章　科技现代化 / 185

一、科技现代化概述 / 185
　　（一）科技现代化的内涵 / 185
　　（二）科技现代化的意义 / 186
　　（三）科技现代化的评价体系 / 187
　　（四）科技现代化的发展模式 / 188
二、太仓科技现代化的实践 / 197
　　（一）太仓科技现代化的发展历程 / 197
　　（二）太仓科技现代化的主要成就 / 198
　　（三）太仓科技现代化的特点 / 201
三、太仓科技现代化的探索 / 212
　　（一）太仓科技现代化的问题分析 / 213
　　（二）太仓科技现代化的机遇和优势 / 214
　　（三）太仓科技现代化的思考 / 215
四、本章小结 / 221

第七章　文化现代化 / 222

一、文化现代化概述 / 222
　　（一）文化现代化的内涵 / 222
　　（二）中国文化现代化的路径 / 224
　　（三）文化现代化指标体系 / 227
二、太仓文化现代化之路的回顾 / 228
　　（一）人的观念不断更新 / 229
　　（二）文化设施不断改善 / 232
　　（三）文化产业规模不断扩大 / 237
　　（四）公共文化服务体系不断健全 / 241

（五）群众文化欣欣向荣　/245
　　（六）文化遗产保护、开发和利用水平不断提高　/250
三、太仓文化现代化展望　/257
　　（一）增强太仓新文化活力　/258
　　（二）打造"金太仓"文化品牌　/258
　　（三）扩大文化产业规模，提升文化整体影响力　/260
四、本章小结　/263

第八章　社会现代化　/264

一、社会现代化概述　/265
　　（一）国内外社会现代化研究述评　/265
　　（二）社会现代化的内涵　/268
　　（三）社会现代化的特征　/269
二、太仓社会现代化的实践　/273
　　（一）太仓社会现代化的发展历程　/273
　　（二）太仓社会现代化的成就与特色　/276
　　（三）太仓社会现代化的经验　/290
三、太仓社会现代化的探索　/291
　　（一）太仓社会现代化中存在的问题　/291
　　（二）太仓加快社会现代化的政策建议　/294
四、本章小结　/297

参考文献　/299
后　记　/302

第一章
总 论

内容提要 现代化是一种全球性的时代发展潮流,也是一个国家和地区发展的必经之路。现代化理论是全球性工业化高潮阶段形成的关于社会变迁的新理论架构。第二次世界大战后,以美国为首的西方学术界开始从经济学、社会学、政治学、心理学、历史学等领域对现代化理论进行研究,并提出了不同的理论和看法。此后,现代化的研究和实践引起了世界各国兴趣和关注。

本章在对现代化的内涵、特征、研究成果及指标体系等进行述评的基础上,结合《江苏基本实现现代化指标体系》(2013年修订,试行),对改革开放以来太仓现代化的发展历程进行了回顾,对太仓现代化发展水平进行了度量,对太仓现代化的特色和创新进行了概括,对太仓现代化的未来发展思路进行了分析,并在借鉴国内外现代化发展经验的基础上,提出了太仓现代化发展的路径和政策建议。

太仓的文明史发端于5000年前的良渚文化;春秋时期吴国曾在此屯粮,供奉朝廷,太仓的名称也由此而来;元明时期,繁华的海上贸易与漕运,使太仓成为商贾云集的"六国码头";公元1405年7月11日,世界著名的航海家郑和从太仓开始了征服海洋的伟大旅行,谱写了七下西洋的华彩乐章,筑起了一条连接欧亚诸国直至非洲大陆的海上"丝绸之路"。

太仓文化底蕴深厚。太仓是300余年来以娄东画派为代表的娄东文化的发祥地,江南丝竹的发源地,牛郎织女神话传说的降生地。古往今来,太仓人文荟萃,英才辈出。这里曾出现了明代文坛"后七子"领袖王世贞,明末复社领袖张溥,明末清初的大诗人吴梅村,娄东画派的代表王时敏、王原祁,近代大教育家唐文治,中国现代舞奠基人吴晓邦,诺贝尔物理学奖获得者朱棣文,中国的居里夫人吴健雄等。娄东文化和西方文化的交融,形成了太仓的精致、和谐、务实、创新的城市精神。

改革开放后,随着中国打开了通往世界的窗口,太仓也开始走向世界经济舞台,积极参与全球化合作和竞争,创造了迅速崛起的神话,为中国县域经济的现代化发展进行了积极探索并取得了显著成就。

太仓是距离上海市最近的沿江沿沪城市,是沿江高速、苏昆太高速和沪通铁路的必经之地。同时,作为江海交汇之地,太仓港距长江入海口只有42海里,处于江海联运的最佳交汇点,拥有38.8公里长江深水岸线和辐射长三角经济圈的独特优势。1993年11月,太仓港经济开发区被批准为省级开发区,2011年10月太仓港经济开发区升级为国家开发区,升级后更名为太仓港经济技术开发区。作为全国首个享受海港待遇的内河港口,太仓港现已开通包括直航台湾的内外贸航线百余条。2014年,太仓港货物吞吐量达15721万吨。美孚、阿莫可、和路雪、西门子等国际著名公司也纷纷落户太仓。越来越多的年轻才俊把这里作为实现创业和发展梦想的人生舞台。目前,太仓人才总量突破十万,各类创新创业领军人才达百余人,留学生创业园、高新科技产业园、太仓大学科技园、文化创意产业园之花竞相绽放。2014年太仓地区生产总值1065.33亿元,人均地区生产总值150523元。太仓以悠久的历史、璀璨的文化和繁荣的经济,在素称"人间天堂"的江南享有"金太仓"的美誉。

太仓是著名的"德企之乡"。1993年,全球著名弹簧生产企业克恩—里伯斯公司总裁斯坦姆博士到太仓考察,被太仓安静、清新的环境吸引,在太仓投资建设了第一家德资企业,此后,德国企业纷至沓来,截至2014年12月,太仓德资企业已达220家,德企的集聚使太仓成为全国首个"中德中小企业合作示范区"。太仓还创办了以德国"双元制"为特色的健雄职业技术学院,为区域经济发展提供人才保障,融入国际先进教育理念的"双元制"模式打造了高等职业教育的太仓品牌。

太仓又是中国有名的"长寿之乡",这里拥有绿色宜居的环境和良好的公共服务。太仓人均公共绿地面积已达13.2平方米,空气优良率达97%以上,平均预期寿命81.52岁。当然,自然的绿色首先来自人们心灵的绿色,因为如果没有一个和谐的社会理念,城市的绿色只是空中楼阁。太仓各级政府的管理者能从"人"的角度来科学构建这座城市的发展,还民众、社会、城市以"绿色"。如今的太仓,传统与现代融合,经济与生态协调,城乡一体,产城融合,田在城中,城在园中,实践着充满太仓特色的现代化之路。

2008年国际金融危机后,根据《长江三角洲地区区域规划》,江苏率先研制实施了基本现代化指标体系,经过多次修改,形成了《江苏基本实现现代化指标体系(试行)》(2013年修订),按照苏州市委"到2015年率先达到新修编的省定基本现代化指标体系要求,再用15年左右时间建设全面现代化"的要求,太仓立足近年来现代化建设的坚实基础,开拓进取,积极创新,全力以赴加快推进现代化建设。

那么,何谓现代化?全球现代化发展进程如何?怎样对现代化进行测评和度量？改革开放后太仓现代化走过哪些道路？太仓现代化的发展水平如何？太仓现代化有哪些特色和创新？现代化新征程中太仓又将如何实现更高水平的现代化？……本章将围绕上述问题进行简要概括评述。

一、现代化理论与发展

（一）现代化的内涵

现代化一词的英文为"modernization"，意为"to make modern"，即"成为现代的"之意。总体来说，现代化这个概念是用来概括人类近期发展进程中社会急剧转变的总的动态的新名词。二十世纪初，西方列强是现代国家中独立富强的典范，中国要走向独立富强，就只有向西方国家学习，从而实现富国强兵的目的，这就是中国人早期的现代化思想。但历史发展到今天，欧美国家已经不能算是现代化的典范了。一个具有广泛涵盖性的新的"现代化"概念逐渐形成并被广泛使用。但"现代化"一词的确切含义是什么？学术界众说纷纭，迄今尚没有统一的看法，更没有公认的定义。

关于现代化含义的种种说法，大致可分为以下几种：一是认为现代化是指近代资本主义兴起后的特定国际关系格局下，经济落后国家通过大搞技术革命，在经济和技术上赶上世界先进水平的历史过程。这一观点的思想渊源来自列宁，后来成为我国党和国家领导人在对社会主义现代化方针和政策进行阐述时的一贯思想，如1954年周恩来明确提出，要把我国建设成为"一个强大的社会主义的现代化的工业国家"[①]，1978年邓小平同志提出农业、工业、国防和科学技术的四个现代化，并指出四个现代化的"关键是科学技术的现代化"[②]。二是认为现代化是指人类社会从传统的农业社会向现代工业社会转变的历史过程，其实质是工业化。第二次世界大战以前，工业化只在北半球少数取得成功，第二次世界大战后，工业化成为一个全球性的进程，并在不同国家形成不同的模式。作为一个现代工业国家，其重要标志首先在于经济上的持续增长，因此发展和现代经济增长就成为现代化研究的中心问题，工业化也成为经济现代化同义语。三是认为现代化是自科学革命以来人类急剧变动过程的统称。这种观点认为人类现代化的进程，不仅限于工业领域或经济领域，同时也发生在知识增长、政治发展、社会动员、心理适应等各个方面。如美国普林斯顿大学教授Black等认为现代化是"在科学和技术革命影响下，社会已经发生和正在发生的转变过程"。这种现代化理论不仅强调现代化是随着科学发展而产生的特殊社

---

① 中共中央文献编辑委员会.《周恩来选集》（下卷）[M].北京：人民出版社，1984：136.
② 邓小平文选[M].北京：人民出版社，1983：82-83.

会变动方式,而且提出"现代性"与"传统"作为分析现代化进程中的对比类型,并将现代化社会的主要特征概括为:(1)民主化;(2)法治化;(3)工业化;(4)都市化;(5)均富化;(6)福利化;(7)社会阶层流动化;(8)宗教世俗化;(9)教育普及化;(10)知识科学化;(11)信息传播化;(12)人口控制化,等等[①],认为由传统社会向现代社会过渡的过程即为现代化的过程。四是认为现代化主要是一种心理态度、价值观和生活方式的改变过程。根据韦伯学派的社会学观点,现代化就是"合理化",是一种全面的理性发展过程。对于发展中国家来说,这个过程不是自然的社会演进,而是有目标、有计划的学习、借鉴和移植先进国家成果的过程。美国著名社会学家英格尔斯强调发展的最终要求是人在素质方面的改变,认为片面强调工业化和经济现代化是不够的,如果一个国家没有实现人的现代化,则该国家不可能从一个落后国家跨入具有可持续发展能力的现代化国家行列,英格尔斯并从十个方面对现代化指标进行了具体量化。总之,现代化不只是经济发展,也是政治发展,同时又是文化和精神发展。

　　上述观点分别从不同视角对现代化进行了阐释,其有些观点是互相渗透,相辅相成的。政治家们多着眼于增强国力,在现代世界中求生存和发展来考虑现代化;经济学家则从工业发展与经济增长的观点来看现代化;社会学家偏爱从社会机体的分化与功能方面来谈现代化;而历史学家则把现代化视为一个统一的世界发展过程。由于现代化是一个内涵丰富,多层次、多阶段的历史过程,因此从不同角度研究现代化,自然形成不同的流派。

　　综合上述观点,从广义而言,现代化是指人类社会从工业革命以来所经历的一场急剧变革,这一变革以工业化为推动力,导致传统的农业现代社会向现代工业社会的全球性的大转变过程,它使工业主义渗透到经济、政治、文化、思想等各个领域,并引起深刻的相应变化;狭义而言,现代化是落后国家通过有计划地经济技术改造和学习世界先进经验,带动广泛的社会改革,以迅速赶上先进工业国和适应现代世界环境的发展过程。

　　(二) 现代化理论的源起和发展

　　现代化理论是第二次世界大战后全球性工业化高潮阶段形成的关于社会变迁的新理论架构。随着西欧和北美在 19 世纪陆续进入工业化时期,诞生了研究工业社会的新兴学科——社会学。第一次世界大战前,资本主义工业的快速发展使社会进化的乐观主义论调占据了优势;第一次世界大战后,悲观的社会思潮占据了西方主要的社会思潮;第二次世界大战后,特别是 20 世纪 50 年代开始,世界分裂成资本主义和社会主义两个对立的社会体系,西方资本主义世界经济持续增长,由科学技术革命引发的"第二次工业革命",使经济发生了

---

① 杨国枢.现代化的心理适应[M].台北:巨流图书公司,1978:24.

结构性的变化;在殖民主义废墟上新兴的第三世界开始了自己的工业化,并努力探求自己的新的发展道路。当时,世界殖民体系土崩瓦解,西欧国家满目疮痍,唯独美国享受了此次战争的胜利果实,并一跃登上西方资本主义世界经济和政治发展的顶峰。在此背景下,美国的许多现代化学者开始建立自己的理论并形成相应的学派。这一阶段,以美国为首的西方学术界开始从经济学、社会学、政治学、心理学、历史学等领域对现代化理论进行研究,并提出了不同的理论和看法。总体来说,在西方现代化理论所涉及的众多问题中,现代社会的发展问题、现代社会发展的整体关联和相互依存问题、世界发展的长期趋势问题至关重要。对于中国现代化而言,学者们普遍把1840年鸦片战争作为中国近代史的开端,这实质上就是中国走向现代化的最初起点。一百多年来,中国的现代化过程经历了清王朝内部的严重衰败化与半殖民地化交织,最后完全沦为殖民地,通过殖民地型资本主义化,再经历革命化的独立运动转入现代发展轨道,走上具有自身特色的工业化道路。从1949年以来,中国选择了社会主义现代化的发展道路与模式,通过权力高度集中的国家作为推动社会经济改造与发展的强大杠杆,通过计划经济方式来推动社会变革和经济发展的。1949年,新中国刚成立时,中国的工业生产水平尚未达到1800年英国和法国的水平。从1949年到1957年,中国基本上是按照苏联模式,实行赶超型发展战略。1958年到1976年,在将近20年时间里,主要强调阶级斗争是推动历史发展的唯一动力,忽视客观经济规律的存在,强调中国要自成体系地超前发展,忽视中国与世界的联系。这一阶段,当西方现代化研究兴起之际,中国由于特殊政治气氛的影响,在东西方意识形态严重对立的形势下,中国学术界对西方现代化历程及西方现代化研究的诸多新成果,一概漠然视之,没有人向国内介绍西方的现代化研究状况,更没有人进行相关研究。从1978年开始,在邓小平为核心的第二代领导集体的领导下,中国的发展进入一个新阶段,随着改革开放的推行和以经济建设为中心的社会主义现代化建设全面展开,我国社会科学研究进入一个崭新时期,现代化研究逐步纳入学术研究范畴,我国历史学家首先开始涉足这一领域。20世纪80年代中期,北京大学历史系罗荣渠教授主持的"世界现代化进程研究"、华中师范大学章开沅教授主持的"近代化比较研究"分别列为"七五"国家社科基金重点项目,标志着我国现代化研究形成一个新局面。南京大学的一些中青年学者,如钱乘旦、陈晓律等也开始进行现代化研究。此后,我国高等院校、科研院所不同学术领域的学者,从不同视角开始涉足这一领域,除对西方学者的研究翻译、介绍外,我国学者自己的研究成果也开始出版,现代化研究也成为我国学术研究中的热门领域之一。总体来说,全球现代化发展过程可以分为第一次和第二次现代化两大阶段。第一次现代化是从农业文明向工业文明的转型和国际竞争,包括从农业经济向工业经济、农业社会向工业社会、农业政治向工业政治、农业文化向工业文化的转变等,它的主要特点包括工业化、城市化、民主化、理性化、市场化和福利化等,在不同领域有不同特点。第二次现代化是从工业文明向知识文明的转型和国际竞争,包括从工业经济向知识经济、工业社会向知识社会、工业政治向知识政治、工业文化向知识文化、物质文化向生态文化的转变等,目前它的主要特点包括知识化、信息化、绿色化、全球化、个性化和多元化等,在不同领域有不同特点。

(三) 国内外现代化研究述评

1. 国外各领域现代化研究情况

(1) 经济学领域的研究

1950年,在美国著名经济学家库兹涅茨(S. Kuznets)的提议下,美国社会科学研究理事会创立了经济增长委员会,并在1952年创办了《经济发展与文化变迁》刊物。这个学术团体成为现代化理论研究的最初班底。1954年,刘易斯提出了二元经济模型,开始探讨第三世界国家经济发展战略问题,认为发展中国家应仿效西方国家的工业化历程,其中最为重要的是确立资本主义制度。1960年,美国经济学家罗斯托出版了《经济成长的阶段:非共产党宣言》一书,将现代社会划分为"传统社会""为起飞创造前提条件""起飞""向成熟推进""高额大众消费"五个阶段(后来新版中增加"追求生活质量"作为第六个阶段)[1]。1965年,库兹涅茨出版了《经济增长与结构》一书,认为发展中国家在人均产品、人均占有土地、农业生产率等六个方面都低于发达国家开始工业化的时候。此后,美国学者列维(Levy)对现代化发表了自己的看法,认为现代化的核心是工业化,而工业化必然造成人类使用能源结构的变化,现代化的标准是非生物能源与生物能源的比率,比率越高,现代化的程度越高。

(2) 社会学领域的研究

二战结束后一段时间,美国社会学在整个西方处于绝对领先地位,美国著名的社会学家帕森斯开创了系统—功能理论,并在现代化研究中被社会学家们广泛使用。他将人类社会的演变分为原始阶段、中间阶段与现代阶段,现代化过程是整个社会趋向于分化为子系统,社会总体适应能力不断提高的过程,因为社会结构的存在方式是为了满足社会系统的功能,当一个社会结构不能满足社会系统的功能时,社会结构的变迁就势在必行。这种社会结构的变迁,可以称为适应性增长、分化、容纳和价值概括化,因此造成社会从传统向现代过渡[2]。帕森斯之后,列维于1966年完成了《现代化与社会结构》等著作,运用结构—功能主义,从社会系统的各层面、社会的组织关系、共同要素、各种要素、问题焦点

---

[1] 罗斯托.经济成长的阶段——非共产党宣言[M].北京:商务印书馆,1962.
[2] 帕森斯,斯梅尔瑟.经济与社会[M].北京:华夏出版社,1989:43.

等方面对"现代社会"与"非现代社会"之间差异进行了分析,在此基础上,列维指出,在现代化的进程中,横式的转变至关重要,在社会传统模式不可能实现现代化。艾森斯塔德则认为,现代化过程中,伴随着急剧的社会变迁,在实现现代化的社会中面临的一个重要的问题就是要形成一种能够"容纳"这种变迁的制度结构[①]。在社会学领域,斯梅尔瑟的现代化理论同样值得关注,他认为现代化就是不同社会领域在结构上的分化与整合的过程。斯梅尔瑟认为社会结构的分化主要包括经济活动的分化、家庭活动的分化、价值体系的分化、社会分层体制的分化,同时,对于分化了的活动整合,也是现代化进程的一个重要方面,这种复杂的整合主要表现在经济和家庭、社区、政治结构等制度领域。

(3) 政治学领域的研究

现代化的变迁不仅限于经济方面,政治方面的变革也不可忽视。二十世纪六十年代,学者们也开始从政治学视角涉足现代化。比较政治之父阿尔蒙德认为政治发展是现代化的重要内涵,他认为政治发展就是在社会经济现代化较为广泛的环境中已经发生和正在发生的一系列相互关联的政治系统、过程和政策的变化。具体来说,政治体系的专门的、正规的结构创出了现代民主国家,其重要特点就是它具备高度的结构分疏化,每一种政治结构都有其主要功能。阿尔蒙德之后,阿普特于1965年出版了《现代化的政治学》一书,主要关注在实现现代化的过程中那些促进变革的因素。西尔斯则认为虽然各个国家政治形式不同,但都有由此走上现代化道路的可能性。摩尔以世界现代化的政治演进道路为主线,梳理出世界各国三条主要的政治发展脉络,即以英、美、法为代表的西方民主道路,以德、日、意为代表的法西斯道路,以及以俄国和中国为代表的社会主义道路,摩尔认为,西方民主只是特定历史环境中结出的果实,不具有普遍意义,法西斯主义和共产主义也是通往现代社会的历史道路;暴力革命在三种不同类型的国家诞生中都扮演着重要角色;摩尔并指出,政治现代化不同道路间不但相互并列和更代,而且彼此交汇和包融。亨廷顿立足于二战后第三世界国家政治现代化发展的现状,提出了强大政府论,认为政治现代化涉及权威的合理化、结构的分离和政治参与的扩大等三项内容,一个政治体系如果政治组织具有适应性和复杂性,政治体系具有自主性和凝聚性,就意味着具有现代性[②]。

(4) 心理学领域的研究

在学者们从经济学、社会学、政治学领域探究现代化的同时,心理学领域的

[①] 艾森斯塔德.现代社会的基本特征[C]//谢立中,孙立平.二十世纪西方现代化理论文选.上海:上海三联书店,2002:171.

[②] 塞缪尔·亨廷顿.变化社会中的政治秩序[M].北京:三联书店,1989:12-21.

学者也不甘示弱，开始从本领域来研究现代化。其中，美国斯坦福大学的英克尔斯教授以提出"人的现代化"理论而著称，在其著作《从传统人到现代人—六个发展中国家的个人变化》一书中，他系统提出了人的现代化理论。英格尔斯强调人的现代化对于整个现代化进程的重要性，认为在研究国家现代化时，应把人的现代化考虑进去，因为人的现代化是国家现代化必不可少的因素，它是现代化制度与经济赖以长期发展并取得成功的先决条件。英格尔斯从十二个方面勾勒出现代人应具备的品质和特征。在谈到如何促进传统人向现代人转变时，英格尔斯认为，在决定和培养一个人的现代性水平方面，教育是首要的因素，工厂是最重要的环境，大众传播媒介具有重要的促进作用。除英格尔斯外，麦克莱兰和莱勒等也探讨了文化和心理等因素在现代化过程中的作用。麦克莱兰主要研究了成功的欲望和对业绩的追求在现代化过程中重要性，莱勒则认为传统社会将通过吸收先进文化从而进入现代社会。

(5) 历史学领域的研究

在历史学领域，美国普林斯顿大学的布莱克教授在现代化研究中贡献最大，他在1966年和1976年分别出版了《现代化的动力》和《比较现代化》，布莱克同样将现代化的阶段研究作为其研究的重要内容，并于20世纪60年代提出了现代化进程中的现代性的挑战、现代化领导的巩固、经济和社会的转变及社会的整合四个阶段。到了70年代，布莱克在对日本和俄国的现代化进程考察时，又提出了现代化变革的准备时期、现代化变革的实施阶段、高度现代化阶段的现代化进程的"三阶段论"。布莱克一方面认为现代化是人类社会在理智、政治、经济、社会和心理五个方面从传统向现代变迁的过程，另一方面他明确反对将传统与现代对立的做法，认为传统与现代是交融在一起的，现代来自传统，传统经过改造或变革后可成为现代的东西。在比较研究的基础上，布莱克以社会结构和政治为标准，区分了政治现代化的几种范式，将全球不同现代化的道路分为7类。通过从历史学与社会学综合的视角进行研究，布莱克的现代化理论在深度与广度上比其他学者有了更大的超越。

20世纪60年代起，学者们充分发挥历史学的专长，对各国现代化的个案进行研究。一方面，美国学术界开始对日本、中国等非西方国家现代化问题开始关注，在这方面研究的学者主要有詹森、赖肖尔、鲁斯托、沃德、费正清、克雷克等。学者们强调传统体制在东方国家现代化国家中起着重要的作用，认为日本具有明显不同的社会结构，这使得其能够采取西方的模式，实现从传统向现代的转变。另一方面，鉴于俄国(苏联)不同于西方的现代化道路，美国学术界也加紧了对苏联发展道路的研究，在这方面布莱克和亨廷顿均做出了重要贡献，学者们的研究认为美国和苏联两个超级大国很可能沿着与各自不同的传统遗产相和谐的道路实现现代化。

综上所述,二战后,以美国为首的西方学术界开始从经济学、社会学、政治学、心理学、历史学等领域对现代化理论进行研究,并提出了不同的理论和看法。总体来说,在西方现代化理论所涉及的众多问题中,现代社会的发展问题、现代社会发展的整体关联和相互依存问题、世界发展的长期趋势问题至关重要。

2. 国内现代化研究的兴起与成果

(1) 现代化研究的兴起。学者们普遍把1840年鸦片战争作为中国近代史的开端,这实质上就是中国走向现代化的最初起点。一百多年来,中国的现代化过程经历了清王朝内部的严重衰败化与半殖民地化交织,最后完全沦为殖民地,通过殖民地型资本主义化,再经历革命化的独立运动转入现代发展轨道,走上具有自身特色的工业化道路。从1949年以来,中国选择了社会主义现代化的发展道路与模式,通过权力高度集中的国家作为推动社会经济改造与发展的强大杠杆,通过计划经济方式来推动社会变革和经济发展。

1949年,新中国刚成立时,中国的工业生产水平尚未达到1800年英国和法国的水平。从1949年到1957年,中国基本上是按照苏联模式,实行赶超型发展战略。1958年到1976年,在将近20年时间里,主要强调阶级斗争是推动历史发展的唯一动力,忽视客观经济规律的存在,强调中国要自成体系地超前发展,忽视中国与世界的联系。这一阶段,当西方现代化研究兴起之际,中国由于特殊政治气氛的影响,在东西方意识形态严重对立的形势下,中国学术界对西方现代化历程及西方现代化研究的诸多新成果,一概漠然视之,没有人向国内介绍西方的现代化研究状况,更没有人进行相关研究。从1978年开始,在邓小平的领导下,中国的发展进入一个新阶段,随着改革开放的推行和以经济建设为中心的社会主义现代化建设全面展开,我国社会科学研究进入一个崭新时期,现代化研究逐步纳入学术研究范畴,我国历史学家首先开始涉足这一领域。

20世纪80年代中期,北京大学历史系罗荣渠教授主持的"世界现代化进程研究"、华中师范大学章开沅教授主持的"近代化比较研究"分别被列为"七五"国家社科基金重点项目,标志着我国现代化研究形成一个新局面。南京大学的一些中青年学者,如钱乘旦、陈晓律等也开始进行现代化研究。此后,我国高等院校、科研院所不同学术领域的学者,从不同视角开始涉足这一领域,除对西方学者的研究翻译、介绍外,我国学者自己的研究成果也开始出版,现代化研究也成为我国学术研究中的热门领域之一。

(2) 现代化研究的成果。三十多年来,我国现代化研究的论著达数百部之多,相关论文更是成千上万。相关学者在对现代化的内涵、理论体系进行了探讨的基础上,从多个视角对发达国家、第三世界国家及中国的现代化进行了全方位的研究。概括来说,学者们主要从以下几个方面进行了研究:

现代化内涵的研究。北京大学罗荣渠教授是国内现代化研究的开拓者之一。他认为"现代化"这个概念是用来概括人类近期发展进程中社会急剧转变的总的动态的新名词。他在对现有研究进行归纳的基础上,认为现代化是一个包罗宏富、多层次、多阶段的历史过程,很难一言以蔽之,从不同的角度研究现代化,就会形成不同的流派。罗荣渠从广义和狭义两个方面对现代化的内涵进行了界定。北京大学孙立平教授从经济现代化、政治现代化、城市化等七个方面对现代化进行了探讨。中国社科院的何传启研究员认为现代化是指十八世纪工业革命以来人类社会所发生的深刻变化,可从现代化的基本含义、理论含义和政策含义三个维度进行探讨。人类社会的第一次现代化是指从农业社会向工业社会的转变过程及深刻变化,第二次现代化是指从工业社会向知识社会的转变过程和变化。南京大学的钱乘旦教授则从经济学、政治学、社会学等五个领域对现代化的内涵进行了梳理。

现代化理论构建。现代化理论是对人类社会转变过程、进步过程的系统认识,是关于世界、国家或地区现代化规律研究成果的统称。罗荣渠教授在对西方社会进化论批判吸收的基础上,从一元多线的历史发展观构建了现代化理论体系,认为人类历史上出现过原始生产力、农业生产力、工业生产力三种不同性质的生产力,三大生产力的形态的发展是循序渐进的,但又是有重叠而不是截然分开的。罗荣渠认为现代化时代实际就是人类运用工业生产力以及由此而进入的人类工业文明时代。人类的现代化经历了三次大的发展浪潮,第一次大浪潮从18世纪后期到19世纪中叶,是由英国工业革命开端,向西欧扩散的早期工业化过程;第二次大浪潮从19世纪下半叶到20世纪初,工业化开始向整个欧洲和北美扩散并取得成功;第三次大浪潮是从20世纪下半叶至今,是发达国家向更高级别的工业化升级与欠发达国家开始进入工业化的过程①。

中国社会科学院中国现代化研究中心主任何传启研究员注重现代化的微观研究,提出了二次现代化理论,他认为从人类诞生到2100年,人类文明的发展可分为工具时代、农业时代、工业时代和知识时代四个时代。每一个时代都包括起步期、发展期、成熟期和过渡期等四个阶段。人类文明进程包括四个时代16个阶段,从农业时代向工业时代、从农业经济向工业经济、从农业社会向工业社会、农业文明向工业文明的转变过程是第一次现代化,从工业时代向知识时代、工业经济向知识经济、工业社会向知识社会、工业文明向知识文明的转变过程是第二次现代化过程,文明发展具有周期性和加速性,知识时代不是文明进程的终结,而是驿站,将来还会有新的现代化②。

---

① 罗荣渠. 现代化新论[M]. 北京:北京大学出版社,2009.
② 何传启. 现代化的三维定义[J]. 管理评论,2003(3).

钱乘旦教授长期从事比较现代化研究,认为民主国家是现代化的重要载体,没有统一的民主国家,现代化无从谈起。他认为世界现代化史可分为现代准备或酝酿阶段、现代化启动阶段、现代化在西方国家的成熟与发展阶段、现代化的全球扩张阶段、现代社会出现新的转型迹象五个阶段,并在国内率先提出反现代化的概念,指出反现代化是用现代化的手段维护传统价值取向,扭转现代化方向,达到抵制现代化、回归传统社会的目的①。

现代化模式和路径的探讨。罗荣渠在对各国现代化的类型进行总结的基础上,按照经济形态将现代化的类型分为资本主义现代化类型、苏式社会主义现代化类型和混合式现代化类型,认为资本主义发展类型完全是自发形成,经过长时间的演变,逐步趋于成熟形态;社会主义型发展是自上而下的定向发展,至今只具雏形;混合型发展则是前两种发展形式的结合,目前尚处在成形之中。钱乘旦探讨了西方的政治现代化道路,总结出以英国为代表的渐进改革之路,以法国为代表的人民革命之路和德国式道路。进入二十一世纪,钱乘旦教授又对英联邦国家的现代化历程和道路进行了研究。丁建弘对发达国家的现代化道路进行了研究,认为在18世纪后期工业革命推动下人类社会由传统农业社会向现代工业社会开始转变。发达国家虽然率先进入现代化,但现代化道路是多样的,每个国家都应探索适合自身特点的现代化之路。陈晓律对世界各国工业化模式进行了研究,认为世界各国的工业模式可分为英美模式、法国模式、德日模式、印尼和韩国模式,他认为对于后发工业国家来说,政府对工业化的主导是必然的,但应避免其消极后果。董经胜对拉、美国家现代化过程中失败的教训进行了总结,认为拉、美国家完全照搬西方的政治制度,完全仿效英国。但由于经济上依附于西方,拉美没有像西欧和美国那样走上工业化和民主化的道路。相反,在民主政治的外壳下,到处充满了独裁、混乱和无政府状态,政治上的极端不稳定反过来又阻碍了经济的发展②。上海交通大学胡伟教授对中国的现代化道路进行了总结,认为政治领导启动了改革开放的新时代,思想解放运动助推了改革;改革开放以经济建设为中心,逐步推进市场化取向的改革,释放了市场的力量;经济转轨和市场经济发展的力量又拉动了政治的制度化、文化的世俗化和社会的多元化,引发了广泛的社会变迁和社会转型;社会变迁与转型又反过来影响着经济发展和现代化的走向,促进了科学发展与和谐社会的构建③。武力、王丹莉认为1840年以来的民主革命选择了中国共产党,新中国成立后,选择了赶超

---

① 钱乘旦.世界现代化历程[M].南京:江苏人民出版社,2009.
② 董经胜.拉美与中国:走出自己的现代化道路[N].中国社会科学报,2011-06-08.
③ 胡伟.现代化道路与中国模式[N].文汇报,2009-11-03.

型的社会主义工业化道路,并建立起与之相适应的计划经济体制。20世纪70年代末期,中国共产党通过改革开放再次实现了对单一公有制和计划经济发展模式的突破,选择了社会主义市场经济模式,走上了具有中国特色的社会主义发展道路,为中华民族的伟大复兴奠定了制度基础①。

(3)现代化研究特点。二十多年来,中国的现代化研究取得了丰硕的成果,总体来说,国内的现代化研究具有以下几点明显特征:

第一,现代化研究成为一门独立的学科。我国早期的现代化研究对历史学、社会学等学科依附性较强,二十世纪90年代中期以后,中国的现代化研究形成了一门独立的学科,并涌现出一大批以现代化研究为学术领域的专家学者和研究机构。

第二,现代化研究学科体系开始形成。我国的现代化研究首先对现代化本身进行了探讨,即对现代化概念、理论和方法的研究。我国学者在对西方现代化理论进行吸收和批判的基础上,提出了自己的现代化理论;现代化研究通过与相关学科的结合,形成了一些跨领域的交叉学科,如发展经济学、发展社会学等。对世界各国现代化个案的研究,其中既包括成功完成现代化的西方发达国家,也包括正在实现现代化的发展中国家。

第三,通过现代化过程中经验和教训的研究,为中国的现代化提供参考和借鉴。现代化作为一个全球性过程,对每个国家来说,是一条必由之路,在现代化过程中,借鉴其他国家的经验和教训,具有非常重要的现实意义。学者们一方面对西方发达国家现代化的经验进行了总结,另一方面也对发达国家现代化过程中失误,发展中国家现代化过程中出现的问题进行了分析,为中国的现代化提供了参考和借鉴。

第四,中国的现代化研究。在对现代化理论和其他国家的现代化经验教训进行总结的基础上,学术界开始对我国现代化进行研究。学者们对中国现代化的路径和模式进行了总结;对我国区域现代化的经验进行了概括;对现代化过程中科技、教育、信息技术等的重要作用进行了阐释;对我国现代化的指标体系进行了构建;对邓小平、胡锦涛等的现代化思想进行了分析,对我们现代化的挑战、前景和战略进行了研究。

3. 中国现代化研究的展望

从1840年至今,中国为探索现代化道路进行了一百多年的艰苦奋斗。在当今新型工业化和产业转型升级的背景下,中国的现代化研究可从以下几方面展开。

(1)现代化的宏观研究。主要包括现代化的现代化的历史根源;基本特征

---

① 武力,王丹莉. 中国现代化路径的适应性选择研究[EB/OL]. 求是理论网,2011-04-21.

和运动规律,发展的阶段性和各阶段的特性;现代化理论与其他学科之间的关系;现代生产力的新特征;资本主义现代化的不同道路和模式;社会主义现代化道路的形成和模式;第三世界现代化进程中共性问题;资本主义生产方式对第三世界国家经济的影响;国家发展、区域发展和全球发展的整体趋势等的研究。

(2)现代化的微观研究。具体包括现代化的方法、手段、步骤、政策;现代化需要的各种条件及其相互关系;现代化过程中社会结构变动,生活方式和价值观的变化,人的素质变化和心理适应,社会的和谐与稳定;科学技术革命在现代化过程中的重要作用;传统与现代化的关系;现代化过程中自力更生与学习借鉴的关系;现代化过程中成功的经验和失败的教训;现代化过程中阻力、失败和中断;现代化的指标体系;发展中国家现代化策略等。

(3)现代化的比较研究。主要包括资本主义现代化与社会现代化的比较;中国现代化与发达国家现代化的比较;中国现代化与发展中国家的现代化的比较;中国早期现代化与近期现代化的比较;不同国家、不同区域、部门的现代化比较等。

(4)现代化与人类未来的研究。现代化作为一个持续不断的发展过程,人类未来与现代化的关系同样是现代化研究中的重要议题。这方面主要包括不同国家现代化的过度发展与低度发展;现代化过程中的社会问题、环境问题等;现代化带来的世界发展不平衡的加剧与国际新格局的构建;第三世界国家现代化对人类发展前景的影响等。

二、现代化指标体系解读

(一)国外现代化指标体系

第二次世界大战之后,国际上一批研究现代化的学者,就开始探索如何衡量现代化。在全球的工业化阶段,一般用一个国家的"工业化水平"和"城市化"水平作为测度该国的现代化程度。在这一时期,许多学者从不同的角度进行了研究,比较有影响的指标体系主要有以下几种:

1. 箱根标准

1960年,在日本的箱根召开了一次国际现代化会议,来自世界各国的社会学、经济学、政治学、历史学等领域的学者在这次会议上认真而有系统地讨论了有关现代化的问题,并提出衡量现代化进程的8项标准:(1)人口相对高度地集中于城市和整个社会不断上升的城市向心趋势;(2)较高程度的无生命动力能源的利用,商品流通和服务设施的增长;(3)社会成员大范围的相互交流,以及这些成员对经济和政治事务的广泛参与;(4)公社性和世袭性集团的普遍瓦解,以及通过这一瓦解在社会中造成更大程度的社会流动性和更加多样化的个人活动领域;(5)通过个人对其环境的世俗性和日益科学性的选择,广泛地普及文化和知识;(6)一个延展和渗透的大众传播系统;(7)存在大规模的诸如政府、商业、工业等社会制度,以及成长中的这些制度的官僚管理组织;(8)在一个单元(如国家)扩展之下大量人口不断趋向统一性和在一些单元(如国际关系)扩展之下日益增长的相互影响。

2. 布莱克标准

1966年,研究现代化比较有成就的学者布莱克,提出了有关现代化了10项标准,即人均GNP、能源消费、劳动力就业比例、各部门占GNP比例、终级用途占GNP比例、城市化、教育、健康状况、交流、收入分配,该标准分别从经济发展水平和社会流动水平的角度大体揭示"前现代化社会"向"高度现代化社会"转变过程中所发生的变化。由于这些标准失之精确、简洁和可操作性,因此只是作为文献被引用,未能成为度量现代化进程的有效工具。

3. 英克尔斯标准

20世纪70年代,英克尔斯等在前人研究的基础上,比较系统地提出了10项现代化的标准,这10项标准是:(1)人均国民生产总值3000美元以上;(2)农业产值占国民生产总值的比例低于12%～15%;(3)服务业产值占国民生产总值的比例在45%以上;(4)非农业劳动力占总劳动力的比重在70%以上;(5)成人识字率在80%以上;(6)大学入学率在10%～15%以上;(7)千人拥有的医生数在1人以上;(8)人均寿命在70岁以上;(9)城市人口占总人口的比例在50%以上;(10)人口自然增长率在1%以下。由于英克尔斯标准简明、数据易得、可操作性强,因此博得许多现代化研究者的青睐,在国际社会产生了较大影响,并且迅速地被广泛引用。在实践操作中,中国许多城市和省份曾经根据这种指标或这种指标的变种,去规划自己率先实现现代化的战略步骤,并且据此确定了率先实现现代化的时间表。该指标只是针对传统工业化时代对于现代化的最低要求,不能适应信息化时代现代化的动态演进;指标更加强调现代化的外部表征如人均GDP等,而对于现代化的内涵与实质如推动现代化进程的动力、体现现代化水平的质量和实现现代化目标的公正等,尚不完全具备清晰的内部逻辑依据;指标所规定的低限标准,显然与当代的实际情况不符,产生了对实现现代化有过分容易的错觉;指标只涉及收入水平、产业结构、社会水平等传统性的标识,对于信息化、全球化、生态化以及相关竞争力、集约化、可持续发展等,均未提及,因此用其衡量在21世纪的现代化进程,不仅在理论上寻找不到科学的依据,在实际应用中也明显表达出一种初级水平和非真实性。

4. 世界财富论坛标准

20世纪90年代后期的世界财富论坛上,由世界著名的财团和企业提出了衡量现代化水平的14项标准(1998)。在这个标准中,已经注意到了网络经济,信息产业和经济全球化对现代化进程的作用和影响,而且也力图使用某些提升了的英克尔斯指标的新标准,去描述自从20世纪90年代以来全球发展所呈现的新特点。比较而言,世界财富论坛所提出的标准,似乎要比传统工业化时代衡量现代化标准有更加先进之处,但是这个系列的标准对进入21世纪的世界现代化,仍然缺乏深层次的分析和综合,而且最大的症结在于对信息化时代的现代化内涵缺乏逻辑归纳和理性判断,引发了应用该标准时产生不少误解和不清晰的结论。目前,我们仍在对这一标准进行仔细的分析和研究,希望从中能够吸取更多的营养,为未来的现代化进程设计出更加合理的判断依据。此外,对中国而言,现代化的进程具有明显的"二元性"特征,即一方面要加速实现工业时代的现代化目标;另一方面又必须叠加上信息时代的现代化目标的要求。这种特征决定了中国在现代化进程中的复杂性和艰巨性,也对衡量此种进程的指标体系提出了更高的要求。

5. 联合国千年发展标准

2000年,在联合国总部纽约举行的千年峰会上,世界189个国家的147位元首和首脑一致通过一份《联合国千年发展目标》(The Millennium Development Goals,简称MDGs)。该目标旨在实现世界和谐,从极端贫穷人口比例减半到普及小学教育,从遏止艾滋病的蔓延到进一步发展开放的、遵循规则的、可预测的、非歧视性的贸易和金融体制,从扭转环境资源的破坏到向致力于减贫的国家提供更为慷慨的官方发展援助,从家庭、妇女、儿童问题到和平、平等、发展问题。联合国千年发展目标共包括8项总目标、18项分目标和48项具体指标。

6. 世界银行标准

世界银行每年通过《世界发展报告》按人均GNP(国民生产总值)将世界各国和地区分为三种类型,即低收入、中等收入和高收入国家和地区。世界银行在《1982年世界发展报告》中按1980年人均GNP将世界各国和地区分为三种类型:将低收入国家(地区)的人均GNP确定为410美元或以下,中等收入国家(地区)的人均GNP确定为420~4500美元,高收入国家(地区)的人均GNP确定为4510美元及以上。其中:中等收入国家(地区)又分为中下等收入国家(地区)和中上等收入国家(地区)。中下等收入国家(地区)的人均GNP确定为420~1410美元,中上等收入国家(地区)的人均GNP确定为1420~4500美元。但以上标准不是固定不变的,《1991年世界发展报告》按1989年数据、《2000/2001年世界发展报告》按1999年数据进行了调整。按世界银行2010年划分标准,高收入国家指人均国民总收入12276美元及以上的国家,上中等收入国家指人均国民总收入3976美元至12275美元的国家,下中等收入国家指人均国民总收入1006美元至3975美元的国家,低收入国家指人均国民总收入1005美元及以下的国家。

（二）国内现代化指标体系

二十世纪八十年代以来，我国现代化进程明显加快，国内学术界、政府部门对现代化的进程进行多方探索，形成了一系列研究成果：

1. 中国《社会指标》课题组的社会指标体系

中国社会科学院《社会指标》课题组结合我国国情，参考了国外指标体系的理论框架，建立了由16个有代表性的指标组成的社会指标体系，并在1989年以此体系对1987年世界各国的社会发展水平进行了国际比较，这个指标体系由人均国民生产总值、社会结构、人口素质、生活质量四个部分组成。具体分解为16项指标：(1)人均国民生产总值；(2)农业产值在国民生产总值中的比重；(3)第三产业在国民生产总值中的比重；(4)出口总额在国民生产总值中的比重；(5)城市人口占总人口的比重；(6)非农业就业人口占就业人口比重；(7)教育经费占国民生产总值的比重；(8)中学生占12—17岁年龄人口的比重；(9)大学生占20—24岁年龄人口的比重；(10)人口自然增长率；(11)平均预期寿命；(12)婴儿死亡率；(13)平均多少人有一名医生；(14)平均每人每日摄取热量；(15)通货膨胀率；(16)人均能源消费量。

2. 国家统计局的小康和现代化指标体系

1991年国家统计局总结了学术界的研究成果，并在与计划、财政、卫生、教育等11个部门进行会商后，提出了"中国小康生活的基本标准"，该指标体系由经济水平、物质生活、人口素质、精神生活、生活环境5个方面16项指标组成，用以对全国和各省（市、自治区）在2000年以前的小康建设进程做指导、评估、督促之用。

3. 《中国现代化报告2001》评价指标体系

《中国现代化报告2001》中，采用"第一次现代化"和"第二次现代化""两段法"提出了自己的现代化评价指标体系。第一次现代化测度以英格尔斯评价指标体系为基础，分经济与社会两大类，提出了10个评价指标，它就是根据工业国家20世纪50—60年代的发展水平，适当调整评价标准，采用对单个指标简单对比计算达标率，对现代化进程实现程度采用等权的方法进行综合测度。第二次现代化的测度是用知识创新、知识转播、生活质量、经济质量等四大类16个指标组成的评价指标体系，测评方法仍属于先确定标准然后简单对比和分类的方法。由于现在世界上还没有一个国家完全实现了第二次现代化，所以还没有条件提出第二次现代化的评价标准值，而是以评价最近一年世界高收入国家有关指标的平均值作为评价的基准值。该指标体系的主要问题是在测度现代化进程时，设计出两套评价体系，人为地割裂了我国现代化进程中典型的"二元性"特征，使人们对现代化没有一个完整的印象。另外从方法上讲虽有定性定量综合分析，但定量分析以简单对比为主，显得原始和简单，而且认为每一个指标对现代化进程具有同等的影响,显然并不符合实际,也缺乏科学性。

4.《中国可持续发展战略报告2001》评价指标体系

2001年3月,中国科学院可持续发展战略研究组在发布了《中国可持续发展战略报告2001》,该报告以现代化研究系统学方向为中心,设计出四层叠加的现代化评价指标体系。第一层是总体层,表达国家或区域现代化的实现程度。第二层是表征集合层,表达现代化的三大本质内涵,由现代化的动力表征、质量表征和公平表征共同构成。第三层是水平指数层,由8个水平指数组成,表达构成现代化主要内容的发展态势与发展水平。其中,工业化水平指数、信息化水平指数、竞争力水平指数和城市化水平指数表达现代化的动力水平;集约化水平指数和生态化水平指数表达现代化的质量水平;公平化水平指数和全球化水平指数表达现代化的公平水平;第四层是基础要素层,由21个基础要素组成,支撑8个水平指数,对水平指数层进行反映与测度。

5. 中国统计学会《综合发展指数研究》

2011年,中国统计学会构建了综合发展评价指标体系。该指标体系从经济发展、民生改善、社会发展、生态建设和科技创新五个维度测量的综合性指数,每一维度都是构成具体方面的分指数,每个分指数又由若干个指标合成。其测评方法主要借鉴了联合国人类发展指数(HDI)的测量方法,基本思路是根据每个评价指标的上、下限阈值来计算单个指标指数(即无量纲化),指数一般分布在0和100之间,再根据每个指标的权重最终合成综合发展指数。通过该指标体系对2009年全国各省(区、市)的综合发展指数进行了测算,排在前三名的分别为北京、上海和天津。

6. 江苏基本实现现代化指标体系

2013年,江苏省对2011年制定的《江苏基本实现现代化指标体系(试行)》进行了修订,正式发布了《江苏基本实现现代化指标体系(2013年修订,试行)》(以下简称《现代化指标体系》),原指标体系不再使用。修订后的指标体系监测范围为省和省辖市。从2013年开始,首先对苏南五市进行监测评价。

此次修订后,现代化指标体系由原来的四大类30项44个指标扩展到五大类30项53个指标,其中经济发展10项、权重29分;人民生活5项、权重20分;社会发展7项、权重23分;民主法治3项、权重9分;生态环境5项、权重19分。另设1项评判指标,即人民群众对基本实现现代化建设成果的满意度,作为综合评判的必达指标。新的指标体系更加体现了科学发展、以人为本的鲜明发展导向,更加突出了加快转型升级、提升发展质量和效益的根本要求。其中工业全员劳动生产率、居民文明素质水平、单位GDP二氧化碳排放强度、城乡居民收入达标人口比例等指标均为首次列入,服务业增加值占GDP比重、地表水好于Ⅲ类水质比例、居民收入水平等指标得到强化。鉴于江苏各地发展的差异,江苏基本实现现代化的指标体系实行分类指导,在监测上不采取一刀切的办法,不要求每一项指标体系都达到目标值,允许有一定的弹性。具体检测方法为:综合评分达到90分以上、单项指标实现程度达到80%以上,人民群众对现代化建设成果的满意度达到70%以上,即为实现指标体系的要求。

三、改革开放以来太仓现代化发展历程

改革开放以来,太仓的发展大致经历了工业化、城市化、现代化三个递进台阶,发展形态经历了经济发展为主、经济社会协调发展到注重民生的科学发展三个层次,社会形态经历了温饱型到小康型再到更高阶段的现代化形态发展过程。特别是在2008—2011年期间,太仓地区生产总值年均增长18.5%;地方一般预算收入年均增长23%;工业总产值年均增长20.5%;累计完成全社会固定资产投资1277.8亿元。三次产业结构调整为3.6:55.9:40.5,服务业增加值占比提高4.6个百分点。全社会研究与试验发展经费支出占地区生产总值比重提高到2.24%。单位地区生产总值能耗比2007年下降17.8%。荣获全国科技进步先进县(市)。综合实力继续保持全国百强县(市)前十位。回顾太仓改革开放三十余年的发展历程,大致经历了以下三个阶段:

(一)第一阶段:1978—1992

1978年改革开放以来,太仓拉开了乡镇企业发展的序幕,农民开始了"农转工"的历史性跨越,长期以农业为主的传统经济格局得以打破。乡镇企业的迅速崛起和快速发展,推动了整个产业结构的根本性变化,到90年代初,太仓以工业为支柱、三次产业联动发展的经济新格局基本形成。在这一阶段,太仓完成了工业化前、中期发展阶段,太仓达到了"总体小康社会"的水平。具体来说,主要有以下几个方面:

1. 各项经济指标大幅增长

1992年和1978年相比,工农业总产值增加了18.56倍,国民生产总值增长了16.13倍,全员劳动生产率增长了16.71倍,固定资产原值增长了27.42倍。

2. 三次产业的比重出现历史性的变更

1978年第一、第二、第三产业比重为52:36:12,1991年已变成23:54:23,即从原来的"一二三"变成了"二一三",这种产业结构的变换标志着农村工业化的迅速成长。

3. 已达国际上公认的工业化标准

1992年太仓已初步达到工业化社会的标准,从事农业的劳动力占全部劳动力的17.1%(国际标准为21%),全县国民收入来自工业的比重达到工业化社会的85%的水平,农业机械化程度为68%,也达到了工业化社会农业机械化的程度。

4. 乡镇企业在经济发展中作用十分突出

1992年乡镇工业产值已占全县工业产值的82.3%,乡、镇、村企业吸收农村剩余劳动力11.22万人,占农村劳动力的52.36%,乡镇企业用于"反哺农业"的投资达2亿元,乡镇企业年均增速达到40%以上。

以上数据表明,太仓在20世纪90年代初已达到工业化初期的水平。按照邓小平同志提出的指标,小康社会要求国民生产总值在1980年的基础上翻两番,人均GDP达800—1000美元,人均住房面积20多平方米等要求,太仓当时均已达到并超过很多。按照国家统计局提出的中国农村小康生活标准,太仓也同样达到并远远超过。总之,十多年改革开放,使全县高质量进入总体小康社会的局面。

(二) 第二阶段:1992—2005

从1992年开始,太仓进入了城市化快速推进阶段。在这一阶段,太仓农村人口大规模向城市和城镇流动,大量农民工和一批科技管理人才向太仓集聚,太仓真正启动了城市化的进程。在13年左右的时间里,太仓城市化的推进大致经过了三个时期,即20世纪90年代前半期的"造镇",90年代后半期的"造城"和新世纪后"城镇体系化"。这三个阶段逐步推进,改变了太仓城市(镇)的形态特征。具体体现在以下几个方面:

1. 两区高速发展,形成"三集中"格局

20世纪90年代以来,太仓启动了太仓港港口开发区和太仓经济技术开发区建设,"两区"的出现,实现了城市空间的再造,并迅速成为太仓经济发展的主功能区和主导示范区,对太仓经济社会发展起到了巨大的推进、聚集、辐射和带动作用,并促进了"三集中",即农村劳动力向非农产业集中,农民居住向城市(镇)集中,产业向区域主导区集中。已开发的两区建成面积达74.38平方公里,共投入基础设施建设资金120多亿元,共聚集起各类中外企业2473家,提供就业岗位12.6万个。

2. 依靠便捷的交通网,形成城市城镇一体化格局

太仓拥有3条高速公路、204国道和3条省级公路。依靠四通八达便捷的交通网络将城、镇紧密联为一体。并已建立起完整的城市体系,形成了"中等城市规模的中心城区——52平方公里的港口港区滨江新城——重点城镇(城厢、沙溪、浏河)——特色城镇(璜泾、陆渡、浮桥、双凤)"的框架,走出了具有太仓特色的现代化之路。

3. 人民生活水平不断提高,农村城市化格局形成

太仓的城市化一方面是原有县城的城市化和新兴港城的城市化,另一方面是原有农村的城市化。"村中城"越来越多,这些"村中城"拥有城市的现代化设施、便捷的交通、优美的环境和豪华的别墅等,在农村中即能享受到城市生活

4. 城市人口增长迅速，先进生产力要素高度集聚

13年来，太仓本地农村劳动力大规模向城市聚集，外来人员纷纷落户太仓，彻底改变了太仓以农业、农村为主的传统社会结构，以城镇、城市人口为主的社会结构已经形成。到2005年末，太仓户籍人口45.76万人，自然增长率为－1.79‰；在总人口中，农业人口25.97万人，非农业人口19.80万人。暂住人口24.49万人，比上年增长25.7%。

5. 城乡居民收入差距不断缩小，城市化活力不断增强

1978年，太仓农民人均收入为176元；20世纪80年代，农民收入持续增长，年均增长率达15.5%，城乡居民收入差距不断缩小，2005年，太仓城乡居民人均年收入分别为16670元和8401元，两者比例约为2∶1，城乡生活达到较为和谐的状态，为城乡一体化打下了良好的基础。

（三）第三阶段：2005年开始

2005年，太仓完成了建设全面小康社会的任务，人均GDP超8000美元，城乡居民年人均收入分别超2500美元和1200美元。从2005年开始，太仓开始了现代化建设的新征程。"十二五"期间，太仓以率先基本实现现代化为目标，以加快转变经济发展方式为主线，以改革开放和科技创新为动力，以富民惠民为根本，大力实施"创新引领、以港强市、接轨上海、城乡一体、可持续发展"战略，加快建设经济发达、文化繁荣、环境优美、社会和谐、人民幸福的现代化新兴港口城市和最佳宜居城市。从2005年开始太仓现代化建设新实践的主要成就表现在以下方面：

1. 综合实力不断增强

2014年全年实现地区生产总值1065.33亿元，比上一年增长8.6%；公共财政预算收入106.5亿元，比上一年增长6.3%。完成工业总产值2630.3亿元，比上一年增长2.6%；全社会固定资产投资530.4亿元，比上一年增长2%。实现全社会消费品零售总额239.04亿元，比上一年增长9.3%。太仓港完成集装箱吞吐量305.68万标箱，货物吞吐量15721万吨，分别比上一年增长40.9%和32.5%。

2. 产业转型升级步伐加快

2014年太仓新兴产业实现产值1036.16亿元，占规模以上工业比重49.8%，比上一年提高4.3个百分点。规模以上工业总产值2082.36亿元，比上一年增长4.8%。实现服务业增加值469.81亿元，比上一年增长9.8%，占GDP比重达44.1%。全社会研究与试验发展经费支出占地区生产总值比重达2.37%，高新技术产业实现产值682.4亿元，科技创新指数位列福布斯中国县级城市第6位。

3. 人民生活进一步改善

公共就业服务水平不断提升,2014年城镇登记失业率2.0%,太仓籍高校毕业生就业率达98%。城镇居民人均可支配收入46377元,比上一年增长8.5%;农民人均可支配收入23590元,比上一年增长10.0%。社会保障日益完善。全面构建了以社会保险、社会救助、社会福利为重点的多层次社会保障体系,在全省率先实现城乡居民社会保险并轨。全民大病再保险政策成为国家医保新政蓝本,养老、医疗保险参保率均达到99%以上。

4. 社会事业全面发展

2014年太仓教育布局规划编制完成,现代化校舍升级工程竣工25万平方米,双凤中学、港城小学、沙二小等多个易地新建学校建成投用。健雄学院及省太中专各获国家级教学成果奖1项。太仓进入全国文明城市提名城市行列。开展各类文化惠民活动3000场次,建成了省级公共文化服务体系示范区,被授予"全国文化养老示范基地"。全民健身活动广泛开展,成功承办2014年国际田联竞走世界杯赛等国际国内体育赛事。

四、太仓现代化发展水平的度量与评价

2013年5月,江苏省委、省政府正式发布《江苏基本实现现代化指标体系(试行)》(2013年修订),修订后的《江苏基本实现现代化指标体系》是2011年发布的江苏基本实现现代化指标体系的完善版(见表1-1)。原指标体系不再使用。此次修订后,现代化指标体系由原来的四大类30项44个指标扩展到五大类30项53个指标,按照苏州市委要求,到2015年率先达到新修编的省定基本现代化指标体系要求,再用15年左右时间建设全面现代化。

(一)江苏现代化指标体系的变化

《江苏基本实现现代化指标体系(试行)》(2013年修订)与原指标体系相比,现行指标体系主要有以下几方面变化:一是大类拓展,在原"经济发展、人民生活、社会发展及生态环境"四大类的基础上,增设"民主法治"类,共设三个指标,由原"社会发展"类指标中分离而来;二是指标增设,共增设工业全员劳动生产率(万元/人)、城乡居民收入达标人口比例(%)等10项子指标;三是指标替换,共替换4个指标,由信息化发展水平(%)替换原"每千人国际互联网用户数",城镇住房保障体系健全率(%)替换原"城镇保障性住房供给率",现代教育发展水平(%)替换原"主要劳动年龄人口平均受教育年限",空气质量达到二级标准的天数比例(%)替换原"空气质量优良天数比例";四是指标提升,共涉及人均地区生产总值、服务业增加值占GDP比重等9个指标;五是指标削减:取消了消费对经济增长贡献率1个指标。

（二）太仓现代化指标的完成情况

根据《江苏基本实现现代化指标体系》（2013年修订，试行），按照达标认定标准中单个指标实现程度达到80%以上的要求，由表1-1可知，在经济发展大类的10个指标中，人均地区生产总值、现代农业发展水平实现程度较好，分别为103%和102%；服务业增加值占GDP比重、万人发明专利拥有量、高新技术产业产值占规模以上工业产值比重、工业全员劳动生产率4个指标实现程度分别为70%、65%、59%、54.9%，均未达到目标值的80%；信息化水平暂无统计基础，无法考量实现程度。

在人民生活大类10个指标中，除城乡居民收入达标人口比例、居民体质合格率2个指标暂无统计基础外，其余指标中，人均预期寿命、城镇家庭住房成套比例、镇村公共交通开通率3个指标实现程度较好，分别为105%、100%和100%；城市居民公共交通出行分担率、农村居民人均纯收入、城镇居民可支配收入3个指标实现程度均未达到80%。

社会发展大类16个指标中，除现代教育发展水平、城镇住房保障体系健全率、居民科学素质达标率、居民综合阅读率、注册志愿者人数占城镇人口比例5个指标暂无统计基础外，每千名老人拥有养老床位数、文化产业增加值占GDP比重、人均拥有公共文化体育设施面积3个指标实现程度分别为90%、92%、93%，低于100%，其余指标实现程度均超过100%。11个具有统计数据的指标实现程度均不低于90%，说明太仓基本实现现代化过程中，社会发展情况良好。

民主法治大类的3个指标实现程度均大于或等于100%，最高为106%，最低为100%，说明太仓民主法治情况良好。

生态环境大类的14项指标中，单位GDP二氧化碳排放强度、城镇污水达标处理率2个指标暂无统计基础；单位GDP化学需氧量排放强度、单位GDP氨氮排放强度2个指标实现程度较好，分别为168%、143%；单位GDP能耗、生活垃圾无害化处理率、康居乡村建设达标率、村庄环境整治达标率、城镇绿化覆盖率5个指标实现程度也均超过100%；单位GDP二氧化硫排放强度、空气质量达到二级标准的天数比例2个指标实现程度虽低于100%，但均超过90%；林木覆盖率、地表水好于Ⅲ类水质的比例、单位GDP氮氧化物排放强度3个指标实现程度均低于80%，分别为70.8%、57.1%和52%。

江苏基本实现现代化的最终评判指标为人民群众对基本现代化建设成果满意度(%)。为公众参与的主观感受指标，反映人民群众对基本现代化建设成果的认可程度，委托第三方调查机构，采用问卷、电话访问等抽样调查方式取得。目前太仓该项指标暂无统计基础。

基于上述，在有统计数据的5个大类53个指标中，太仓的社会发展和民主法治2个大类实现情况较好，所有指标均达到或超过目标值的90%；经济发展、人民生活、生态环境3个大类分别有4个、3个、3个指标未达到目标值的80%；经济发展、人民生活、社会发展、生态环境4个大类分别有1个、2个、5个、2个指标没有统计基础，无明确监测数据，无法考量实现程度。

表1-1 2012年太仓完成《江苏基本实现现代化指标体系（试行）》的情况

类别	序号	指标名称	单位	原目标值	修订后目标值	太仓2012年监测情况	实现程度(%)
经济发展	1	人均地区生产总值	万元	10	13	13.44	103.4
	2	服务业增加值占GDP比重	%	53	60	42	70.0
	3	工业全员劳动生产率	%	—	45	24.7（规上工业）	54.9
	4	城镇化率	%	68	70	63.67	91.0
	5	信息化水平	%	—	90	暂无统计基础	
	6	现代农业发展水平	%	90	90	92.1	102
	7	研发经费支出占GDP比重	%	2.8	2.8	2.5	89
	8	高新技术产业产值占规模以上工业产值比重	%	45	45	26.6	59
	9	自主品牌企业增加值占GDP比重	%	15	15	12	80
	10	万人发明专利拥有量	件	12	12	7.8	65
人民生活	11	城镇居民可支配收入	元	55000	70000	39422	56.3
	12	农村居民人均纯收入	元	23000	32000	19411	60.7
	13	城乡居民收入达标人口比例	%	—	>50	暂无统计基础	
	14	城镇家庭住房成套比例	%	95	95	95	100
	15	农村家庭住房成套比例	%	80	85	82	96.5
	16	人均预期寿命	岁	78	78	81.8	105
	17	每千人拥有医生数	人	2.3	2.3	2.27	99
	18	居民体质合格率	%	—	93	暂无统计基础	
	19	城市居民公共交通出行分担率	%	26	26	20.01	77
	20	镇村公共交通开通率	%	100	100	100	100

续表

类别	序号	指标名称	单位	原目标值	修订后目标值	太仓2012年监测情况	实现程度(%)
社会发展	21	现代教育发展水平	%	—	90	暂无统计基础	
	22	每万劳动力中研发人员数	人	100	100	136	136
	23	每万劳动力中高技能人才数	人	600	600	605	101
	24	城乡基本养老保险覆盖率	%	98	98	99.2	101
	25	城乡基本医疗保险覆盖率	%	98	98	99.2	101
	26	失业保险覆盖率	%	98	98	99.2	101
	27	城镇住房保障体系健全率	%	—	99	暂无统计基础	
	28	每千名老人拥有养老床位数	张	30	40	36	90.0
	29	基尼系数	—	<0.4	<0.4	0.3	133
	30	城市和谐社区建设达标率	%	98	98	100	102
	31	农村和谐社区建设达标率	%	95	95	100	105
	32	文化产业增加值占GDP比重	%	6	6	5.5	92
	33	人均拥有公共文化体育设施面积	平方米	2.8	2.8	2.6	93
	34	居民科学素质达标率	%	—	10	暂无统计基础	
	35	居民综合阅读率	%	—	90	暂无统计基础	
	36	注册志愿者人数占城镇人口比例	%	—	15	暂无统计基础	
民主法治	37	党风廉政建设满意度	%	80	80	80	100
	38	法治建设满意度	%	90	90	90	100
	39	公众安全感	%	90	90	95.5	106
生态环境	40	单位GDP能耗	吨标煤/万元	<0.5	<0.5	0.495	101
	41	单位GDP二氧化碳排放强度	吨/万元	—	<1.15	暂无统计基础	
	42	单位GDP化学需氧量排放强度	千克/万元	<2.0	<2.0	1.19	168
	43	单位GDP二氧化硫排放强度	千克/万元	<1.2	<1.2	1.31	92
	44	单位GDP氨氮排放强度	千克/万元	<0.2	<0.2	0.14	143
	45	单位GDP氮氧化物排放强度	千克/万元	<1.5	<1.5	2.91	52

续表

类别	序号	指标名称	单位	原目标值	修订后目标值	太仓2012年监测情况	实现程度(%)
	46	空气质量达到二级标准的天数比例	%	—	80	75	93.8
	47	地表水好于Ⅲ类水质的比例	%	60	70	40	57.1
	48	生活垃圾无害化处理率	%		95	100	105.3
	49	城镇污水达标处理率	%	—	95	暂无统计基础	
	50	康居乡村建设达标率	%	—	90	95	105.6
	51	村庄环境整治达标率	%	95	99	100	101
	52	林木覆盖率	%	23	24	17	70.8
	53	城镇绿化覆盖率	%	40	40	41.5	104
评判指标		人民群众对基本现代化建设成果满意度	%	70	70	暂无统计基础	

注:(1)人均地区生产总值目标值为2010年不变价;(2)涉及人均指标按常住人口计算。

五、太仓现代化的特色与创新

(一)繁荣太仓

1978年改革开放以来,经过30多年的发展,太仓经济社会发生了翻天覆地的变化(见表1-2)。

从1978年到2012年,从总体经济发展情况来看,太仓人口增长10.4%;而地区生产总值由2.31亿元增长到955.12亿元,比1978年增长了412倍多;人均地区生产总值由541元增长到134439元,比1978年增长了247.5倍;工业总产值由1978年的2.67亿元增长到2012年的2436.09亿元,比1978年增长了911倍多;从三次产业结构比例来看,1978年,太仓三次产业结构比例为51.5:36.3:12.1,太仓的产业结构以农业为主,第二产业和第三产业产值的总和仍低于第一产业的产值。2012年太仓三次产业结构比例为3.5:54.5:42.0,农业所占比重已经降到5%以下,整个产业体系以工业和服务业为主,并且服务业发展迅速;太仓财政收入也由1978年的0.37亿元增至195.07亿元,增长了526.2倍。

表1-2 太仓改革开放以来主要统计指标

项目 \ 单位 \ 年份	单位	1978年（工业化起步）	1993年（撤县建市）	2005年（实现全面小康）	2012（率先基本实现现代化）
年末户籍人口	万人	42.80	44.91	45.76	47.26
地区生产总值	亿元	2.31	54.68	295.00	955.12
第一产业	亿元	1.19	6.43	14.71	33.56
第二产业	亿元	0.84	37.10	178.22	520.41
第三产业	亿元	0.28	11.15	102.07	401.1
人均地区生产总值	元	541	12185	64679	134439
全社会固定资产投资	亿元	—	23.11	170.92	472.04
工业总产值	亿元	2.67	208.97	680.81	2436.09
社会消费品零售总额	亿元	0.73	10.52	47.87	195.07
进出口总额	亿美元	—	—	35.79	126.38
实际利用外资	亿美元	—	1.00	2.38	8.11
财政收入	亿元	0.37	2.54	45.18	230.17
城镇居民人均可支配收入	元	—	—	16670	39422
农村居民人均纯收入	元	206	2399	8401	19411
港口航线	条	—	—	19	108
港口货物吞吐量	万吨	—	—	1510.69	12262.5
港口集装箱吞吐量	万标箱	—	—	25.12	401.5

从居民收入情况来看，从1978年到2012年，太仓农村居民人均纯收入由206元增至19411元，增长了93.2倍；从2005年到2012年仅7年的时间，太仓城镇居民人均可支配收入由16670元增至39422元，增长了1.36倍。农村居民人均纯收入由8401元增长到19411元，增长了1.31倍。

从太仓港发展情况看，1992年10月，港口开发首期启动6平方千米。1992年10月28日，太仓港第一个万吨级码头——江苏长江石化有限公司投资兴建的石化码头开工建设。1993年11月4日，江苏省政府批准太仓港港口开发区和太仓经济开发区为省级开发区，《江苏省国民经济、社会发展第九个五个计划和2010年远景目标纲要》提出要"重点开发建设太仓港，尽快使其成为长江口以集装箱枢纽港为主体的商业性大港"，专门成立了"江苏省太仓港港口规划建设领导小组"，以加强对太仓港港口规划建设的领导。

1995年5月25日，长江石化码头靠泊第一艘国轮"胜利4号"，标志着太仓港正式投运。1995年12月，国务院批准太仓港为国家一类口岸。1996年6月，太仓政府与中国远洋运输（集团）总公司签署共同开发"中远国际城"协议书，中远集团开始参与太仓港建设。1997年1月18日，太仓隆重举行太仓港开港典礼。2000年2月,交通部和江苏省政府正式批准《太仓港总体布局规划》。2001年,国家交通部、国家发展计划委员会把太仓港定位为上海国际航运中心集装箱运输的干线港。2002年12月,江苏省政府审批同意太仓港口开发区与太仓经济开发区合区,成立江苏省太仓港经济开发区。2005年底,江苏省委、省政府专门成立副厅级建制的江苏太仓港口管理委员会,委派苏州市副市长梅正荣担任江苏省太仓港口管理委员会主任。太仓港以建成"亿吨大港、集装箱干线港"为目标,进入新的发展阶段。2011年6月29日,国务院办公厅批准江苏省太仓港经济开发区晋级为国家级经济技术开发区。2012年12月,国家发改委、财政部和交通运输部发文,同意将江苏太仓港作为沿海港口管理,从2013年1月1日起执行相关的行政事业性收费政策。在全国内河港中,太仓港第一个获批享受海港待遇,由长江内河港收费标准改为海港收费,船舶有海运资格证书就能进出太仓港,实现了一次引航,在航交接,时间大大节省。

从2005到2014年,太仓港的港口航线由19条增至168条,增长了7.84倍;货物吞吐量由1510.69万吨增长到15721万吨,增长了9.41倍;港口集装箱吞吐量由25.12万标箱增长至2014年的305.68万标箱,增长了11.17倍。目前,太仓港已成为长江集装箱运输第一大港,并成为全国海运木材进口第一大港,长江沿线铁矿石进口第一大港。

(二) 幸福太仓

近年来,我国的GDP增速举世瞩目,但发展经济是否是终极目的? 我们需要反思经济增长与社会和谐、健康发展的关系。国外数十年的研究表明,当一个国家中大部分人尚未解决温饱问题时,发展经济能显著提高国民幸福感;但当经济发展到一定程度,经济与幸福的关系会减弱。如今我国的经济发展迅速,我们应该更加关注国民幸福感的增长程度。而人们主观幸福感的高低在很大程度上取决于很多和经济无直接关系的因素,例如情感状况、社交关系、生活环境。为了探求市民的主观幸福感现状及改进方向,我们对全市人民的幸福感进行客观的调研及分析。

本次研究仍然将研究重点放在调研对象的主观感受,即当他们想到城市某个方面的主观感受如何,但是在过去的研究方法上进行了较大的改进。一方面采用了入户调查和公共调查两种不同的调研方式了解居民对于自住城市的幸福感知。另一方面本次研究在最新国内外幸福学研究的基础上调整了幸福感的指标,将12项指标扩展到20项,以期更加全面地了解影响市民幸福感的因素。本次研究采用了芝加哥大学的奚恺元教授提出的城市幸福学评估体系。具体幸福感的20项指标,分别是:人情味、交通状况、医疗的便利程度和质量、教育质量、文体设施、餐饮及娱乐设施、购物便利、治安状况、气候、污染程度、自然环境、城区建设、赚钱机会、房屋价格、房价以外的物价、经济发展、生活节奏、工作压力、市民文明程度、文化底蕴。

目前,太仓已连续多年获评全国最具幸福感的城市。参与评价的群众和学者认为,太仓是一个恬静、富裕、长寿之乡。她临近上海,濒临长江,一年四季景致悦目娱情,高楼大厦掩映树丛中。这里既有千年以来的文化积淀:江南丝竹不绝于耳,四王画作流芳百世,牛郎织女口耳相传;也有改革开放之后的快速发展:港口经济跃然崛起,德企之乡名传海外,全国十强县年年上榜,这就是阔步行进在率先基本实现现代化道路上的江苏省太仓。

(三) 田园太仓

现代化是18世纪以来的一个世界现象,是现代文明的一种前沿变化和国际竞争。一般而言,发展中国家所谓推进现代化建设,主要是追赶排名前20名的发达国家。这些发达国家由于民族、地理、文化、历史的不同,呈现出不同的现代化模式,大致可以分为以美英为代表的盎格鲁—萨克逊模式,以德国为代表的莱茵模式,以及以日本为代表的东亚模式。1898年,英国社会改革家埃比尼泽·霍华德在其所著的《明日:一条通往真正改革的和平道路》一书中提出,应该建设一种兼具城市和乡村各自优点的理想城市,他称之为"田园城市"。田园城市是为健康、生活以及产业而设计的城市,它的规模能足以提供丰富的社会生活,但不应超过这一程度,四周要有永久性的农业地带围绕,城市的土地归公众所有,由一委员会受托掌管。霍华德的"田园城市"深刻地阐述了城乡结合的发展模式。

太仓自古以来土地肥沃、物产富饶、经济发达、人文荟萃,被誉为"锦绣江南金太仓"。在苏南地区率先基本实现现代化的实践中,太仓从传统文化、自然风貌、资源禀赋出发,综合分析太仓的历史、现实和未来的经济、科技、文化与环境的发展趋势,吸收世界先进城市的发展经验,积极打造自身的现代化特色,提升城市的竞争力,田园城市的形态已基本彰显。具体表现为以下五个方面:(1)产业和城市高度融合发展。产业结构和布局更加合理,2014年,新兴产业产值1036.16亿元,占规模以上工业产值的49.8%;实现服务业增加值469.81亿元,三产比重增至44.1%。注重科技研发投入,提高资源利用率,形成更强的产业竞争力和可持续发展能力。加强农业生产布局规划,在提高农业生产效益的同时,充分发挥农业的生态和景观功能。(2)城市和农村有机动态平衡。"一市双城三片区"的空间布局形成,城市成为所在区域的经济文化中心,为农村提供现代化支持和广阔市场。大部分农民进入城市居住,农村原始生态保持良好,广大农村成为保持城市生态平衡、促进城市可持续发展的关键。太仓居民可以很方便地从城市进入农村或者从农村进入城市。(3)社会充满活力和凝聚力。市民参与共享机制更加完备,群众自治组织等社会组织作用充分发挥,社会创造活力进一步激发,形成全体市民各尽所能、各得其所又和谐相处的生动局面。

社会管理不断创新,建立科学有效的利益协调机制、诉求表达机制、矛盾调处机制、权益保障机制,维护人民群众权益,促进社会公平正义,保持社会良好秩序,最大限度地增强社会凝聚力。(4)人民生活幸福安康。所有愿意和能够就业的人都实现就业,建立公平合理的劳资协调机制,劳动报酬在国民收入初次分配中的比重大幅提高,城乡居民收入实现6年翻番,弱势群体生活不断改善提高。关爱老人和孩子,教育、文化、卫生、体育等公共服务持续提升,社会保持平稳有序,全体居民都能安全、舒适生活。(5)生态更加良好。太仓在保持一定规模的农业生态系统的基础上,陆地森林覆盖得到扩张,城乡水系相互连通,水质明显改善,空气质量稳步提升,整个城市由农田、森林、绿地、河道组成了诗意的生态环境,特别是城市居民步行就能很方便地进入公园、绿地等自然环境。太仓全年空气质量优良天数率96%以上,城镇绿化覆盖率41.5%。

(四) 勤廉太仓

太仓运用社会学和经济学中"指数"测评的做法,探索开展了"勤廉指数"测评工作,从农村开始试点,逐步向市级机关推广,构建基层惩防体系建设的载体,量化惩防体系建设的目标任务,着力推动基层惩防体系有序、健康运转,促进基层勤政廉政建设向纵深发展。

首先,科学设定指数,建立测评机制量化惩防体系建设成效。太仓专门成立调研工作组,先后深入到镇村基层、机关部门进行调研,重点就惩防体系构建、民主监督等情况听取意见建议,并特邀时任全国政协常委、著名社会学家邓伟志指导调研工作,在此基础上,探索建立指数测评机制。一是科学设置指标体系。"勤廉指数"测评内容分为"勤政指数"和"廉政指数"两部分。村级"勤政指数"包括经济发展指标、组织建设指标、社会和谐指标三个方面,"廉政指数"包括教育预防指标、权力规范指标、廉洁从政指标三个方面,具体分为30项内容。市级机关"勤廉指数"着重测评机关部门服务态度、工作效率、工作实绩等情况,"廉政指数"着重测评机关部门工作是否依法、公正、廉洁。二是严密开展指数测评。"勤廉指数"制作两类问卷调查表,第一类问卷调查表是客观定量指标,由市纪委向市级机关有关部门进行调查。第二类问卷调查表为主观定性指标,村级"勤廉指数"测评由市统计局采用等距抽样的方式在镇干部和村民中随机抽取,统计人员上门入户调查;市级机关"勤廉指数"测评由被测评单位服务对象、市镇领导、党代表、人大代表、政协委员无记名填写调查问卷。三是合理分配分值权重。勤政和廉政指数分值各占50%。考虑到村民、服务对象分别对村干部和市级机关部门的勤政廉政情况最了解、也最有发言权,村级"勤廉指数"将普通村民的分值权重设置为60%,市级机关"勤廉指数"将服务对象的分值权重设置为70%,测评结果既较好地反映了客观事实,又充分体现了民意。

其次,客观分析数据,建立反馈机制形成惩防体系建设导向。量化分析"勤廉指数"测评结果,认真分析惩防体系建设进展情况,发现工作偏差和薄弱环节,并通过及时反馈、督促整改形成工作导向,提高惩防体系建设的针对性和有效性。一是系统分析。根据测评得分结果,对各村、各机关部门落实惩防体系任务的力度、进度、深度和广度以及执行制度、强化监督和执纪查案方面进行认真分析,总结经验,查找问题,从整体上掌握各村、各机关部门的工作成效和薄弱环节。二是信息反馈。在分析测评结果的基础上,市纪委对各村、各机关部门一一形成客观详细的反馈意见,既对好的做法及时总结和肯定,也对存在问题和不足提出有针对性的意见和建议。三是整改落实。各村、各机关部门在接到反馈意见后,按照要求专题召开村两委班子会议和领导班子会议,认真研究,对照检查,逐项剖析,制订措施,并写出整改报告,落实整改措施。市纪委对整改工作进行监督检查,确保整改工作的有效落实。

第三,统筹测评成果,建立纠偏机制推动,惩防体系有序运转。坚持"以人为本、惩防并举"的要求,加大"勤廉指数"测评结果应用的力度,督促各村、各机关部门自觉修正和完善惩防体系建设,保证惩防体系建设健康有序地向前推进。一是将村级"勤廉指数"测评结果与村干部年终报酬挂钩。把村级"勤廉指数"得分作为兑现村干部年终报酬的重要依据,在村干部年终考核中权重保持在50%以上。实践表明:由于与村干部报酬挂钩,各村十分重视纠偏和整改工作。二是将测评结果作为组织监督的重要依据。将"勤廉指数"测评结果作为诫勉谈话、廉政谈话、提醒谈话和责任制检查的重要依据,转化为组织监督的重要手段,通过落实市纪委与被测评对象"面对面"的督促,确保纠偏机制发挥作用。三是将测评结果供市委市政府决策参考。坚持向市委市政府报告制度,每年将"勤廉指数"测评结果、汇总分析情况上报,提出进一步推进惩防体系和基层勤政廉政建设的意见和建议,为市委市政府决策提供依据。

太仓"勤廉指数"测评工作得到省领导的高度肯定。原江苏省纪委书记冯敏刚在太仓视察时指出,太仓的"勤廉指数"让基层的党员和群众有效监督干部,是发扬基层民主非常好的形式,要进一步深入推进。省纪委副书记陈健指出,"勤廉指数"测评是惩防体系建设的有力抓手。省纪委以专刊形式刊载了太仓《关于开展村级"勤廉指数"测评的意见》。"勤廉指数"测评工作同时也受到媒体和社会各界的广泛关注。《光明日报》《中国纪检监察报》《新华日报》分别以《以"勤廉指数"测评为导向,扎实推进农村惩防体系建设》《太仓惩防体系建设在向农村基层延伸中运用"勤廉指数"测评科学衡量工作成效》《太仓"勤廉指数"管住村干部》为题,对太仓"勤廉指数"测评工作进行了报道。省《廉政时空》电视栏目拍摄播放了专题片《指数促勤廉》。曾参与"勤廉指数"指标体系设计的全国政协原常委、著名社会学家邓伟志认为,太仓敢于通过"勤廉指数"测评,把对基层干部的评价权真正交给党员群众,是扩大基层民主的有效途径,这一做法本身就是一种创举,是促进基层干部勤政廉洁的可靠保证。太仓2006年开展试点、2007年在太仓全面推进了"勤廉指数"测评工作,构建了村级民主监督的新平台,推进了农村基层党风廉政建设。2010年,"勤廉指数"被《人民日报》《光明日报》等媒体报道,并编入《江苏省志》。

(五) 创新太仓

熊彼特在1912年出版的《经济发展概论》指出,创新是指把一种新的生产要素和生产条件的"新结合"引入生产体系。它包括五种情况:引入一种新产品,引入一种新的生产方法,开辟一个新的市场,获得原材料或半成品的一种新的供应来源。熊彼特的创新概念包含的范围很广,如涉及技术性变化的创新及非技术性变化的组织创新。二十世纪六十年代,随着新技术革事的迅猛发展,美国经济学家华尔特·罗斯托提出了"起飞"六阶段理论,把"技术创新"提高到"创新"的主导地位。党的十八大报告提出要"实施创新驱动发展战略",强调"科技创新是提高社会生产力和综合国力的战略支撑,必须摆在国家发展全局的核心位置。"

在后金融危机时代,科技创新是产业结构调整和持续健康发展的决定性力量。太仓是一座新兴工业城市,科技创新基础比较薄弱,大学、研究机构、高新企业等创新主体较少,但是背靠上海、南京、苏州等科技创新能力很强的大城市,吸引和集聚这些大城市的创新资源,推动他们的创新成果在太仓转化应用,是太仓加速建设创新型城市的一条重要路径。积极培育创新型企业,鼓励企业建设国家重点实验室、工程实验室、工程中心和技术中心,与国内著名大学和一流科研机构建立战略合作,推动企业从产品输出向技术输出、研发服务延伸;加强大学科技园、科技创业园等自主创新载体建设,加快引进高层次教育、科研资源,建设高水平的公共科技服务平台,培育和支持科技创新型企业发展,形成自主创新的企业梯队和良好的创新生态;大力推进高层次专业人才队伍建设,吸引造就一批领军人才和中青年创新创业人才,着力引进海内外高端人才、拔尖人才和优秀创新团队,打造支撑现代产业发展的人才高地。近年来,太仓科技创新指数位列福布斯中国县级城市前列。

六、太仓现代化发展的战略和策略

"雄关漫道真如铁,而今迈步从头越"。在现代化新征程中,太仓应全面贯彻落实科学发展观,以率先基本实现现代化为目标,以加快转变经济发展方式为主线,以改革开放和科技创新为动力,以富民惠民为根本,加快建设经济发达、文化繁荣、环境优美、社会和谐、人民幸福的现代化新兴港口城市和田园城市新样本。

（一）太仓现代化的环境分析

站在新的历史起点上，在太仓开启基本实现现代化新征程中，随着国内外环境的深刻变化，太仓现代化发展将迎来很多机遇，也将面临更严峻的挑战。

国际环境。世界多极化、经济全球化、文化多样化、社会信息化深入发展，世界经济在深度调整中曲折复苏，新一轮科技革命和产业变革蓄势待发；新技术、新产业、新业态、新模式不断涌现，特别是"第三次工业革命""德国工业4.0"等战略将加快推进，这有利于太仓经济平稳发展和产业转型创新，但同时也使太仓外向型经济发展面临较大挑战。另外，发达国家的"再工业化"战略使得通过承接高端产业转移实现产业升级的难度越来越大。

国内环境。我国经济发展进入从"高速增长"向"中高速增长"换挡的"新常态"；改革进入深水区和攻坚期，重要领域和关键环节的改革措施将进一步激发市场活力；"中国制造2025""一带一路""长江经济带"战略加快实施，长三角区域发展一体化不断深化，区域统筹发展力度加大。特别是太仓处于江苏具有国际竞争力的先进制造业基地、具有全球影响力的产业科技创新中心和上海"五大中心"建设的重要节点，这既有利于激发太仓发展动力，也对太仓经济保持平稳增长、推进产业转型带来挑战。

县域环境。经过近年来经济社会发展，太仓进入基本实现现代化新阶段，经济转型、改革深化、管理创新的要求更为迫切。上海自贸区的辐射、苏南国家自主创新示范区建设将为太仓发展带来巨大机遇，国家新型城镇化综合试点也有助于太仓县域经济发展和现代田园城市建设。与此同时，太仓现代化发展的瓶颈逐渐凸显，传统经济发展模式亟须向创新驱动转变，土地、生态等资源环境的约束更为突出，社会结构的深刻变化对社会治理提出了更高要求，区域竞争更加激烈。面对新形势、新常态和新挑战，太仓要全面而深刻地认识国内外发展环境，牢牢把握发展机遇，科学谋划发展定位、目标与战略举措，才能在新一轮竞争中抢得先机、赢得主动，在现代化新征程中走出自己的成功道路。

（二）太仓现代化的战略选择

太仓现代化建设要立足县情、着眼长远、顺应大势、体现特色，要在创新、协调、绿色、开放、共享发展理念统领下，扎实推进"改革创新、以港强市、融入上海、绿色发展、民生共享"五大战略，努力构筑沿江临沪新高地，勇当改革开放先行军，争做创新发展排头兵，打造田园城市新样本，建设民生幸福首善区，率先建成经济强、百姓富、环境美、社会文明程度高的现代田园城、美丽新太仓，积极探索开启基本实现现代化建设新征程，谱写民族复兴中国梦的太仓篇章。

围绕"现代田园城，美丽新太仓"的目标定位，要重点实施如下战略：

改革创新。把改革创新作为推动经济社会发展的原动力，按照国家和江苏省的总体部署，全面推进经济、社会、文化、生态等领域的综合改革，不断创新经济社会发展的体制机制;以增强自主创新能力为关键点和着力点,加快科技创新步伐,大力推进创新发展,通过改革创新破解发展瓶颈,扩大新常态下发展的新优势。

以港强市。发挥沿江临港优势,抓住国家实施长江经济带战略和沪通铁路建设机遇,加强港口基础设施建设,完善集疏运网络,加快港口信息化步伐,进一步扩大港口规模、提升港口综合能级。大力发展沿江经济和港口经济,着力做强临港大产业群,促进临江制造业和现代服务业集聚发展。按照"产城融合"理念,完善港城综合配套,加快港城发展。

融入上海。充分发挥沿沪优势,依托交通、港口和开发区等载体,推进与上海基础设施和社会公共服务一体化;积极对接上海自贸试验区、全球科技创新中心、虹桥商务区、迪士尼国际旅游度假区,承接溢出功能,扩大同城效应,借助上海资源推进太仓经济和社会发展,努力开创全面融入上海经济圈的新局面。

绿色发展。树立可持续发展观,把生态文明建设放在突出的战略地位。坚持绿色发展、绿色惠民,着力推进生产方式、生活方式、消费方式绿色化。以改善环境质量为核心,以构建生态体系为基础,走集约、低碳、绿色发展道路,着力推进节能减排、资源节约、环境保护和生态建设,促进人口、经济、社会、环境相协调,努力建设资源节约型、环境友好型的生态太仓。

民生共享。坚持以人为本、民生优先、发展共享,把民生需求作为经济社会发展的根本导向,全面落实以百姓为中心的发展思想,鼓励创业致富、勤劳致富。加大对就业、收入分配、社会保障、养老服务、教育、文化医疗卫生、住房等民生领域的投入力度,推进基本公共服务均等化和优质化。创新社会治理体制,进一步激发社会组织活力、完善社会矛盾预防和化解机制、健全公共安全体系,让人民群众共享经济社会发展成果,增强全市人民的获得感和幸福感。

(三)太仓现代化的主要策略

具体来说,可从以下几个方面着手:

1. 大力推进转型升级,构建现代产业体系

太仓应坚持把推进产业结构优化升级和构建现代产业体系作为加快转变经济发展方式的重大任务,加快形成以战略性新兴产业为引领、先进制造业为支撑、现代服务业为主导、现代农业为基础的具有核心竞争力的现代产业体系。

(1)积极转变产业的发展方式。从国内外产业发展路径看,产业结构的转型有四种方式:一是通过承接国际产业转移,招商引资,实现产业结构的转型。例如我国港澳地区的制造业、台湾地区的信息产业以及日本的汽车工业等向珠三角的转移大多属于这一种类型。二是通过技术、组织管理、商业模式等创新,使企业的活动向产业链的高增值环节转移,使产业升级和结构转型。三是抓住世界科技进步机遇,发展新兴产业,实现产业升级和跨越式发展。四是通过关

键技术的创新,实现产品的更新换代,推进产业结构的升级。承接国际产业转移在我国许多地区的经济起飞和产业成长过程,一直扮演重要作用。这种方式在促进加工制造能力提升的同时,也导致了外延、粗放经济增长和"摊大饼"式产业扩张。当前太仓应按照新一轮城市总体规划和土地利用总体规划,结合本地经济社会发展的实际,通过向产业链的高增值环节转移,选择性发展新兴产业和关键技术的创新,实现产业体系重构,努力形成资源利用率高、产业集聚度高、产业链价值高、特色鲜明的产业空间布局。

(2)大力发展战略性新兴产业。战略性新兴产业是以重大技术突破和重大发展需求为基础,对经济社会全局和长远发展具有重大引领带动作用,知识技术密集、物质资源消耗少、成长潜力大、综合效益好的产业。2008年全球金融危机后,全球孕育着新一轮产业革命,战略性新兴产业正在成为引领未来经济社会发展的重要力量,世界主要国家纷纷调整发展战略,大力培育新兴产业,抢占未来经济科技竞争的制高点。在当前经济转型升级大背景下,太仓应健全重大项目导入机制,集中力量重点扶持新兴产业发展,加快战略性新兴产业项目引进,推进中化霍尼韦尔、赫森制药、德特威勒等项目建设。提升新兴产业基地建设水平,打造从研发、孵化到生产、营销的完整产业集群。实施一批重点新兴产业项目,把新材料、新能源、电子信息、生物医药、高端重大装备等新兴产业发展成为太仓支柱产业。

(3)促进传统产业转型升级。传统产业是指发展时间较长,生产技术已基本成熟,经过高速增长后发展速度趋缓,对国民经济的贡献度逐步下降,资源利用率和环保水平通常较低的产业。长期以来,传统产业在促进我国经济发展和劳动力就业方面发挥了重要作用。当前,在构建现代产业体系的过程中,太仓不能将传统产业冠以"夕阳产业"的称号,应认识到传统产业可以促进现代产业的发展,传统产业经过高新技术的改造提升,在现代产业体系中仍能发挥重要作用。传统产业特别是优势传统产业是建设现代产业体系的重要部分,对高科技产业的过分崇拜和对传统产业的"无用论""抛弃论"的观点,均不利于构建和谐、健康、有活力的产业体系。太仓应以龙头企业为骨干,通过转型创新,加快产业链延伸、价值链拓展,推进传统产业技术高新化、产业集群化、产品品牌化,促进信息化与工业化融合发展,培育更多的地标企业、名牌产品,力争使大多数骨干企业的技术装备、劳动生产率、资源消耗达到国内先进水平。

(4)跨越发展现代服务业。党的十八大报告提出了推动服务业特别是现代服务业发展壮大的任务要求,为服务业发展指明了方向。加快发展服务业是推进经济结构调整、产业结构优化升级的重大任务,是适应对外开放新形势、提升综合国力的有效途径,也是扩大就业、满足人民群众日益增长的物质文化生活需要的内在要求。转变经济发展方式、调整产业结构的加快推进,将对发展生产性服务业提出新的要求;保障和改善民生,不断满足广大人民群众日益增长的物质文化生活需要,将对发展生活性服务业提出更高的标准。在规划指引下,将发展服务业作为加快推进"产业结构调整、转变经济发展方式、提高国民经济整体素质、实现全面协调可持续发展"的重要途径,充分发挥"沿江沿沪"的独特区位优势,加快构建与先进制造业相融合、与城市现代化相协调、与经济国际化相接轨、与群众需求相适应的服务业发展体系,充分利用以港口和区位为基础的比较优势,精心培育以创新和品质为基础的竞争优势,集聚发展现代物流、金融、商务服务、软件与信息服务、设计研发与服务外包等生产性服务业,提升发展文化、旅游、商贸、家庭服务等消费性服务业,创新发展教育卫生、社区服务等公共服务业,使现代服务业成为经济增长的拉动力、扩大就业的主渠道、结构调整的大平台、科学发展的生力军,努力把太仓建设成为长三角服务中心地,宜商宜居的品质之城。

(5)优化发展现代农业。作为苏南地区现代农业快速发展的典范,太仓农业的产业发展、基础设施建设、现代化装备水平、科技水平、产业化组织化水平都保持较高水平,特别是工厂化育秧育苗中心建设、土地流转后的园区建设、农民专业合作社建设、新型经营主体的培育等更是走在全省前列。因此,太仓应抓住发展优势,加快转变农业发展方式,着力提升农业设施、农业组织和农业科技水平,积极发展生态高效农业,不断提高农业的综合生产、社会服务和生态保障能力。坚持农业"生态、生产、生活、生物"的功能定位,加快调优以优质粮油、蔬菜、林果、特种水产为主导的"四个十万亩"现代高效农业主导产业,推进现代农业规模化;加大农业科技投入,加强农业社会化服务体系建设,积极发展名、特、优农产品,扶持发展农业龙头企业,推进农业向服务业拓展延伸;以健雄职业技术学院为主导,加强农业职业教育,培养适应农业产业化和科技进步的新型职业农民。加强适应现代农业生产方式的技术人才、流通人才、经营和管理人才培养,支持农业结构战略性调整。

(6)优化产业布局。以新区、科教新城、城厢镇和璜泾镇为主体,重点发展现代服务业和高新技术产业,提升传统产业,推进产业结构向高端、高效、高附加值转变。以港区、沙溪镇为主体,重点发展先进制造业和生产性服务业,促进产业集群发展。以长江口旅游度假区(浏河镇)为主体,积极发展轻型、无污染的高新技术产业,大力发展休闲旅游产业,促进现代农业、生态保护、旅游休闲的协调发展。双凤镇重点发展特色优势农业,鼓励发展生态旅游、商贸等服务经济,因地制宜发展加工制造业。着里打造产业集中、企业集群、资源集约的"两带一区"。

沿江现代制造产业带:依托太仓港经济技术开发区,抓住国家长江经济带的战略布局契机,重点发展新能源、新材料、新装备等现代制造业,打造具有国际竞争力的先进制造业基地。推进港口、开发区、综合保税区互联互通,成为区域性物流基地、大宗商品交易中心和城市副中心,实现港口、产业、城市建设的创新融合发展。

临沪高新技术产业带:以国家高新技术开发区创建为动力,充分发挥中德中小企业合作示范区的带动作用,打造具有全球影响力的产业科技创新中心。围绕天镜湖文化科技产业园、太仓大学科技园、科技信息产业园、太仓张江信息产业园等创新载体,形成新区、科教新城、城厢联动发展,辐射带动浏河、双凤的高新技术产业发展格局。

中部优势产业协同创新区:以沙溪新型现代化小城市为中心,联动璜泾、双凤等区域,充分发挥生物医药、纺织服装、纤维新材、电缆材料、金属加工、休闲食品等新兴产业、民营优势产业、特色产业成长力,创优产业发展品牌,成为太仓经济发展的活力区域。依托"四个十万亩"高效特色农业,推进优势主导产业向优势区域集中,加快形成区域化布局、专业化分工、产业化经营的现代农业规划布局,实现农业经济效应、生态效应的有机统一。精心培育沙溪古镇,打造江南水乡明珠。以双凤生态区、金仓湖生态区、现代农业园生态区、长江口旅游度假区为节点,形成"四点一线"的新港路生态走廊,打造集休闲、度假、观光于一体的特色旅游休闲区。

2. 加大港口建设力度,打造现代港口城市

大力实施"以港强市"战略,围绕"大港口、大物流、大产业"目标定位,不断增强港口对区域经济的辐射带动力,努力成为支撑太仓现代化建设的战略支点和重要引擎。着力做强港口、做优产业、做大港城,推进港口、产业、港城三位一体、协调发展。

(1)做强港口。按照国际江海联运枢纽港定位加快港口转型升级,强化集装箱干线港功能。"十三五"期末力争建成投产码头泊位30个,实现港口货物吞吐量2.5亿吨,集装箱吞吐量超过600万标箱。构建公铁水立体型港口对外集疏运交通网络,积极推进疏港铁路建设,提高集疏运公路网衔接水平,打通内河疏港通道。重点建设疏港快速路浮桥作业区段一二期工程、滨江大道北延新建工程、苏昆太高速公路东延新建等工程,建立"三横十纵"疏港公路体系。规划建设沪通铁路太仓港专用线工程,贯通海铁联运通道。提升疏港航道等级规模,实现杨林塘三级航道全线达标,充分发挥江海河联运优势。进一步加大投资建设力度,加快港口公共基础设施与配套设施建设。支持保障系统、锚地等公共基础设施建设,同步建设公共堆场、停车场等港口配套设施。推进远洋干线、近洋干线、内贸干线、洋山快线、长江(内河)支线同步发展。突破远洋干线,开辟近洋航线,巩固和加密至日韩台航线,全面建成近远洋直达集散中心。优化内贸沿海航线布局,实现与上海港互为补充、长江港口全面向太仓港喂给格

局。加强与周边港口战略合作,优化物流运作模式,促进苏南地区远洋货物与集卡直运洋山港改从太仓港水路中转至洋山港"陆改水"出海。大力发展港口特色物流,大力推进国际陆海联运物流发展,完善台湾—太仓港—"苏满欧"海铁联运新模式,积极发展日本和韩国—太仓港—"苏满欧"、东南亚—太仓港—"苏满欧"等海铁联运新业务。完善国际拆拼箱、汽车滚装等功能,新增中日国际海陆联运口岸、整车进口、肉类进口等资质。

(2) 做优产业。推进制造业高端化,改造提升电力能源、轻工造纸、石油化工等传统产业,发展新能源、新材料、新装备等新兴产业,"十三五"期末努力建成3个500亿级的新兴产业基地。以平台经济为主抓手,加快物流贸易产业发展。依托太仓港综合保税区,建设进出口贸易基地;以大宝赢电商为交易平台,建设大宗物资交易交割基地;以西本新干线、华东电商物流园等电商为运营平台,建设电子商务物流基地。"十三五"期末努力建成3个开票销售1000亿元的物贸基地。构建科技创新成果转化基地。围绕生物医药、新材料等重点领域,以成果转化量产为切入点,加强与高校科学院所的产学研合作,强化对接上海高科技园区,发挥土地空间和综合成本优势,加快同济大学太仓高新技术产业研究院、太仓生物港等创新创业载体建设,成为长三角科技成果转化的示范区。"十三五"期末要建成3个100亿级的成果转化基地。

(3) 做大港城。按照现代化港口新城建设目标,进一步完善港城集散、服务、生活、生态等功能,构建港产城一体化发展模式。加快从物流中转通道向区域资源集配枢纽转变,以港口优势吸引项目落地,以项目建设拉动经济发展,以港城建设推动港口壮大,实现城市、港口共同繁荣。增强港城开放服务功能,集聚人才、资金、物流服务等各类资源要素,重点增强航运、物流、金融、商贸、保险等功能建设,打造太仓港国际航运服务集聚区。推进"新城区、老镇区、管理区"建设,健全新港城内部交通体系,完善港城商业配套。开工建设港城医院、港城中学、港城职业中学、体育公园等公建设施,加快核心区城市景观塑造和七浦塘沿线、重要门户节点生态改造。

此外,太仓港建设中,要参积极参与长江经济带建设,依托太仓通江临海的区位优势,发挥太仓港江海联运中转枢纽港作用,成为沿江集装箱运输的集散中心。加强产业协调合作,引导具有成本优势的资源加工型、劳动密集型产业向中上游地区转移,争取跨区域共建产业园区或物流贸易基地。加强与沿江城市在沿江岸线利用、港口协作发展、综合交通衔接以及水陆环境共保等方面的衔接协调,全面打造"产业新城、物贸新城、生态新城"。重视专业人才的培养与引进,提高港口现代化管理水平。

3. 实施科教兴市战略,增强区域发展支撑力

2012年6月成思危在南旧金山市出席他的英文著作《美国金融危机:分析

和启示》发行活动时说:"经济只能保证我们的今天,科技可以保证我们的明天,只有教育才能保证我们的后天。"因此,太仓在发展经济的同时,应大力发展教育和科技,提高区域发展支撑力。

(1) 建设教育强市,实现高水平教育现代化。坚持"优先发展、创新发展、协调发展、内涵发展"的工作方针,完善教育质量保障机制,大力推动城乡教育一体化,高起点、高标准、高质量推进教育现代化。加快学前教育优质健康发展,构建更加完善的以政府投入为主、公办幼儿园为主、教育行政主管部门为主,鼓励多渠道投入、支持多体制办园的学前教育体系;促进义务教育优质均衡发展,推进义务教育资源配置标准化、均等化,加大市级财政转移支付力度,缩小镇、区财政投入差距,基本建立市级统筹为主的义务教育财政投入体制;推动普通高中优质多元发展,坚持优质发展。加强内涵建设,全面提升普通高中整体办学水平和学生综合素质,形成高质量、多样化、有特色、可选择的发展格局;增强职业教育吸引力,提升职业教育特色发展水平,根据产业结构调整、经济转型升级的需要调整专业结构和课程设置,加强与产业群相吻合的专业群(专业链)建设,实现职业教育与经济发展的有效对接;完善现代职业教育体系和制度,实现中、高等职业教育衔接、学历教育与职业培训并举、全日制与非全日制并重的区域现代职教体系,促进职业教育终身化;创新地方高等教育发展模式,推进产学研合作,提高地方高校人才培养质量与服务区域经济发展的能力。

(2) 大力推进科技进步,不断提升区域创新能力。大力实施创新引领战略,全方位推进科技进步、人才开发和体制机制创新,在更高平台集聚发展资源,全面增强自主创新能力和内生发展动力,加快建设以企业为主体、市场为导向、产学研紧密结合的技术创新体系,率先建成创新型城市。深化体制机制创新,围绕科学发展、先行先试,着力破除转型发展的深层次问题和结构性矛盾,营造更加科学、更为开放、更富活力的体制机制;加大科技创新投入力度,构建多元化科技投入机制;深入实施"522"人才工程,创新人才服务、保障机制,大力培养和引进科技领军人才、创新创业人才和高技能人才;大力培育自主知识产权、自主品牌,引导创新要素向企业集聚,加快科技成果的产业化步伐,形成一批创新型、领军型企业群;构建公共创新平台,加强创新载体和专业孵化器建设,打造国内一流的科技园区;支持企业和高校、科研院所建立产业技术创新战略联盟,推进产学研紧密结合。

4. 加快融合上海步伐,集聚资源助推太仓发展

加快实施"融入上海"战略,以设施对接为基础、功能融入为重点、机制联动为保障,全方位、高层次、宽领域创新合作模式,彰显同城效应。重点推进与上海"八大对接":

规划对接。充分对接上海新一轮城市总体规划(2020—2040年)中的城市

空间布局和上海未来30年发展战略研究中的的城市功能定位,加快城市功能的融入,成为上海长三角城市群中的重要节点。交通对接。着力发挥沪通铁路的交通对接功能,打造城际通勤列车;加快启动轨道交通建设,融入上海城际轨道交通圈;加强公路网建设,实现主要干线公路与上海全面对接;以发展区域公共客运为重点,构建对接上海公共交通体系,推动交通卡等公共交通服务一体化。产业对接。把握上海产业转型升级、大力发展现代服务业和战略性新兴产业带来的产业转移、产业配套机遇,进一步完善政策体系和基础设施,以产业配套、产业招商、成果转化为抓手,以共建园区为载体,积极推进与上海政府、园区、企业、研究机构的合作和交流,引进科技与优势企业、共同招商增量企业、配套产业链环节,提升与上海产业对接的深度。公共事业对接。在医疗、教育、文化、养老、社会保障等领域加快对接,积极引入上海优质医疗、教育资源,尽快实现社会保障体系互通互联。充分利用上海文化优势,丰富群众业余文化生活。与上海自贸区对接。加快太仓港综合保税区载体建设,推进与中国(上海)自由贸易试验区功能联动(投资管理、贸易管理等)、业务联动(金融创新等)、管理联动(负面清单、事中事后监管等)。加强与中国(上海)自由贸易试验区主体上海外高桥(集团)有限公司等企业的合作,成为中国(上海)自由贸易试验区复制推广的先行区。与上海全球科创中心对接。抢抓上海建设具有全球影响力的科技创新中心的机遇,融入上海全球科技创新中心建设战略,加快推动太仓创新驱动发展。在科技人才、科技投入、科技管理等方面,加快建立承接上海人才溢出、科技成果转移转化的机制,打造"创新在上海、创业在太仓"的创新创业服务品牌。重点推进太仓港经济技术开发区与上海漕河泾经济技术开发区、金桥经济技术开发区的对接,推进太仓高新技术开发区与上海张江高科技园区、紫竹高新技术产业开发区等载体的合作,形成功能、项目的全面联动格局。与上海虹桥商务区对接。充分利用大虹桥商务区会展经济溢出效应,积极搭建各类服务载体功能平台,发挥以餐饮、宾馆、休闲为主体的服务优势,引导各类企业来太开展国际国内贸易、物流配送等业务,有效集聚商贸流通业发展新平台、新功能,推动我市现代服务业的发展。加快与上海迪士尼对接。整合长江口旅游度假区、沙溪古镇等旅游度假资源,融入上海迪士尼主题公园旅游体系,争取在太仓设立游客接待服务中心,建立与上海迪士尼主题公园的游客分享合作机制,真正成为上海旅游休闲后花园。

5. 深化中德全方位合作,打造中德合作典范市

提升对德合作战略层次,打造新时期江苏对外开放的新窗口、中德两国合作的新典范,争取获批国家级"太仓深化中德合作试验区"。

(1)推进"工业4.0"实践。坚持以高端制造业为引领,三次产业齐头并进。继续深耕精密机械制造和汽车零配件制造两大特色优势产业,积极拓展新能

源、新材料、生物医药、电子信息、环保等新兴产业,着力引进德国工业4.0代表性企业。积极鼓励在华德企把地区总部和研发、交易、结算等功能性机构设在太仓。加快引进培育德资金融保险、管理咨询、商贸旅游、服务外包、创意设计、会展、会计、法律等专业服务业,大力引进德国先进农业设备与技术。推动对德合作从高新区主战场向全市辐射拓展,全面优化各产业园区产业布局,加快形成德资工业产业链集群。

(2)深化产业创新与合作。借鉴德国工业4.0模式,实施中国制造2025规划,建立国内领先的以自动化、智能化、精细化生产为主导的先进制造业基地,提升德企与本地企业的黏合度。构建海外技术转移平台和产学研联合创新机制,充分发挥德国中心、史太白中心和中德国际技术转移中心功能作用,加快推进中德创新中心落地,力争引进弗朗霍夫研究所等高端研究机构。积极组织开展国际产学研活动,鼓励德企技术成果在太仓转化为知识产权,打造中德技术转移中心。构筑"企业+大学+政府"的多边合作体系,新建一个有影响力的合作研发基地与技术转让交流平台。积极推进中德创新园金融创新。借鉴德国中心有效经验,鼓励有条件企业赴德国投资发展,积极尝试与德国中小企业开展并购重组或产业合作。建设德国中国企业"中国之家"。拓展引才渠道,制定更加科学有效的人才政策,增强优质人才教育与供给机制对德企的吸引力。加强与中欧高层次人才交流中心、全欧华人专业协会联合会等海合组织合作建立"海外引才直通站",进一步探索建立德籍高技能人才来太的绿色通道。继续推进德国"双元制"高技能人才培育模式的太仓本土化实践,争创全国中德职业培训的典范,创办"中德太仓大学"。深入实施"中德创新领袖计划",培育一批既熟悉理解东西方文化差异,又能够在太熟悉运用德国先进技术和管理的专业人才。

(3)加强中德城际交流。吸收德国城市建设的先进经验,提高建设标准,注重管理创新,全面提升城市综合环境的满意度。规划建设一条特色商业街、一条交通示范路、一个"德国小镇"。规划建设德国工业4.0与"中国制造2025"对接园区平台,中德中小企业合作园争取成为国家级园区,完善德国留学生创业园,强化德国工商大会(AHK)太仓办事处和太仓驻德办事处功能。加密双向经贸合作交流,探索建立德国商品展销中心。扩大深化友好交往,力争与巴符州、北威州及德国其他地区建立友好城市。广泛开展友好学校交流和大中小学生对德修学交流,探索设立德国中小学、幼儿园的有效途径。继续办好"德国太仓日"、德国啤酒节等活动,积极开辟中德家庭互访交流、江南丝竹走进德国、太仓图片艺术展等新的文化交流形式,加强中德体育赛事合作交流,加强医疗卫生方面对德合作。

6. 推进生态文明建设,打造现代田园城市

生态文明是人类为保护和建设美好生态环境而取得的物质成果、精神成果和制度成果的总和,是贯穿于经济建设、政治建设、文化建设、社会建设全过程和各方面的系统工程,反映了一个社会的文明进步状态。当今世界,优美的生态环境已成为一个国家或地区城市竞争力的核心要素。在大力建设生态文明的大背景下,要增强绿色发展理念,加快转变经济发展方式,通过发展绿色经济,建设绿色港口,营造绿色环境,倡导绿色生活,不断改善城乡人居环境,全力打造现代田园城市太仓样本,努力成为全国中小城市建设典范,走出一条城市和自然相协调的生态化发展道路。要进一步加强生态文明制度建设,把资源消耗、环境损害、生态效益纳入经济社会发展评价体系,建立体现生态文明要求的目标体系、考核办法、奖惩机制。按照控制总量、调整存量、注重长效、社会参与的要求,大力发展循环经济、绿色产业、低碳技术,加快建设资源节约型、环境友好型社会。全面落实节能减排任务,大力淘汰落后产能,鼓励环保产业加快发展。通过盘活存量土地、广泛应用节能材料和技术,加快建设节地、节水、节能的节约型城市。加大环境保护力度,深入推进城乡环境整治工作,健全环境价格调节和生态补偿机制,构建和完善环境安全体系。全面实施水环境综合治理,加快推进水利现代化工程,促进水环境质量明显改善。加快实施"绿色太仓"工程,广泛开展植树造林,编制实施绿道规划,大力倡导绿色低碳生活理念,持续改善生态环境。

"十三五"期间,要以人的城镇化为核心,坚持以人为本、四化同步、市场主导、生态宜居,努力形成具有时代特点、太仓特色的新型城镇化发展模式。将生态文明理念全面融入城市发展,构建绿色生产方式、生活方式和消费模式,努力推进国家生态文明试点区建设,争创国家生态园林城市。实行"互联网+"行动计划,加快智慧太仓建设。发挥娄东文化、江海文化特色,精心打造长江口旅游度假区,继续加强沙溪古镇、浏河古镇、直塘老街等名镇名街整体保护,留存传统村庄格局风貌,传承非物质文化遗产,体现人文特色魅力。进一步完善交通、市政等基础设施,保障城市运行安全,改善城市人居环境。加大城乡协调发展力度,推进公共服务城乡同质,优化城乡资源配置;积极推动美丽乡村建设,激发农村发展活力,创造农村美好生活。

建设美丽太仓,当前要重点做好"控"和"用"两大工作。一是加强生态红线区管控。以东部长江重要湿地为主体,结合江岸防护体系建设,构建纵向生态安全防护带。以七浦塘、杨林塘、浏河引排通道维护区为主体,构建横向水生态防护带,保护生态系统服务功能和水乡文化传统。以浏河饮用水源、白茆饮用水源保护区为主体,构建水安全防护区,保护水源水质。以西庐园森林公园、金仓湖省级湿地公园、北部农业生态郊野公园、东部农业生态郊野公园、南部农

业生态郊野公园、西部农业生态郊野公园、中部农业生态郊野公园为主体,构建块状立体生态防护区,防止相关区域城市化的无序扩张。二是强化资源节约集约利用。实行严格的耕地保护制度,严守耕地红线。扎实推进"三优三保"工作,大力实施节约集约用地双提升行动。划定永久性基本农田,建立粮食生产功能区和重要农产品生产保护区,优化农业生态系统调控、农业生态环境管理和农业环境污染防治。严控城乡建设用地规模,划定城市开发边界,实行新增建设用地减量化。强化项目投资强度准入门槛,实施以"亩产效益"考核评价为基础的低效用地市场化再开发。实行最严格的水资源管理制度。提高高耗水行业准入门槛,落实取水许可制度。促进行业节水和生活节水,推动污水处理回用。探索水价改革制度,促进全社会节约用水。加强水功能区管理,建立水源地保护监管长效机制。

7. 提升开放发展水平,融入国内外发展大局

太仓要坚持开放发展理念,主动服务和融入国家开放总布局,积极参与国家"一带一路"和长江经济带建设,更加注重开放创新、更加注重内外联动、更加注重转型升级,丰富开放内涵,提高开放水平,发展更高层次的开放型经济。

(1) 参与"一带一路"建设。主动融入国家"丝绸之路经济带"和"21世纪海上丝绸之路"战略,成为"21世纪海上丝绸之路"的重要节点、先进制造业基地和人文合作交流中心。深入实施参与国家"一带一路"战略方案。重点突出港口优势,强化与"一带一路"国家港口合作,加强与"一带一路"沿线地区的合作。坚持"引进来"和"走出去"并重,深化对"一带一路"沿线国家和地区的投资和产能合作,鼓励本地企业开展"一带一路"沿线的国际布局,积极对接央企、联合市内中小企业组成投资联合体与沿线国家中小企业互动,承揽沿线国家和地区的重大基建工程项目。支持本地企业参与沿线国家和地区的产业园区建设发展。支持本地企业参与沿线国家和地区举办的展览会、博览会。鼓励有自主知识产权和自主品牌的企业在沿线交通枢纽和节点城市建立自主营销网络、售后服务中心、仓储物流基地和分拨中心。延伸放大综合保税区功能,积极开展保税展示交易、委内加工和返区维修业务。推动港口运营管理国际合作,共建"中国太仓港国际物流贸易合作示范区(基地)"。放大"郑和"品牌和江海文化的影响力,成为对接海上丝绸之路的重要节点。积极与沿线城市缔结友好城市,寻求旅游、教育、文化等多元化合作与交流,共建文化交流基地。梳理整合"一带一路"历史文化遗产和特色文化资源,积极融入文化部"海上丝绸之路"文化产业带建设,推动郑和文化、娄东文化、江南丝竹等文化资源的挖掘和产业发展。

(2) 提升利用内外资水平。优化利用内外资结构。引导外资投向特色新兴产业和生产性服务业和现代商贸、休闲旅游、健康服务等生活性服务业,提高

利用外部资本的质量和效益。鼓励国际先进技术和资本参与公共基础设施建设。深化利用外资改革。放宽外资企业在经营领域、出资比例限制,试点申请举办中外合作经营性教育培训机构和职业技能培训机构。鼓励外资企业参与创新型城市建设,突破行业和政策壁垒试点给予研发型外资企业国民待遇。吸引国际知名科研机构来华联合组建科研中心。加强与"史太白太仓中心"等科技服务机构合作,促进科技创新相关教育培训、技术转移、成果转化等业务的开展。加强技术、信息、服务、人才等双向和多向流动。加强招商引"智"工作。重点引进一批新兴产业技术攻关型的海内外人才,构建"项目—人才—基地"三位一体、互为依托、相互促进的引智新模式。加快实现招商引资由增量资源招商向存量资源招商转变,由注重招商总量向注重引进项目的税源和整体经济贡献率转变。按照城市产业规划设立项目标准、投资强度标准和项目布局标准,严格把握项目准入关口,提高外资对经济和社会发展的贡献率。创新利用内外资方式。鼓励外资以兼并、收购、参股、融资、租赁、承包等方式参与本土企业的兼并重组,努力吸引一批上下游配套型企业与优质增资项目落户。加强与国内外各大金融机构、使领馆、专业服务机构等建立稳定合作关系,促进"以商招商";加强与资深产业园区、开发区的合作,拓展招商渠道。充分利用江苏友好省州关系网络,大力实施"拓展欧美"的招商策略。加大长三角等区域的横向经济协作,实现优势互补、资源共享、互利互惠、相生相伴发展。强化北上广深重点区域的对接,积极引进国内知名企业、行业领军企业。优化总部经济发展的政策与环境,促进包括设计、物流、金融、维修、结算、贸易、营运、管理等功能性总部的集聚。

8. 提高社会治理水平,促进社会和谐发展

社会治理是指政府和社会组织为促进社会系统协调运转,对社会系统的组成部分、社会生活的不同领域以及社会发展的各个环节进行组织、协调、监督和控制的过程。中国特色社会主义现代化,最重要的是两条:一是经济发展的现代化,二是社会发展的现代化。太仓在社会治理中,应健全党委领导、政府负责、社会协同、公众参与的社会治理格局,加强社会治理能力建设,创新社会治理机制,保障社会公共安全,促进社会和谐稳定。具体来说,应在以下几方面加大工作力度:

首先,学习和借鉴国内外发达国家和地区社会治理经验,加强和创新社会治理,加快形成科学有效的社会治理体制,提高社会治理科学化水平,完善社会保障体系,健全基层公共服务和社会治理网络,进一步完善人民群众诉求表达、矛盾排查调处和预警、应急管理等工作机制,建立确保社会既充满活力又和谐有序的体制机制,不断增强工作的前瞻性、主导性和有效性,充分发挥全省社会治理创新试点城市示范作用。

其次，切实加强源头治理，全面推行社会稳定风险评估机制，完善市镇村三级社会矛盾纠纷排查工作网络体系，认真做好信访工作，努力使矛盾与纠纷化解在基层和萌芽状态。

再次，巩固"平安太仓""法治太仓"建设成果，加强社会治安重点地区综合治理，完善社会治安"大防控"机制，不断提升群众安全感；积极开展江苏省法治县（市、区）创建活动，努力构建公正高效的法治环境和公平正义的社会环境；积极预防和化解各种社会矛盾，确保广大群众人身财产安全，促进社会和谐稳定。

最后，加强基层基础建设，全面推进"政社互动"创新实践，做精社区警务，高度重视社区在社会治理中的积极作用，不断强化社区管理和服务功能，加快形成完善的基层社会治理和服务体系。

9. 培育壮大文化产业，提升区域文化软实力

文化产业这一术语产生于20世纪初。最初出现在霍克海默和阿多诺合著的《启蒙辩证法》一书之中。文化产业是社会生产力发展的必然产物，是随着中国社会主义市场经济的逐步完善和现代生产方式的不断进步而发展起来的新兴产业。联合国教科文组织将文化产业定义为按照工业标准，生产、再生产、储存以及分配文化产品和服务的一系列活动。中国文化部将文化产业界定为"从事文化产品生产和提供文化服务的经营性行业"。国家统计局对"文化及相关产业"的界定是：为社会公众提供文化娱乐产品和服务的活动，以及与这些活动有关联的活动的集合。面对全球金融危机，中国加快了经济转型和产业结构调整的步伐，太仓要在主要经济和社会发展指标率先达到江苏省基本实现现代化的目标值基础上，保持良好的发展后劲，就必须全面提升文化实力，提升文化产业的能级和规模。

太仓以江南丝竹发源地、牛郎织女降生地、郑和航海起锚地、娄东画派发祥地而著称，拥有丰富的文化遗产，且外向型经济发达。在此背景下，太仓应充分利用太仓各方面的资源，构建结构合理、门类齐全、科技含量高、富有创意、竞争力强的现代文化产业体系，把太仓的文化资源转化成为文化产业的要素和资本，提升文化产业在国民经济中的贡献率，使太仓成为人文昌盛、资源富集、产业发达、和谐共享的文化先进城市；深化文化体制改革，不断建立完善文化产业市场，积极鼓励社会资本进入文化产业领域，形成公有制为主体、多种所有制共同发展的文化产业格局；加快转变文化产业发展方式，促进从粗放型向集约型、质量效益型转变，增强文化产业整体实力和竞争力，推进文化产业结构调整，推动文化与科技、金融、旅游、现代传播方式融合发展，大力发展创意设计、文化旅游、数字动漫等重点文化产业，加快培育新型文化业态，不断提高文化产业规模化、专业化水平；实施重大文化产业项目带动战略，加强文化产业集聚区和特色文化产业群建设，着力打造一批文化领军企业和基地，培养一批文化产业领军

人才;创新商业模式,拓展大众文化消费市场,培育新的文化消费增长点,提供个性化、分众化的文化产品和服务,开发特色文化消费,增加文化消费总量,提高文化消费水平;使文化产业成为新的经济增长点、经济结构战略性调整的重要支撑点、转变经济发展方式的重要着力点。

10. 提升城市综合发展水平,建设幸福太仓

目前,综合评价一国或地区经济社会发展水平,最具影响力的全球标尺是联合国开发计划署发布的人类发展指数(HDI),它基于预期寿命、成人识字率、人均GDP三项指标计算生成。中国统计学会借鉴了HDI的测量方法,构建了地区发展与民生指数(DLI),该指数经济发展、民生改善、社会发展、生态建设、科技创新、公众评价六大方面,共42项指标。指数越大,表明这个地区发展与民生改善的状况就越好。根据该指数计算,2001—2011年,江苏DLI累计增长58.77%,增幅高于山东(53.57%)、浙江(48.16%)、广东(39.9%)。

太仓在现代化征程中,要提升城市综合发展水平,首先,应加快建设新型城市,强化规划全覆盖管理,按照新一轮城市总体规划确定的"一市双城三片区"空间结构,编制各城镇控制性详规,协调推进城市形态开发和功能提升;其次,大力实施城乡一体发展战略,统筹加强城乡规划建设管理,加快打造功能更加完善、居住更加舒适、环境更加优美的现代化城市;再次,不断提升就业保障水平,更加突出富民优先,坚持更加积极的就业创业政策,突出农村居民、企业职工、中低收入者和困难家庭"四个群体增收",特别是把农民增收作为重中之重,实行农业、创业、就业、物业、股业"五业富民",力争城乡居民收入五年内实现倍增;第四,大力发展各项社会事业,优化教育资源配置,统筹城乡教育规划建设,加快教育优质化、均衡化、信息化、国际化步伐。深化医疗卫生体制改革,建立健全集公共卫生服务、医疗服务、现代医院管理、医疗保障体系和药品供应保障为一体的医疗卫生制度。积极发展体育事业,大力实施全民健身计划,健全体育运动项目面向社会、面向市场的良性循环运行机制。不断完善人口计生公共服务体系,增强人口发展宏观调控能力,促进人口长期均衡发展。高度重视民生基础设施建设,完善食品药品安全监管体系,加强安全生产监督管理,建设幸福太仓。

"十三五"期间,提升太仓城市现代化发展水平,还要进一步优化以主城为核心,港城为副中心,沙溪、浏河、璜泾三个特色小城市为组团,以快速交通为片区连廊,以现代农田和林带湿地为生态隔离的"一市双城三片区"市域空间发展布局。

主城区:以建设现代田园城市样板区为目标,着力构建五大功能区。老城组团以弘扬娄东文化和发展现代服务业为重点,打造宜居宜业的现代化综合组团;新区组团着力推进国家先进制造技术国际创新园、中央商务区、高档居住社区和大型商贸区建设,打造现代化新城、高新产业先导区和现代服务业示范区

(推进老城与新区全面融合);科教新城组团着力发展研发、教育、文化、创意等现代服务产业,打造绿色生态示范城和科技文化产业特色城;金仓湖组团发挥田园湿地特色,打造生态休闲度假区;双凤组团以江南水乡、湿地公园、现代农业、休闲度假为特色,打造水乡明珠生态区。

港城区:由港口、港区、浮桥三位一体构成,加快打造国际化现代港口城市、滨江生态新城和临沪现代化新兴产业基地。

沙溪片区:彰显古镇历史文化特色与内涵,加速推进南部新城形态开发建设,构筑完备的现代产业体系,完善城镇创业宜居配套功能,打造集文化旅游与工业发展于一体的现代化特色新型小城市。浏河片区:依托长江口旅游度假区和滨江新城开发建设,发挥滨江临沪的区位优势和餐饮服务业发达的产业优势,建设集休闲度假、健康养生、居住创业于一体的现代化滨江休闲城镇。璜泾片区:按照"北强工业、东融港区、南建新镇、西兴三农、中心提档"的整体布局,优化提升化纤加弹、纺织服装等特色产业,做大做强新材料、高端装备等新兴产业,全面建设沿江临港现代化新城镇。

七、本章小结

本章在对现代化内涵界定的基础上,述评国内外现代研究现状,展望现代化研究前景,对国内外现代化指标体系进行了解读,回顾了改革开放以来太仓现代化的发展历程,对太仓现代化发展水平进行了度量与评价,概括了太仓现代化的特色和创新,对太仓现代化的未来发展思路进行了分析,为后续章节的研究做好了准备。

第二章
工业现代化

内容提要 现代工业是国民经济的主导,是科技创新的主战场,是立国之本、兴国之器、强国之基,它的发展决定了整个国民经济和国防、科技现代化水平。没有强大的制造业,国家就难以从大国走向强国。近年来,美国提出"再工业化""本土回归""重振制造业",德国提出工业4.0新战略,欧盟提出将工业比重由2011年的15.1%提高到2020年的20%。作为传统的制造业大国,为应对挑战,我国提出"中国制造2025"战略。

基于全球工业发展格局和我国推进制造强国战略形势,太仓工业现代化之路必须紧紧抓住当前难得的发展机遇,突出创新驱动,优化政策环境,发挥制度优势,实现太仓制造向太仓创造转变。

本章主要通过三部分内容来阐述太仓工业现代化的发展,第一部分为工业现代化概述,对工业现代化的内涵、特征和国际经验等相关理论进行梳理。第二部分详细介绍了太仓工业现代化的实践,通过回顾太仓产业结构的历史变迁,对太仓工业现代化的发展历程、成就以及特色进行阐述,第三部分对太仓工业现代化进行了探索,提出太仓工业现代化发展的战略重点、发展举措和政策保障。

一、工业现代化概况

(一)工业现代化的内涵

1. 工业化与工业现代化

工业现代化是指通过发展科学技术,采用先进的技术手段和科学的管理方法,使工业自身建立在当代世界科学技术基础上,使整个国家的工业生产和技术水平达到当时的先进水平。通过实现工业现代化来推动社会生产力的发展,是当今世界的一种必然趋势。工业现代化是实现农业现代化、科学技术现代化和国防现代化的物质基础,也是工业化的重要内容。我国实现工业化的任务是在新中国成立后的第一个五年计划期间提出来并开始实施的,走的是优先发展重工业的道路。

关于工业化,长期以来国内外学术界曾有过多种解释。总结一下可以大致概括为两种观点:一种观点认为,工业化是指一个国家建立并发展自己的机器工业体系,使工业在国民经济中所占的比重不断增大并逐渐占据主导地位,由落后的农业国变为先进的工业国的发展过程。它以工业革命为起点,以机器大工业在国民经济中占据主导地位为终点。其完成或实现的标志,可以具体表现为工业取代农业在国民经济中占据主导地位和重工业取代轻工业在整个工业中占据主导地位两个方面。这种观点属于对工业化的狭义理解,在经济学界比较流行。① 对工业化内涵的另一种解释可以称之为广义的理解。这是20世纪80年代以来在国际学术界崛起的"现代化理论"的大多数研究者所持的观点。他们从研究现代化理论的角度使用了"工业化"的概念,对它做出了新的解释,也赋予了它全新的内容。他们认为,工业化作为经济现代化乃至整个社会现代化的核心,它的内容实际上就是人类从农业社会向工业社会转变的世界性大趋势和长期的历史过程。而这个世界范围内的以工业社会的萌生为起点的连续变革过程,是无限地向未来延伸而没有最后的终点的。② 上述对工业化这两种差别甚大的不同解释,不仅给人们的认识造成了混乱,而且给学术研究带来了诸多不便。事实上,目前学者们在使用"工业化"这个概念时,都不得不对这一概念重新予以界定与说明。

那么,应该如何解决这一问题呢?我们的主张是:沿用原来对工业化的狭义解释,而用"工业现代化"来代替广义的"工业化"。因为,对工业化的狭义解释是这一概念的最初本意,多年来学术界对它的内涵、历史跨度、适用空间已经形成了比较固定的认识,应该保留原说。而用"工业现代化"的概念来代替广义"工业化",则比较确切地反映了它所要表述的内容,同时也能清楚地反映它在现代化理论体系中的地位并与现代化理论中的其他相关概念对应协调起来。这样,工业化和工业现代化就成为两个既有联系,又有区别的概念。无论是工业化还是工业现代化,都是以工业革命为起点开始其历史进程的。但两者之间又有着明显的区别。具体说来,有以下几个方面:第一,目标不同。工业化的目标是使机器大工业在国民经济中占统治地位,建立以重工业为基础的工业国;而工业现代化的目标则是要使工业建立在最新科学技术的基础之上,达到并保持当代世界的先进水平。第二,适用的空间范围不同。工业化主要是一个国家的概念,是指一个国家或地区的机器大工业在这个国家或地区的经济生活中占主导地位;而工业现代化不仅是一个国家或一个地区的概念,更主要的它还是一个世界性的概念,它不仅是世界工业总体的发展趋势,其标准也是世界统一的。第三,历史跨度不同。工业化是工业现代化的初始阶段,它们具有共同的起点——机器大工业的诞生。但是工业化具有明确的终点和下限,而工业现代化则是一个随着时代和历史的进步不断地进行的发展过程,没有明确的下限和终点。第四,实现的标准不同。工业化实现有固定不变的标准,如工业超过农业、重工业超过轻工业占主导地位,等等;而工业现代化却没有其实现的固定不变的量化标志。它实现的标志是达到世界先进水平,而世界先进水平又是在不断提高不断变化着的。因此,工业现代化实现的标准是不断变化的。

2. 工业化理论

(1) 工业化的基本内容

① 工业化的内涵。钱纳里认为工业化就是指制造业产值份额的增加过程;张培刚认为工业化是指国民经济中一系列战略性生产函数连续发生变化的过程;比较流行的观点是认为工业化是指工业在国民收入和劳动人口中的份额连续上升的过程。

② 工业化的过程。关于工业化过程的研究文献非常丰富,主要有两种理论观点。

第一,工业化的发展阶段。工业化不仅是一个国家从农业部门向非农业部门的转变过程,而且是工业部门内部结构的变化过程。一般认为,工业化发展过程正常要经历三个阶段。在第一阶段,初级消费品工业占主导地位;第二阶段,资本品工业迅速上升,消费品工业优势下降;在第三阶段,资本品和消费品工业达到平衡,资本品工业逐渐占优势。德国经济学家霍夫曼提出用消费品和资本品工业的产值比作为衡量工业化水平的定量指标。当然,工业化的发展阶段不是绝对的,不同国家和地区有不同条件和选择。

1986年,钱纳里等在《工业化和经济增长的比较研究》一书中分析了工业化的结构转变和特点。他认为工业化的一般特征是国内需求的变动、工业产品中间使用量的增加、国际贸易中比较优势的变化、资本和劳动的再分配。钱纳里把工业部门分为早期、中期和晚期工业部门三类。早期工业包括食品和轻纺工业,中期工业包括非金属、橡胶和化学工业等,晚期工业包括重工业等,重工业包括耐用消费品和耐用资本品。

第二,工业化的"代际理论"。韩国学者金泳镐提出了四代工业化的概念。第一代工业化,18世纪末、19世纪初在英国实现,特点是市民革命先行,然后是工业革命。第二代工业化,发生在19世纪中叶的法国、德国等欧洲国家和美国,开始同样是市民革命先行,但法德两国的情况不同,然后是工业化。第三代工业化,发生在19世纪末、20世纪初的意大利、俄国和日本等,先是工业化,然后是市民革命。第四代工业化,发生在20世纪下半叶,主要是新兴工业化国家和地区和拉美国家等,工业化是依靠国家和外资的结合来实现的,然后是不彻底的市民革命。

③ 工业化的动力。工业化的动力与经济增长的动力有紧密关系,库兹涅茨

和钱纳里等分析了工业化过程中经济增长的原因。在20世纪50年代,刘易斯提出"两部门模型"。他假设:发展中国家经济由两个部门组成,一个是农村人数众多的、仅能维持基本生存的传统农业部门,它的边际劳动生产率为零;第二是城市中的现代工业部门,劳动生产率高,能够吸引农村剩余劳动力。农业和工业部门之间存在工资差别,经济机制能够将农业劳动力吸收到工业部门。由于农村劳动力—土地比率的下降,农村劳动力边际生产率将上升,工资提高。随着经济活动从传统农业向现代工业的转移将达到某种均衡,经济结构转变完成。

④ 工业化的结果。主要是工业部门占主导地位,农业部门比重降到30%以下,工业生产方式和观念扩散的全部经济部门,劳动生产率稳定增长和工业经济成熟。

⑤ 工业化的模式。典型代表格尔申克隆、冈纳森分析了欧洲后发国家工业化的经验,提出所谓的工业化"追赶模式"。他把工业化分为8个对比类型:本地型—引进型、被迫型—主动型、生产资料中心型—消费资料中心型、通货膨胀型—通货稳定型、数量变化型—质量变化型、连续型—断续型、农业发展型—农业停滞型、经济动机型—政治目的型。

(2) 工业部门结构理论

历史经验表明,在各国工业化和工业现代化进程中,工业部门之间的结构变动具有明显的阶段性和规律性。围绕这种工业结构变动的规律性,存在大量的理论研究成果,形成了所谓的工业部门结构理论。这些理论大体包括两方面:

工业结构演进规律、主导工业部门的更替规律。

① 工业部门结构的演进。德国经济学家霍夫曼侧重于对工业化问题进行研究,发现在工业化过程中消费品工业净产值与资本品工业净产值的比例(霍夫曼比例)有不断下降的趋势,从而得出了著名的霍夫曼定律。在他的《工业化的阶段和类型》一书中,根据霍夫曼比例的大小,把工业化过程分为四个阶段:第一阶段,消费品工业占主导地位;第二阶段,资本品工业快于消费品工业的增长,但消费品工业的规模仍比资本品工业的规模大得多;第三阶段,资本品工业继续快速增长,并且其规模和消费品工业的规模大致相当;第四阶段,资本品工业占主导地位。

钱纳里(1986)对制造业内部各产业部门的地位和作用的变动进行研究,揭示了制造业内部结构转换的原因,即产业间存在着产业关联效应。他们将制造业的发展分为三个时期:经济发展初期、中期和后期;三种不同的时期相应划分为三种不同类型的产业,即初期产业、中期产业和后期产业;不同经济发展阶段,产业具有各自的特点,并提出不同经济发展阶段的标准产业结构模型。

另外,日本经济学家赤松要提出的著名"雁行形态发展模式",描述了后进国利用国际分工、经过"进口—进口替代—出口成长—成熟—逆进口"的相继更替实现产业结构高级化的过程,认为由于消费的重点依次向轻工业、重工业、重化工业产品的移动,工业发展的秩序就是从消费资料工业到生产资料工业,从农业、轻工业到重工业的不断高度化。

② 主导工业部门的更替规律。在经济发展的不同阶段,由于技术和需求的变化,带动工业结构高级化的主导工业是不同的。主导工业一般具有技术进步速度快、生产率提高幅度大、需求收入弹性大、比较大的产业关联度等特点,因而能够带动整个工业和经济的发展。罗斯托将经济增长划分为六个阶段,并认为每个阶段的演进是以主导产业部门的更替为特征的,对应每个阶段存在相应的"主导部门综合体系",如表2-1。

表2-1 罗斯托的经济增长阶段与主导部门综合体系

经济发展阶段	主导部门综合体系
传统社会阶段	以农业为主
为起飞创造前提的阶段	仍以农业为主,食品、饮料、烟草、水泥等吃住方面的工业品得到较大发展
起飞阶段	纺织、铁路、建筑
走向成熟阶段	钢铁、煤炭、电力、通用机械、肥料
大众高消费阶段	汽车
追求生活质量阶段	服务业、城郊建筑业

资料来源:龚仰军.产业结构研究[M].上海:上海财经大学出版社,2002:117—118.

日本经济学家左贯利雄也用主导工业更替来解释日本工业高级化的原因。战后,日本工业结构迅速实现高级化的关键在于存在三组战略工业依次取得了很大的发展,在生产、销售、出口等方面有效地发挥了产业关联和技术关联效果。第一组是电力工业,第二组是石油石化、钢铁、造船等,第三组是汽车、电子工业。在未来,左贯利雄认为日本主导工业应该包括电子、机电、生命科学、新材料、海洋开发、能源等。

3. 其他工业化相关理论

(1) 主导产业选择理论

赫希曼等经济学家认为,在产业结构的演进中,应选择好战略部门,即区域的主导专业化部门,进行大力扶持,并加以重点发展,以战略产业的优先发展带动整个国民经济或地区经济的发展。非均衡理论强调的是经济发展中的"部门特点",促进地区生产的专业化和规模效益,集中力量优先发展主导产业部门。之后,日本经济学家对产业结构高级化提出了两项应遵守的原则,实质上就是选择战略产业的原则:

① 需求收入弹性原则。需求收入弹性是指需求量对收入变动的相对反应,以需求收入弹性系数来表示。需求收入弹性等于需求量的增长率比收入额的增长率。在价格和其他条件不变的情况下,需求量的变动和收入变动的方向一致,因而这个系数通常为正值,需求随收入的增长而增长。但在同一个时期内,不同产品的需求收入弹性系数值大小不同,一般大于1的收入弹性大。小于1则表明收入弹性低。战略产业构建应当是需求收入弹性大、需求增长较快的产业。

② 比较劳动生产率上升原则。比较劳动生产率等于某产业的国民收入的相对比重比某产业的劳动力的相对比重。战略产业应当是比较劳动生产率提高的可能性比较大的产业。日本经济学家根据20世纪50年代日本的具体情况和产业结构中、长期的演变趋势与方向,认为重工业符合这两项原则,而且重化工业对其他产业的"诱发效果"(关联效果)大,重点发展重化工业,就可以充分发挥产业间的因果继起机制,带动整个经济发展,促进整个产业结构向高级化方向转变。后来又继续进行的一些发展研究开始主要致力于使经济发展与社会发展相协调的方面。

(2) 可持续发展理论

可持续发展理论最早是由环境学家和生态学家提出来的。1987年,世界环境与发展委员会(WECD)在长篇专题报告《我们共同的未来》中对可持续发展给出这样的定义:可持续发展是指既满足当代人的需要,又不对后代人满足其需要的能力构成危害的发展。并进一步指出:可持续发展并不是要求停止经济发展。该报告还明确了社会经济与生态环境协调发展、资源利用代际均衡、区域间协调发展、社会各阶层间公平分配、现代生态型生产等原则,并提出可以避免环境对增长的限制、改变经济增长方式的政策。其内涵概括起来有三点:生态可持续性、经济可持续性和社会可持续性。三者相互联系、相互制约,共同组成了一个复合系统。在可持续发展复合系统中,生态持续发展是基础,它强调发展要与资源和环境的承载力相协调;经济持续发展是条件,它强调发展不仅要重视增长数量,更要追求改善质量、提高效益、节约能源、减少废物,改变传统的生产和消费模式,实施清洁生产和文明消费;社会持续发展是目的,它强调发展要以改善和提高生活质量为目的,与社会进步相适应。

现代工业体系的构建是一种可持续的经济发展模式的选择,它大大提升了环境保护的高度、深度和广度,提倡将环境保护与生产技术、产品和服务的整个生命周期紧密结合、将环境保护与经济增长模式统一协调。

(二) 工业现代化的模式

工业现代化一般是始于工业化进程中期以后强调工业质量提高的一个工业发展过程,考察世界工业先进国的工业现代化模式和经验就需要分析这些国

家的工业化过程,进而明确工业现代化进程的大体起点。如表2-2所示:

表2-2 主要先进国的工业化时间表

国别	工业化起步时期	工业化基本完成时期
英国	18世纪70年代	19世纪70年代
法国	18世纪末	19世纪末20世纪初
美国	19世纪初	19世纪末20世纪初
德国	18世纪末19世纪初	19世纪末20世纪初
日本	19世纪70年代	20世纪60—70年代
俄国	19世纪60年代	20世纪60年代

资料来源:史东辉.后起国工业化引论——关于工业化史与工业化理论的一种考察[M].上海:上海财经出版社,1999:37.

这里所谓工业化的完成或实现的含义是指工业尤其是制造业取代农业成为国民经济的主导力量,在工业化实现以后还将面对如何进一步发展工业,即如何实现工业现代化。

本文对代表性国家工业现代化的模式和经验考察主要集中在技术创新对工业发展的推动作用和工业结构演进两方面,并将世界工业化模式从技术进步角度划分为以英国和美国为代表的"自主创新模式"和以日本为代表的"引进创新模式"。从进入工业化的时序角度,英国的模式被认为是早期工业化进程中的工业现代化模式,美国的被认为是中期工业化进程中的工业现代化模式,而日本的则是晚期快速工业化进程中工业现代化模式。

1. 英美"自主创新"模式

第一次工业革命首先发生在英国,使得英国最早成为最先进的工业国家。这次工业革命使得英国的主要工业部门先后从手工业生产发展到大机器生产,成为世界上第一个机器大工业占统治地位的国家。工业革命的基础是技术革命,英国之所以能够成为先进工业国,主要得益于当时强大的技术创新能力。从1733年的飞梭织布机,1765年的"珍妮机",到瓦特蒸汽机,1825年的铁路,在这些科技创新推动下,英国的工业、贸易、金融和海运业都在世界上处于垄断地位,英国成为绝对的"世界工厂"。然而,进入19世纪末20世纪初,由于英国的纺织、煤炭、冶金等主要工业部门发展较慢,英国的工业霸主地位受到德国和美国的挑战。二次世界大战以后,受到研究发展经费投入少、工程技术大量外流等原因影响,虽然石油、电子、化学、仪表、航天航空等新兴部门增长速度较快,工业结构向高级化方向发展,但总体上英国工业发展一直比较缓慢,1951年—1980年工业生产年均增长速度为2.4%,落后于美国、日本、联邦德国、法国和意大利。总体而言,在强大的技术创新能力推动下,英国成为世界上最早实现工业化的国家,但实现工业化后的英国,其工业现代化进程推进相对缓慢,这虽然受到战争、经济危机、体制和文化等诸多方面因素影响,但技术创新的落后无疑是影响工业现代化进程的重要原因。

英国是一个蒸汽时代的科技王国,是在机械化技术创新浪潮中发展成为第一个工业强国的,而美国则是一个电气和自动化时代的科技王国,它利用电气化、自动化技术创新的两次浪潮的机会取代了英国成为工业霸主。在19世纪下半叶,美国几乎每一个工业部门都取得了重要的技术进步,这一时期制造业发展迅速,钢铁工业快速增长,现代技术迅速扩散,新兴工业部门日益增多,出现了汽车制造业和电力、电器工业这些战后大发展的支柱工业。进入20世纪20年代,美国工业结构高级化确实逐渐明显,工业现代化进程加速,纺织等传统工业逐渐衰落,汽车制造、电气设备、化学工业、石油工业等工业化后期兴起的资本和技术密集部门得到迅速发展。二次大战以后,技术进步对美国经济增长的作用更加明显,研究开发活动成为战后美国经济增长的重要因素。在科技进步的推动下,美国工业结构越来越向知识密集型的高级化方向发展,高技术部门的发展速度大大超过了其他类型部门。1967—1984年,美国增长最快的部门依次是橡胶与塑料制品、电气和电子设备、仪器仪表、化工产品、电力生产、电器以外的机器制造,年均增长率分别为6.6%、6.0%、5.9%、5.0%、4.4%、4.3%,这些部门中除了电力部门以外,其他部门都有相当数量的高新技术含量。从英美两国的工业现代化发展和工业强国地位的更替过程可以看出,适应科技发展潮流、以自主创新为主要手段提高科技水平是其工业发展和现代化进程的基本推动力。英国工业强国地位变迁是与其自主创新能力和科技水平变化直接相关的,而美国能在19世纪末替代英国成为头号工业强国也是依靠其卓越的自主创新能力。

2. 日本"引进创新"模式

从明治维新到二战前,日本工业得到较快的发展并奠定了相当的基础。第二次世界大战给日本工业的发展带来了毁灭性的打击。战后,经过恢复和起飞两个阶段的30多年时间,日本最终发展成为工业强国,建立了庞大的现代工业体系,工业生产力水平达到了世界先进水平。日本战后发展工业和推进工业现代化进程具有两方面突出的特点:一是通过技术引进,利用"后发优势",迅速地建立了自己的科学技术体系,提高了工业技术水平,推进了工业的快速发展和现代化水平的迅速提高。二是充分发挥产业政策的作用,积极推进日本工业结构的高级化。

与英美的"自主创新"工业现代化模式不同,日本发展工业强调有计划地引进先进工业技术,坚持"引进创新"的工业现代化模式。战后,日本为了以最短的时间、最小的代价赶超世界先进国家,确立了"加工贸易立国"的国策。在1950—

1975年,日本从美国、西欧等几十个国家有重点地引进25000多项先进技术,吸收了全世界半个多世纪开发出的几乎全部科技成果。技术引进的方式包括购买专利和设计图纸、进口成套设备、外派技术人员接受培训、聘请外国专家、与外国企业合资等多种形式,其中重要的是购买专利和设计图纸,占80%以上。日本十分重视技术引进后创新,形成"日本化"的技术,建立自己的工业技术体系。在引进的先进技术支撑下,日本工业劳动生产率得到了极大地提高。

日本"引进创新"模式的另一个要点在于通过产业政策引导工业结构的高级化,使工业结构趋于现代化。产业政策的核心是确定主导产业或战略性产业,而日本经济学家筱原三代平20世纪50年代给出的主导产业二基准"高生产率上升速度""高收入弹性"构成了日本选择主导产业的基本依据。从20世纪50年代,日本的产业政策可以划分为五个阶段:一是1945—1952年的恢复时期,该时期产业政策的基本目标是恢复生产、降低通货膨胀。二是1952—1960年前后的经济自立化时期,该时期产业政策的主要目标是通过产业保护建立自主工业体系。三是1960—1970年前后向开放的经济体制转变时期,产业政策目标是推进重工业化,提高企业的出口竞争力。到20世纪70年代初,日本的重工业化进程基本完成。第四阶段是20世纪七八十年代前半期,该时期的产业政策对工业现代化进程有很大的促进作用。一方面产业政策开始关注环境问题,由自然环境服从工业发展转为以保护环境为主。另一方面,产业政策开始"支持知识集约化"和"创造性的知识集约化",采用委托费、补助金以及政府设立研究机构从事研究开发等措施促进研究开发活动。这阶段日本开始大力发展新技术产业,继续推进日本工业结构向技术集约型方向升级,提高工业结构的现代化水平。第五是进入20世纪80年代后半期以后,日本产业政策强调加强国际合作。总之,日本战后正确的产业政策为实现跨越式的工业结构转换与升级提供了保证。经过近40多年的发展,日本成为世界上继英美之后的第三个"世界工厂"。到20世纪90年代,尤其是东南亚金融危机以后,日本的经济发展模式受到很多抨击,日本的"引进创新"发展模式忽视了基础技术的研究和全新技术的开发。然而,作为后起国,日本在战后短短的几十年内就成为世界工业强国,是一种"奇迹"。"引进创新"模式对于后起国的示范效益也很显著,"亚洲四小龙"的工业发展道路在一定程度上是效仿了日本的"引进创新"模式。

(三) 工业现代化的标志

要判断一个国家或地区工业现代化水平,首先需要明确对现代化的两个基本认识。一是现代化是一个历史性的、动态的概念,因而现代化水平的判断标准是随着时代不同而不同的。例如有的学者曾用与手工业生产相对应的大机器生产(所谓现代化工厂制造业)的产值占整个工业总产值的比重来衡量20世纪20年代和30年代中国工业现代化水平,但这种判断标准显然不适用于评价

21世纪的中国工业现代化水平。另一个需要明确的观点是,现代化是一个世界性的概念,现代化的标准在同一时代、在世界范围内是统一的。无论是发展中国家,还是发达国家,现代化的标准应该一致。现代化问题的这两个特点,决定了现代化水平的研究和判断不可能是完全严格和绝对科学的,因为我们实际上是在用相对静态的标准判断动态事物的发展水平、用国际比较的方法研究不具有完全可比性的各国的经济发展问题。

一般认为,从经验描述角度分析,实现工业现代化的标志包括:工业生产技术水平和创新能力进入世界先进行列;知识密集的高新技术产业在产业构成中成为主导产业;无论是劳动密集型产业,还是资本、技术与知识密集型产业,都具有较强的国际竞争力;在工业部门就业的劳动力将低于第一、第三产业就业的劳动力,工业劳动生产率大幅度提高;由于工业发展而导致的资源与环境问题得到基本解决,为经济可持续发展奠定了基础;国民普遍分享工业现代化的成果,物质文化生活水平全面提高。然而,这种描述失之于泛泛。我们认为,从现有的工业现代化国家发展经验看,一个国家或地区是否实现工业现代化,存在三个方面的标志,即工业增长效率方面的标志、工业结构方面的标志和工业环境方面的标志。

1. 基础性标志

工业总体上是否实现了由三次产业结构调整而引起的高速增长到长期稳定增长的转变,是一个国家或地区是否实现工业现代化的基础性标志。与工业化进程相适应,一个国家的工业增长遵循一定的规律。从工业化规律看,在工业化过程中,第一产业占GDP的比重不断下降,第二产业的比重不断上升,第三产业的比重也不断上升,并在第二产业上升到一定程度后第三产业上升的速度大于第二产业。而在这个长期的变动过程中,工业增长经历了一个所谓的S形曲线的道路。在工业化初期,在人均国民收入属于低水平的情况下,工业在国民生产总值中所占比例是低的,工业增长速度也较慢。随着工业化过程的推进,产业结构进入快速变化时期,工业在相当长的时期内高速增长,在国民生产总值中的比例迅速增大(一般可达到50%以上),人均收入水平也得到极大的提高。随着国家进入成熟或发达经济阶段,工业部门的增长速度逐渐减缓,工业在国民生产总值中所占的比重在经过相当长的一段时间的稳定后(维持在40%~50%之间)开始逐渐出现下降的趋势。这种规律得到了大多数国家(包括大国和拥有丰富资源并以初级产品或工业生产为主的小国)的工业发展道路的印证。一般认为,一个国家的第二产业占GDP比重由长期上升后转为下降的最高点,是该国完成工业化进入后工业化的标志,然而,此时第二产业在GDP中的比重下降(从1960年到1995年,高收入国家的该比重由40%下降到32%)并不意味着工业负增长,而是由于工业从快速增长转为稳定增长、第三产业增长速度大于第二产业的增长速度。③我们认为,工业由产业结构快速调整时期的高速增长转为较为缓慢的稳定增长,是工业完成数量扩张转向质量提高的必然体现,是实现工业现代化的一个基础性标志。这种基础性标志意味着:(1)从某一段时期截面看,处于结构调整时期的发展中国家的工业增长率要远远高于进入稳定增长阶段发达国家工业增长率。表2-3为1992—1999年有代表性的国家的工业生产指数,作为发展中国家代表的中国、印度、马来西亚和智利,由于工业化进程进入工业高速增长的结构调整时期,其工业指数都高于世界平均水平,而作为发达国家代表的美国、德国、英国、澳大利亚等,由于已经完成了工业化任务,工业基本实现了现代化,工业增长呈现缓慢稳定增长的趋势。除美国外其他国家工业增长水平低于世界平均增长水平。(2)虽然实现工业现代化的国家工业增长速度较慢,但由于合理的工业结构和先进技术的应用,劳动生产率达到了很高水平,而且劳动生产率的增长速度也很快。如表2-4所示,在经过结构调整时期的高速增长过程后,发达国家的工业劳动生产率都达到了相当高的水平。到1980年以后,发达国家制造业每个工人每年创造的增加值都大于25000美元(未完成结构调整时期工业高速增长任务的发展中国家一般都远远低于这个数字),1990—1994年与1980—1984年相比,劳动生产率增长100%以上,而一般发展中国家同时期劳动生产率增长约为50%左右。

表2-3　1992—1999年代表性国家的工业生产指数

地区＼年份	1992	1993	1994	1995	1996	1997	1998	1999
世界平均	101.4	101.9	106.5	111.2	114.7	120.2	124.6	129.4
中国	145	202	293	384	416	470	521.2	575.9
印度	103	109.1	118.3	133.5	140.8	150.2	156	168.9
马来西亚	120.7	132.4	148.8	168.3	186.8	206.7	191.9	209.2
智利	119.1	122.4	127	136.5	148.3	158.5	163.1	171.9
美国	97.1	104.6	110.3	115.7	120.7	128.5	133.9	138.6
英国	97.1	99.1	104.5	106.4	107.4	108.3	109.1	109.9
德国	101.8	94.4	97.9	100	100.4	103.9	108.5	109.9
澳大利亚	99.9	101.7	105.4	108.7	111.1	113.5	115.5	117.1

注:澳大利亚年度为当年7月1日起至下年6月30日止;印度年度为当年4月1日起至下年3月1日止;中国为工业总产值指数;德国1992年至1994年是以1991年为100,自1995年起各年以1995年为100。

资料来源:中华人民共和国国家统计局工业统计司.中国工业统计年鉴(2001)[M].中国统计出版社,2001:313;世界经济与政治研究所.世界经济年鉴(2001)[M].经济科学出版社,2001:673—674.

表2-4 发达国家和发展中国家制造业中工人增加值(美元/年·人)

	美国	英国	德国	法国	日本	澳大利亚	中国	印度	马来西亚
1980年—1984年平均	47276	24716	34945	25945	34456	27801	3061	2108	8454
1990年—1994年平均	81358	55606	79616	55037	92582	57875	2885	3118	12661
增长率(%)	72.1	122.8	127.8	112.2	168.7	108.1	—	47.9	49.8

注:表中增加值数字用各年的平均汇率换算为美元,计算增长率时没有考虑不同年份美元币值的变化,如果考虑到相应的币值变化,实际增长率要低于表中数字。由于在比较期间,中国外汇管理体制发生了变化,中国的数字是不具有直接可比性的。

资料来源:世界银行.2000世界发展指标[M].北京:中国财政经济出版社,2000:56—58.

2. 核心标志

一个国家或地区的工业结构的高级化,是工业现代化实现的核心标志。产业经济学理论揭示,在工业化过程中,工业部门内部结构变化呈阶段性,依次出现重工业化、高加工度化和技术集约化的三种趋势,反映了工业产业结构从劳动密集型向资本密集型、进而向技术密集型逐步升级的过程。德国经济学家霍夫曼所揭示的资本品工业净产值在整个工业净产值所占比例随着工业化过程的推进而逐渐上升的经验法则,更适合描述工业化中期阶段的工业产业结构从劳动密集型向资本密集型演变的规律。而到了工业化的中后期,工业部门呈现高加工度化和技术集约化的趋势,工业产业结构开始向技术密集型升级。这个工业化中后期工业结构升级的过程也就是工业现代化的过程。因而,适合于分析一国或地区工业现代化水平的工业结构方面的指标是该国工业的高加工度化和技术集约化的程度,工业的高加工度化和技术集约化构成了工业结构的高级化基本内涵。基于以下三方面原因,我们认为工业结构的高级化是工业现代化的核心标志:第一,正如钱纳里所指出"发展就是经济结构的成功转变",①工业发展水平的高低表现为结构水平的高低。如表2-5所示,从工业化中期开始,发达国家工业内部的结构相似系数随着工业化的进程进一步提高,到了工业化后期,英国、法国和美国工业内部结构相似系数达到0.988、0.964、0.970。这表明工业结构的高级化是发展到工业化后期工业发展的必然要求,进而也是实现工业现代化的要求;第二,如果一个国家或地区形成了具有高加工度化的工业结构,反映了该国工业利用中间产品和提高最终产品附加值的能力很强,具有很强的国际竞争力,表明该国工业的技术经济指标达到了世界先进水平,标志着工业现代化的实现。第三,工业结构的技术集约化要求工业增长更多地依靠技术,尤其是依靠包括信息技术、生物技术、新材料技术、航空航天技术、能源技术等在内的高技术产业的成长和对传统工业的现代化改造,而这正是实现工业现代化的核心内涵。从这个角度说,工业结构的技术集约化也包括了当今工业现代化进程要适应信息化趋势的基本要求。

表 2-5　发达国家工业内部结构相似系数的变化

标准截面 （1958 年美元）	工业化中期初始 （270 美元）	完成初步重工业化 （900 美元）	工业化后期初始 （1200 美元）
英国	0.835（1907 年）	0.932（1924 年）	0.988（1963 年）
法国	0.757（1896 年）	0.919（1929 年）	0.964（1963 年）
德国	0.862（1875 年）	0.953（1911/1913 年）	
美国	0.856（1879 年）	0.975（1919 年）	0.970（1965 年）

资料来源：王岳平.中国工业结构调整与升级：理论、实证与政策[M].北京：中国计划出版社，2001：241.

3. 环境标志

能否形成绿色工业生产体系、保证工业经济与环境协调发展，是一个国家或地区是否实现工业现代化的环境标志。进入 20 世纪 90 年代，有关环境质量和经济增长关系的"环境库兹涅茨曲线"被经济学家提出和证实。环境库兹涅茨曲线被划分为三个阶段，第一阶段环境压力随着收入水平提高而不断增加，环境质量迅速恶化；第二阶段环境压力随着收入水平的继续提高而以较快的速度递减，在该阶段环境污染总量达到最高点并开始递减；第三阶段环境压力随着收入水平进一步提高而不断递减，但递减速度总体要比第二阶段慢。显然，这三个发展阶段也是与工业化进程相对应的，第一阶段大体对应工业化初中期阶段、第二阶段大体对应工业化中后期、第三阶段大体上是和工业化后期、后工业化社会相对应。从工业的自身发展角度看，最初的工业增长一般是粗放式的，是以大量消耗资源和污染环境为代价的，随着工业增长方式从粗放的数量扩张向集约的质量提高的转变，能源消耗和环境污染的程度逐渐降低，这也正是工业现代化的实现过程。从每单位 GDP 的二氧化碳排放量指标可以看出，工业生产随着收入的提高而变得越来越清洁。从世界银行提供的数据看，1980 年低收入国家、中等收入国家、高收入国家每单位 PPP 美元 GDP 二氧化碳排放量分别为 0.7 千克、1.3 千克和 1.2 千克，1997 年相应的数据变为 0.6 千克、0.8 千克和 0.5 千克。环境和资源是工业发展的"终极约束"，如果不能够形成绿色工业生产体系并保证工业与环境的协调发展，工业发展对于推进社会进步和改善人类福祉弊大于利，工业将没有存在的必要，也就无所谓工业现代化。工业的可持续发展无疑是工业现代化的应有之义，实现工业现代化必然要求工业发展与环境的协调。

二、太仓工业现代化的实践

(一) 太仓工业现代化的历程

1. 产业结构与产业布局

(1) 产业结构的"二、三、一"格局渐趋强化

国民经济三次产业结构状况是衡量一个国家、一个地区经济发展水平的重要标准,产业结构协调发展既意味着产业结构本身的协调和优化,也意味着区域之间在产业发展上的合理分工。三次产业结构的演变、发展过程,客观反映了经济发展指导思想的重要转变。太仓产业结构从以农为主到以工为主,从一业突出到三次产业比较协调,经历了一个漫长的历史阶段(详见表2-6)。

表2-6 太仓三次产业结构比重表

年份	三次产业结构比重	排列	演变历时	背景
1978	51.71:36.43:11.86	一、二、三		以粮为纲、以农为主计划经济时代
1979	43.18:45.75:11.07	二、一、三	29年	十一届三中全会
1992	15.13:65.14:19.73	二、三、一	13年	邓小平南方之行讲话
1999	9.87:53.02:37.11	二、三、一(一产占比低于10%,二、三产差距缩小)	7年	结构调整、可持续发展
2000	8.96:53.21:37.83	二、三、一		
2001	9.12:53.15:37.73	二、三、一		
2002	7.86:55.83:36.31	二、三、一		
2003	6.64:58.49:34.87	二、三、一		
2004	5.87:60.50:33.63	二、三、一		江苏加快推进沿江开发战略
2005	4.99:60.41:34.6	二、三、一(一产占比低于5%,三产占比止滑)	6年	中央提出科学发展理念,太仓率先实现全面小康社会
2006	4.26:60.84:34.9	二、三、一		
2007	3.8:60.3:35.9	二、三、一		
2008	3.4:59.7:36.9	二、三、一	9年	"十一五"规划要求加快服务业发展,提高服务业比重
2009	3.2:59:37.8	二、三、一		
2010	3.7:57.4:38.9	二、三、一		
2011	3.6:55.9:40.5	二、三、一		"十二五"规划第一年
2012	3.5:54.5:42	二、三、一		
2013	3.7:53.1:43.2	二、三、一		
2014	3.6:52.3:44.1	二、三、一		

数据来源:历年《太仓统计年鉴》。

太仓产业结构以农为主格局直到十一届三中全会后的1979年才被打破，历时29年，从此开始第二产业占据主导地位。邓小平南方之行讲话当年，即1992年，第三产业第一次超过第一产业，从此开始了"二、三、一"格局时代，从"二、一、三"结构转为"二、三、一"结构用了13年。由于"九五"以来工业投入的大幅增长，特别是十五、十一五期间外向型经济的快速发展和民营经济的迅速崛起，工业经济发展基础相对坚实，发展速度相对领先，因而以工业为主的第二产业占比持续走高，使"二、三、一"结构格局渐趋强化。

（2）体现区域功能特色的"一市双城三片区"产业布局初步形成

太仓城市与产业协同发展的总体思路是：深入实施城乡一体发展战略，融合"两带一圈"现代产业发展布局，推进新型城市化，形成以主城区为核心、港城为副中心、三个各具特色的现代新型小城市（沙溪、浏河、璜泾三个中心镇）为组团的城市空间发展新格局。

主城：按照中等城市的规划目标，统筹新区、城厢、科教新城、陆渡、双凤等板块，先期形成城中、科教新城、陆渡、金仓湖四个组团。重点向东拓展空间，延续南向发展态势，优化北部空间格局。发展定位是宜居之城、商务之城、创新之城。坚持在城市形态开发、基础设施建设、社会事业发展、产业结构调整等方面实现与上海的高水平对接。城中组团重点实施旧城更新与新区拓展完善相结合的发展策略，培育生活和城市产业、高新技术产业相结合的城市核心区，承担城市主中心功能。科教新城组团积极构建科教资源优势和环境优势，打造智慧新城和乐居新城，成为产业和城市融合发展的创新型城市先行区。陆渡组团重点培育对接上海的商务功能集聚区，借助新浏河风光带及快速公交建设，形成以高新技术产业和现代商务服务业为主导的城市新区。金仓湖组团规划建设集旅游度假、运动休闲、高品质居住、都市生态农业为一体的特色组团。双凤作为主城远期发展的重要组成部分，近期在规划建设上突出呼应主城发展，保留足够的绿色开畅空间，注重生态保护和特色化发展，打造农业发达、工业先进、商贸繁荣的现代化城镇。

港城：统筹浮桥，重点向西、向北发展，优化南部空间。发展定位是现代化港口产业新城、商贸新城，辐射带动周边各镇，呼应主城及太仓开发。港城核心区的综合服务区以港口物流业、金融保险、航运代理等生产性服务业为主，以生活服务为辅；生活区以营造宜居环境、发展消费性和公共服务业为主。港口作业区重点发展集装箱运输。临港工业区打造特色产业园区，建设可持续发展示范区。加快形成港城城市形态。完善北环路沿线港口综合服务区建设，适时向南拓展商业设施；启动七浦塘沿岸商业、文化、体育等设施建设，推进沿路景观轴和滨河生态廊道建设，增强人流、物流、信息流、资金流集聚功能。结合七浦塘沿线开发，有序推进城市道路工程和港区干道工程建设。加快形成以现代建筑风貌为特色景观的七浦塘公共服务中心区、体现现代化居住区格调的港城生活区、具有现代工业景观的临港综合工业区、呈现宏伟壮观的港口景观特色的集装箱港区等四大特色分区。

沙溪镇:发展定位是集文化旅游与工业发展于一体的现代化新型小城市。按照人口集聚、产业集聚、结构合理、体制创新、环境友好、社会和谐的总体要求,高起点规划、高标准建设,尽快形成城市形态框架,拓展城市功能,提升城市化水平。突出古镇保护,城区中心向南拓展,大力发展服务业和生活居住。工业主动对接太仓港,重点向东、向北拓展,建设特色产业园区,加速壮大经济规模。

浏河镇:注重与上海毗邻地区的协调和衔接、江海文化的挖掘和弘扬,发展定位是以高新技术产业、服务业、生态宜居为主的对接上海、服务港口的现代化滨江小城市。以长江新水源地及其陆域开发为载体,引导城区重点向东发展。公共服务设施主要集聚在浏河塘北侧、五号河以南,向东延伸;浏河塘以南以居住及生活服务设施为主。快速推进道路等基础设施建设,加快形成滨江新城框架和综合服务功能。

璜泾镇:发展定位是港口发展的重要组成部分、市域北部商贸物流中心、特色制造业集聚区、现代化宜居宜业小城市。发挥沿江、沿沪通铁路优势,依托港口,重点向东发展。沪浮璜公路以西打造城区中心,形成城市功能,以东重点发展港口物流及临港工业。

2. 太仓工业现代化阶段划分

(1) 第一阶段

第一个阶段,可称谓"匀质经济"阶段,也就是前工业化阶段向工业化初期阶段转型,大体以改革开放前后为界。这个阶段实质上是经济空间的形成阶段。主要有两个特征:一是同质的农耕经济向农业与工业双元经济转型;二是自然村落的匀质经济状态,向非匀质经济即乡镇向心式经济状态转型。由于同质的农耕经济其边际收益几乎等于边际成本,以及资金、技术、人力、物力等资源几乎对自然村落的平均投入和匀质分布,不可能构造具有重大差异边际的空间经济,因而经济空间的意义几乎为零。改革开放后,特别是乡镇企业发展,形成了以工业企业为核心的乡镇"极点"式经济发展状态,这是对经济空间的重要奠基。它以生产的迂回过程加深经济关系复杂化,逐步取代了传统农耕经济的线性关系,形成了生产要素组合方式的巨大裂变,突破了地区原有经济关系的边际。由此造成乡镇工业经济与农业经济两个不同的空间,以及构造了乡镇工业与其域外工业更大的经济空间关系。同时,由于乡镇工业的"极点"式发展,特别是以工业资本为标志的资源流分布的异质运动,初步形成了乡镇"中心—外圈"的城镇结构框架,以及农业乡镇向工业乡镇过渡的城镇梯度发展模式。

(2) 第二阶段

第二个阶段,即工业化初期阶段向工业化中期阶段转型,是一个初步实现"极化经济"的阶段。这是太仓经济空间发生巨大质变的阶段,是太仓传统农业社会向现代工业社会转型的阶段。在这个阶段中,特别是新世纪以来,实现了消费品工业向投资品工业的转型及其生产要素组合方式的升级,单元所有制经济向多元混合型所有制经济转变;实现了工业乡镇向产业功能城市转型、封闭型产业结构向开放性产业结构提升,以及乡镇平面经济的协调控制结构向现代城市经济的圈层有机结构转型。这个转型阶段所创造的历史价值,在于奠基了太仓现代工业城市的发展,以及未来发展的历史框架。其基本动力在于:

① 工业资本品的大量引入及其扩张,提高了太仓地区的资本有机构成,由于资本品的投资偏好以及投资倾斜政策约束,资源配置、配量的不同强度,促进了地区产业结构升级和所有制结构的转换,推动了地区现代工业体系基本形成。

② 重组地区经济即"撤乡并镇",发展若干不同的主要产业,形成地区经济的水平分工模式,加强地区区间的要素流动,促进地区资源型投资环境和资本型投资环境的发展,有效地扩展了太仓有形区域优势和无形区域竞争力,提升了地区经济的运行水准。

③ 构造两大经济核心区域(港区、新区),发展港口业和制造业两个经济极化中心,形成太仓经济的增长极态势和集聚效应,提高太仓在"长三角"板块中经济空间的优势地位,扩张了太仓对国内外贸易的经济关系,为太仓构造"哑铃型"现代工业港口城市奠定了雏形。

④ 推进城乡一体化建设,调适工业化中期的城乡产业结构,加强城乡区域的经济联系和社会联系,构造太仓城市的功能体系,引领太仓现代城市的演进,扩展与长三角城市群的协同效应,增强太仓城市环境的外部经济,加速了工业化建设步伐。

显然,在大空间概念上,第二个阶段的实质,是工业化经济空间与城市化地域空间相互构造的过程。形象地说,乃是在工业化发展坐标和城市化发展坐标中,获得相交的上升直线式的等比发展过程。这个过程意味着,对工业经济的资源配置构造了城市地域的空间关系,因为它以城市的功能结构需求作为工业经济资源配置的前提;而对城市资源的配置则构造了工业经济的空间关系,因为它根据工业经济极化状态、点轴发展等需求作为城市资源配置的回归,因而是城市空间与经济空间的相互重叠和相互映射,保持了双相同质发展的趋势。

(3) 从国际标准来判断目前工业现代化所处阶段

国际上判断一个国家或地区的工业化水平,大致从以下几个指标出发:人均国内生产总值(GDP)、制造业产业占GDP的比重、就业结构、工业结构、城市化水平等。经过50多年的发展过程,太仓工业从星星点点的手工作坊发展到门类较为齐全的工业体系,按国际标准来综合判断,太仓的工业化已经取得了巨大成就。

① 从人均GDP看,太仓已经处于发达经济阶段。著名经济学家H·钱纳里等人,把经济增长理解为经济结构的全面转变,并借助多国模型提出了标准模式,即根据人均GDP水平,将不发达经济到成熟的工业经济整个变化过程分为三个阶段六个时期:第一阶段是农业经济阶段或称初级产品生产阶段,其标志为人均GDP为364~728美元;第二阶段是工业化阶段,分为初期、中期、后期三个时期,人均GDP分别为728~1456美元、1456~2912美元、2912~5460美元;第三阶段为发达经济阶段,分为初级和高级两个阶段,人均GDP分别为5460~8736、8736~13104美元。从目前的情状看,2014年太仓人均地区生产总值约为24504美元,高于排名第34位的沙特阿拉伯,"媲美发达国家"。

② 从工业产出占GDP的比重看,太仓处于工业化后期阶段。根据美国经济学家西蒙·库兹涅茨等人的研究成果,工业化往往是产业结构变动最迅速的时期,其演进阶段也通过产业结构的变动过程表现出来。在工业化起点,第一产业比重较高,第二产业比重较低。随着工业化的推进,一产比重持续下降,二产和三产比重都相应有所提高,且二产比重上升幅度大于三产,一产在产业结构中的优势地位被二产所取代。当一产比重降低到20%以下时,二产比重上升到高于三产,这时候工业化进入了中期阶段;当一产比重再降低到10%左右时,二产比重上升到最高水平,工业化进入后期阶段,此后二产的比重转为相对稳定或有所下降。工业在国民经济中的比重将经历一个由上升到下降的"∩"型变化。

2014年太仓GDP中的第一产业增加值占地区生产总值的比重为3.6%,第二产业增加值比重为52.3%,第三产业增加值比重为44.1%。也就是说,太仓三次产业的产出结构所反映的工业化水平,处于工业化的后期阶段。

③ 从就业结构看,太仓处于工业化最高阶段。C.G.克拉克根据威廉·配第的观点,依据不同国家一定时期劳动力在三次产业之间转移的统计资料,得出以下结论:随着人均收入水平的提高,劳动力首先由第一产业向第二产业转移;当人均收入水平进一步提高时,劳动力便由第二产业向第三产业转移,这就是"配第—克拉克定理"。该定理通过揭示工业化过程中劳动力由生产率低的部门向生产率高的部门转移的规律,反映了经济增长方式的转变过程,表明就业结构是一个国家或地区经济发展阶段的重要标志(如表2-7所示)。

表 2-7 劳动力在三次产业中的比重变化

阶段	1	2	3	4	5
第一产业(%)	80.5	63.3	46.1	31.4	17
第二产业(%)	9.6	17	26.8	36	45.6
第三产业(%)	9.9	19.7	27.1	32.6	37.4

2014年，太仓三次产业的就业比重分别为17.12%、62.09%和20.79%，表明太仓工业化已经进入了配第—克拉克定理的最高阶段，这与太仓人均GDP水平所反映的工业化阶段是吻合的。

④ 从工业结构看，太仓处于工业化的中期阶段。德国经济学家W.霍夫曼通过设定所谓霍夫曼比例或霍夫曼系数(消费资料工业净产值/资本品工业净产值)，提出随着一国工业化的进展，霍夫曼比例呈现出不断下降的趋势，这就是著名的"霍夫曼定理"。它表明在工业化早期，工业结构以轻工业化为主，加工程度较低。随着工业化的发展，加工程度高的重化工业和机械加工业必定优先发展，从而在总产出中的比重增加，即霍夫曼比例越小，重工业化程度越高，工业化水平也就越高。

霍夫曼定理中工业分类标准，使用消费资料工业和资本品工业的划分近似于我国轻重工业的划分。据此计算2014年太仓的霍夫曼系数为1.03，表明太仓目前已进入霍夫曼工业阶段的第三阶段。

表 2-8 霍夫曼比例及工业阶段划分

阶段	第一阶段	第二阶段	第三阶段	第四阶段
霍夫曼比例	5(±1)	2.5(±1)	1(±0.5)	1以下

⑤ 从城市化水平来看，太仓处于工业化的实现和经济增长期。钱纳里等经济学家在研究各个国家经济结构转变的趋势时，曾概括了工业化与城市化关系的一般变动模式：随着人均收入水平的上升，工业化的演进导致产业结构的转变，带动了城市化程度的提高。一般认为，在工业化前的准备期，城市化率在30%以下；在工业化的实现和经济增长期，城市化率在30%～60%之间；在工业化后的稳定增长期，城市化率在80%以上。2014年太仓城市化率为65.34%，超越工业化的实现和经济增长期。

综合以上五个方面的比较分析，如果以人均GDP指标和就业结构指标为主要依据，以工业产出比重和工业结构水平两个指标为辅助依据判断太仓工业化的进程，目前正处于工业化中期阶段向后期阶段加速推进时期。三次产业结构、就业结构和工业内部结构不断优化，城市化和社会生产力水平逐步提高。

(二)太仓工业现代化的成就

城市要崛起，工业必先强，工业经济始终是太仓经济工作的"重头戏"。"十一五"期间太仓工业经济强势增长,实现新跨越,在太仓经济社会快速发展中交出了一份满意答卷。"十二五"以来,太仓主动适应国内宏观调控新形势,积极应对国际经济环境新变化,紧扣"推动科学发展、建设美好江苏"主题,围绕加快转变经济发展方式主线,积极培育壮大先进制造业和战略性新兴产业规模,优化调整制造业布局,促进工业向高端化、特色化、集约化方向发展。

1. 工业经济规模扩大,质量效益稳步提高

近年来,太仓工业经济增速领跑苏州地区。2014年,完成工业投入288亿元,其中技改投入172.2亿元,技改投资增幅居苏州首位。完成工业产值2630亿元,销售2522亿元,利润125亿元,利税189亿元,其中1165家规模企业实现产值2082亿元。全部工业及规模企业产值和销售收入增速,均位列苏州各县市第一,规模工业利税和利润总额增速保持苏州县市前三位。年产值突破亿元企业336家,有33家工业企业年销售超过10亿元,其中3家企业超过50亿元;年入库税收超亿元企业达到14家,其中舍弗勒、宝洁入库税收超过5亿元。太仓工业单位GDP能耗、主要污染物排放超额完成年度节能减排目标。按照新型工业化和构建现代产业体系的要求,工业结构水平与综合实力都有了新的提升。

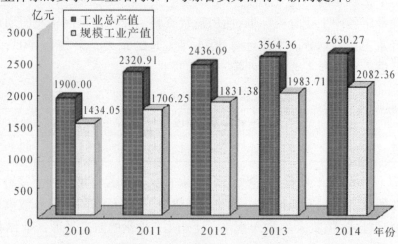

图2-1 2010—2014年工业总产值

数据来源:2014年太仓国民经济和社会发展统计公报。

2. 二元驱动格局形成,民营工业彰显活力

以外资、民营为主体的二元驱动的发展格局基本形成,而民营经济在太仓更是充满活力。截至2014年6月,太仓规模民营工业销售收入和利润分别完成400亿元和9.07亿元,分别比上一年同期增长8.76%、15.11%,产销率达96.24%。规模民营工业销售收入和利润占规模工业比例分别为41.79%和18.08%,分别比去年同期提高0.18个和1.25个百分点。民营经济实现销售收入595亿元,同比增长3.26%,占全部工业的比重为48.74%。

在太仓民营经济发展的进程中,涌现出了诸多代表型的企业。如成立于

1995年的江苏香塘集团有限公司原先是一家专门从事鞋业的企业。面对日益激烈的市场竞争和逐步提高的生产成本,香塘集团开始实施转型升级、多元化发展战略。2014年公司销售额53.37亿元,集团也相继获得"苏州市百佳民营企业""江苏省优秀民营企业"等荣誉称号。雅鹿集团坚持多元化经营,羽绒服产销量列全行业第二;宏达集团有着全球最大的制酶厂,发展循环经济已见成效。

3. 以港强市、接轨上海,开放型经济突飞猛进

"以港强市、接轨上海"是近年来太仓坚定不移的两大战略,在两大战略引领下,太仓开放型经济突飞猛进,新区、港区作为太仓发展工业经济重要载体的作用日益凸显。

截至2014年年底,港区引进内外资项目630多家,总投资1100多亿元人民币,其中外资项目236家,注册外资56.5亿美元。先后引进了美国的埃克森美孚、英国的BP,国内的中石油、中化、中远等一批国内外知名企业,其中世界500强企业7家,中央国企22家。在巩固提升石油化工、电力能源、高档造纸、金属加工等传统产业的基础上,新能源、新材料、先进装备、现代物流等新兴产业加快集聚。奥特斯维太阳能光伏、中建材光电装备等一批超亿元的新兴产业项目成功入驻,港区新兴产业呈现良好的发展态势。

4. 新兴产业提升发展,高新产业高速增长

加快传统产业提档改造同时,太仓生物医药、新能源、新材料、电子信息、重大装备等五大新兴产业发展势头强劲,企业数和产值占规模以上企业比分别上升到近10%和20%。2014年实现新兴产业产值1036.16亿元,比上年增长4.3%,占规模以上工业产值近一半。近年来,高新技术产业产值增速呈高速增长态势,同比增速为32.3%,高出太仓规模以上工业增幅24.7个百分点,拉动太仓工业经济增长8.8%。2013年上半年,太仓规模以上高新技术企业258家,实现产值243.35亿元,占规模工业33.4%。

5. 产业布局不断优化,特色产业逐步形成

随着产业布局调整和工业园区建设的加快,企业向沿江、沿沪、主干道、园区不断集中,在现有港区的石化、钢材剪切配送,新区的汽车零配件、电子、精密机械,璜泾的化纤加弹,陆渡的自行车、浏河的机电等16个苏州市级特色产业基地中,集聚了两千多家企业,产值和销售收入均占太仓工业60%左右,区域产业特色逐步形成。

"十二五"以来,太仓工业经济取得了很大成就,为"十三五"工业经济新一轮跨越发展打下了坚实的基础。

(三)太仓工业现代化的特色

太仓是欧美企业和央企集聚的市县之一,也是新兴产业发展较快的市县之

一,为跟上时代发展潮流,太仓提出要发挥整体优势,大力推进"德资企业集聚化、中央企业规模化、新兴产业项目化、服务平台体系化"。

1. 德资企业集聚化

太仓独特的区位优势和人文环境,吸引了大批德资企业入驻,被称为"中国德企之乡""中国的施瓦本"。1993年第一家德国企业克恩里伯斯有限公司落户太仓,2014年已有220多家德资企业入驻太仓,项目总投资近20亿美元,年工业总产值近300亿元、亩均产值825万元、亩均税收50万元、人均税收10万元。太仓德资企业普遍技术含量高、经济效益好、占地面积少、项目规模大、抵御风险能力强,以精密机械加工、汽车零配件制造、新型建筑材料等三大产业为主,形成了"苏州市精密机械特色产业基地"和"苏州汽车零配件特色产业基地",其中精密机械企业有70家,年产值超100亿元;汽车零配件制造企业有35家,年产值近90亿元。太仓是目前中国德资发展最好、密度最高的地区之一,2008年被国家商务部和德国经济部共同授予全国第一个"中德企业合作基地"称号,2012年被国家工信部授予中国首个"中德中小企业合作示范区"称号。2015年3月德国政府继北京、上海之后在太仓建立了中国第三个、同时也是全球第八个"德国中心",为德国工业4.0在太仓集聚发展搭建了新的平台。

2. 中央企业规模化

太仓依托港口优势,走出一条央企引进与发展的"四条路径":坚定高速扩张路径,做大项目总量。支持央企加快向新产业、新领域、新产品、新市场拓展,中建材、中集、中化国际等一批总投资35亿元的项目已见成效。坚定整合优化路径,提升产业能级。引导央企向智能电网、现代物流装备、新型材料产业等上下游延伸,加速推进中化国际博士后工作站、院士工作站运行和中建材薄膜太阳能研发中心建设。坚定招商拓展路径,扩张基地规模。按照引进大项目、形成大产业、打造大基地的发展路径,强化制高点招商。坚定服务优化路径,提升项目吸引力。坚持"一企一策",严格实行挂钩联系制、首问负责制、服务承诺制、限时办结制等各项服务,积极协调,解决央企在生产运营过程中遇到的难题。目前太仓共有中化、中远、中石油、中集等20余家央企落户。

3. 新兴产业项目化

以发展新兴产业为导向,太仓五大新兴产业已集聚规模以上企业120余家。以引进重大项目为突破口,目前生物医药已吸引昭衍、致君万庆等国内外知名药企,新能源已引来奥特斯维、昊诚光电、舍弗勒风力轴承,新材料有生产会呼吸石膏板的北新建材、生产密封件的宝泽高分子材料等。以抓好项目进度为关键,将项目建设纳入科学发展观考核体系,建立项目跟踪和协调机制,健全领导与项目挂钩制度。以构建人才高地为保障,启动"1010"人才工程,未来10年每年引进10名国家"千人计划"人才,100名科技创新创业领军人才及团队,

1000名高层次科技人才,为发展新兴产业服务。

近年来,太仓不断加大生物医药、新能源、新材料、电子信息、重大装备等战略性新兴产业发展力度。2014年新兴产业列统企业247家,实现产值1036.16亿元,实现利税88.70亿元,其中,利润61.14亿元。太仓新兴产业以21.2%的规上工业企业数量占比,创造了49.8%的规上工业总产值,实现了52.0%的规上利税和54.0%的规上利润,对太仓工业经济发展起着至关重要的作用。

4. 服务平台体系化

组建服务企业网络,市级层面成立中小企业服务中心、担保公司、工业展览馆、高级管理人员发展中心等4家服务机构,公共层面组建了创业辅导、工业设计等20多家服务机构。营造企业发展环境,国土资源局开设"土地抵押登记快速通道",公安局设置"网上车管所",科技局打造科技服务中心,行政服务中心以"两集中、两到位"为抓手,通过提速增效、创新服务方式,做到群众满意、企业满意、部门满意、领导满意。国地税、工商联建立"纳税人之家"服务平台,融宣传培训、信息交流、权益保护和协税护税于一体,由42位法律界、税务界、会计界人员组成法律援助团、纳税辅导团、专家咨询团,免费提供最专业的纳税服务,实现了纳税服务的全地域、全天候、零距离。构建企业扶持机制,出台了7个方面22条激励政策,培育产值100亿元以上企业和50亿元以上企业5家。继续开展"千名机关干部下千企"活动,帮助企业共同拓市场、争订单、搞技改、上项目。

三、太仓工业现代化的探索

按照《中国制造2025》的总体战略布局,依据太仓工业化现有基础,在未来太仓工业发展过程中,需要解决的主要任务是:在保持工业规模和效益持续增长的基础上,按照"创新驱动、质量为先、绿色发展、结构优化、人才为本"的基本方针,力促工业产业结构优化升级,提高工业的自主创新能力,提升主导产业的核心竞争力;大力发展高新技术产业和战略新兴产业,完善地区产业链,实现工业发展由物质资源消耗向创新驱动转变、由粗放式增长向集约型发展转变、由产业价值链中低端产出向高端产出转变,实现太仓制造向太仓创造转变、太仓速度向太仓质量转变、太仓产品向太仓品牌转变。

(一)太仓工业现代化发展的战略重点

根据太仓当前工业产业基础与未来工业发展战略定位,结合长三角地区未来产业发展的基本态势和国际产业结构调整转移的新特征,在未来一段时期,太仓工业发展的战略重点为以下三点:

1. 突破核心技术和前沿技术，培育壮大战略性新兴产业

依据国家确定重点发展的七大战略新兴产业和江苏省确定重点发展的六大战略新兴产业，综合太仓当前工业发展的具体情况，重点发展新能源、新材料、生物医药、电子信息和重大装备制造五大战略性新兴产业。发展的过程中，充分利用太仓工业开放程度高的优势，充分利用国内和国外的创新资源，大力提高企业的自主创新能力，突破核心和关键技术，创建自主品牌，培育和壮大太仓战略新兴产业，争取建立起一批龙头企业，形成太仓战略性新兴产业发展集群。

2. 利用先进技术和装备改造提升主导产业

主导产业发展的核心问题是提高发展的质量。主导产业要以节能降耗减排和循环经济为重点，采用高新技术、先进设备改造提升，加强工业化与信息化的深度融合，推动主导产业价值链的延伸，促进主导产业显著提高发展质量，并实现总量适度扩张，进一步提升其对太仓工业发展的贡献度。港区以央企、世界500强企业为龙头，建设大载体，培育临江大产业，塑造"园中园"品牌，打造新兴产业高地、可持续发展示范区；新区着力提升壮大以德企等欧美企业为主的新兴产业载体，打造转型升级示范区和创新型开发区。

3. 推进工业园区特色化发展

城厢高新技术产业园以光电、电子信息、与汽车产业互动的精密制造、生命科技等为主导产业；沙溪台资科技创新园及香塘工业区重点发展电子信息、新材料、生物技术和新医药等新兴产业，延伸发展化纤纺织等传统优势产业；浏河镇机电产业园区大力发展机电设备制造、电子信息、新材料等产业；璜泾镇加快建设化纤纺织工业园区，做大"中国加弹第一镇"品牌，打造以雅鹿为龙头的品牌服装产业基地；双凤镇重点发展汽车配件、新材料、生物技术和新医药、休闲食品产业。

4. 大力发展总部型现代生产性服务业体系

重点发展与太仓工业良性互动的现代生产性服务业，培育金融、会展、工业设计、文化、软件和服务外包、商务服务、科技信息服务等产业，占领工业产业价值链的高点。同时积极发展总部经济，支持金融商务集聚区、保税物流园区、软件和服务外包园、科技创新孵化器等现代服务业载体和项目建设。通过加速发展生产性服务业和建设生产性服务业体系来整合工业生产，促成工业生产能力的集成。

（二）太仓工业现代化发展的举措

当前全球各国纷纷推出制造强国战略。美国2012年推出《美国先进制造业国家战略计划》，同年12月提出《工业互联网》战略；2013年德国发布首个"工业4.0"标准化路线图，以加强德国作为技术经济强国的核心竞争力。"中

国制造2025"与美德战略几乎是殊途同归。这就要求围绕战略性新兴产业集聚科技资源,对战略性新兴产业上下游的核心、关键以及共性技术进行攻关,通过创新链驱动,突破一批关键技术,使战略性新兴产业实现跨越式发展。同时要坚持标准先行,把制订智能制造标准化作为智能制造的优先领域。太仓要借鉴德国工业4.0标准化路线图以及美国先进制造和工业互联网标准建设的工作思路和组织方式,加快智能制造标准化体系建设,努力推进太仓工业现代化向更高水平迈进。

1. 太仓工业结构的高度化转型措施

(1) 提高工业创新能力

充分利用当地和上海、苏州等城市的高校和研究院等资源,抓住太仓创新型城市建设的机遇,进一步加强太仓工业技术创新工作,着重在技术创新体系建设、技术支撑、创新成果的规模化生产和应用等方面,帮助行业和企业突破技术创新的制约因素,加快提升产业技术创新能力,增强产业核心竞争力。

一是大力推进和完善技术创新体系建设。首先,以企业作为创新的主体,加强企业之间技术联系,引导企业树立创新发展观念,企业作为工业生产主体和参与社会经济的前沿部门,对市场需求和技术发展方向有着高度的敏感性,以企业为主导进行技术创新,可提高技术创新向实际应用转化的比例,因此,激励企业增加研发投入,集聚创新人才,对推动工业创新能力的提升具有重要的意义。其次,推进产学研合作,充分利用太仓的高校、联合研究院等科研资源,加强企业在技术创新领域与高校的合作,依据研发载体推动工业技术创新能力提高。在产学研合作的过程中,必须注重解决企业与科研机构在追求"技术价值"和"市场价值"之间的矛盾,实现企业和科研机构的良性互动,提高科技成果的转化率,不断提升工业企业的科技创新能力。

二是加大技术创新投入,推动创新成果的规模化生产和应用。进一步加大工业部门R&D资金的投入,为技术创新提供原动力。在坚持企业为主体的创新机制前提下,应加大政府对技术创新的支持力度对整体技术创新的推动显得尤为重要;在技术创新的过程中,必须坚持以市场需求为导向,突破制约工业发展的核心技术瓶颈制约,进一步提高发明专利占专利申请的比重,增强科技原创能力,推动工业发展;把科技成果转化摆在突出位置,积极实施标准战略,推进拥有自主知识产权的技术成果转化。

(2) 加快推进工业化和信息化融合

深入推进太仓的"两化融合"工作,要把以信息技术改造传统产业、推动依托于电子信息技术的生产性服务业的发展、推进重点领域信息技术应用、加快新一代信息通信技术产业发展作为工作重点。

一是要以信息技术改造传统产业。在太仓纺织化纤服装、金属加工等传统工业企业中推进信息化改造工程,将信息化技术应用到工业企业的产品研发、技术改造、生产制造、经营管理和市场营销等各个环节,并且在节能减排、污染控制和安全生产等重点领域推动信息化技术的应用,通过提高传统工业企业的信息化水平,提高企业的生产效率、降低生产成本,提高工业产品自动化、智能化、网络化的功能,提升传统制造业的竞争力。

二是要推动为工业化和信息化融合提供技术支撑的生产性信息服务业发展。依托太仓作为电子信息产业的集聚地,拥有为发展生产性信息服务业提供良好的硬件支撑的优势条件,大力发展包括产品和设备信息化整体解决方案提供商、生产过程管理控制系统集成商以及企业供应链管理和客户关系管理信息技术服务商等生产性信息服务业,使之成为太仓经济的重要组成部分,同时能够起到延伸太仓工业的产业链条,以达到以产业深化的方式推动工业产业升级的目的。

(3) 积极发展战略新兴产业,培育新的经济增长点

战略新兴产业是未来企业技术进步的方向和市场竞争的制高点,同时也将成为经济增长的重要组成部分。太仓战略新兴产业的发展,应根据国家和江苏省关于发展战略性新兴产业的相关要求,结合太仓产业基础和发展需求,重点发展新能源、新材料、生物医药、电子信息、重大装备制造五大战略性新兴产业,培育太仓工业新的增长点。

根据太仓当前工业的发展基础和未来战略新兴产业的发展方向,太仓新能源产业重点发展风能产品,加快形成太阳能光伏产业链,以港区、新区为主,建立太仓新能源产业园,努力打造全省县级市中规模最大的太阳能光伏产业基地。电子信息产业重点突破新一代通讯终端和接入设备、LED新光源、物联网相关设备及传感器开发、大型应用软件及嵌入式软件开发等领域,打造以城厢高新技术产业园、沙溪台资科技创新园为主体的电子信息产业群。新材料产业主要引导企业通过研发、技改向多性能复合材料、特种功能新材料等新型材料方向转型升级,形成以港区、沙溪为重点的新材料产业特色基地。生物技术和新医药产业主要引进国内外著名生物医药企业与培植壮大现有企业相结合,积极开发具有自主知识产权及自主品牌的生物医药产品,构建医药研发试验、药品生产、酶制剂产业等三大基地,打造江苏省太仓生物医药产业园,争取成为全省县级市中最具特色和规模的生物技术和新医药产业集聚区。节能环保产业重点发展节能环保装备制造、资源循环利用、节能服务和环保服务等产业。重大高端装备产业,主攻高端制造环节,提高自主设计、制造和成套生产能力,重点打造港区的新型电力设备、海洋工程、轨道交通、重型装备成套设备等特种专用装备制造特色产业基地和新区的精密机床制造基地。

(4) 优化和提升太仓工业主导产业发展

一是要用高新技术、先进适用技术和现代信息技术改造提升太仓工业的主导产业,通过关键设备数控化、信息技术推广应用、技术创新能力建设、关键技术研发与引进消化吸收、新产品及重大技术装备研制等手段,加大工业主导产业的技术改造力度,加快技术进步,实现工业主导产业健康发展,提升其对太仓工业发展的主导作用。具体来说,着重对通用装备制造业实施工业装备数控化改造,推广应用现代数控技术改造企业现有重点关键设备,提高设备的技术水平和加工能力,实现制造领域的优质高效生产。同时加快信息技术应用,推广综合自动化技术、工业机器人技术,提升生产过程柔性化、自动化水平。在石油化工行业重点推广应用生产过程的优化控制技术和在线检测技术,提高产品质量和安全环保水平。在金属加工行业加快推广应用生产各工序和全线过程的智能化控制技术、连续生产工艺监控技术和通信技术、连续生产过程综合优化控制技术。纺织化纤服装行业推广应用纺织专用CAM等生产过程控制技术。

二是要推行太仓工业主导产业的"走出去"战略。充分利用"后危机时期"经济复苏调整过程中资产价格波动的机遇,鼓励以香塘为代表的太仓工业主导产业中具有优势的大企业进行海外资产的收购和并购活动,增强其在全球价值链中的定价能力,实现在全球范围内专业化、集约化和规模化的发展,提升经济效益,为太仓发展总部经济奠定基础。

三是积极推动太仓优势工业企业构建国内价值链。鼓励太仓工业主导产业中充分利用国内各省市具有比较优势的生产要素,对其他省市输出技术、管理和装备,在外地建立生产基地,充分延伸企业的产业链条,利用自身在全球价值链中劳动密集型环节所形成的在位优势,将总部经济的交易成本优势与制造基地的要素成本优势相结合,实现太仓地区工业由"短链条"向"长链条"转变;由"承包者"向"发包者"转变;由"外资为主"向"内资为主"转变;由"全球价值链"向"国内价值链"转变。

2. 太仓工业结构的合理化转型措施

(1)促进多种所有制经济共同发展。太仓工业多种所有制经济的共同发展,主要是民营工业、外资工业和国企工业在竞争和合作并存的情况下走出一条共同发展的道路。

一是要大力促进民营工业的发展,提升民营工业在太仓工业体系中的地位。太仓民营工业的发展规模较大,但是由于技术人员少、新兴产业少等方面的限制,主要集中于发展劳动密集型产业,因此,在未来的发展过程中,民营工业首先必须注重自主创新能力的提高,提高高新技术产业的占比,通过技术提升和改造实现发展模式的改变;其次,加强与太仓当地外资工业的合作,提升为外资工业配套的能力,深化参与外资工业配套生产的程度,充分利用外资工业的先进技术来发展民营工业;再次,要给予民营工业企业与外资企业同等的待遇,凡对外资企业开放的投资和市场准入领域,都应该准许民营企业进入,同时在税收、土地费用和财政政策支持方面给予民营企业和外资企业同样的优惠政策,给民营工业的发展营造一个公平的环境。

二是要进一步促进太仓外资工业的发展,充分利用外资工业技术优势为太仓工业转型助力。与太仓的民营工业相比,外资工业具有十分明显的技术、资本和人才优势,因此,在太仓工业转型的过程中,必须清醒地认识到外资工业对太仓整体工业发展的重要性。在太仓工业未来的发展过程中,首先,需要提升引进外资的质量,在平衡工业发展、充分就业和技术进步的情况下,加大引进技术密集型工业的力度,提升太仓工业整体技术水平。其次,促进外资工业的本土化,即实现外资工业由简单的加工装配到实现整个生产环节的本土化;由核心技术研发异地化到实现核心技术研发本土化;由高层管理人员外籍化到中高管本土化;由境外融资为主到境内外融资并重,实现融资本土化;吸引跨国公司总部或地区总部逐步迁到太仓及上海,实现营运管理本土化,以使得部分外资工业能够完全扎根在太仓,避免外资工业外迁带来的风险。最后,促进外资工业开拓国内市场,以应对外部需求萎缩对出口加工业造成的不利影响。

(2)优化企业组织结构。在现代市场经济条件下,合理的企业组织结构将是一个由大中小型企业合理分工、紧密联系的有机体系。一般情况下,不同规模水平的企业在不同的层次上投入工业经济活动,是可以实现优势互补的。大企业可以充分利用企业规模和综合实力的优势,着力于大项目开发,有实力的企业还可以直接参与国际竞争,实现生产和销售的全球化;中小企业充分利用其灵活性,通过开发和利用各种新技术,不断更新产品,适应市场多样化需要,并且中小企业在提供就业岗位上有着大企业无法比拟的优势。因此,太仓工业组织结构的优化必须在实施大企业战略和"地标型"企业战略的同时,推动中小企业的快速发展。

首先,积极推进大企业战略和"地标型"企业战略,鼓励有实力的大企业实现跨地区、跨行业、跨所有制扩张,组建具有区域和行业影响力的大企业集团。二是在自愿基础上采取"强强联合",支持优势企业按照产品相关相近、产业联合的原则,进行多种形式的联合,提高产业集中度和企业竞争力。大力发展中小微企业,充分利用中小微企业的优势,鼓励中小微企业向专业化、特色化方向发展,努力培育具有较好成长性、较强市场竞争力的中小微企业,形成与大企业大集团专业化分工、大中小匹配的产业群体和企业结构。

(3)构建现代生产性服务业体系,促进工业价值链延伸。在培育壮大战略性新兴产业、改造提升传统主导产业过程中,重点发展与太仓工业良性互动的现代生产性服务业,延伸太仓工业价值链条,提升太仓工业的整体竞争力。

一是要大力发展创业投资、风险投资、产业投资、金融租赁等新型金融形式,充分发挥各类投资基金对工业发展的促进作用,利用太仓工业园区、中央商务区等发展载体,实现太仓金融集聚发展,建立金融BPO产业发展的高地。

二是积极发展工业会展经济,引进企业营运总部、管理中心、营销中心等职能型总部,建立中央商务区,形成总部集聚区,特别是在太仓的总部集聚区设立工业的国际采购网络驻点,实现太仓由生产型城市向服务性城市的提升。

三是鼓励发展专业化的科技研发、创意设计。以工业设计为核心,重点发展新能源与新材料设计、芯片设计、工业设计、样本测试/样机研究、内置系统/解决方案,加强面向工业特定需求的共性技术、业务流程设计等核心技术的研发,发挥系统集成、技术集成在工业中的应用。

四是培育一批综合现代物流重点企业,针对工业的物流产业群,引导第三方物流、第四方物流企业及供应链服务企业的发展,帮助客户实现物流信息管理、物流方案制订、物流规划组织和供应链管理的整体解决方案,扩大物流增值服务。

五是积极发展质量检验测试、设计试制验证、检测试验咨询等面向生产过程的分析、测试、计量的专业服务,为太仓新兴产业与传统主导产业产品的检验检测认证提供技术保障。

3. "十三五"期间太仓先进制造业发展重点

按照"中国制造2025"战略要求,坚持市场主导、企业主体,着力推动新兴产业发展壮大,加快推进传统产业转型升级。

(1) 加快发展新兴产业。坚持创新驱动、重点突破的原则,以"突破核心技术、打造高端产品、塑造知名品牌"为主要方向,重点发展高端装备制造、新材料、生物医药等特色新兴产业,着力引进培育国内外龙头企业的区域型总部和研发生产基地,通过龙头带动、产业联动、科技推动等方式壮大产业总量,提升产业层次,高端装备制造、新材料产值规模力争达到千亿级,建成国内知名的生物医药产业基地。其中,高端装备制造产业重点发展新能源装备、数控精密机械、智能制造装备、新型海洋工程、石化装备、轨道交通、纺织机械、运输装备、环保装备等成套专用设备和重要零部件总成。新材料产业重点发展高技术含量、高附加值、绿色功能型的差别化功能纤维、高分子复合材料、特种有色金属材料、无机非金属材料、精细化工新材料、节能环保建筑材料、特种功能材料等新材料产品,不断提升新材料产业发展能级,形成相关产业链集聚。生物医药产业面向健康生活重大需求,重点发展医药研发试验、医疗器械、酶制剂、新型药物、检测试剂,努力集聚更多优势企业,构建完整细分产业链,打造全国知名度高、省内影响力大的生物医药产业集聚区。

(2) 改造提升传统产业。以推动传统产业向中高端迈进为主要方向,加大纺织化纤服装的转型升级力度,突出品牌升级、技术升级、产品升级,重点引导纺织化纤服装从加工制造向研发设计、营销等价值链高端提升。通过总部化、高端化、差异化来提升纺织化纤服装行业的竞争力。积极推动电力、造纸等产业向绿色低碳、清洁安全方向发展，不断提高产业自主创新能力和市场竞争力。

（3）推进"制造"向"智造"转变。开展智能制造试点示范，推动两化融合整体水平提升。组织开展重点行业智能工厂应用示范，围绕推广普及智能制造单元—智能车间—智能制造系统—智能工厂，逐步实现车间级、工厂级的智能化改造。基于园区和产业基地，围绕生产装备的智能化改造，探索构建企业间协同高效的智能制造体系和产业生态系统。全面推进"互联网+"。开展互联网与工业融合、工业云、工业大数据创新工作，实施物联网发展专项，规划车联网发展措施，推动智能制造发展。培育与发展新业态和新模式，研究和加快服务型制造发展，鼓励有条件的大型企业设立设计中心，组织开展工业电子商务行业试点。积极支持企业拓展在线监控、全生命周期管理、融资租赁、智慧物流、合同能源管理、供应链金融等新业务。推动大数据在工业企业研发、制造、管理、服务等各环节深度应用。

（4）做大做强产业载体。国家级太仓港经济技术开发区重点建设好南部新材料产业园、中部创新产业园、北部智能装备产业园和中美科技创新示范园，着力发展智能装备、功能性新材料、绿色能源、健康诊疗等产业，力争达到千亿级产值规模。太仓高新技术开发区以创建国家级高新区为目标，重点打造精密机械产业园、中德合作产业园、汽车部件产业园，着力发展新能源、新材料、新能源汽车、信息技术等产业，尽快实现工业产值超千亿目标。沙溪、璜泾两镇重点建设市生物医药产业园、沙溪新材料产业园和璜泾新材料产业园，逐步实现传统纺织化纤服装产业向总部经济、品牌经营、技术输出转型，传统家庭工厂式分散型民营经济向"二次创业"、新型民营经济转型，做大做强生物医药、新材料等优势产业。城厢、浏河、双凤等镇坚持企业、项目向园区集中，逐步推进区外企业的布局调整或置换，依托港区、新区的辐射效应，重点发展机电、汽配、新材料等产业，打造特色产业园区。

（5）培育企业市场竞争力。支持企业建立完善现代企业制度，培育发展一批有核心技术和国际竞争力的地标型企业和大型企业集团。着力打造主业突出、行业领先的"百亿企业"。支持建设中小企业产业园区、小型微型企业创新基地、创客空间等中小企业创业创新集聚区，推动中小企业向"专精特新"发展。集中力量支持百家成长型中小企业。推广新型孵化模式，发展众创、众包、众扶、众筹空间，鼓励企业采取境内与境外，主板、中小板与创业板并举的方式上市融资，支持符合条件的企业到"新三板"挂牌。

(三) 太仓工业现代化发展中的政策保障

1. 明确政府和市场在工业结构转型中的功能

一是发挥政府在工业发展中的重要作用。鉴于我国行政力量对经济发展影响力依然较强的现实情况,在工业转型的过程中,依然需要政府在产业政策方面给予支持。同时,要进一步完善市场经济体制,充分发挥市场机制在工业结构转型中的主导作用,在工业企业竞争的过程中引导企业主动进行产品和技术的升级,引导资金流向发展前景良好的高新技术产业,推动企业兼并重组、淘汰落后产能与技术。

二是在公共物品的供给上弥补市场机制的不足。由于公共物品的外部性和非排他性特征,以及我国政府在经济发展中规划者角色,在工业转型过程中,需要政府在基础设施建设和基础性科技研究方面提供资金支持;加强产业升级所需的专业性人才和技术性人才培养;完善环境保护、知识产权保护等法律和制度;支持外部效益大于企业经济效益的新能源技术、节能减排技术的应用和产业化等。

2. 完善环境保护措施

推动工业结构调整与优化升级,需要政府不断完善环境保护措施。

一是推进工业节能减排。依据国务院发布的《"十二五"节能减排综合性工作方案》,确定未来一段时期太仓工业节能减排的任务目标,通过环境污染税费等措施来限制企业的能源消耗和污染排放;实施工业能效提升计划,支持重点节能技术、设备和产品的推广和应用,提高企业能源利用效率,鼓励工业企业建立能源管理体系,重点在太仓主导工业部门中的金属加工、纺织化纤服装、石油化工等高耗能行业进行重大节能技术改造。

二是加快淘汰落后产能。对新入驻太仓的工业企业设立安全、环保、能耗、质量、土地等约束指标,完善落后产能界定标准,严格市场准入条件,防止新增工业落后产能。对不符合有关法律法规规定,严重浪费资源、污染环境、不具备安全生产条件的工艺技术、装备及相关的落后生产能力,采取坚决的措施予以淘汰。督促企业加快对落后设备、产能的淘汰更新速度,加大技术改造力度,使其符合绿色低碳的发展要求。

3. 推进产业梯度转移

当前太仓有效发展空间日益变小,土地资源、环境容量和主要生产要素的供给趋紧,持续增长的资源和环境压力情况严峻,为契合太仓工业结构转型的发展要求,必须推进产业转入和转出的"双转移"工作。

一是要鼓励符合太仓战略新兴产业发展方向、有利于促进工业主导产业技术提升、产业带动性强、社会贡献强度大的工业企业和生产性服务业转入。

二是要引导高污染、高能耗、高土地占用、高劳动密集型和不符合镇级以上开发区专业集中发展方向的企业转出。

三是要鼓励能充分利用转入地区要素、在转入地具有较好产品市场的优势企业转出,拓展发展空间,延伸产业链和价值链。

4. 调整吸引外资政策,提高引资质量

一是吸引外资的总体策略由追求数量向追求质量转变。当前,限制太仓工业发展的最主要因素已不是资金不足,而是资源环境的限制和工业技术水平不足。在太仓未来引进外资的过程中,要综合考虑引进的外资是否能够促进太仓工业技术提升和符合产业升级的发展方向,注重引进技术实力强的外资企业入驻,并在环境污染、资源消耗和产出效率等方面提高相应的准入标准。

二是吸引外资的手段由提供优惠政策向优化投资环境转变。对外资的不合理优惠政策导致内资工业与外资工业在市场竞争中处于不利地位,不利于太仓当地民营经济的发展,因此需要进一步取消税收和土地费用方面等一般性外资优惠政策,给予外资工业真正的"国民待遇",同时在基础设施建设、生产性服务业配套、市场机制完善和法制监管等方面不断完善,给外资工业创造更加良好的投资环境,吸引更高层次的外资工业入驻太仓。

5. 充分运用财税政策和金融政策

充分运用财税政策促进太仓工业结构转型。一是完善促进节能减排的财税政策,采用税收优惠、财政补助、设立节能专项资金等方式,支持环保产业的发展,并助推传统产业运用高效节能产品和机器设备提升节能减排能力,对太仓地区污染排放企业征收消费税、资源税,补贴节能减排财政支出,完善工业企业排污费的征收机制。二是完善鼓励技术创新和高技术产业发展的财税政策。政府要加大技术创新财政资金的支出,带动地区整体创新能力的提升,要为太仓工业企业的技术创新提供财政补贴、税收优惠和贴息贷款等优惠政策,鼓励企业自主技术创新。

充分运用金融政策推进太仓工业结构转型。一是完善资本市场建设,进一步加强太仓地区资本市场制度、金融法规体系和市场监管体系的建设,构建一个高效的资本市场环境。二是通过金融创新促进技术创新和新兴产业的发展,包括积极发展风险投资基金、产业投资基金、融资租赁、资产证券化、项目融资、银团贷款和应收账款抵押等,解决技术创新和新兴产业发展过程中的风险不确定和投入产出不对称等问题,满足战略新兴产业融资需求,推动工业结构转型。三是解决中小微企业融资难问题,引导和督促地区金融机构为符合产业发展方向的中小微企业提供各类资金支持,促进地区中小微企业健康发展。

四、本章小结

工业现代化是太仓率先实现现代化的重要支撑和保障。本章在对工业现代化内涵、模式和标志进行界定的基础上,对太仓工业现代化实践历程、取得成就和发展特色进行了总结概括,从发展的战略重点、发展举措和政策保障等方面对太仓工业现代化的未来发展思路提出了对策建议,努力引领太仓走出一条符合自身实际、具有自身特色的工业现代化道路:坚持创新驱动,以提高工业经济发展质量和效益为中心,以信息化带动工业化,以工业化促进信息化,走出一条科技含量高、经济效益好、资源消耗低、环境污染少、人力资源和区位优势得到充分发挥、传统产业与新兴产业协调发展的县域工业现代化道路。

第三章
农业现代化

内容提要 农业是国民经济的基础,在中国这样人口众多的国家,无论何时何地都不能忽视农业发展,推进中国农业现代化是农业发展必由之路。农业现代化是当前现代化理论的重要组成部分,农业现代化以实现经济结构、基础设施、生产服务、技术手段等现代化为重要标志。考察美国、西欧、日本、韩国、印度、以色列等不同国家和地区农业现代化的成功经验,世界上现代农业朝着智力农业、精细农业、信息农业、生态农业、工厂化农业的趋势发展。

太仓有着优越的农业生产条件和悠久的农业发展历史,改革开放以来,太仓农业现代化走在全国前列,在产业布局、主导产业发展、建设现代农业园区、创新农业生产组织形式、提升农业科技、优化农业生态环境、发展休闲农业等方面形成了太仓特色的现代化农业。

太仓现代农业发展进程中,也面临土地不足、农业人口持续减少等外部资源环境的制约,但是随着国家提出走中国特色农业现代化道路的基本方向、建设社会主义新农村的战略任务、加快形成城乡经济社会发展一体化新格局的根本要求,农业现代化也迎来快速发展的大好机遇。太仓应该在提高劳动力素质、提高农业产业化经营水平、提升主导产业、壮大龙头企业的规模、加快科技创新、建设生态农业、建立城乡一体化的公共产品及服务供给体系等方面,继续加大投入力度,加速推进农业现代化发展。

一、农业现代化的概述

农业现代化是世界性的趋势,发达国家基本都实现了农业现代化,并且持续不断地在提高农业现代化的水平。我国政府很早就提出了农业现代化目标,经过多年建设,特别是改革开放30多年来的努力,我国农业现代化建设取得了巨大成就,满足了社会对农产品的基本需求。但是我国农业在国民经济中的地位仍然很薄弱,现代化建设道路依然漫长,因此研究农业现代化道路,依然是当前一个重要的课题。

(一) 农业现代化的科学内涵

1. 农业现代化的本质

农业现代化是现代化理论的重要组成部分,对于农业现代化的研究主要是按照过程和结果两个方面进行定义,相关的定义是:(1)舒尔茨认为发展中国家的经济成长,有赖于农业的迅速稳定增长,而传统农业不具备迅速稳定增长能力,出路在于把传统的农业改造成现代农业,即实现农业现代化;(2)农业现代化是农业由传统的生产部门转变为现代产业的历史进程;(3)用现代工业和现代科技成果装备农业生产,实现传统农业向现代农业生产的转变;(4)从粗放低效封闭的自给性传统农业转变为现代工业、现代科技与现代经营管理武装的集约高效持续发展的开放式商品农业的过程;(5)农业现代化是商品化、技术化、产业化、社会化、生态化等多方面的变革的集合体。由于科学技术等要素不断发展,现代农业的内涵也在不断变化。

现代农业是个相对的概念,没有一成不变的标准,随着经济不断发展,现代农业标准也会不断提高,当前中国尤其是沿海发达地区追求的农业现代化目标,是不断优化产业结构和完善生产流通组织制度,持续提高土地生产率、劳动生产率、农产品商品率和经济效益、社会效益、生态效益。

总之,现代农业的基本内涵可以表述为:通过科学技术的渗透、工业部门的介入、现代要素的投入、市场机制的引入和服务体系的建立,用现代工业装备农业、现代科技改造农业、现代管理方法管理农业、健全社会服务体系服务农业,使农业在形态上成为具有当今世界先进水平的现代农业。其基本目标是提高综合生产力,提高农民收入,进而实现农民富裕,缩小工农差别和城乡差别,营造一个良好的生态环境以实现农业的可持续发展。

2. 农业现代化的标志

第一,农业经济结构现代化。应尊重自然规律和市场规律,建立能充分发挥各地资源、区位、经济、人文等综合优势的农业区域结构,形成具有市场竞争力和经济规模的农业支柱产业、品牌产品和特色农业产业带。

第二,农业基础设施现代化。农业基础设施得到全面整治和加强,建立适合当地实际、设施配套、功能齐全的机电排灌设施和农田水利工程体系,营造能有效保持水土的绿化屏障,大大增强抗御旱、涝、风、冻等自然灾害的能力,形成稳产高产的农田自然环境保障体系。

第三,农业生产手段现代化。农业生产主要环节普遍实现机械化,具有较高的劳动生产率,建立起发达的农用工业保障体系,化肥、农药、农膜等朝着高效、低毒、低污染方向发展,并能满足农业生产的要求。

第四,农业科学技术现代化。科技进步成为农业生产发展的主要推动力,并具有不断吸纳应用先进科技的新机制,现代科学技术在农业生产领域得到广泛应用,农业科研、教育、推广网络齐全,相互配套,形成多层次覆盖整个农村的农科教网络。

第五,农业经营产业化。农业现代化应是整个产业链的现代化,因此,农产品生产、加工、流通诸环节实行有机结合,形成较为完整的产业链;以企业化经营为特征的专业大户、集体农场、联合体和贸工农一体化组织,成为农业生产的主体,在农产品加工、流通领域发挥主导作用,农业支柱产业和骨干农产品基本形成种养加、产供销、贸工农一体化的经营格局;农业生产者都成为相对独立的商品生产者,并形成一定的经营规模。

第六,农业服务社会化。农业生产经营形成较为发达的社会分工协作关系,各个环节都有社会化服务组织提供专门的服务,多种所有制、多种形式的农业服务组织构成高效的农业社会化服务网络。

第七,农业劳动者现代化。即农民素质的现代化,包括思想观念现代化和科技知识现代化。现代农业要求劳动者具有一定的专业知识,具有接受现代农业技术的素质和技能,有较强的现代市场意识和管理才能,能熟练地使用农业先进机械和设备,从而提高劳动生产率。

第八,农业资源环境现代化。资源环境现代化是农业现代化建设的重要内容,也是农业持续发展的必然要求。在农业现代化的进程中,必须用现代化的手段保护农业资源环境,要始终把环境保护摆在第一位,使人人享有优美、整洁的生产和生活环境。

3. 农业现代化的特性

从农业现代化的基本含义和我国农业的基本国情看,在农业现代化的实践中,应特别关注以下农业现代化的特性。

第一,动态性。现代农业是一个相对概念,其内涵随着技术、经济和社会的进步而变化,即不同时期有不同的内涵,因而作为动态历史进程的农业现代化,只能有阶段目标,而没有终极目标,即在不同时期应当选择不同的阶段目标和在不同的国民经济水平层面上有不同的表现形式和特征。从发达国家所走过的历程看,一般可将农业现代化划分为准备阶段、起步阶段、初步实现阶段、基本阶段及发达阶段。一个国家、地区或民族要推进农业现代化进程,必须明确自身所处的社会发展与农业发展阶段,才能正确判断社情、民情、区情等的特殊性以制订正确的现代化建设方案。

第二,区域性。实现农业现代化需要向先进国家学习,但由于农业生产具有地域性,同时各国的资源禀赋、文化禀赋、技术和制度不尽相同,使得农业现代化具有区域性的特点,因此,从国外引进现代化生产要素和技术时应注意适合本国农业的生产实际。

第三,世界性。现代化是一个国际概念,具有开放性、历史过程性及与其他相关产业同步推进等特点。现在我们处在国际市场千变万化,科学技术瞬息万变的知识经济时代,故应从全球经济科技发展水平的角度来研究农业现代化,才能确保现代化水平和质量,其参照体系应是当代发达国家既有的最高水平,而不能过度强调本国特色。

第四,整体性。农业现代化不仅包括农业生产条件的现代化、农业生产技术的现代化和农业生产组织管理的现代化,同时也包括资源配置方式的优化,以及与之相适应的制度安排。因此在推进农业现代化的过程中,我们不但要重视"硬件"建设,也要重视"软件"建设。特别是农业现代化必须与农业产业化、农村工业化相协调,与农地制度改革、农业社会化服务体系建设以及市场经济体制建设相配套。如果忽视"软件"建设,不仅"硬件"建设难以顺利实施,而且即使有了"硬件"条件,也难以发挥其应有的作用。农业现代化是一个复杂的系统工程,它是国民经济和社会现代化的重要组成部分,它随着社会经济现代化的进步而发展,所以还必须和农村现代化同步进行。

(二)农业现代化的国际经验

农业现代化的理论从被提出开始,就逐步运用于农业现代化的实践中,从不同国家或地区的实践中,可以探寻农业现代化的国际成功经验,这有助于中国农业现代化的实现。

1. 农业现代化的基本措施

世界上已经有若干的国家和地区实现了农业现代化,尽管这些国家的基本国情不一样,但是实现农业现代化所采取的主要措施基本相同。

(1)农业现代化必须具备一定条件

现代化农业是社会发展推动的结果,也是国家工业化与经济发展的过程。

第一,现代工业尤其是支农产业比较发达。从已实现农业现代化国家的发展过程看,它们都显示出工业先于农业发展,城市先于农村发展,通过城市工业支持农业发展的规律,现代工业化物质大量投入农业。发达国家往往工业和城市优先发展,打破工农、城乡之间的平衡格局,然后利用城市工业发展积累的资金、技术和设备反哺农业,农业迅速跟进,由不平衡达到新的平衡,从而推动国民经济和社会发展步入一个新台阶。

第二,农村非农产业比较发达。农业现代化的条件性说明农业现代化是一个技术经济发展的过程,受到经济社会发展综合因素的影响,有其自身的客观规律,不能拔苗助长。农业现代化必须依赖于二、三产业的发展,整个国民经济的发展,城市化的发育等外部条件。只有如此,农业劳动力才得以转移,农业机械代替劳力、现代设施替代资源外延利用的效益大幅度增长,促进规模经营的发展。另外城市与农村居民收入的增加,消费水平的提高,对农产品需求增加,产品也相应增值。

(2) 科技进步是实现农业现代化的关键

发达国家十分重视科技进步在农业现代化中的巨大作用,往往将最尖端的科技首先应用于农业。为推动农业技术进步,发达国家不断增加财政和智力投入,加强和完善农业科研投入。目前许多国家都把农业生物技术作为生物技术发展的优先领域,各国激烈争夺农业生物技术研究、开发和产业化的制高点。

(3) 完善的农业保障机制和国家政策干预与引导是农业现代化的重要外在条件。

由于农业经营面临双重不利的市场结构,单靠市场力量很难实现农业生产力的稳定发展,因此国家干预农产品市场,减少农业经营的风险和波动,保护国内农业发展,对农业现代化的顺利实现有重要意义。

(4) 扩大农业规模,实现农业的区域化和专业化生产

农业经营规模扩大是现代化农业发展的客观要求,在美国为代表的新大陆国家,土地集中进展较为顺利,农业经营规模比较大。二十世纪五十年代以来,西欧各国政府采取多种措施推动土地集中和农业经营规模扩大,实现了规模化经营。

(5) 农业现代化应立足于良好的生态环境

工农业生产发展,如果有损生态环境,无异于饮鸩止渴,剜肉疗疮,这已被发达国家农业现代化的教训所证实,目前许多发展中国家仍在为此付出沉重代价。

2. 农业现代化的国际经验

从战后五十余年的历史来看,发达国家已经在农业现代化基础上进一步推进了农业现代化向更高层次迈进。二战后,一些发达国家或地区调整农业结构,转变农业经营方式,在六十年代实现了农业现代化,而一些经济薄弱的发展中国家也随后在七十年代实现了农业现代化。这些国家或地区的不同发展历程,形成了各具特色的农业现代化模式。

(1) 美国

美国是地多人少、劳动力资源相对稀缺的国家。根据本国客观条件,美国采取了首先进行生产工具改革,实行农业机械化的农业现代化起步方式。美国是个后起的资本主义国家,但是非常重视技术的引进,积极、主动地学习和吸收外国的农业生产经验。美国土地辽阔、可耕地多、土质非常肥沃,充分利用这个优势,美国发展成一个农林牧并举、能生产多种农产品的、完整的农业体系。

美国农业发展中的技术改革,首先从生物科学开始,对引进的不同品种农作物和牲畜进行改良,但在美国农业改革中,最重要的是抓农业机械化。第一次改革是推广马拉农具,主要是为了开垦广阔的西部草原;第二次是推广轮式拖拉机以及配套农具,传统的劳动力作业改为机械作业,大大提高了农业的作

业能力。

二战后,工业化、城市化飞速发展,导致地价和工资不断飞涨,为了竞争,农场主将新的科学技术和新的生产设备应用于农业生产,使劳动生产率和单位面积产量大大提高,实现了农业机械化和农业技术改革的同步发展。在现代化进程中,美国政府的引导和调控作用功不可没,制定了一系列法律法规来确保农业健康发展。此外,美国科研和教育在农业现代化进程中发挥着主导作用。美国建立了一个完整的公共科研、教育与推广体系,注重基础研究与应用研究,鼓励广大农民和农村青年积极学习科技知识。

(2) 西欧

西欧国家的农业现代化是以提高土地生产率和劳动生产率为目标,既利用现代工业装备农业,又重视农业教育、科研和农业技术的推广,将生物技术和机械技术有机结合的农业现代化。代表性的国家有英国、法国、德国等。

第一,英国农业现代化的经验。英国农业生产属于地少人多的类型,因此较为重视农业生产率和单位面积产量的提高,随着农业科技的进步,英国的农作物单产增长很快。英国的农场都实现了机械化,各种作物从整地、播种、田间管理、收割、运输、加工、储存等全部生产环节都实现了机械化。在农业现代化的进程中,英国政府发挥了极其重要的作用,颁布一系列农业法规法令来保护和支持农业的发展,鼓励农场向大型化、规模化发展;实施优惠的农业政策来扶持农业发展,政府除了加大对种植业、畜牧业等不同部门的支出,还实行农产品价格保护政策,即对本国生产的农产品规定了最低保证价格,如果这些农产品的实际销售价格比国家最低保证价格还要低的话,则由政府负责补贴中间的差额;用共同农业政策促进本国农业的发展,积极利用国际市场发展本国农业生产等等。这些做法大大激发了农民的主动性和积极性。同时,英国政府高度重视农业教育、科研和农业技术推广,建立了完善的农业科研及教育体系,有强大的科研队伍。同时,在全国设有农学院、农校和综合性大学三大类学校,鼓励农民、农业工人等参加农校的学习,实施科技兴农战略来稳定和发展农业,以知识经济为核心,推进农业的现代化。

第二,法国农业现代化的经验。法国基本上是一个平原国,地少人多、土地分散、农场经营规模小。法国工业发达,利用这个先决条件,以工业化来带动农业现代化。工业的发展导致农业机械化和先进技术的推广,而传统的、分散的家庭式小农场难以采用现代技术装备来组织生产,不能适应农业现代化的要求。为改变这一现状,法国政府实行土地集中政策,改造小农经济的生产机构,扩大农场规模,并制定了一系列法令法规来确保农业生产的健康发展。同时,法国实行农业专业化政策,发展农产品加工工业。法国有 80% 的农产品加工工业都设在农村,产品经过加工后外运。如甜菜加工由设在产区的 70 多个糖厂进行,农户收获甜菜后,糖厂会将其送到工厂,经过加工处理,工厂再把剩余的甜菜渣送回农户用作饲料。这种做法,既有效地利用了农产品资源,又增加了农民的收入,促成了农业和工业的密切联系,有利于农业经济的发展。在农业现代化的进程中,法国政府还实行低息贷款和生产价格补贴政策。法国农业发展迅速,除得益于政府的扶助与政策支持外,科学研究和普及教育起了很大的作用。法国有较完整的农业科研体系和强大的科研队伍,有充足的科研经费和先进的科研手段。无论是政府还是私人企业,都非常重视农牧业的科研工作,建立和健全了各种农业科研机构和技术推广体系;在法国,培训农业技术人才被列为一项重要工作,这也是农业现代化发展对农民提出的新要求,只有培训具有现代化农业知识和技术的人才,提高他们的科技素质,才能提高劳动生产率,才能加速农业现代化的实现。

第三,德国农业现代化的经验。德国农业以中小型家庭农场为主,农户经营的土地不仅平均规模小,而且大多数农户的地块极其零碎分散,"插花地"现象十分严重。为了改善这一状况,德国政府鼓励农地合并经营,于五十年代中期实施《土地整理法》,调整零星小块土地,使之连片成方,农场规模不断扩大,劳动生产率大大提高。农地合并对于推进农业机械化,改善农田基础设施,实现农业的规模经营发挥了重要作用。同时,德国政府加大科技投入,促进土地集约化经营,发展农业经济合作组织,提高农业组织化和产业化程度。为调整农业结构,德国大力发展生态农业、环保农业和生物农业,实施农业可持续发展战略。如规定生态农场严格按照生态农业的标准进行各项生产活动,不施用化肥、农药和除草剂,上市产品需贴生态食品标识等。重视农业生态环境保护,鼓励农地休耕,把技术集约型的农业经营同土地粗放型利用有机结合,既保证农业经济效率,又保护生态环境。德国还积极实施农业支持和保护政策,力图在维持现有产业结构和经营模式的条件下提高农业生产者的收入。另外,德国还建立了完善的农村社会保障制度和公共服务体系,发展农业教育,加强农民的教育和培训,提高农民科学技术水平。为适应新形势的需要,政府出台了加强农业教育的计划。该计划强调要全面更新农民的专业知识和生产技能;培养高级专业人才和更多新型农民;采取各种措施,鼓励具有高学历的年轻人进入农业企业。根据德国有关法规,农业经营者经10年普及教育后,必须经3年农业技术培训,通过考试,取得证书,才能从事农业生产和有资格得到欧盟或本国政府的资金补贴。

(3) 日本

日本是岛国,地少人多,水利资源丰富但土质不肥。在这样的客观条件下,日本农业的发展,农业现代化的起步,首先从水利化、化学化入手,而后抓机械化。日本的农业技术主要是发展节约资本和土地的技术体系,因此重点是对品种改良、施肥和栽培技术的改进。日本采用和推广良种,尤其是在水稻种子工作上下功夫,建立了一整套的良种选育和繁育制度;重视品种资源工作,从世界各个地方收集多种农作物品种进行研究;水稻品种改良在不同时期采用不同的育种方法,主要以抗寒、抗病为主,向耐肥丰产方向发展。日本是施用化肥最多的国家之一。由于追求高产,大量施用化肥导致土壤结构被破坏,造成减产,于是日本采取了增加化肥品种,改进施肥方法,改良土壤的措施方法。日本是从1950年开始抓农业机械化问题,研制了乘坐式水稻插秧机,农用动力以小四轮拖拉机代替手扶拖拉机,发展了立式、自动控制的水稻干燥剂机械等等,这一系列做法大大提高了劳动生产率和机械化水平。日本长期以来就非常重视农业科研和教育工作,从中央到地方都设有农业科研领导管理机构,建立了健全的农业科研和技术推广组织,制定颁布了一系列的教育政策和法令,不断增加初、高中的职业教育课程,设立了很多农业学校。另外,日本政府进行大量投资和发放低利贷款,大力扶持农业的发展,这也是日本实现农业现代化的一个重要条件。

(4) 韩国

韩国的资源禀赋特征与日本相似,地少人多,是多山国家,自然资源贫乏。韩国农业属小规模经营。韩国通过将农业与农村结合发展,有效推进了农业现代化建设。最典型的就是"新村运动",这是20世纪70年代初,由政府主导的在全国农村开展的致富运动。在全国"新村运动本部"指导下,先后开展了"和谐与爱护邻里运动""农村公园化运动"以及"讲道德守纪律运动"。"新村运动"的开展,使农村面貌发生了巨大变化,激发了全国农民创造美好家园的热情,缩小了城乡之间的差别,促进了人与人之间的和谐共处和农村的社会文明进步。韩国支持农协的发展。农协是1961年成立的由农民出资、代表农民利益的合作经济组织,主要从事供销、信用、保险、农业经营和生产技术服务等方面的合作经营活动。在新村运动中,农协加强了农业指导体制,政府对农业、农村、农民的各项投资、补贴大部分是通过农协金融机构进行的。为促进农业科技含量的提高,韩国开展了一系列技术研究,如生物技术的研究与应用,培育水稻、蔬菜、水果新品种等。此外,韩国政府还把发展高附加值农业作为突破口,重点发展"区域特产"和设施园艺,提高农产品的产量、质量及附加值,在满足国内市场的需求基础上不断扩大出口。

(5) 印度

印度是一个人口众多,劳动力极其丰富,而土地资源相对不足的国家。在独立初期,由于还有较多的荒地,印度政府号召扩大对荒地的开垦,通过扩大耕地面积来增加粮食的产量和促进农业的发展。经过不断的开发,印度的耕地面积有了显著的增长。随着荒地资源的开垦,其供给逐渐变得枯竭。虽然相对于独立初期而言,印度的耕地面积已有了显著增长,可面对不断增长的人口,人均耕地面积仍在不断减少。

在土地供给缺乏弹性,土地价格上涨速度明显快于工资上涨的情况下,用土地和机械动力替代劳动力是无利可图的。另一方面,由于生物技术的进步而导致的化肥价格相对于土地价格的持续下降,提供了很多可利用的新机会。因此,印度政府只有通过农业的技术革命,采用土地节约型技术,用相对丰富的劳动力去替代稀缺的土地,实际上也就是在农业的发展过程中,采用大量生物、化学技术,兼有少量机械化的技术,充分提高土地生产率,并充分利用劳动力,扩大农村剩余劳动力的就业,这条道路被称之为绿色革命。这是印度在借鉴了日本等其他一些发达资本主义国家农业发展模式和农业现代化道路的基础上做出的选择。

在20世纪60年代中期实行的绿色革命中,印度采用了大量的生物和化学技术以提高单位土地面积的作物产量。主要包括几个方面,一是开发水资源,修建灌溉设施,为农作物的生长提供良好的环境。二是培育并采用了适合当地土地和气候条件的优质高产粮种。三是提高了农药、化肥等技术品的投入。

20世纪90年代印度政府实行了以自由化、市场化、全球化为方向的改革浪潮,为印度农业走向多样化创造了契机。政府制定了新的农工业政策,称之为第二次绿色革命,主要内容:一是农业要面向全球化趋势,积极出口更多产品;二是发展农产品加工业,鼓励种植业、畜牧业和农工业综合企业的发展,以增加农产品的附加值,扩大潜力,提高农民收入;三是保证农工业投资和信贷投资,使农业面向市场,提高农工业利润,提高生产效率,形成坚实的发展基础。

(6) 以色列

建国之后,以色列历届政府十分重视农业发展,成功地实施了一系列有效政策和战略措施,使其在十分恶劣的条件下得到极大发展。

第一,强大的农业科教与推广体系。

作为农业高度发达与集约化的原动力,以色列建有一整套强大的由政府部门(农业部等)、科研机构和农业合作组织紧密配合的科研、开发与教育、推广服务体系,全国共有30多处从事农业科学研究的单位、3500多个高科技公司,不少大学也设有一些专业性研究单位。政府每年投入的农业科研经费上亿美元,占农业总产值的3%,各公司用于研发的费用一般占公司总收入的15%~20%。

第二,高度组织化的农业合作与服务体系。

以色列传统农业合作组织有两种,一种是自称为共产主义的基布兹(Kibbutz),另一种是自称为社会主义的莫沙夫(Mashav)。全国约有吉布兹270个,莫沙夫400个。政府与它们的关系主要包括三个方面:一是补贴政策,吉布兹和莫沙夫所购买的农业设备,政府给予40%的补贴,农业用水价格低于工业用水的80%；二是土地使用权，土地所有权属于国家，吉布兹和莫沙夫仅拥有土地的使用权；三是吉布兹和莫沙夫所有的经营活动都要向国家纳税。

第三，水资源的节约与高效利用。

干旱缺水的客观现实迫使以色列不断开发多样化的水资源以及与水相关的管理和处理技术，并取得了很大成就。具体地说，一是不断完善水管理体制；二是强调技术创新，用好每一滴水。例如，在滴灌设备上安装监测器，把生物技术和纳米技术用于节水目的中；三是注重可持续发展，政府制订了可持续发展的战略规划，严格控制地下水的开采，注重水生态和水环境保护。尤其是严格实施节约每一滴水和给植物灌水，而不是给土壤用水等先进理念，并采用计算机控制的水肥一体喷灌、滴灌和微喷灌、微滴灌系统，严格按照作物生长的需求进行节水灌溉，水资源的利用率高达95%。

（三）农业现代化的发展趋势

近年来，世界农业技术进步更是展现出一系列既有别于20世纪又与20世纪相联系的发展新趋势。

经过有关方面多年的探索，认为唯一解决问题的对策是，逐步推行"可持续农业"的生产方式。具体内容是：第一，充分将固氮技术和生物防治方法运用到农业生产过程中；第二，减少使用化肥和化学农药；第三，有效地利用植物和动物内部的生物学上和遗传学上的潜力；第四，最优化地将种植业和养畜业结合起来；第五，注意节约和保存土壤、水、能源和生物学资源；等等。

1. 智力农业

人们认识到，世界农业发展的历史，实际上就是从人力农业进步到畜力农业、机械力农业最后到达智力农业的不断采用先进技术的过程。在今后自然资源日益匮乏、人口日益增加的情况下，以知识代替资源，就愈显出其重要性和迫切性。时代愈进步、科学愈发达、农业生产就愈需要智力来运作。农业未来学家预测，目前太旱、太碱、太湿等不适合耕种的土地，将来都可以通过特殊先进技术，转变为良田沃野。以色列已经在过去一些无法耕作的土地上，利用滴灌技术，栽培柑橘等作物，就是明证。

2. 精细农业

所谓"精细农业"，又叫精确农业、精准农业，就是将现代化信息高新技术与作物栽培管理农业工程装备技术应用于农业，获取农田高产、优质、高效的现代化农业精耕细作技术。采用精细形态生产方式的原因：

第一，土地、水、能源等自然资源日益匮乏，为了经济地利用各种有限资源，只能采取四大密集（技术密集、劳力密集、资金密集和生态密集）的手段。

第二，运用精细形态的生产方式，可以在过去不能或很难从事农业生产的土地或空间进行生产。

第三,发展中国家在工业化过程中,往往有许多农村青年流入城市。城市既无法完全吸收这些劳力,而农村劳力又存在不足和老化局面。如果采用精细形态的农业生产方式,创造了高科技、高收入的农业,一定会吸引青年扎根农村,使农村成为真正大有可为的广阔天地。

第四,精细形态的农业在交通方便、风光秀丽的地区,如果稍加装备、经营,就可以成为观光农业和休闲农业。这样,既可增加收入、促进农产品销售,又可以让城市居民领略田园风光。

"精细农业"是近年来兴起的热点,其利用遥感技术、地理信息系统、全球定位系统等现代化信息技术手段,定量获取田区内影响作物生长因素及最终生成的空间差异性信息,运用科技手段调控,以达到对田区资源潜力的均衡利用和获取尽可能高的产量。

3. 信息农业

信息农业的基本特征可概括为:农业基础装备信息化、农业技术操作全面自动化、农业经营管理信息网络化。信息农业初始阶段可以从计算机在农业上的应用算起。

目前,欧美国家农业信息技术已进入产业化发展阶段。在发达国家,信息技术在农业上应用最快最广的领域有以下方面:农业信息处理和获取、农业系统模拟、农业生产管理、农业专家系统、农业计算机网络、农业决策支持系统、农业信息实时处理等。农业中得到应用的信息技术主要包括:计算机、信息存储和处理、通讯、网络、人工智能、多媒体、遥感、地理信息系统、全球定位系统等。计算机应用于农业生产中,可起到及时准确预测病虫害的发生期和发生量,做到及时防治,既节省农药,又减少粮食损失。计算机在饲料配制、优化施肥、作物产量预报、渔业捕捞以及农业经济结构优化等方面,都能发挥作用。利用遥感技术调查农业资源,预报自然灾害,也有速度快、效率高的特点。

4. 生态农业

所谓生态农业,是指在农业生产中,以生态科学和原理为指导,利用动物、植物、微生物之间相互依存关系,应用现代科学技术,保护、培植和充分利用自然资源,防止和减少环境污染,形成农林牧副渔良性循环,保持大农业稳定发展。

为了创造一个生态平衡的农业,就必须抛弃原有的以大量消耗石油、化肥、化学农药的农业现代化的模式,取而代之的是以遗传工程、生物技术为主的高技术方法。当今时代由于分子生物学和细胞遗传工程等学科的飞快发展,在分子水平上探明生物机能已经成为可能。这对于丰富人类食物的来源,解决人口不断增加、耕地日益减少的严峻问题,具有重大意义。

5. 工厂化农业

自然农业最大的特点是靠天吃饭,其生产的状况受自然因素影响很大。所谓工厂化农业,是指在"农业生产车间"(塑料薄膜大棚,玻璃温室等),借用阳光或人工灯光进行不间断地农业生产。这是根本改变传统农业的重要方向。

用现代科技装备的工厂化农业,集成了生物技术、信息技术、新材料技术、自动化控制技术和现代先进农艺等,其间作物的播种、生长、施肥、灌溉、环控等全过程都实现自动化,称得上是一个高水准的"种植工厂"。

"种植工厂"可以通过对生物和环境的控制,使农业生产中的多种潜力得到充分发挥。首先,在自然或开放的条件下,水、肥、土、热等很难控制,"种植工厂"则可以充分发挥农业环境的有关潜能。其次,良好的"工厂环境"为生物潜力的发挥创造了条件,使农作物的有机物合成、转化和储存等效率大大提高。此外,"种植工厂"还能够很大程度地发掘作物生产的时空潜力:一方面,作物可种植时间得以延伸、复种指数得以提高,部分或完全摆脱季节的限制,一些农作物可做到常年均衡供应;另一方面,对温度、光照、供水和营养的有效控制,使作物平面、垂直的生产空间得以拓展,有的立柱栽培技术可增加数倍产量。

二、太仓农业现代化的实践

农业现代化是农业发展的方向,也是太仓率先基本实习现代化的重要内容。由于各地的情况不同,现代化农业发展步伐、道路的选择、实现方式及方法也不尽相同。太仓素有"鱼米之乡"的美誉,如何实现农业现代化是太仓必须面对的一个现实问题。在科学发展观的指导下,经过太仓人民多年的探索和实践,太仓现代农业的发展定位越来越清晰,发展路径越来越明确,农业基础地位不断强化、功能作用不断拓展、农民收入持续提高,逐步走出了一条具有苏南特色、太仓特点的现代农业发展之路。

现代田园村庄的样本　电站村探索新农村建设记事

六月的电站村,放眼望去,万亩高标准农田区秧苗翠绿,生机勃勃。千亩林果蔬菜生态区今年首批西甜瓜果甜蜜上市。村前宅后,绿荫环抱。活动中心,人声鼎沸。村民们笑逐颜开,憧憬着未来的幸福生活。

电站村坐落于太仓区北端,辖区面积3.2平方公里,全村耕地面积3860亩,辖30个村民小组,在册农业人口2239人。经过多年的发展,逐步走上了一条富民强村之路,乡风文明、生活宽裕、村容整洁,管理民主,2011年,村级实现可支配收入1050万元,农民人均纯收入21520元,成为太仓社会主义新农村建设的先进典型,也是全国农业旅游示范点、苏州市十大美丽乡村。

电站村规划分为工业小区、现代高效农业示范区。以工业富农,吸纳农民就业,提供就业岗位3600多个,提高了本地农村收入,仅就业职工人均年收入2.5万元。同时,积极发展现代高效农业,建立千亩林果基地。主要种植有绿色食品已认证9只、无公害农产品认证7只、苏州市名特优产品1只,电站葡萄连续2年获得全国大奖。其他农产品附加值也不断提高。2011年村生态园农产品产销专业合作社实现销售1200万元,利润216万元。为增加农民收入,提高土地产出率和农产品附加值,电站村于2008年成立了农产品产销专业合作社,采用"合作社+基地+市场"的种植销售模式,对农产品实行种植、加工、包装、配送、物流一条龙生产经营方式,先后投资建设农产品展示中心、保鲜、冷藏库各1个,购置冷藏保鲜车1辆,还在市区开设农产品专卖店,为机关、企事业和个人提供配送服务,确保客户吃到放心的绿色无公害食品。后又组建太仓丰沃果蔬产销专业合作联社,下设生态园农产品产销专业合作社、香菜食品有限公司、田展农场专业合作社、水产合作社、劳务合作社、旅游发展有限公司等6个合作经济组织,做到既专业分工,又联合发展。2012年更是加大农业科技投入,突出"新""质""精",就是引进新品种,把林果基地作为省农科院的科技实践种植基地;确保新开发荤素类食品安全,申请各项安全管理认证,对葡萄、芋艿、西瓜、甜瓜等农产品投保;走精品路线,对农副产品进行礼盒包装,精挑细选,优化配售,提升农产品附加值,确保农作物亩均效益8000~10000元。还与大润发上海总部正式签订农超对接协议,可供应华东地区76家超市。电站村以优化土地资源配置为抓手,建立农场专业合作社。合作农场2012年总收入达380万元,利润90万元。村里还利用河塘资源,成立水产合作社,养殖鱼、虾、甲鱼等,并建立垂钓中心。

同时,电站村实现了村民自治。即全村100%农民按实际情况分五种方式加入了"合作组织",即惠民经济股份合作社、益民农业土地股份合作社、助民蔬菜股份合作社、利民劳务合作社、便民农产品产销专业合作社。农户入"三社"拿"三金",即以资金入股拿股金,以土地入股拿租金,以劳务费入股拿薪金。2011年全村农户从合作经营中实得利益500多万元,户均8500多元。经济收益的有效增加,为农民提供了小康生活保障。全村连续多年农村合作医疗参保率达100%,农村最低生活保障达100%,计划生育率达100%,村里环境优美,治安稳定,社会和谐,百姓富裕,生活舒心。

(来源:2012年6月6日太仓新闻网,作者:宋祖荫)

(一) 太仓农业现代化的概况

电站村是太仓现代农业发展的一个缩影,是太仓市委、市政府贯彻以"生产发达、生态优美、生物集聚、产业融合、营销现代、优质高效"为主要标志的现代农业发展理念和思路下的实践成果。近年来,太仓提出打造"建设现代田园城市"的发展目标,也将发展现代农业的理念贯穿其中。太仓市委、市政府不仅仅在发展现代农业理念和思路上具有先进性,同时通过出台一系列农业政策,切实推进了现代农业的发展。农业产值28.6亿元,第一产业增加值占地区生产总值的3.6%。

农业生产面积从以前的大幅度下降转向基本稳定，粮食产量连年丰产丰收，"四个十万亩"主导产业基本框架已经形成，高效设施农业快速推进，农产品质量安全水平显著提升，工厂化育苗、标准化生产和农产品检测监管能力不断增强，对安全保障和生态改善起到了重要作用。

农业发展方式从以前的相对分散经营逐步转向合作化、园区化、农场化经营格局，现代农业园区已初具规模，"1+7"园区发展格局基本形成，确立了"政府主导、企业带动、农民参与、市场运作"的园区建设机制，"企业+合作社+基地+农户"的园区运行机制，"土地入土地股份合作社、劳力入劳务合作社、资金入专业生产合作社"的园区联结农民机制，对转变农业发展方式、促进农业产业升级起到了决定性作用。

农业产业形态由以前的注重一产转向三次产业协调发展，农产品加工业和农业服务业得到加速发展，形成了相对完整的农业产业链；农业的产业功能也从以前单一的生产功能拓展到生产、生活、生态"三生"功能融合发展，农业内涵进一步丰富，现代农业逐步向纵深发展。

2014年，太仓69家农业龙头企业年销售收入达146.68亿元，农民人均纯收入2.89万元，增长12.5%，在全国153个国家现代农业园区考评中，综合得分83.8分，位列全国第一。

1. 高效设施农业快速发展

2014年，太仓16.87万亩小麦、17.89万亩水稻喜获丰收，丰产方单产全省第一，粮食生产实现历史性"十一连增"。截至2014年年底，太仓高效农业面积达27.22万亩，蔬菜、水产、畜禽产品等重要农产品供应充足。一些优质、高产、高效农业品种在太仓得到推广。

2. 农业基础设施高标准化覆盖率高

全面推进14万亩的农田基础设施改造工程。按照"排灌设施配套、农田平整肥沃、田间道路畅通、农田林网健全、生产方式先进、产出效益较高"的建设要求，切实加强农业基础设施建设，实现田间路网、林网、水网、电网贯通，农田相对集中连片、格田成方。2011—2014年，太仓新建提档高标准农田16.75万亩，标准化农机库房31个，累计建成高标准农田30.32万亩，占比达77.3%，农业抗风险能力和综合生产能力大幅提高，农田的防洪排涝能力标准提高到50年一遇。

3. 农业经营模式创新，带动力强

探索形成了"园区化、合作化、产业化、农场化"发展模式。加快推进了"1+7"市、镇两个层次的农业产业园区建设；大力发展农民专业合作，截至2014年年底，太仓产业化组织总数是566个，带动农户数88336户，太仓农村土地流转面积35.6万亩,占比为92%。农业规模经营面积28万亩,占比达80%。

4. 农业科技水平持续提高

加强与高等院校、科研机构的合作,组建专家团队,重点开展生物农药、生物肥料的研发创制和生物育种及组培快繁技术的研究推广工作。启动了生物农业科技产业园区建设。注册成立了江苏省安丰生物源农药工程中心有限公司。扶持戈林农业科技有限公司建成串番茄良种繁育基地和高档花卉、蔬果组培公共服务平台。成功获得了高垄营养液滴灌栽培技术发明专利。自主研发的静电喷雾器被纳入国家农业机械推广目录,在省内外得到广泛应用。推广新品种129个、新技术19项,太仓稻麦良种覆盖率达100%,创新发酵床健康养猪模式等8种先进种养技术。农业科技进步贡献率达63%。

5. 农业机械程度提高

在巩固耕整、栽插、排灌、植保、收获等基本实现机械化的基础上,向粮食生产全程机械化目标迈进。在现代高效农业、设施生态农业、高效渔业及畜禽高效养殖等方面实现机械装备基本配套。太仓拥有农机总动力16万千瓦以上。太仓水稻机插秧率达90.8%,农业综合机械化水平达到82%。先后荣获"平安农机示范县"、省"率先基本实现水稻生产机械化县(市)"和省"秸秆机械化还田先进单位"等荣誉称号。

6. 农业服务体系逐步健全

深入开展"百名农技人员进百村"活动。切实提高农技推广、动植物疫病防控、质量安全监管等服务能力。做好新型农民培训工作,重点开展农民实用技术培训、农民创业培训等。培育发展农资经营、种子种苗、施肥用药、农机作业、动物诊疗、产品营销等社会化专业化服务组织,不断提高农业的组织化、规模化和产业化水平。

7. 农村生态环境明显改善

通过村庄整治等系列活动,不断加大农村环境建设力度。自来水实现"村村通"。生活污水处理网络延伸至镇村,农村生活污水治理率56.3%。农村地表水环境质量综合达标率90%。健全了"组保洁、村收集、镇转运、市处理"的垃圾处理系统,农业面源污染得到有效控制。

8. 农业对生态环境良性作用加大

深入推进"绿色太仓"建设。重点实施大型片林工程、城镇绿化工程、道路绿化工程、河道绿化工程、村庄绿化工程和绿色产业工程等六大工程。太仓绿地森林覆盖率逐年提高,2014年林木覆盖率和建成区绿化覆盖率分别为18.4%和42.2%。积极实施水环境综合治理工程,循环农业逐步推广,对道路、河道、村庄、农村社区环境卫生实施长效管理,太仓空气优良天气增多,太仓生态环境面貌发生了新的变化。太仓日益成为最适合人居城市,吸引越来越多的人前来定居。截至2014年年底,常住人口为70.85万人。

9. 休闲观光农业渐成亮点

先后建成了恩钿月季公园、现代农业展示馆、花卉园艺展示馆、鹭园生态湿地、玫瑰庄园等一批景点和现代农业园区、金仓湖生态湿地公园、双凤的水产生态园、园花园山庄、郑和公园、电站村、天竹园等一批规模较大、档次较高的生态园。太仓建设各类农业生态园17个,2013年12个规模以上休闲农业企业共实现接待游客169.25万人次,收入29374万元,成为长三角地区休闲观光旅游新热点。

10. 城乡一体化程度提高

太仓加快推进城乡发展"六个一体",坚持统筹城乡发展,着力推进城乡发展规划、产业布局、基础设施、公共服务、就业社保和社会管理一体化,加快形成城乡经济社会发展一体化新格局。截至2014年年底,城乡一体化率达到65.34%,在全国处于领先地位。

(二)太仓农业现代化的历程

1. 20世纪的传统农业

农业是国民经济的基础。过去在封建土地所有制束缚下,生产水平较低。正常年景,水稻亩产只有120公斤。中华人民共和国成立后,经过土地改革和合作化,摧毁了封建土地所有制,建立了社会主义公有制,壮大了集体经济力量,不断改善农田水利设施,改革耕作制度,推广良种,改良土壤,逐步实行农业机械化,使农业生产迅速发展。1965年,太仓全县农业总产值达到1.6277亿元,比1949年增长2.5倍。"文化大革命"期间,片面强调"以粮为纲",排斥多种经营,农业经济效益下降。1979年起,逐步改革农村经济体制,推行以家庭经营为主的联产承包责任制,克服分配上的平均主义;在确保粮食生产的前提下,大力开展多种经营,发展规模经营的联合体和专业户,扩大商品生产;并采取"以工补农"措施,增加农业投入,促进农业生产的发展。1985年,全县农业总产值达到2.1422亿元,比1978年增长13.2%,其他产业也得到了相应的发展。

之后,随着工业化进程的加快,改革的重点由农村转向城市,由于多种原因,"三农"陷入困境。太仓大量年轻力壮的农村劳动力弃农进城当工人,80年代末期,农业的发展有所萎缩,农村的面貌也日趋陈旧,农民的生活质量和城市居民的差距拉大。但在太仓人民努力下,太仓的主要农产品产量还是基本稳定的,这在一定程度上促进了1993年太仓撤县建市的顺利进行。

2. 21世纪的现代农业

(1) 走城乡一体化发展之路

进入21世纪以来,在国家进行的国民收入分配关系改革和农村综合改革的基础上,太仓农业状况得到了根本性的改变,其主要动因是"城乡一体化"被提到了重要的议事日程上来,"三化"(工业化、城市化、农业现代化)与"三农"(农民、农村、农业)开始互动并进,比翼双飞。在全面推进农村综合改革的同时,2004—2014年,中央连续发出十一个指导三农工作的"一号文件",对促进农民增产增收、增强农业综合能力、新农村建设、发展现代农业等方面做出了一系列明确指示,把农村的改革与发展有机统一起来,这为太仓进行现代化农业建设提供了坚实保障。

太仓作为我国东部沿海经济发达地区的县级市之一,其农业的发展与全国状况有很大的关联性,农业发展的资源环境约束趋紧,由于农民收入和居民消费水平较高,带来了农业劳动力成本高、消费要求高等特点,这就决定了太仓发展现代农业不能照搬照套发达国家曾经走过的农业现代化路子,既不能学美国、加拿大等人均耕地资源多、主要追求高劳动生产率的大规模经营、大机械作业模式,又不能学日本、韩国等高度工业化城市化国家靠补贴来维持小规模生产的高收入和农产品高价格的做法。

太仓已进入"以工促农、以城带乡"新阶段,具备工业反哺农业、城市带动农村的经济社会基础,必须强化农业的战略性、基础性地位,切实加大对"三农"的投入和支持力度,在指导思想、政策导向和工作措施上充分保障农民共享改革发展成果,努力使农业成为农民增收的现代产业,使农村成为农民享受幸福生活的现代社区,使农民成为具有文明素养的现代公民。

(2) 走现代农业发展之路

在发展现代农业上,走园区化、合作化、产业化、农场化"四化发展"之路。明确现代农业发展定位,优化生产力布局,注重基本农田保护,规划建设永久性基本农田保护区,加快形成现代粮油业、现代蔬菜业、现代水产业、现代园艺业和现代畜禽业的现代农业格局。

园区化:探索形成了"1+7"市、镇两个层次的园区化发展现代农业新模式。通过建立和完善"政府主导、企业带动、农民参与、科技立园、市场运作"的园区建设机制,"企业+合作社+基地+农户"的园区运行机制,为更高标准、更快速度推进现代农业发展探明了路径。

合作化:为提高农业生产组织化程度,大力发展农民专业合作社,实现生产与市场的有效对接。探索组建合作联社,如江苏省仓润农产品专业合作联合社是由苏州市供销合作社和太仓供销合作社领办创建的、由太仓仓润蔬菜专业合作社牵头组建的太仓第一家跨省市的集农产品销售、加工、运输、储藏以及为农户引进新技术、新品种、开展技术培训、技术交流和咨询服务的现代农业专业合作经济组织,成员单位33个,种养殖面积达4万余亩,年销售额10亿元,直接带动农户15022户。

产业化:发展壮大农业龙头企业,太仓拥有省、市、县(市)级龙头企业35

个,培育出太仓广东温氏家禽有限公司、苏州口水娃食品有限公司等一批年销售收入超亿元的农业龙头企业,有效地促进了农业产业链延伸,提高了农产品附加值,实现农业增效、农民增收。

农场化:太仓发展合作农场,开全省先河。随着城乡经济社会发展一体化步伐的加快,促成了大批农民向城镇和新型社区集中,有较多的农户通过"三置换"转变为市民。如何经营好集体土地、解决土地由谁来种的问题,需要确立农业生产新的组织形式和培育新的经营主体。从2010年初开始,太仓重点探索并推进合作农场发展,通过几年的实践,发展合作农场的成效已开始显现。农村土地规模经营得到推进,经营规模最大的小桥农场达4400亩,合作农场形成规模化经营、标准化生产、机械化耕作,提升了现代农业发展水平。农业经营机制得到创新,合作农场内部探索采用"大承包""小包干"的形式,合理进行利益分配,充分调动生产者和经营者的积极性。新型职业农民得到培养,合作农场为培育职业农民提供了新的载体和平台,让"更少的农民种更多的地"变为现实,较好地解决了农业兼业化问题和农业后续劳动力不足的矛盾。村级集体经济收入渠道得到拓宽,兴办合作农场,为发展村级集体经济和增加农民收入开辟了新的路径。农民从村级集体经营资源性资产能获得一定收益,将土地承包经营股入股能获得分红(或租金),参与合作农场生产劳动能获得劳务收入。

(三)太仓农业现代化的特色

1. 优化现代农业布局,突出主导产业发展

农业是国民经济发展的基础,其基础性地位不可动摇。与此同时,随着社会经济的进一步发展和工业化、城市化的快速推进,市区及周边地区对农业资源特别是耕地资源的占用越来越严重,农业资源和产业发展面临着前所未有的冲击。在这样的背景下,如何以战略的眼光重新审视太仓农业产业布局,给予一个全新的功能定位,并按产业集聚的原则进行合理布局就显得尤为迫切。做好这项工作,对于提高农业产业的集约化、规模化、品牌培育以及市场拓展能力,使农业的功能得到更好发挥,促进一、二、三产业协调发展,实现太仓市委、市政府提出的"三化同步发展"的战略构想,具有重要的作用。

因此,为进一步保护和整合太仓农业资源,稳定提高农业综合生产能力,加快推动农业产业化进程,以更好地适应工业化、城市化发展进程,逐步形成具有地方特色的农业优势产业,市政府开展农业产业布局规划编制工作。其核心内容是如何有效保护和利用耕地资源,培育特色农业产业,建设具有规模、特色优势的农产品生产基地,为太仓农业的区域化布局、专业化生产、产业化经营提供科学依据。

目前,太仓以现有基本农田保有量为基准,将"18万亩优质水稻、15.6万亩高效园艺、9万亩生态林地、6万亩特色水产"保护面积分解落实到各镇、村、田

块,至2014年12月底,已全面完成苏州市下达的"四个百万亩"落地上图工作。太仓"四大主导产业"上图面积48.64675万亩,完成目标任务的100.096%,其中18万亩优质水稻,上图面积18.00924万亩,完成100.05%;6万亩特色水产,上图面积6.00921万亩,完成100.15%;15.6万亩高效园艺,上图面积15.61314万亩(其中常年菜地面积9.4764万亩,季节性菜地面积3.93448万亩,苗果桑面积2.20226万亩),完成100.084%;9万亩生态林地,上图面积9.01516万亩,完成100.17%。

围绕"四个十万亩"产业发展框架,切实抓好粮食、蔬菜、畜禽、水产、果品生产,加强产销衔接,提高太仓农产品市场保供能力;高效设施农业面积发展到十万亩,高标准农田比重达到77.73%、农业科技贡献率提高到66%,农业综合机械化水平提高到85%;基本建成沿新港公路的生态林果带;建成东部沿江、西部圩区两个特色水产生态养殖区;稳定年出栏20万头肉猪、2000万羽家禽的畜禽生产规模;形成年旅游人数达200万人次,营业收入达20亿的农业休闲观光产业。

围绕"四个十万亩"农业主导产业发展定位,进一步加大农业产业结构调整力度、优化农业产业空间布局,充分发挥各镇区的比较优势,形成特色优势种养业。建设好太仓7个水稻万亩高产增效示范方,重点规划并启动建设城厢新毛、双凤庆丰、沙溪中荷以优质粮食为核心的国家级太仓现代粮食生产示范区,力争打造江苏粮食生态生产第一方;加快陆渡—浏河"菜篮子"蔬菜生产基地建设,新增设施大棚面积300亩;切实抓好双凤万亩渔业产业园区建设和国家级中心渔港的规划论证及申报工作;进一步发展林果产业。同时,做好优畜禽养殖业,推广发酵床养猪技术和种养循环养殖模式,完成家禽业规范管理。

近年来,太仓依托良好的资源条件和区位优势,农业和农村经济取得了快速发展,农业产业化、组织化、现代化和外向度水平有了明显的提高,已基本形成了各具特色的农业优势产业区。

2. 创新农业生产组织方式,大力发展合作农场

太仓城厢镇东林合作农场1500亩农田16个人种

2012年2月21日,江苏省委副书记石泰峰专程来到城厢镇东林合作农场调研。麦苗青青,春雨绵绵,行走在如诗如画的田间地头,东林村书记苏齐方向石泰峰介绍说,东林合作农场是在标准化农田基础上创建的。经过两年的探索和实践,合作农场已形成了一套规范有效的运作机制,如今1500亩农田只需要16个人耕种,一年夏秋两熟,熟熟丰产丰收。

苏齐方说,合作农场是应对当地农业劳动力老化、弱化、兼业化的产物,其基本经营方式是"大承包、小包干",大承包是聘请村里有知识、懂技术、会经营、善管理的

职业农民任分场场长,包产量、包肥料、包农药、包用工,定奖赔;小承包是农场管理者包干管理费用,按月考核打分,直接挂钩结算;主要考核手段是"成本核算、绩效挂钩",规定每亩粮田核定综合成本1150元,降低成本部分奖20%,超出成本部分扣减20%,核定水稻单产900斤,小麦单产550斤,超产部分奖励超产金额的20%,非不可控制的减产赔20%;用工形式以固定用工与农忙季节临时工为主,16名固定工负责日常管理,农忙季节需要的临时工由村劳务合作社提供。

听到东林合作农场去年实现了育秧、机耕、插秧、管理、收割、仓储、烘干、加工、包装一条龙,生产加工的富硒大米打响了"金仓湖"品牌,农场纯收益达到了250万元,每个村民都享受到了每年200元的二次分红,分场场长和固定工的收入分别达到了7万多元和3万多元。石泰峰连声称赞东林合作农场的经验了不起,认为合作农场是中国农村改革的又一成功创举,江苏发展现代农业的必由之路。

(来源:2012年3月2日《苏州日报》,记者:徐允上、高振华)

近年来,随着工业化、城镇化的加快推进,太仓不断创新农村经营体制机制,深化农村改革发展,同步推进农业现代化。在承包地零散、基础投入不足、种田农民老龄化、农产品质量难控制的矛盾越来越突出的情况下,从2010年初开始探索发展以村集体经营为主体的合作农场。2010年4月太仓出台《关于发展合作农场的意见》,提出要在条件相对成熟的部分镇村先行先试,并推出了积极引导兴办合作农场、加大财政信贷扶持力度、依法减免合作农场税收、支持合作农场参与粮食和农资经营、保障农村合作农场建设用地等五条政策措施。经过近两年的探索实践,逐步形成了粮食合作农场的东林模式,园艺蔬菜合作农场的半泾模式,林果合作农场的电站模式和水产合作农场的勤力模式。

太仓的合作农场建设由市委农工办扎口管理,由村集体经济组织发起,农民参股实现合作经营,通过依法组建并经工商登记具有独立的法人资格。组建合作农场必须遵循稳定和完善农村基本经营制度、坚持农民自愿、坚持合作制分配、坚持紧密利益关系的基本原则,有明确的发起人和一定数量的成员,有共同的专业生产经营项目和具体的合作内容,有比较规范的合作农场章程,有一定的经营要素基础。2014年以来,太仓已成立村合作农场近百家,面积达18万亩,占太仓总耕地量的一半。合作农场规模不断扩大,经营内容更为丰富,已从单一的生产经营粮食作物为主,扩展为蔬菜、林果种植和水产养殖等多种经营,促进农业机械化耕作、规模化经营、标准化生产,大大提升了农业现代化水平,推进了农业转型升级。

太仓在发展合作农场的实践中,虽然经历时间不长,但已经用实践证明,合作农场不仅具有生命力,而且保持着旺盛的发展势头,合作农场已经成为太仓农业转型升级的主战场,强村富民的金钥匙,有以下五个方面成效已经开始显现：

第一，农村集体土地资源管理得到加强。合作农场的组建，一是解决了农民进城、进镇、进区集中居住后农村集体土地经营管理问题；二是解决了长期以来农田分散，农业基础设施薄弱，高标准农田建设滞后于工业化、城市化进程等历史性欠债问题；三是解决耕地后备资源不足的问题。通过组建合作农场，把集体的土地资源掌控好、经营好、管理好，有利于整合土地资源、统一规划布局、形成连片种植、提高经营效益。城厢镇电站村通过平整土地，整理坡地，复垦宅基地，合理配置河道用地，耕地从3080亩增加到3983亩，增加近30%，做到田成方，路成网，树成行，渠相连，河畅通，一幅美丽的田园风光画展现在人们的面前。

第二，农村土地规模经营得到提升。合作农场的兴建，为农地经营培育了一个新的主体，有力地促进了农村土地承包经营权规范有序流转。在太仓已组建的96家合作农场中，经营的土地面积达15.1万亩，占确权发证土地面积的43%，其中经营面积超1000亩的有61家，500亩以上1000亩以下的29家，200亩以上500亩以下的有6家。经营规模最大的新区小桥合作农场达4400亩，城厢镇的海丰、众欣、乐胜及浏河镇的稻花香4家合作农场分别超过3500亩，合作农场平均经营面积达1500亩。合作农场形成了规模化经营、标准化生产、机械化耕作，提升了现代农业发展水平。

第三，农业现代化水平得到提高。合作农场具有集体经营和合作经营的"双重性"。农业基础设施建设、高标准农田建设、农田水利建设、农业机械购置由村集体经济组织投入，使得农业基础更牢。合作农场内部完善落实生产经营责任制，定产量、定成本、定报酬、定奖赔，使得农业经营体制机制更活。合作农场一般选配年龄较轻，有文化、懂技术、会经营、善管理的本村农民负责生产经营，一批大学生村干部相继走上了合作农场场长岗位。合作农场实行统一种籽、统一肥药、统一机耕、统一管理、统一收割、统一销售，让"更少的农民种更多的地"变为现实。

第四，农民务农收入渠道得到拓宽。农民土地入社拿租金，太仓平均按每亩800元计算。劳动力入社拿薪金，太仓实际参与合作农场生产经营的成员有1470多人，人均管理土地约100亩，按每亩管理费275元计算，人均2.7万元。资金入社拿股金分红，一般按入股额的10%保底分红。到年终，合作农场扣除成本及上述三项基本分配外，超产或降本的还有奖励，盈余部分提取公积金、公益金后还进行二次分配。城厢镇东林村去年来自合作农场的二次分配人均200元，共计60万元。

第五，村级集体经济得到壮大。兴办合作农场，为发展壮大村级集体经济开辟了新的路径。通过高标准农田建设，一是村土地资源变多了。一般每个村可增加20%的耕地,村集体土地等资源性资产能获得与农民等值收益。二是生产成本变低了。灌溉用水节约了50%,管水员减少了80%,农药、化肥节约了10%,连片种植机耕、机收省油10%。三是产量质量变高了。平均提高产量在10%以上,引进新品种,农产品销售收入增加更加明显。据对太仓合作农场经营收益的初步统计,夏秋两熟每亩产出的收入扣除各项生产成本、管理费用和土地有偿流转费(租金、保底分红)后,纯收益在360元左右(不含各项补贴),仅此一项,96个合作农场为村级经济增加5100万元,村均增收50万元。由此可见,经济效益和社会效益十分明显。

3. 提升农业科技水平,增强农业核心竞争力

绿润公司"一棵菜"一年种出5亿元

在太仓,农业示范园区是农业现代化建设的排头兵。绿润公司建在陆渡、浏河连成一片的万亩示范园区内。依托园区配送中心、农资服务中心、育苗中心、技术培训中心等载体平台,公司采用"公司+基础+农户"的经营模式,在5000亩设施蔬菜核心生产基地全面执行农业标准化生产体系,公司牵头成立的"江苏省仓润农产品专业公司联合社",与大江南北33家蔬菜生产单位建立了长期合作关系,总种植面积达到8万亩,"一棵菜"去年种出了5亿元的产值。

公司总经理郭跃介绍说,绿润公司现有三种经营业态:一是农超对接,产品进入TESCO乐购、大润发、时代、联华等大型卖场;二是企业、学校订单直供,先后与上海避风塘、无锡安井、浙江龙凤、大娘水饺等国内知名企业建立了原料供应关系;三是平价直销,目前已在苏州、太仓开出10多家直销店,一家直销店的门面只有七八十个平方米,但每天上市的蔬菜品种多达五六十个,其中至少有15个品种低于市场价,加上蔬菜基本上是前一天采摘,后一天销售,新鲜、安全,因此深得城乡"马大嫂"欢迎,平均每天每个门店能销出蔬菜3000公斤。

郭跃说,2007年组建的绿润公司,能够发展到目前这样的规模,依靠的是科技的力量。他说,这几天正在忙着为即将投运的仓储物流中心建在苏州市区的蔬菜直销中转站选址做准备,种植、生产、加工、流通、销售的各个环节进一步理顺后,到年底,公司在苏州城乡开出的蔬菜直销店可达50家,太仓城区可达10家。

(来源:2012年3月3日《苏州日报》,记者:徐允上、高振华)

中央、省两个"一号文件"提出了有关加快农业科技创新的决策部署,要求调动一切科技资源,加快农业产业转型升级,促进农民增收致富。太仓在率先基本实现农业现代化的进程中,强化科技支撑引领,走出了一条具有时代特征、太仓特色的农业科技发展之路。目前,太仓加快推进生物农业科技产业园建设,开展新型生物农药试制、黄瓜霜霉病生防菌剂研发试验、水稻纹枯病生防试

验和光合细菌分离试验;产业化生产水稻工厂化育秧专用基质2000吨。完成"12316三农热线工作站"建设和国家现代农业示范区远程视频监控系统两大信息项目的建设。推广水稻、蔬菜、水产、家禽业新品种11个,新技术12项。

第一,农业现代化装备水平整体提升。全面贯彻实施各级农机购置补贴政策,不断优化太仓农机装备结构,水稻生产机械化成果进一步巩固,农业机械化水平不断提升。在巩固耕整、栽插、排灌、植保、收获等基本实现机械化基础上,现代高效农业、设施生态农业、高效渔业及畜禽高效养殖等方面也实现了机械装备的基本普及。"十一五"期末,农机购置总投入2703万元,比2006翻了6倍。2014年,新增农机具1779台(套),农业综合机械化率92%。先后荣获全国"平安农机示范县"、江苏省"率先基本实现水稻生产机械化县(市)"、江苏省"秸秆机械化还田先进单位"等光荣称号。

目前,太仓已经完成农产品质量追溯体系升级,实现农产品二维码扫描识别功能;推进农药集中配送,配送农药品种180个、732万元,农药集中配送率91%。农产品定量监测合格率98.4%。新增农民集中居住受益农户6万余户;开展"三品"认证,新申报无公害农产品12个、绿色食品5个;与各镇签订农产品质量安全责任状,开展"三品一标"及学校蔬菜专供基地专项检查;开展农产品例行监测抽检,其中省市抽检合格率100%,本市抽检合格率95.7%,农产品质量总体安全。

接下来太仓将进一步提升现代农业装备水平。加大农机购置政策补贴力度,促进农机装备总量不断增长、农机装备结构优化改善。积极推广工厂化育秧技术,再增育秧播种流水线10台套以上,实现水稻万亩丰产方工厂化育秧技术全覆盖,水稻机插率保持在90%。继续做好以机械化还田为主的农作物秸秆综合利用工作,秸秆机械化还田率达70%以上;积极拓展秸秆能源化、肥料化等多种形式利用途径,太仓农作物秸秆综合利用率达到95%。加快耕翻机械、收获机械的升级换代,加快推进现代高效农业生产机械化,重点推广设施田园管理、鱼塘增氧、畜禽处理、喷滴灌等先进适用机械,扶持农机专业合作组织建设配套农机库房,以提高农场劳动效率和生产管理水平。

第二,强化农业科技支撑。开展"农业科技促进年"活动,加快生物农业科技产业园区建设进度,加强与高等院校、科研机构的合作,引进组建专家团队,建设生物农业科技产业园区,重点开展生物源农药、生物肥料的研发创制,生物育种及组培快繁,并加快科技成果的转化应用。围绕现代农业技术的推广应用,深入开展"农业科技入户"工程,重点加强水稻全程机械化生产技术、设施园艺高效生产模式、水产规模化生态养殖模式、生态发酵床养猪技术和智能化母猪群养管理模式以及农产品加工保鲜物流技术等技术体系的示范推广。利用现代物联网信息技术,建设好一个集农业生产管理、农产品展示销售、农业休闲旅游推介功能为一体,覆盖太仓规模基地的农业智能化信息管理平台。围绕培育新型职业农民,积极开展农民培训,每年培养有专业证书的农业生产操作人员3000名,委托专业院校培养一批善于农业创业的经营管理骨干。

一是建设生物农业科技产业园。联合太仓现代农业园区内的生物农药、生物育种、生物肥料、生物饲料研发生产主体,在项目、人才政策上予以重点支持,加快建设进度。2011年投入建设资金2500万元,完成了1200平方米的生物农药工程中心实验室建设、5500平方米的串番茄育种玻璃温室建设、年产5000吨全营养液态肥的生产线建设、2000平方米的组培快繁中心建设。广纳各方人才,与南京农业大学等院校建立了紧密的协作关系,建设了专家工作站。近几年的工作重点是进一步扶持各研发团队完善配套设施,依托专家团队现有的高科技专利成果,努力实现由专利向产品,由成果向生产力的转化。

二是示范推广水稻全程机械化生产模式。2011年以城厢镇东林合作农场为试点,投入1200多万元,建设水稻工厂化育秧中心,引进添置新型农机,配套完善收储加工装备,探索水稻从机械化栽插到优质米加工上市的全程机械化生产模式。自主创新了水稻联栋温室层架式育苗技术,取得了比传统机插秧育苗省地60%以上、省工近50%的显著效果,并且秧苗素质和抗灾能力得到显著提升,已申报7项国家专利。2012年新建3家水稻工厂化育苗中心,加大示范推广力度,目前,太仓万亩水稻示范园区实现工厂化育秧全覆盖。

三是试点运用太阳能和智能农业技术。在市现代设施农业示范区试点建设了25千瓦的太阳能电力灌溉泵站,提供园区500亩设施农业灌溉和道路照明,运行情况良好。积极推动智能农业技术的介入和应用,正在开发集农业园区生态休闲观光资源的推介管理、优质农产品的网上销售、农业生产的实时监控功能于一体的智能农业网络管理平台,为太仓农业园区在更高层次上领先发展奠定基础。

东林合作农场引进富硒技术生产大米,亩均效益是常规种植的12倍;电站合作农场引进江南大学食品加工技术和上海理工大学冷链物流配送模式,接二连三,亩均效益是常规种植的10倍;勤力水产合作社引进江苏省淡水水产研究所龙虾青虾套养技术,亩均效益是常规养殖的8倍。农业科技的进步,大大提高了资源利用率、土地产出率和劳动生产率。

4. 优化农业生态环境,建设"绿色太仓"

多年来,太仓坚持把建设生态城市、打造"绿色太仓"作为改善人居环境的重点项目。在老城区改造中,按照"退二进三"要求,彻底关停、搬迁不符合要求的工业企业;利用高速公路建设取土需要,开挖了占地1000多亩的人工湖,形成5.5平方公里的金仓湖生态公园;市区通过征地植绿、拆房建绿、租地栽绿、筑路辟绿等多种形式,全方位推进绿化建设,基本实现了"百步见景、千步见园、满城皆绿"的"绿色太仓"。目前,市区绿化覆盖率已达到41.58%,绿地率达到39.1%,人均公共绿地面积为12.19平方米。

太仓实施"生态优先"发展战略,以打造生态宜居的田园城市为目标,以加强生态建设、维护生态安全、创建生态文明为主线,以增加绿化总量、提高绿化覆盖率和造林绿化质量为重点,深入推进"绿色太仓"建设。重点实施了绿色通道延伸及提档改造工程、农民集中居住区绿化工程,大力发展林果产业,全面提高农田林网化水平,凸显景观优美、宜居宜游、城乡一体的江南水乡特色。太仓累计绿地林地总面积15.78万亩,陆地森林覆盖率达21.26%,初步形成田园城市格局。

以陆渡—浏河现代设施农业示范区为例,陆渡—浏河现代设施农业示范区总规划面积2万亩,依托已初具规模的陆渡现代农业园区和紧邻的浏河都市蔬菜示范园,实行跨镇联动发展。2008年底沿东西向主干道已形成了2000多亩的设施蔬菜生产核心区,建成标准钢架大棚1000多亩、联栋大棚100多亩、智能玻璃育苗温室1500平方亩、900立方冷藏库和600平方米净菜加工车间,大大提高了示范区优质蔬菜的生产能力和单位土地的产出效益。

太仓现代设施农业示范区用3年时间,高标准改造示范区农业基础设施和生产设施,建成连片近万亩的设施蔬果生产展示区,配套建设高新技术研发中心、工厂化育苗配送中心、果蔬产品加工配送中心、优质农产品展示展销中心和农民教育培训中心,把示范区逐步建成田块平整、格田成方、绿化成片、设施配套、环境生态、具有江南水乡特色的高效设施农业样板区。

以沙溪镇百花生态园为例,沙溪镇百花生态园位于沙溪镇涂松村,振辉路东侧,规划建设总面积1100亩,涉及4个村民小组70余户农民,计划投资1500万元。

百花生态园以高效、生态、观光为建设目标,以完善基础设施、整治水域环境以及建设生态林果为重点,功能定位上分为观光区、休闲区和林果生产区。一期工程于2008年3月启动,目前已完成建设。园区实施了河道清淤、土地平整、绿化等配套工程;种植了白玉、冠玉、青种、软条、白沙等枇杷新品7300余株,翠冠、圆黄、丰水、早甘水等梨树新品1000余株,夏之梦、新远5号、初夏红等桃树新品800余株。在引种的基础上,推广应用标准化生产技术,生产的林果达到绿色、无公害标准,为市场提供优质果品。目前高效林果生产区已基本形成,初具规模。在完成高效林果生产区建设的基础上将启动二期工程,重点建设观光区和休闲区。力争建成集高效、生态、观光、休闲于一体的现代农业示范区。

5. 建设现代农业园区,打造国家农业示范区

太仓紧紧围绕建成国家级农业现代化示范区总体目标,对照"一市双城三

片区"城乡一体化发展总体规划,以及"四个十万亩"的现代农业产业布局和空间定位,2013年,太仓现代农业产业园区8000亩核心区和2万亩设施生产区全面建成,辐射带动建成5个万亩粮食高产示范园区、2个万亩水产生态养殖园区、10个千亩以上的高效设施农业园区,农业园区建成总面积达到15万亩以上。加快农业园区土地、资金、人才等资源要素的优化配置,着力提升园区组织化、规模化水平,全面拓展农业园区的农产品供给、农业生态保护、农民创业就业、农村文化传承等多重功能,把农业园区打造成为太仓田园城市中的亮丽风景。2014年7月上旬,农业部发布的国家现代农业示范区建设水平监测评价报告中,太仓综合得分达83.8分,在全国153个示范区中位列第一,这标志着太仓国家现代农业示范区建设居全国领先水平。

6. 建设田园城市,发展休闲观光农业

目前,太仓生态休闲农业呈集聚化发展态势。太仓以激励政策为导向,大力扶植了生态农业发展。2006年,太仓拨出专项资金100多万元,支持有机食品和绿色食品发展。为提高绿色食品在农产品生产总值中的比例,太仓农林局专门成立了绿色食品办公室,负责绿色食品的培育和申报工作,太仓各镇农技站配备了1至2名专职技术人员,帮助广大农户发展绿色食品。目前,太仓共有32个农产品被农业部农产品质量安全中心认定为无公害农产品,使无公害农产品生产基地达14个,认证面积3.6万亩。太仓还有52个农产品,被中国绿色食品发展中心认定为绿色食品,到目前为止,太仓有机食品、绿色食品和无公害食品申报认证数量超过90个,种植面积达到23万亩。太仓主要农产品中有机食品及绿色食品产值的比重达到了24.9%。

在大力发展生态农业产业中,太仓结合农业生产结构的调整,致力于发展苗木产业。2005年以来,共投入资金2200万元,新建苗木生产基地146.66公顷,资金全部来自于民营资本和农民自身。太仓在发展苗木生产中,积极引进了南酸枣、桤木、白蜡、复叶槭、珊瑚朴、墨西哥落羽杉、重阳木、乐昌含笑、红叶石楠等一大批苗木新品种,并且在太仓新区、港区和绿色通道工程中大量种植,生态效果十分明显。苗木生产基地的发展,有效地增加了生态型农业面积,提高了农村的生态环境质量,增加了林木品种,体现了植物的多样性,为造林绿化增加了品种资源,也为发展高效农业,增加农民收入打下了基础。

依托区位、环境、科技优势和浓厚的人文底蕴,太仓大力发展休闲观光农业。先后建成了恩钿月季公园、现代农业展示馆、花卉园艺展示馆、鹭园生态湿地、玫瑰庄园等一批景点和太仓现代农业园区、金仓湖生态湿地公园、园花园山庄、郑和公园、天竹园等一批规模较大、档次较高的生态园。太仓建设各类农业生态园17个,2013年接待游客169.25万人,农业旅游收入29374万元,成为长三角地区休闲观光旅游新热点。市现代农业园区被农业部认定为首批国家农业产业化示范基地,成功获得2013年第23届全国兰花博览会举办权,被评为省"环境教育基地"、省"四星级乡村旅游区(点)",年接待游客45万人次,知名度和影响力有了较大提升。

太仓生态农业的提出与实践,不仅符合科学发展观的要求,也符合现代农业发展的最新规律和方向,符合太仓农业发展现状和资源禀赋特点,生态农业的发展将使太仓农业现代化视野更宽阔、目标更明确、内涵更丰富、措施更有效,对太仓农业与农村经济全面、协调、持续发展产生深远影响。

三、太仓农业现代化的探索

近年来,太仓坚持"生态、高效、富民"的现代农业发展方向,以高效设施农业规模化、生态休闲农业集聚化、科技创新农业载体化为重点,高起点、高标准、快速度地推进现代农业建设,形成了"四个十万亩"主导产业基本框架,"1+7"园区化发展格局,农业"三产"协调推进,"三生"功能融合发展,走出了一条具有苏南特色、太仓特点的现代农业发展之路。

(一)太仓农业现代化的挑战

太仓农业发展新形势,新型工业化、新型城市化、城乡发展一体化的加快推进,为农业现代化建设提供了强有力的支撑;强农惠农富农政策的持续强化,为现代农业发展增添了强大动力;市委市政府对土地规范流转、合作化推动力度的不断增强,为现代农业发展提供了政策保障。在看到发展机遇和有利条件的同时,也要清醒地认识到农业发展所面临的巨大压力和诸多挑战。随着工业化、城市化的快速推进,对劳动力转移、实现规模经营的同时,资源、环境等要素约束日益凸显;城乡一体化快速推进,农民集中居住的同时,带来大规模农业基础设施改造、农业生产方式转变等亟待解决的问题。

1. 受资源、环境等要素的约束

太仓气候条件优越,四季分明,雨水充沛,日照充足,光温资源丰富,历史上就属于非常重要的粮仓。但是中国人多地少的问题在太仓也是非常突出的,作为东部沿海发达地区,第二、第三产业发展比较快,城镇化的步伐比较大,人口密集。随着工业化进程的加快,太仓耕地面积逐步减少,农业用地人均占有量减少的趋势进一步加剧,人增地减的矛盾十分尖锐。同时,随着工业化的发展,原本鱼米之乡优越的自然环境受到了很大破坏。

第一,水资源与土地资源的污染。水资源与土地资源的主要污染源是城市的工业污染、乡镇工业污染及其生活排放的废气、废水、固体废弃物(尾矿、废渣、污泥和城市垃圾)及农事中的化肥、农药等。

第二,化肥对环境的影响。化肥的大量使用造成江河湖及地下水资源污染;长期使用化肥会破坏土壤结构,造成土壤板结、有机质下降、肥效降低、土壤酸化、大量非营养成分或有毒成分进入土壤。

第三,农药对环境的影响。农药作为重要的农业生产资料投放市场,人们不科学、无节制地使用农药,乱用、滥用剧毒、高毒农药,造成残留、残毒,对环境造成污染,对人畜造成毒害。

2. 劳动力的约束

农业作为重要传统产业部门,吸纳了大量就业人口,特别是种植业吸纳的就业人口所占比重很大。随着太仓农业现代化的发展,农业劳动力的年龄和素质结构问题日益凸显。

第一,现在从事农业生产的劳动者年龄普遍偏大。在工业化和城镇化快速发展的背景下,农村青壮年劳动力大多外出务工,留乡务农的以中老年人为主,受制于农产品的价格,他们也不会很积极地进行农业市场。为了解决农业人口问题,本地很多土地承包给外地人种植,但是这会造成无法按照太仓农业现代化进程的思路发展。

第二,劳动者素质普遍偏低,先进科技推广受到限制。值得注意的是,进入城市的劳动力是农村劳动力中接受教育相对较好、知识资本投入相对较多的社会群体,农业领域劳动力素质低下的矛盾更为突出,对于发展现代化的农业是个很大的约束。再过十余年,现有留乡务农劳动力也将进入老龄化阶段,迫切需要培育一批高素质的新型务农劳动者。

3. 农业科技转换为生产力的约束

农业科技成果转化率很低,主要是农业科技成果商品化、市场化程度不高,且不同类型的科技成果商品化程度又有明显差异。在农业科技成果中,除份额较小的物化技术成果商品化程度较高之外,大量的非物化技术成果、服务性成果及基础理论成果的商品化程度低,甚至不能商品化。也就是说,除占总成果较小份额的物化科技成果可以通过市场转化为现实生产力外,大量的科技成果难以进入市场,是转化不成现实生产力的。

在太仓农业发展过程中,太仓已经在农业设备和农业科技上做了很大的努力,但是相对于现代化农业发展要求来说,还是远远不够的,从农业科技工作的性质和农业生产的特点看,农业科研、教育和技术推广是不能做到自我维持、自我发展的,它们必须得到政府有关部门的支持。

在众多的农业科技成果中,单项技术成果多,综合配套技术成果少;增产的技术成果多,增收的技术成果少,既增产又增收的就更少。农业是一项综合性很强的产业,它所需要的技术是多层次、多方面的综合性技术,特别是我国农业处于发展新阶段农产品充足的情况下,那些只能增加数量,不能提高品质的农业科技成果要转化、要推广应用当然是很难的。

4. 农业组织形式的约束

小农户、大市场，使农民在农业市场化经营中承受着较高的市场交易费用。鼓励各种农业中介组织、农民经纪人、运销大户以及多种形式的农民合作经济组织进入流通领域，提供诸如信息、技术、运输、销售等产前、产中、产后各方面的服务，在农民市场之间架起座座桥梁，既可以保证农民的主体地位，又能充分发挥其他经济组织的带动作用。

在此基础上，建立的农业组织形式还不能完全胜任农业现代化的需要，目前太仓还缺少完整产业链的农业组织。现代农业产业体系的核心在于建立产业链，实现加工、销售与生产诸环节的有机结合，降低交易成本，加快农业生产从要素投入到产品价值实现过程。农业产业链中各主体组合得当，利益协调，则相得益彰，共同发展；组合不好，则缺乏内在凝聚力，产业链就会处于松散脆弱的状态。

（二）太仓农业现代化的机遇

我国"十二五"规划明确了走中国特色农业现代化道路的基本方向、建设社会主义新农村的战略任务、加快形成城乡经济社会发展一体化新格局的根本要求，制定了一系列强农惠农政策，工业化、城镇化和农业现代化的发展趋于协调。一方面，工业化、城镇化发展提升了国家经济实力和以工补农、以城带乡能力，对农业农村发展的带动作用明显增强，农业综合生产能力稳步提升。另一方面，农业现代化为工业化城镇化提供了有力保障。"十二五"时期是我国工业化、城镇化深入发展的历史时期，给农业农村发展带来了难得机遇。

1. 目前发展现代农业的要求更加迫切

国外经验表明，在工业化、城镇化快速推进时期，农业面临着容易被忽视或削弱的风险，必须倍加重视农业现代化与工业化、城镇化的同步推进和协调发展。当前，我国工业化、城镇化快速发展，但农业现代化明显滞后，面临着一系列严峻挑战。自然灾害多发重发，农业基础设施薄弱，抗灾减灾能力低的问题更加凸显；农业生产成本不断上升，产业化水平低，效益偏低的矛盾较为突出；农产品市场需求刚性增长，资源环境约束加剧，保障主要农产品供求平衡难度加大；农业劳动力素质有待提高，科技创新和推广应用能力不强，转变农业发展方式的任务极为艰巨；农户生产经营规模小，农业社会化服务体系不健全，组织化程度较低，小生产与大市场的矛盾依然明显；全球粮食能源化、金融化趋势明显，国际农产品市场投机炒作及传导影响加深，我国现代农业发展面临更多的外部不确定性。

2. 城镇化的发展为太仓农业现代化创造了条件

根据国家的规划，"十二五"时期，加快发展现代农业机遇难得。一是工业化、城镇化的引领推动作用将更加明显。工业化快速发展，信息化水平不断提高,为改造传统农业提供了现代生产要素和管理手段;城镇化加速推进,农村劳动力大量转移,为农业实现规模化生产、集约化经营创造了有利时机;城市人口增加和生活水平不断提高,以及扩大内需战略的实施,为扩大农产品消费需求、拓展农业功能提供了更为广阔的空间。二是政策支持将更加强化。随着我国综合国力和财政实力不断增强,强农惠农富农政策力度将进一步加大,支持现代农业发展的物质基础更加牢固。三是科技支撑将更加有力。科技创新孕育新突破,全球绿色经济、低碳技术正在兴起,生物、信息、新材料、新能源、先进装备制造等高新技术广泛应用于农业领域,现代农业发展的动力更加强劲。四是外部环境将更加优化。全党全社会关心农业、关注农村、关爱农民的氛围更加浓厚,形成合力推进现代农业发展的新局面,广大农民的积极性、创造性将得到进一步激发和释放。

3. 太仓农业现代化基础条件比较好

太仓以率先基本实现农业现代化为目标,以高效设施农业规模化、生态休闲农业集聚化、科技创新农业载体化为重点,坚持农业"三产"协调推进,"三生"融合发展,相继出台了《太仓市"十二五"农业发展规划》和《关于率先基本实现农业现代化的实施意见》,各方面工作取得了显著成效,曾连续多年被评为"全省高效设施农业发展先进市",被农业部认定为国家级现代农业示范区。

第一,产业发展水平得到显著提升。围绕"四个十万亩"产业发展定位,加快转型升级,有效提升产业发展水平;切实开展粮食高产创建活动,建成全省最大、最先进的东林村工厂化育秧基地,优势凸显,辐射近万亩水稻机插种植;粮食生产一直高产稳产;畜禽、水产产量稳质提升,实现规模养殖。

第二,农业基础设施得到显著改善。按照《太仓市高标准农田建设规划(2010—2020)》,整合农业资源开发、农田水利、土地整理等项目建设,全面推进农田基础设施改造工程。加强规划引导,把高标准农田建设与城乡一体化发展紧密结合,科学规划空间布局,出台了《关于开展高标准农田建设的实施意见》。强化分类指导,在进行村庄整理、农田整理的同时,同步安排高标准农田建设项目。坚持典型引导,每镇(区)都建好了一个千亩以上高标准农田示范点,引领面上的高标准农田建设。

第三,农业现代化装备水平得到显著提高。全面贯彻实施各级农机购置补贴政策,不断优化农机装备结构,水稻生产机械化成果进一步巩固,农业机械化水平不断提升。在巩固耕整、栽插、排灌、植保、收获等基本实现机械化基础上,在现代高效农业、设施生态农业、高效渔业及畜禽高效养殖等方面也实现了机械装备的基本普及。

第四,农业科技水平得到显著提高。生物科技农业是现代农业发展的核心支撑,是未来绿色生态农业发展的主推动力。据统计,太仓农业科技进步贡献率达63%,稻麦良种覆盖率达100%。同时,积极开展智能农业建设。分别与中国电信、中国移动合作,在设施农业示范区实施了智能控制系统项目建设,初步实现了智能化控制大棚生产。

第五,农业产业化、组织化水平得到显著提升。创新体制机制,逐步形成了政府引导、企业主导、农民参与、市场运作的良性可持续发展格局,有力地推进了太仓现代农业规模化、合作化和产业化发展。

第六,农村生态环境得到显著改善。实施"生态优先"发展战略,以打造生态宜居的田园城市为目标,以加强生态建设、维护生态安全、创建生态文明为主线,以增加绿化总量、提高绿化覆盖率和造林绿化质量为重点,深入推进"绿色太仓"建设。

(三)太仓农业现代化的建议

要扎实有效推进太仓农业现代化的工作,围绕"打造田园城市、发展生态高效农业"的工作总要求,凝心聚力、创新举措,突出重点、扎实推进,继续当好发展现代农业的排头兵。需要特别注意以下几点:

1. 推进农业基础设施建设,强化现代物质装备

加强农业基础设施建设是实现中国农业现代化的必然要求。农业基础设施建设是农业得以发展的重要物质基础。重视和加强农业基础设施建设,进一步推动中国农业发展,是中国农业现代化的重要内容。

在未来太仓农业发展过程中,必须抓质量、促进度,快速高效推进确定的高标准农田建设项目工程;抓好高标准农田后期管护,切实做到建设与管护并重;积极探索高标准农田建设与改善生态环境、新农村建设、农民增收致富相结合的发展新模式,力求实现高标准农田"建设一片、成效一片、致富一方"。

加快转变农机化发展方式,坚持数量增长与结构优化并举。构建节约型农业机械化体系,推进节约型农业机械化发展,对于实现农业经济增长方式的根本转变和促进社会经济可持续发展具有重要战略意义。

2. 开展农业教育,提高农业人口素质

保障现代农业高生产率,头等重要的是具有现代技能的农民。没有强大的科技支撑和高素质的农业人才,单靠资金、耕地和劳动力本身是难以实现农业现代化的。经过多年发展,太仓虽然已经形成了包括大学、中等技校、短期培训在内的多层次职业教育体系,但所培养的人才却难以真正满足农业的需要。首先,从现在的教育来讲,农业师资有限,致使太仓农业职业教育覆盖面依然很窄。其次,从质量上讲,长期以来,我国的农业教育注重基础理论教学,实践教学相对薄弱,学生高学历、低能力的状况很难适应农业生产的要求。因此,加强农业教育和现代农民培养,是推进太仓农业现代化的当务之急。

第一,组织各类农业技能培训班,推广现代农业科技。一要充分利用现有

的农村职业培训体系。引导农民主动学习现代农业科技,利用农闲的时间参加培训班,进行充电,提高对现代农业科技的理解和应用能力。要用现代农业科技来从事农业生产,提高农业劳动生产率。二要通过各种渠道使农民了解和掌握现代农业科技发展信息。要订阅农业科技方面报刊书籍,了解新动态,让有条件的农民利用互联网了解现代农业科技发展的前沿信息,努力成为现代化的科技型农民。

第二,加强现代化管理科学的培训。中国当前的农业生产主要还停留在被动的模仿阶段。只会运用模仿决策,看别人种什么赚钱,自己跟着种什么,其结果便是有的农民种什么都赔。决策失误造成同类产品大量生产和大量积压,价格大幅下降。加上农产品的特殊性,如周期长、决策实施后变动性小等因素,一旦造成失误,损失往往非常惨重。谷贱伤农的教训很深刻,所以要加强农民的管理科学特别是决策科学的传播与培训,要充分运用信息工具,强化市场调研,要重视产品质量,要特别重视环境保护和可持续农业的发展,重视专利,重视品牌,使农民成为现代管理科学的学习者、应用者和专业的农业职业者。

3. 大力发展农村合作经济组织,走农工贸、产加销一体化的农业产业化经营

农村合作经济组织从两个层次推动了农业产业化和现代化发展。其一,是具有一定规模和实力的合作经济组织创办自己的运销、加工企业,对这些领域产生的利益在社员内部的分配,有效克服了龙头企业的弊端,从根本上实现了合作社利益与农民利益的统一;其二,对于一些规模较小的合作经济组织,可以以组织名义,通过参股,控股的形式与其他合作经济组织或企业联合兴办运销加工企业,不仅可以保证将有限的经济资源优化配置,也可以克服农民一家一户投资入股,势单力薄,对企业决策缺乏影响力和利益易受侵害的种种局限。农村合作经济组织一方面代表和维护了广大农民的利益,使其能够与政府和其他社会利益集团平等对话,展开竞争与合作,另一方面协助政府推行和贯彻党的农业政策,进行有效的农业规划与管理。因此,大力发展我国农村合作经济组织,对促进农业现代化的实现意义重大。

现阶段,太仓农村合作组织还需要进一步完善,需要政府引导和扶持,可以按照民办、民管、民受益的原则,扶持发展各种形式的专业合作社,并在财政、信贷、税收等方面给予支持,加强合作社内部建设,增强其内生发展潜力;对于农业产业化龙头企业,要通过市场机制及行政调控手段,引导其与农民建立紧密联结机制,走农工贸、产加销一体化的农业产业化经营。

农工贸、产加销一体化是现代农业发展的普遍经验,是市场经济条件下农业发展的一种必然选择,已成为世界各国发展农业经济的必由之路。

首先,在农业产业化过程中注意保护农户自主生产的权利,重点是帮助农户解决运输、加工、销售等问题,因此,产业化模式受到农户欢迎,显示其活力和

效益。其次,产业化发展带动了地方特色经济,一个农产品产业化经营往往能够带动一个地区的农业集约化生产。第三,产业化发展有利于打破地域限制,按市场需求组织和扩大生产,甚至向其他落后地区延伸。第四,产业化的发展需要政府的支持,特别是在鼓励发达地区农民向经济落后或没有开发的地区迁移过程中,更需要政府的政策性支持。农工贸、产加销一体化的农业产业化经营是太仓现代农业发展的一条必经之路。

4. 注重节能环保,走可持续发展的新路子

农业可持续发展,当前首要任务是严格保护耕地,加强基本农田保护,确保基本农田数量不减少、用途不改变、质量有提高;其次是加强对水资源的管理和节约利用,大力实施农业节水灌溉,提高水利用率;还要注重发展循环农业,推进农业节能减排,保护农业生态环境,加强对农业污染的监测,实施废弃物的循环利用,真正让农业生态逐步修复,环境得到保护。

农业循环经济遵循生态学规律,构建物质和能量的循环流动通道,使生产的各环节、各产业链条之间建立互补的共生关系,形成废弃物向原材料转变的反向流动。提高资源的利用效率、降低污染。因此,应按照农业循环经济的要求,根据整体、协调、循环再生产的原则,调整和优化农业产业结构,形成种养加一体化以及农林牧副渔等各产业互惠互利的产业链条,实现农业产业化。在这里,农业产业化的龙头公司培育、基地建设、公司与农户的利益连接机制以及优势特色产业的培养形成等,都要体现循环经济的理念和要求,全面、多层次利用好自然资源、保护生态环境,实现人类经济、社会、环境的和谐发展。

5. 加快农业科技创新,推进绿化生态建设

探索农技推广服务组织形式,形成自上而下、由点及面的推广服务网络,消除服务盲区。壮大目前以博士为领衔、研究生为重点、大中专生为主体,市、镇、村三级联动的新型农技推广队伍,增强服务能力;继续开展新型职业农民培训工程,开展各类技术培训。

深化"全域生态""立体绿化"理念,不断加强生态保护和生态修复,深入推进"绿色太仓"建设,加大植树造林力度,扩大生态湿地规模,进一步增加绿化总量、提高绿化覆盖率。结合高标准农田建设,切实提高农田林网化水平。

6. 推进主导产业发展,壮大龙头企业

太仓的农业发展形成了高效农业、生态农业和休闲农业为特色的现代都市农业,未来农业现代化建设也要围绕现有的主导产业提高推进力度。

发展农业产业化,龙头企业是关键。龙头企业已成为现代农业和新农村建设的重要主体,成为农村经济发展不可或缺的一支重要力量,既带动农业产业发展,又带动农民增收致富,因而发展农业龙头企业势在必行。

围绕太仓农业主导产业,可以通过行政与市场化的手段,组建新的龙头企

业,形成规模经济。在种植业、畜牧业、水产业等每个领域内组建2~3个龙头企业,改变现有龙头企业过多,规模不够大的局面,形成太仓的比较优势,更好地推动太仓农业主导产业的发展,带动农业现代化的建设。

7. 大力构建农村居民收入的稳定增长机制,建立城乡一体化的公共产品及服务供给体系

大力发展农村二、三产业,进一步深化农产品深加工,鼓励农民就地就业,扶持农民工返乡创业,推进农村富余劳动力向土地外有序转移;完善农业补贴政策,加大对农民的补贴力度,增加农民的补贴收入和转移性收入;积极发展壮大县域经济,加快小城镇建设,创造条件让农民享有更多的财产性收入;着力提高农村居民的受教育程度及综合素质,从起点上解决城乡收入分配不公的问题。各级财政部门应综合运用财政贴息、以奖代补、减免税收等各项优惠政策,扶持农民发展生产,自主创业,尤其是鼓励发展乡镇劳动密集型产业和中小微企业,增加农民在农业领域的工资性收入。

在太仓推进城乡发展一体化,就是要逐步打破城乡"二元"界限,探索建立城乡统一的教育、医疗、社保等社会事业发展体系,把农村道路、用电、饮水等基础设施建设纳入到国家建设整体规划中,加大投入力度,解决历史欠账,逐步建立起城乡统一的公共服务制度,使农民具有与城市居民平等的发展机会和条件。让在城镇具有稳定就业和居住的农民能有序转变为城镇居民,同时配套推进农村土地、社会保障等制度改革,以确保农民转变为市民后能留得住,生活得下去。

太仓自古以农闻名,农业发展、农村建设、农民生活是太仓现代化建设的一大亮点。在现代化新征程中,太仓要依托农业发展积累的丰厚基础和丰富经验,大力提升农业生产专业化、标准化、集约化、智能化和产业化水平,努力建成农业现代生产样板区、农业科技成果展示区、农业可持续发展先行区、农业国际理念探索区,走产出高效、产品安全、资源节约、环境友好的农业现代化道路。重点抓好如下几项工作:

1. 构建现代农业产业体系

加快国家现代农业示范区建设步伐。构建优势区域布局和专业生产格局,优化发展"一核、一轴、三园、三区"农业产业布局。针对上海等周边市场,积极发展粮油、蔬菜、林果、特种水产为主导的都市特色生态农业。坚持"高产、优质、高效、安全、生态"的可持续发展方向,突出农业特色化、品牌化发展,着力打造"一村一品、一园一品"。大力推广农业标准化生产和清洁生产,建立以农业为主导、以牧业渔业为配套的消纳农业废弃物产业结构。注重生物育种、智能农业等开发与应用,着力完善现代农业科技服务、信息服务、机械服务、社会服务、金融服务、应灾服务体系;加强高标准农田建设,稳定耕地保有率,提高农业

设施装备水平。深入推进国家粮安工程试点示范市建设,重点完善粮食应急保供体系,着力打造基于大数据、云服务和大物流的O2O粮食物流产业园。

2. 推动农业信息化和农村电子商务发展

加快农业信息化基础设施建设,利用现代信息技术和装备改造提升农业。支持供销合作社、电商、物流、商贸、金融等企业参与农村电子商务平台建设,组织各类新型经营主体与电子商务平台对接,开辟农产品网上交易市场,培育"电商示范村",通过发展农业电子商务推动农业发展方式转变。加强农村电子商务的人才培养,重点培养适应新型农业和互联网社会的"新农人"。

3. 加快特色农业园区建设

进一步提升国家级现代农业园区、金仓湖生态园、双凤现代渔业产业园的功能,重点培育具有太仓特色和优势的现代农业产业园区,强化各镇特色产业发展。加快推进3万亩现代水稻产业园、省级"菜篮子"工程基地、双凤现代渔业精品园和新港路沿线万亩林果产业基地建设。"十三五"期末,全市农业园区建设面积要达到20万亩,重点打造20个现代农业园区。

4. 加强农业科技人才队伍建设

围绕现代农业和生态农业的发展需要,以高层次人才、综合性人才、复合型人才培育为重点,统筹推进全市现代农业人才队伍建设。围绕科技创新与产业需求融合,继续开展新型职业农民培育工程,加快技能型人才培养。加快推进市级生物农业科技创新平台建设,建设一批科技含量高、研发实力雄厚的生物农业示范基地。加强农业科技人才引进,着力建立生物农业博士后工作站。根据各区镇产业特色,积极与农业院校、科研院所对接,加强产学研一体化合作,推进农业科技转化和实用技术的转化、推广与普及。

四、本章小结

经过多年的努力,太仓坚持"生态、高效、富民"的现代农业发展方向,以高效设施农业规模化、生态休闲农业集聚化、科技创新农业载体化为重点,高起点、高标准、快速度地推进现代农业建设,走出了一条具有苏南特色、太仓特点的现代农业发展之路。在农业现代化新征程中,太仓农业发展需要提高到一个更高的层次,才能与太仓经济社会发展相匹配。因此,要进一步优化农业产业空间布局,做大做强主导产业,提升代农业发展基础,推进高标准农业基础设施建设。要在优化农业生态环境、进行农业科技创新、发展新型农业组织形式、提高农业社会化服务水平等方面进行深入探索和不断创新,努力开创一条太仓特色的农业现代化发展道路。

第四章
服务业现代化

内容提要 服务业是优化产业结构、促进经济转型升级的重要抓手。近年来,太仓服务业通过规划引领、政策扶持、项目引进等手段,发展速度不断加快,规模总量快速增长,功能形态不断完善。

本章主要通过三部分内容来阐述太仓服务业现代化的发展,第一部分为服务业现代化概述,对服务业现代化的内涵、特征和国际经验等相关理论进行梳理。第二部分详细介绍了太仓服务业现代化的实践,通过查阅和引用了大量数据,对太仓服务业现代化的发展历史、成就以及特色和创新进行了阐述,第三部分对太仓服务业现代化进行了探索,找出了服务业发展中存在的问题,为太仓服务业现代化发展指明了方向。

"今天来到太仓有着很多的感慨,这是一个特别的地方,这里是牛郎织女降生地、是郑和七下西洋起锚地,紧临大都市上海,太仓很适合发展服务业。"时代基金会执行长徐小波的一番深情表白道出了他对太仓的好感,并用专业的眼光发现太仓发展服务业的潜力。

2008年194亿,2009年230亿……2014年470亿,循着一个个不断攀升的服务业增加值数字,一幅跨越发展的宏伟蓝图展现在人们面前。近年来,毗邻上海的太仓人在发展现代服务业中巧妙运用杠杆原理,找到了撬动现代服务业发展的三大支点——港口物流、服务外包、总部经济,为太仓经济的转方式、调结构提供了源源不绝的动力,也为太仓现代化实践注入了新的活力。然而作为加快太仓经济社会跨越发展的"双轮"之一,服务业要告别"短腿"时代,真正阔步迈向"微笑曲线"的高端,步入服务业现代化,还需要太仓人抢抓机遇,创新举措,在真抓实干中推动服务业轮子加速前行。

一、服务业现代化概述

（一）服务业现代化的内涵

从内涵看，服务业现代化包括现代服务业的发展和传统服务业的现代化两个方面的内容。

1. 现代服务业的概念、内涵与分类

（1）现代服务业的概念

"现代服务业"的提法最早出现在1997年9月党的十五大报告中。2000年，中央经济工作会议提出："既要改造和提高传统服务业，又要发展旅游、信息、会计、咨询、法律服务等新兴服务业。"

对于现代服务业的概念国家并没有明确定义，在业界存在很多争议，我们一般认为的定义是：现代服务业是伴随着信息技术和知识经济的发展产生，用现代化的新技术、新业态和新服务方式改造传统服务业，创造需求，引导消费，向社会提供高附加值、高层次、知识型的生产服务和生活服务的服务业。它既包括新兴服务业，如以互联网为基础的网络服务、移动通信、信息服务、现代物流等行业；也包括对传统服务业的技术改造和升级，如电信、金融、中介服务、房地产等行业。

（2）现代服务业的内涵

相对于传统服务业，现代服务业有很多新的内涵，具体有以下特性：①现代服务业的现代性，现代服务业是在工业化水平发达阶段的产物，它和传统服务业相对，是新兴的服务业；②现代服务业的高新技术性，尽管现代服务业是属于服务业的范畴，但它的服务过程和服务的提供是依靠现代高新技术，特别是信息通信技术而进行的；③现代服务业的知识密集性，和传统服务业不同，现代服务业主要是利用现代科学技术手段，来提供专业性的服务，具有较高的知识含量，是知识密集型的服务业；④现代服务业的动态性，现代服务业是一个产业发展演进过程中提出的概念，其内涵随着经济社会的发展而不断丰富；⑤现代服务业的生产性，它作为服务业，既包括为企业等提供的中间服务的生产性服务业，也包括为居民提供的最终服务，为企业提供专业性的生产服务在现代服务业中具有重要的地位。

（3）现代服务业的分类

现代服务业包含的产业部门，大体上分为三个层次，第一层是核心主导产业，包括计算机和软件服务、互联网信息服务、电信服务、信息咨询服务业、信息内容服务业、专业服务、金融保险、技术服务等；第二层次是辅助产业，提供基础设施，如通信、物流、房地产等；第三个层次是配套产业，居民服务、娱乐、社区、旅游、文化、医疗、教育、保健等。

2. 传统服务业的现代化内涵

传统服务业是指为人们日常生活提供各种服务的行业，大都历史悠久，如饮食业、旅店业、商业等。传统服务业现代化是指服务业从传统服务业向现代服务业转变，由不发达服务业向发达服务业过渡的服务业优化升级过程。

（二）服务业现代化的特征

服务业现代化的特征，归纳起来包含以下几个显著的方面：①

1. 高技术性

处于现代化的服务业是以计算机网络、通信与信息技术为其发展的技术基础和关键特征，具有较高的科技含量。计算机网络和通信与信息技术的发展，特别是以TCP/IP协议为基础的互联网络技术在服务业的广泛运用，改变了传统服务业的运营方式，实现了生产过程与消费过程的统一，形成了新的市场形态与经营业态。

2. 高素质性

是指服务业现代化要求高素质、高智力的人力资源结构，从业人员普遍需要具有高人力资本，具有良好的教育背景和专业知识，较高的管理能力与技术技能。处于现代化阶段的服务业是一种以运用智力资源为主的服务业，其竞争更多的是专业人员的能力与素质的竞争，高素质的人才是现代服务业生存与发展的重要保证。

3. 知识密集性

是指服务业现代化要求有较高的知识含量，即为顾客提供知识性服务，实现服务产品的价值增值和高精神享受。现代服务业为消费者提供知识的生产、传播和使用服务，因而越来越注重人力资源的知识水平和创新能力，注重服务产品的高感性体验。

4. 集群性

是指现代化的服务业自身或与制造业相互依托形成地理集聚和规模发展的特性。特别是现代服务业的相互关联程度及技术的交互融合程度较高，大多集聚于城市特别是大都市，容易形成空间聚集效应。例如，在纽约、伦敦、东京等国际大都市，拥有诸如国际性咨询、国际金融、网络服务、市场中介组织等数量众多的现代服务型企业。另外，现代服务业在制造业集群发展中发挥着相当重要的作用。一些产业集群的出现缘起于服务业，也依托于服务业。由于专业分工的细化发展和高效益协作的需要，物流、金融、保险、信息服务、商务服务、商贸、会展等现代服务业与制造业紧密结合，构成了产业集群的服务支撑体系，

---

① 来有为，刘世锦.中国服务业发展报告[R].北京：中国经济出版社，2004.

推动了产业集群的健康发展,并在提升地区产业集群竞争力方面发挥更大的作用。

5. 高增值性

是指服务业现代化要求知识含量高,集群性强,能够促进专业分工细化和高效协作,产生规模效应和乘数效应,提高地区服务经济的增值幅度。相对于劳动密集型服务业而言,发展现代服务业,可以直接或者间接地节约物质资源和人力资源,在服务过程中实现增值,并对其他行业具有高度渗透性。这些现代化的服务企业业务交融、相互支持,通过集群的乘数效应,可以带动整个地区服务经济的增长。

6. 新兴性

是指服务业现代化需要具有新的服务领域和服务业态,在时间上是现代兴起的或从过去演变而来的。例如,计算机服务业和软件业就是现代兴起的,是随着计算机技术和网络技术的发展而发展起来的;而电子商务和第三方物流,则是从传统商业和运输业中衍生出来的新的服务业态,借助现代信息技术的支持,这类产业可以进行更为精细的专业化分工,从而把传统上由企业内部组织进行的服务活动分离出来,提高服务效率,降低交易成本,形成其独特的资源整合与交易成本上的优势,从而分化成为蓬勃发展的新兴产业。

(三) 服务业现代化的国际经验

1. 服务业现代化发展的国际模式

从城市产业发展的角度来看,服务业现代化的发展驱动力来自于产业自主创新的供给驱动、需求驱动,或二者的共同作用。综观世界各地服务业现代化的发展,成功的模式可以归纳为以下四种[①]:

(1) 自主创新和需求共同推动的服务业现代化发展模式

自主创新和需求共同推动的模式是指发展服务业现代化的所在区域本身有较好的技术和人才基础,能够通过技术的不断创新推动现代服务业的升级换代;另外,所在地还面临来自上下游产业和消费者的大量需求,日益更新的需求将推动现代服务业不断创新。这一模式的典型是美国纽约。

① 纽约服务业现代化的发展路径。纽约的服务业在整个国民经济中的比重超过80%。纽约历史上即一直以轻工业为主,基本上没有发展过重工业。二战以后,纽约在整个世界经济的地位迅速上升,服务业取代传统的轻工业成为纽约的支柱产业,50%的工业部门被新兴的金融、商贸服务取代,服务业在经济中的地位越来越重要。自20世纪60年代起,纽约工业就业人口减少了一半,制造业就业人口减少了2/3。以信息、金融为基础的服务业构成了纽约经济的主

[①] 张洁,芮明杰. 现代服务业发展模式及其国际借鉴[J]. 改革,2010(5):142-144.

要支撑,另外,以知识要素占主导地位的知识服务业在纽约的集聚和长足发展,使得纽约在新一轮的知识经济变革中继续居于领先的位置。

② 纽约服务业现代化发展模式的特点。纽约服务业现代化的特点是高知识含量、低资源消耗,带来的结果是在某些高附加值产业上的高度集聚,其需求来自全世界的企业和消费者。这些产业包括批发、专业技术服务、信息服务、健康服务等。作为世界著名的港口和贸易中心,纽约的批发额与零售额之比达到15.5∶1,批发业占据了贸易的主体,而批发业正是城市贸易辐射力的来源,也是贸易中心功能的集中体现。根据2001年纽约各产业从业人员收入情况来看,专业技术服务的从业人员收入总量仅次于金融保险业,是当时纽约的第二大产业。其中,法律服务占到专业技术服务总收入的29.43%,法律服务的从业人员收入总量(70.39亿美元)已经远远超过制造业的从业人员总收入(52.11亿美元),而这些服务业正是集聚和辐射能力较强、适应知识经济时代发展的现代服务业的代表。

③ 纽约服务业现代化基于都市圈各个城市所构成的整体产业体系,需要强调的是,纽约在都市核心区制造业比重下降同时,通过调整制造业类型及其空间分布,城市的制造业功能并未丧失,核心区传统制造业外迁同时,都市型制造业和金融、商务等服务业进入核心区,都市圈周围从原来的城郊农业为主,转变为以制造业、服务业为主。纽约大都市圈有纽约、费城、华盛顿、波士顿等城市,大都市圈及其周围城市的多样化和综合性整体功能支撑了纽约高端现代服务业的发展。

(2) 二次创新推动的服务业现代化发展模式

二次创新推动模式是指产业所在地原有的技术和人才优势并不突出,通过先进技术的引进,推动制造业的发展,进而带动为制造业服务的生产性服务业的发展。这一模式的典型是日本东京。

① 东京现代服务业发展路径。二战后,同许多发达国家城市一样,东京的产业结构发生了一系列变化,经历了重化学工业—重工业—都市型工业—现代服务业这一完整的发展历程,逐步形成以高度发达的生产性服务业为主的产业结构。

作为日本最大都市的东京,一直走在全国工业化过程的前列。随着各地开发政策所带来的分散化,经济高速发展中工业过度集中所带来的危害和环保问题也日益突出,加之石油危机引发的省资源、降能耗所导致的产业调整的合理化运动,东京工业的发展速度及比重相应下降。在制造业功能减弱的同时,产业结构正逐步向生产者服务性质的中枢管理职能转换。第三产业的迅速发展,即使在整个经济处于萧条的形势下也不例外。整个服务业的就业比重从1978年以后持续上升,其中主要是除贸易、金融保险和房地产外各类服务业就业人口的增加,1975—1996年增加了13.4万人,对整个第三产业就业增长的贡献占有绝对重要地位。批发零售业是第一就业产业,1996年从业人员数为284万人,占总就业人口的31.6%。从国民生产总值的构成来看,批发零售业、金融保险业、房地产业是东京第三产业最重要的组成部分,2000年这三大产业总计占整个国民生产总值的47.8%。其中,批发业最为发达,1999年,东京批发业销售额占全日本的37.5%。

② 东京服务业现代化基于东京都市圈的多功能定位

东京的产业布局同样依托于都市圈。东京总面积为2187平方公里,包括23个区(中心区域)、26个市(边缘区域),并与周边的千叶、神奈川、琦玉三县共同构成整个大东京圈的概念,它同南面的横滨和东面的千叶地区共同构成了(东)京(横)滨(千)叶工业区。东京的城市功能是综合性的,它是日本最大的工业城市,聚集着全国11%的工厂,主要有钢铁、机械、化工、电机、精密仪器、印刷出版和服装等产业。既有纽约的金融和总部经济功能,又有华盛顿、伦敦的政治功能,还是发达的先进制造业中心,有学者认为,东京是"纽约+华盛顿+硅谷+底特律"型的多功能世界级都市。

③ 东京模式特点

东京模式是制造业二次创新推动下的现代服务业发展的典型代表。技术的引进吸收和消化改造为日本制造业腾飞奠定了基础,精益生产方式是日本制造业享誉全球的法宝,这都需要专门化高效优质的生产服务进行配套。因此,在先进技术进入东京的同时,需要将先进生产性服务业引入东京,以专业化的方式为制造业提供高效服务,促使制造业升级。因此东京的现代服务业集中于高附加值、与制造业紧密结合的生产性服务业。

(3) 政府主导的国际外包服务需求推动的服务业现代化发展模式

政府推动下的国际外包服务需求推动模式是指在所在地区利用自己的固有优势,抓住国际新兴产业的发展趋势和市场空间,由政府制定一系列产业发展政策,推动新兴产业的发展,由此形成地区支柱产业。这一模式的典型是印度班加罗尔的软件开发。

① 班加罗尔软件外包产业发展路径。班加罗尔是1990年印度电子工业部第一次批准成立的3个软件科技园区之一。历史上,班加罗尔拥有完备的高科技产业基础,20世纪50年代,印度负责火箭和卫星空间研究的一批国字头的高科技研究机构都在班加罗尔,形成了以空间技术、电器和通信设备、飞机制造、机床、汽车等产业为龙头的一批产业,为后来软件产业的发展奠定了雄厚的科研基础。2004—2005年,班加罗尔所在卡邦的软件出口总额约62.7亿美元,比上年增长了52%,其中大部分软件出口来自班加罗尔。

印度软件的最大市场主要是美国。据统计,2004—2005年,班加罗尔园区的软件出口市场中,美国和加拿大占63%,欧洲占23%,日本占4%,亚洲其他地区占5%,其他地区占5%。目前班加罗尔有高技术企业1560家左右,集聚了印度本土三大软件企业INFOSYS、WIPRO和TATA咨询公司以及一批世界著名的跨国公司。其中,园区前十位的大公司占整个地区出口额的50%。

② 班加罗尔模式的特点。在政府主导下,充分发挥原有的比较优势是班加罗尔软件开发业的重要特点。被称作"亚洲的硅谷"的班加罗尔所在的卡纳塔克邦在印度只是一个中等发达程度的邦,该邦经济增长速度甚至低于全国平均水平。在禀赋条件差的情况下,卡纳塔克邦对于软件和信息服务业给予大量优惠政策,还创新性地采取了两个战略措施:一是主要从美国硅谷企业承接软件开发合同,弥补国内需求不足;二是建造班加罗尔电子城,而没有等待印度整体基础设施水平的提高。除了地方政府的政策扶持之外,印度中央政府层面也推出了一系列以税收优惠为主的发挥竞争优势的政策,最终使班加罗尔一跃成为印度信息产业的领军之地。

(4) 外来制造业和服务业需求推动的服务业现代化发展模式

外来制造业和服务业需求推动模式是指原来产业基础较好的城市或者区域在转型过程中,将低附加价值产业外迁,留下的产业以高辐射能力的现代服务业为主,其服务的需求来自外来的制造业以及服务业。这种模式的典型是中国香港。

半个世纪以来,中国香港经济结构经历了三次重大转型。第一次是从转口贸易转向工业化(20世纪50年代初至60年代末),由于当时国际对内地实施禁运,使中国香港在短时间内从转口港转型为制造业中心。第二次是从工业化转向经济多元化(20世纪70年代初至80年代初),由于内地推行改革开放政策,使其将劳动力及土地密集型的工厂迁往内地,而把增值较高的业务环节,如产品设计、市场推广以及贸易服务等活动留在中国香港,使其从制造业基地转型为以服务业为主导的经济体系,服务业在20世纪90年代已经占该地区生产总值超过八成。第三次是从服务业转向发展高新技术产业。服务业中的四大类行业在该地区生产总值中占绝对优势,主要包括金融、保险、地产及商用服务,批发及零售进出口、饮食及酒店业、社区、社会及个人服务,运输、仓储及通讯业。这四大行业在当地生产总值中居绝对优势地位。中国香港服务业的需求主要来自于国际,20世纪80年代以来,其服务业出口优势不断强化,服务出口为其带来巨大外汇收益。

2. 服务业现代化发展的国际经验对太仓的启示

综观以上各个城市服务业现代化的发展路径,对太仓服务业现代化发展具有以下几方面借鉴。

第一,遵循每个城市产业发展的最初路径,发展具有比较优势的现代服务产业。最初的产业基础很大程度上决定了未来现代服务业发展的模式。无论是纽约、东京还是班加罗尔、中国香港,每个城市现代服务业的发展都是借由最初的产业基础,抓住了过程中的各种机遇或者充分利用政府给予的优惠政策,最终实现了产业的腾飞。对于处于发展中地位的太仓而言,结合自身原有的产业基础、发挥自己的比较优势尤为重要。

第二,以都市圈为基础,形成现代服务业的梯度发展格局。以上四个城市中除了班加罗尔的软件外包相对独立以外,每个城市都不是孤立的,都是在都市圈的背景下布局其产业结构。都市圈的中心城市定位与周边城市和地区应当实现差异化,实现高端现代服务业、先进制造业与普通服务业、普通制造业的协调发展。使得中心城市充分发挥自身的产业能级优势,对周边地区实现产业辐射;周边地区则为中心城市的高端服务业提供服务或者制造业互补和支持,形成梯度发展的良性循环,最终实现整个都市圈的合理产业布局。另外,太仓处在长三角地带,长三角与环渤海、珠三角等多个都市圈之间的产业布局不可避免地有一定的相似性,但是更要实现一定的差异化定位。在都市圈之间形成一定的产业互补,每个都市圈能够在现代服务的某些重点产业拥有自己的优势,在现代服务产业方面进行错位发展。

第三,充分发挥政府的引导作用,实现某些优势现代服务业的飞跃。政府的引导作用对于新兴地区和国家的产业发展具有重要的推动作用。班加罗尔十多年的发展获得今天的成果,除了良好的基础和其自身内在优势外,印度政府的政策导向起了重要的影响作用。对太仓而言,需要根据与其他地区不同的比较优势,制定切实有效的产业发展政策,引领服务业快速发展。

二、太仓服务业现代化的实践

(一)太仓服务业现代化的发展历史

服务业现代化的发展历史包括现代服务业的发展历史和传统服务业的现代化过程两个方面的内容。改革开放30多年来,在太仓三次产业的发展历程中,服务业的发展总体来说顺应了时代潮流:20世纪80年代,乡镇企业和个体经济起飞,服务业发展顺势"孕育";20世纪90年代,浦东开发与长三角崛起,服务业特别是物流业风生水起;进入新世纪,服务业发展领域不断拓展,服务外包、现代物流、总部经济、各种专业市场和商务区等蓬勃兴起,凭借积淀多年的叠加优势,服务业在迎来"又一春"的同时,步入了一个跨越发展的腾飞期。

1. 改革开放初期至20世纪80年代,服务业初步孕育时期

改革开放后,太仓依托区位、劳动力和资源三大优势,大力发展乡镇企业和个体经济,经济开始起飞,实现了"农转工"的历史性转型,服务业应运而生。

1978年,太仓服务业增加值为2737万元,1985年突破1亿元大关。这一时期服务业的发展主要是体现其总值的增加。

2. 20世纪90年代,服务业大发展时期

20世纪90年代以来,太仓抓住浦东改革开放和长江三角洲发展的机遇,发挥其潜在的基础设施优势和独特的港口优势,扩大招商引资,大力发展轻工业和物流业,经济保持快速增长,实现了经济的第二次转型。该时期,从三大产业的构成来看,太仓服务业增加值在1990年首次超过第一产业,经济结构由"二、一、三"转变为"二、三、一"。1999年太仓服务业增加值突破50亿元。但是,自1995年以来,太仓的服务业占GDP的比重一直在30%~40%之间徘徊。

这一时期的服务业的发展仍然是传统服务业的较快增长推动着太仓服务业总量水平不断提高,总体上服务业产业层次较低,资源优势、环境优势尚没有转化为经济优势,旅游休闲、专业服务、社区服务、金融保险、信息科技服务等行业增长势头较好,但没有形成规模,难以达到规模效应,对服务业增长的贡献率有待进一步提高。部分服务行业与全国一样,垄断现象还比较严重,市场化、产业化、社会化程度较弱。太仓在苏州市的整体经济地位还比较低,与其他县市比较还有相当的距离。

3. 新世纪以来,服务领域不断拓展时期

步入21世纪,随着城市化进程的不断加快、产业结构的不断调整和提升,太仓积极顺应长三角区域经济加快发展的趋势,坚持以科学发展、加快发展为第一要务,以"以港强市"和"接轨上海"为战略重点,不断加大工作力度,经济社会步入了快速发展的新阶段,服务业领域也同步扩展。

2005年后太仓服务业发展明显加快,已成为太仓经济发展的重要支柱。被誉为"苏南六虎"。同年,太仓位居全国百强县第9名。2014年,得益于现代物流、服务外包、商贸流通、旅游开发等四大行业的平稳发展,太仓服务业实现增加值469.81亿元,同比增长约9.8%。服务外包业发展良好,冠科生物、昭衍新药、安软等龙头企业运行平稳,其中,冠科生物成功入选2013年度中国服务外包成长型企业。在商贸流通业方面,五星、苏宁、仓建、万达、森茂等十大商场零售额保持增长,其中森茂、五星、苏宁与上一年相比,增幅超过20%。

这一时期,也是市各级领导特别重视服务业发展的时期,在政策上保障了服务业的发展。在太仓服务业发展总体规划(2006—2020)中,提出要将太仓建设成国际一流的卫星新城,创造世界级的服务价值。在太仓服务业三年跨越计划中,提出要紧紧围绕"加快发展、迅速崛起"和"两个率先"的奋斗目标,创新体制机制、促进国际融合,做大产业规模、优化产业结构、提升发展层次、增强竞争实力,经过10到15年的努力,全面形成与经济社会发展阶段相吻合、与现代制造业和现代农业相配套、与城市化进程相协调、与国际市场相对接、与接轨上

海相适应的优势明显、特色鲜明、功能完善、繁荣发达的服务业发展体系,推动太仓服务业快速、健康、可持续发展。

总之,新世纪以来,太仓坚持现代服务业和先进制造业"双轮驱动",规划好、引导好、扶持好现代服务业发展,太仓服务业发展呈现总量不断提高、领域不断扩展、结构不断优化、贡献不断增加良好态势,有力促进了太仓经济的又好又快发展。

(二)太仓服务业现代化的主要成就

总体上看,太仓服务业发展领域不断扩展,新兴服务业不断涌现,特别是现代服务业的发展有了长足的进步,服务业的影响力和对经济发展的拉动作用不断强化。

1. 太仓服务业现代化发展的优势分析

太仓服务业发展的每一次嬗变,都是"太仓智慧"与时代特征互为呼应、乘势而上的生动实践。今天的太仓,携江海之神韵,汇水乡之灵气,优势富集,蓄势迸发。在实现服务业"提升发展"的道路上,应该加倍因势利导,顺势而上。

(1)"两沿"优势得天独厚

拥江靠海,沪太同城,这是大自然对太仓的馈赠,更是太仓跨越腾飞的利器。东临"黄水道"长江,地处江海交汇处,太仓港成为江苏第一外贸大港,是上海国际航运中心北翼集装箱干线港。优良的港口是发展现代仓储物流和运输业的绝佳条件。按照《太仓港总体规划》,未来太仓港可建设生产性泊位172个,其中万吨级以上泊位82个(集装箱泊位48个),货物设计吞吐能力2.82亿吨,集装箱设计吞吐能力2210万标箱。

正因为临近大上海,太仓在获取资金流、信息流、人才流等资源要素,加快服务业发展上占尽天时地利。正如上海市政协副主席、中国服务外包研究中心主任朱晓明所言,作为国际化的大都市,上海是太仓服务业发展的大后方,太仓在接轨大上海,承接产业转移,加快发展现代服务业上大有可为。尤其是上海"两个中心"的建设,更为太仓现代服务业的发展带来了前所未有的机遇。

(2)环境优势不可多得

"服务外包产业不能放在大都市,但又必须靠近大都市。就长三角而言,太仓无疑是发展服务外包的最理想城市。"知名服务外包企业美国安软国际太仓公司总裁尤新强,对太仓的发展环境十分满意,这样的发展环境也是中外投资者纷至沓来的原因之一。太仓已获得国家生态市、国家卫生城市、国家园林城市、国家环境保护模范城市、中国长寿之乡、中国优秀旅游城市、全国社会治安综合治理先进集体等一系列称号,跻身于中国县域经济领跑者行列,连续位居中国经济综合实力百强县市十强之列。所有这些,都是太仓服务业发展不可多得的环境优势。22家中央企业,500多家欧美企业的入驻,是对太仓投资发展环境的最大认可。

(3) 后发优势活力彰显

近年来,许多地方面临着人口、环境、资源以及社会治安等问题的挑战。相比之下,人少地多的太仓在这些方面的压力要轻一些,待开发的土地资源、自然环境资源、乡村生态资源等,为下一步经济发展特别是服务业发展预留了空间。

预留的发展空间,正是"后发优势"的体现。太仓发展的"后发优势",不仅体现在资源的相对富余,还体现在当前经济发展的强劲态势,体现在港口经济与临沪产业发展的巨大潜力。"后发优势"的集聚,正是太仓发展现代服务业的千载良机。抢抓有利时机,不断拓展服务业发展的新领域,千方百计引导产业向"微笑曲线"的两端延伸,就一定能占领发展的制高点,赢得转型跨越的主动权。

(4) 人文优势独树一帜

文化是经济社会发展的软实力,是太仓对外宣传的一张亮丽名片。从扬帆远航、走向世界的郑和文化,到厚德载物、积健为雄的吴健雄精神;从蜚声海内外的江南丝竹,到享誉中国画坛的娄东画派,一个个人与物的背后,逝去的是时间,积淀下来的是深厚的娄东文化。除了历史沉淀的传统文化,太仓还有旅游文化、龙狮文化、福地文化、江海河三鲜饮食文化,以及各具特色的群众文化等,这些共同构成了太仓文化的独特内涵。

对于服务业发展而言,每一个活跃的人文因子,就是一个服务业加速发展的活力细胞,只要充分发挥好这些优势,并在此基础上加快文化产业园区和基地建设,积极推进以创意设计、文化旅游和动漫游戏等为重点的现代文化产业发展,太仓服务业必将迎来艳阳天。如太仓LOFT工业设计园一款计算器,设计成卷竹简,出口价即从2美元上升至12美元,我们从中可以感受到文化产业的魅力。

2. 太仓服务业现代化发展的成就

(1) 生产性服务业势头迅猛,提升服务业发展质量

生产性服务业是降低社会总成本的关键途径,也是决定现代制造业竞争力的关键因素。

"十二五"期间,太仓港基础设施建设力度进一步加快,随着美锦码头等一批码头泊位的投入使用,目前,太仓港万吨级泊位数已经达32个,其中最高等级为20万吨级(水工结构兼顾25万吨级),形成了以集装箱、散货、件杂货和化工品为主的万吨级泊位群。随着集装箱四期工程、华能煤炭储运码头工程等一批工程的建设和建成,太仓港码头泊位数量和等级将进一步增加和提高;与140多个国家和地区建立了经济往来,与台湾高雄港缔结合作港,对苏南经济发展发挥了积极作用。

"区港联动、虚拟口岸"快速通关模式已覆盖全苏州并逐步延伸无锡、常州、泰州、南通等地。此外,服务外包形势喜人,到2014年各类服务外包企业累计超300家,500人以上的大型服务外包企业数量3家,其中1000人以上、年营业收入1亿美元以上的服务外包企业实现零突破;2家服务外包企业进入上市程序;取得国际资质认证数累计达50个左右。总部经济蓄势待发,太仓在引进总部企业的同时鼓励区内企业设立总部,并出台若干促进总部经济发展的税收政策,加速总部经济集聚,促进了地方税收的稳步增长。目前,已有30家内外资企业在太仓设立"大本营",2013年累计入库税收29.61亿元,税收贡献率达17.20%。

(2) 消费性服务业持续繁荣,拉动服务业总量增长

近年来,太仓消费市场持续旺盛。大润发、新世界、华联和仓建等7家重点零售企业零售总额均超亿元;海运堤现代休闲美食街区正式投运;五洋商务广场全面投运,吸引月星、家得乐等一批商贸企业入驻;华东水产品交易中心加快建设;粮油批发市场成交量突破20万吨,交易额达6亿元;森茂汽车城创新经营模式,引领汽车消费产业化。旅游业快步前进,沙溪古镇一期开街,金仓湖三期绿化和主游道建设完成,园花园提档扩容。随着兴业银行太仓支行正式开业,太仓现有19家商业银行,汇丰银行成为进入太仓的第一家外资银行。2012年12月7日,太仓万达广场正式试营业,国际国内知名品牌环绕,形成太仓的时尚潮流中心,使太仓的商业朝着更时尚、更现代、更齐全、更国际化、更具体验性的方向大步迈进。2014年,全年实现社会消费品零售总额239.04亿元,比上年增长9.3%。

(3) 公共性服务业亮点纷呈,加快服务业创新提档

创新发展公共服务业,使得公共服务业在社会发展和服务业中起着基础支撑作用,就要加快公共服务设施建设,促进义务教育、公共文化、公共卫生、社会保障、公共交通、市政服务等公共服务设施的完善与配套,形成与太仓经济社会发展相适应、覆盖城乡的基本公共服务体系。

2012年,省沙高等6所学校新教学楼建成投用,省太高新校区全面竣工。全国公共文化服务体系示范区创建工作通过省级验收,璜泾镇成为首批省级公共文化服务体系示范区。名人馆、美术馆建设加快,吴健雄百年诞辰纪念活动成功举办。镇区民生档案基层查阅窗口全部设立。国家慢病防控综合示范区通过考核,中医医院病房大楼基本完工,原第一人民医院改造建成拥有养老床位700张的市养老服务中心,并建设1个社区卫生服务机构;新建改扩建浏河、沙溪、璜泾和双凤镇人民医院。颐悦园市政工程和配套工程基本完成。全民健身活动广泛开展,成功举办了第十四届全民运动会。扎实推进0—3岁科学育儿基地建设,"连心家园"服务获得好评,荣获全国"阳光计生"行动示范单位。

双拥优抚力度加大,向重点优抚对象发放补贴1300万元,建立了全省首个退役士兵就业孵化基地。图书馆已入库新书22.72万册,馆藏图书总量达到73.17万册,超过了人均一册的创建标准;市文化馆和41个村(社区)完成电子阅览室建设,完成率26%,其中璜泾镇、浏河镇所有村(社区)完成建设,其余镇、区正在加紧推进电子阅览室建设工作。

太仓公共服务业一方面大力发展文化产业,主要是大力发展以创意、设计、印刷、会展为重点的生产型文化服务,积极发展以影视、娱乐为重点的消费性文化服务,着力推进科教新城文化产业集聚区、LOFT工业设计园等重点项目建设,文化产业占地区生产总值;另一方面加快社区服务的产业化和社会化进程,构建与现代城市发展相适应的社区服务业。

(4) 集聚区服务业独领风骚,助推服务业做优做强

服务业集聚区实现了产业、功能、形态的"三合一",培育和发展现代服务业集聚区,既是加快现代服务业发展的重要载体,也是实现服务业倍增发展的战略选择。科技创业园成功申报苏州市现代服务业集聚区,市集聚区共有省级2家、苏州市级6家,总面积196万平方米,核心区建筑面积142万平方米,总投资额超百亿元。太仓物流园区集中了国际集装箱码头、保税物流中心、物流城及耐克等数十家重点物流企业。助推"太仓制造"向"太仓创造"迈进的LOFT工业设计园为长三角区域自主创新和产业转型升级提供前端基础性支撑与核心推动力。服务业重点企业规模不断壮大,耐克、隆兴和国信三家企业的销售额总计近200亿元,并成为全省百强服务业企业。

太仓加快集聚区转型升级步伐,强化整合资源,提高集约发展水平。重点发展城区中央商务区、以太仓港区为主的港口物流核心区、科教新城科教文化商务区、浏河江海河特色产业集聚区,巩固提升现有的太仓物流园、LOFT工业设计园等现代服务业集聚区,依托区内骨干企业,构建完整产业链,促进现代服务业与先进制造业的融合发展,进一步提高了集聚区增加值占服务业增加值的比重。

(5) 新世纪以来,服务外包成太仓经济发展新亮点

太仓是江苏省首批六个服务外包基地城市之一,发展服务外包是太仓转变经济增长模式的重要着力点。太仓按照科学发展观的要求,加快推进服务外包产业的发展,短短两年时间,太仓服务外包产业从无到有,有力地促进了太仓开放型经济的转型升级发展,已经成为太仓加快发展、迅速崛起的积极动力和特色亮点。2012年,省服务外包示范城市通过考核,至2014年底,太仓实现服务外包接包合同额6.58亿美元,离岸执行额2.87亿美元。

(6) 全力打造了一批服务业重镇

沙溪镇是"中国历史文化名镇",有着1300多年的历史。古朴沧桑的老街,

绵延三里的水阁人家,匠心独运、设计惟妙惟肖的各式水桥、水弄,完整保留着门洞、更楼的石拱桥,生动地演绎着"风雅古韵"。近年来,在全镇上下的共同努力下,各项社会事业不断取得新的进步。先后荣获了"国家卫生镇""全国环境优美镇""中国民间艺术(舞蹈)之乡""江苏省文明镇""省级园林小城镇"和"苏州市(创平安)安全镇"等荣誉称号。沙溪围绕"中部崛起"发展战略,确定了"工业强镇、商贸重镇、文化名镇、旅游新镇"的目标定位。着眼于富民优先,按照"生产发展,生活宽裕,乡风文明,村容整洁,管理民主"的总体要求,精心谋划新农村建设的新思路和新目标。

浏河镇是江苏省太仓东部濒江临海的重镇,万里长江第一港。元代称刘家港,漕运勃发,海贸隆盛,被誉为"六国码头"。明代大航海家郑和在此七下西洋,成为与当时埃及亚历山大港媲美的大海港。浏河以她独特的区位优势和综合实力,被誉为"江尾海头第一镇",是全国1887家重点镇之一。近年来,浏河坚持接轨上海,发展现代服务业,依托沿江沿沪的自然资源,发挥地理优势,积极开发沿江旅游业和房地产业。完成"渔家湾"项目建设,建成具有浏河地方特色的农家风情区。加快构筑现代商业圈,配套完善生活区商贸服务功能,全力打造以听海路为核心的商业区,完成宏奕广场、金玉连廊、上海假日二期、听海雅苑二期、天康雅居和天竺园等项目的建设。浏河已成为上海人吃、玩、乐的好地方。

双凤镇通过弘扬福地文化、打造特色产业两篇文章,全力构建现代商贸、文化旅游、生态休闲三大基地。福地文化是双凤镇近年来在整合龙狮文化、美食文化、宗教文化和历史文化等资源的基础上形成的富有江南民俗特色的文化品牌。丰富福地文化系列活动内容,逐步形成以福地撞钟、双凤庙会、元宵灯会、龙狮文化节、生态旅游节、羊肉美食节为主的系列活动。双凤现在每年吸引游客达20万人次,聚集了20多家大型羊肉餐饮店,带动了双凤餐饮业的发展,在太仓形成了特色的羊肉美食餐饮,年餐饮零售额超亿元。

(三)太仓服务业现代化的特色与创新

1. 生产性服务业——港口物流业发展快速推进

春日的早晨,来到上海国际航运中心北翼太仓港的集装箱码头,只见几十台桥吊正在上上下下忙碌着,而辽阔的江面上则浮光跃金,一轮通红的太阳正从江面跃起,好一派日出江心、吊塔如林的壮观场面。这个长江第一港——太仓港,自古漕运万艘,四方商贾咸至毕集,史称"天下第一码头"。

回顾太仓港10多年来的成长史,每一步、每一个惊人的成绩里都倾注着国家有关部委和江苏省、苏州市领导的殷切关怀。特别是近年来,江苏省专注于"沿江开发"大战略,省委、省政府对太仓港的发展寄予厚望,将太仓港列为全省"十一五"发展的重点建设项目,与连云港一起被确定为江苏省重点建设的两大港口。省委李源潮书记在视察太仓时为太仓经济指明了"以工兴港、以港兴市、接轨上海、服务苏南"的发展路径。港口发展已经成为太仓又好又快发展、争先进位、迅速崛起的关键举措。

(1) 太仓港口物流发展现状

"十一五"以来,太仓港坚持加快发展、抢抓机遇、开拓创新、奋力拼搏,港口发展步入了快速崛起的新阶段,太仓港港口物流已经具备一定的物质条件。

① 江海时代,以港兴业。作为上海国际航运中心的北翼组合港和江苏省倾力打造的第一外贸大港,太仓港2011年成为亿吨大港。太仓主动挖掘"江海资源",持续实施"江海开放",正昂首阔步迈向江海时代。

"十二五"期间,太仓港大力推进"大港口"建设,完成建设投资232亿元,建成工程项目21个,其中投资超10亿元以上项目9个。截至2014年年底,太仓港已建成码头泊位78个,其中万吨级以上泊位34个,集装箱泊位10个。提升船舶最大通航水深至"-12米"。开通了至日本、韩国、台湾18条近洋航线,其中日本航线每天2班。40条内贸干线直达沿海17个主要港口。引进43家轮船公司开辟71条长江(运河)集装箱航线,长江沿线已有7个省份33个港口货物集并太仓港出海,开通了每周40班至洋山港远洋中转航班。被国家批准成为国内第一个按海港化管理的江港,"启运港退税政策"试点港口。

近年来,集装箱吞吐量和货物吞吐量稳步增长(见表1)。据统计,2014年太仓港吞吐货物1.57亿吨,同比增长32.45%。其中煤炭及制品吞吐量3158.64万吨,同比增长93.21%,金属矿石吞吐量5573.92万吨,同比增长13.35%;集装箱吞吐量305.68万标箱,同比增长40.86%,从货种看,以煤炭、铁矿石、集装箱为主,占吞吐量的88.58%。港口吞吐量发展跃上了新的台阶,增幅居全国港口前列,为苏南和长江沿线经济转型发展提供了重要支撑。

表4-1 太仓港集装箱吞吐量和货物吞吐量(2001—2014年)

年份	2001	2002	2003	2004	2005	2006	2007
集装箱(万TEU)	4.16	4.8	5	9.22	25.2	60.12	101.88
货物吞吐量(万吨)	362.4	462	808.61	1039.88	1510.69	2251.02	3043.04
年份	2008	2009	2010	2011	2012	2013	2014
集装箱(万TEU)	145.05	151.3	221.15	306	401.46	326.71	305.68
货物吞吐量(万吨)	4003.9	5164	8058.28	10300	12262	13002.95	15700

2004年2月以来,在太仓委、市政府主要领导直接关心和海关等部门大力支持下,港区快速推进太仓保税物流中心各项设施建设,并于2009年3月通过国务院联合组验收,建成了太仓第一个国家级功能载体。2012年6月,国务院批复同意设立太仓港综合保税区,这是江苏省第9个,也是全国第32个综合保

税区。目前,太仓综合保税区已建成保税仓库26.6万平方米,堆场12万平方米,以及联检服务大楼、智能化卡口、围网、巡逻道、监控报警系统、查验场地等海关监管设施和道路、水、电、消防设施等基本建设完备。

②功能载体,加速崛起。太仓港综合保税区引进了深圳海格的东港、日本永得利的千趣汇、英国的万宝路等企业,拓展食品配送、家居采购、化妆品转口等业务,带来了新颖的理念、先进的管理和高端的业态。

港区加速打造物流载体,2010年以来,万方国际码头正式开港,集装箱码头三期进入扫尾阶段,配套港口的"空中芭蕾"、商务广场、联检大楼等10幢大楼投入使用,隆兴物流挺进全国20强,昊华华东PVC期货交割仓正式运作,江苏省物流园区成功获批……一系列载体的打造,有力推动了现代物流业的加速发展。

"物流产业的载体还在不断增加和完善。"港区有关负责人介绍,他们正在创新运作模式,保税物流中心和前方码头按照保税港区的标准运作,加大对上争取力度,最大限度地发挥资源优势,推进功能政策叠加,搭建更多的物流发展平台。

③产业升级,做强物流。目前,太仓港口开发区累计形成了石油化工、电力能源、轻工造纸、基础原材料和现代物流等五大特色主导产业;建成了国内最大的高级润滑油生产基地,华东地区重要的电力能源基地、造纸基地和集装箱生产基地,江苏省最大的PVC生产基地,长江口主要的石化原料仓储中转基地和高分子材料生产基地;正在加快建设华东国际塑化、城地国际百货交易、木材深加工及交易、钢材剪切配送等四个大型专业市场。

港区开展制高点招商,招商、揽货、引税三位一体运作,截至2012年上半年,太仓港注册物流、贸易企业已达到1561家,从太仓港走货的货主企业2800多家。宝洁、丽婴房、耐克等一批知名物流企业进驻太仓港。港区将在这基础上再引进一批第三、四方物流企业,以及跨国公司区域分拨配送中心,推动港口物流业快速发展,尽快形成太仓港现代物流业的品牌特色,使之成为港区经济的重要支撑。

(2) 太仓港口物流发展目标

以太仓港为龙头,加快构建与太仓区域经济发展和综合运输体系相适应的现代物流网络体系,努力把太仓打造成长三角区域物流中心,物流业增加值占服务业增加值比重年均提高1.5个百分点。① 依据太仓港"十二五"发展规划和清华大学编制的太仓港"大物流"发展规划,到2015年,太仓港发展目标是完成集装箱吞吐量700万标箱、货物吞吐量1.5亿吨;物流服务经济实现税收10亿元,注册资本超过100亿元,物流贸易企业营销额超过1000亿元。

---

① 江苏省"十二五"服务业发展规划;太仓服务业发展总体规划(2006—2020)。

(3) 太仓港港口物流发展工作要点

① 加速发展太仓港。要按照打造"太仓经济的第一增长极、苏州经济的重要支撑点、江苏第一外贸大港和中国有影响力的港口"的要求,切实抓好集装箱三期、四期、华能、万方、美锦汇风等码头建设,加快推进双浮一级公路、沪通铁路太仓港支线、太仓港疏港高速公路、通港高速公路、苏昆太高速公路延伸段等建设,完善港口集疏运体系。发挥中转优势,着力发展近洋航线,加密日本、中国台湾地区、韩国航线,重点扶持远洋航线,加强太仓港与中远、中海、中外运等大企业的战略合作,鼓励船务公司增开航线航班,继续推进"苏太联动"发展,加快"区港联动、虚拟口岸"快速通关模式向苏南其他地区和苏中及长江中上游拓展,全力创建"苏台自由贸易区"。港口集装箱吞吐量和货物吞吐量要逐年上升,目标到 2015 年,太仓港拥有码头泊位 80 个,其中万吨级以上泊位 42 个,集装箱泊位 14 个,完成吞吐量 1.5 亿吨、700 万标箱(见图 4-1、图 4-2)。

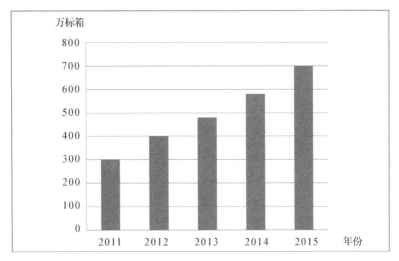

图 4-1 2015 年太仓港计划完成集装箱吞吐量

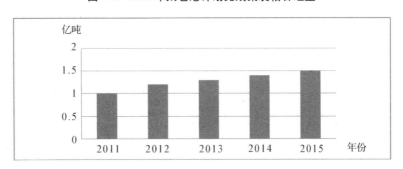

图 4-2 2015 年太仓港计划完成货物吞吐量

② 加快推进物流网络节点体系建设。按照物流发展重点地区—重点载体—重点项目的结构模式,搞好太仓物流网络节点建设。重点抓好港口港区、

城厢镇、沙溪镇等重点地区的基础设施建设和功能完善,推进物流集约化、规模化发展。抓好太仓港、太仓保税物流中心、太仓国际物流城等市域内物流载体建设,加快推进耐克、FM、依厂、博澳、丽婴坊等重点项目建设。

③ 加速发展第三方物流。加大第三方物流需求的开发力度,扩大第三方物流市场规模。要鼓励和支持工贸企业分离物流服务业务,委托第三方物流企业承担。扶持一批适应市场需要、实力较强、管理先进的专业化物流企业,尽快形成竞争优势。加大招商引资力度,加快引进综合物流运营商,鼓励依厂、新洋等企业在太仓建设区域性物流基地。

④ 建设物流公共信息平台。以建设太仓港电子信息平台为先导,以信息化带动工业化,推动企业物流管理信息化,实现物流管理的集成化和智能化。依托行业内的龙头企业,支持建设集车辆信息、货源信息、网上报价、网上下单、网上交易、网上招标、合同管理、金融服务等多功能于一体的信息公共服务平台,实现信息资源共享。

2. 生活性服务业——休闲旅游业发展驶向快车道

2013年,为满足人民群众日益增长的旅游休闲需求,促进旅游休闲产业健康发展,推进具有中国特色的国民旅游休闲体系建设,根据《国务院关于加快发展旅游业的意见》,国务院办公厅发布第10号文件《国民旅游休闲纲要(2013—2020年)》。休闲旅游已经成为我国旅游消费的新亮点和旅游发展的新时尚。

休闲旅游,就其内涵而言,是以休闲为目的的旅游。与传统的旅游形式相比,它更注重旅游者的精神享受,更强调人在某一个时段内而处于的文化创造、文化欣赏、文化建构的存在状态;它通过人的共有的行为、思想、感情,创造文化氛围,传递文化信息,构筑文化意境,从而达到个体身心和意志的全面和完整的发展。[①] 人们通过身体放松、竞技活动、艺术欣赏、科学好奇心和接触大自然等方式,为丰富生活提供了可能性,建立在旅游基础之上的行为情趣,或者是休息、娱乐,或者是学习、交往,或者是欣赏大自然,获得一种愉悦的心理体验和精神满足、产生美好感,以实现人们学习知识、增进友情、促进沟通、保健娱乐、追求猎奇、丰富个性等多方面的需求。休闲旅游还特别强调人与大自然的和谐一致,增强爱护、保护自然的意识。因此它不同于一般意义的旅游,是对传统的旅游概念从内涵到外延都做了新的延伸。

过去,说到太仓旅游,人们都有一个疑问,到太仓有什么地方可玩? 如果往前推5年,确实屈指可数,城区有个王锡爵故居、张溥故居,城外有个沙溪古镇、浏河天妃宫,别的就没了,根本留不住人。如今,太仓旅游业尤其是休闲旅游的空间变得越来越大了。一系列的数据和场景说明了这一切。

---

① 张雅静:科学发展观视阈下的休闲旅游[J].哈尔滨工业大学学报(社会科学版),2007(5).

太仓环境好，是最具幸福感城市，富裕地区第一个长寿之乡，甚至连挑剔的德国人也称赞太仓适宜人居，适宜创业；太仓区位优势好，沿江沿沪，地处长三角腹地，背靠世界最大的客源市场上海；太仓人文资源丰富，娄东画派、吴晓邦故居、中国居里夫人吴健雄生活过的地方，这一切，都为太仓开发休闲旅游注入了丰富内涵，提供了成长空间。由于自身条件所限，太仓没有知名度极高的旅游名胜作为旅游招牌，但优美的城市环境休闲旅游，就其内涵而言，是以休闲为目的的旅游。与传统的旅游形式相比，它更注重旅游者的精神享受，更强调人在某一个时段内而处于的文化创造、文化欣赏、文化建构的存在状态，深厚的文化积淀，极好地体现了"城市即旅游"这一概念，围绕这一主题，太仓休闲旅游业发展走上了快车道。

（1）太仓发展休闲旅游的优势

旅游业的发展需要旅行社、旅游交通、旅游饭店、旅游资源等一系列要素的支撑。太仓具有发展休闲旅游的优势条件。

① 区位条件优越，交通便捷，可进入性强。太仓的区位优势体现在与其相连的城市——上海、苏州、昆山、常熟等，尤其是上海的发展为太仓休闲旅游业的繁荣提供了更好的机遇。上海的城市规划以人民广场为中心，根据车程规划了4个半径的辐射区：一是半小时车程辐射区，二是1小时车程辐射区；三是2小时车程辐射区；四是4小时车程辐射区。太仓距离上海市区53千米，属于1小时车程辐射区范围，区位优势十分明显。

交通是旅游业的三大支柱之一。包括旅游客源地至目的地的交通、旅游目的地的城市交通和旅游景区交通。没有快捷的交通手段，现代旅游业的发展是难以想象的。旅游交通并不是独立的、自成体系的交通网络，而是主要以原有的城市交通设施为基础的。因此，城市交通设施的便捷性也是旅游业发展的基础保障。太仓交通发达，现过境的干线公路有204国道；339、338省道；沿江高速、苏昆太高速纵穿全境；太仓汽车站有全国1000条专线。现已开通与上海11号轨道线和沪宁高铁昆山站的无缝对接；拥有对外开放的太仓港码头，现已开通有日本下关、中国台湾地区等航线。太仓距上海虹桥机场与苏州工业园区均不到50千米。近年来，太仓十分重视公路交通建设，投资10亿元，努力打造"四通八达"的"大动脉"。经过几年的建设，初步形成以"204国道、沿江高速公路、沪浮璜一级公路"为"三纵"，以"太浏、新港、通港一级公路"为"三横"的骨干框架，并与省、市（县）、乡（镇）路网全部沟通。迄今为止，太仓各乡镇都有了高等级公路，30分钟可直达市区。

② 城市小巧精致，环境优美，地域文化厚重。旅游者出游的基本目的是追求美的享受，游客对旅游目的地的环境有一定的要求。城市环境质量的高低成为影响旅游满意度和回头率高低的一个重要因素。太仓属长江三角洲冲积平

原、全境地势平坦、环境优美、气候温和湿润、四季分明。勤劳智慧的太仓人创造的独具特色的地域文化——娄东文化,塑造了"精致、和谐、务实、创新"的城市精神。太仓有全国桥牌之乡、武术之乡、龙狮之乡、民乐之乡等称号。文学、舞蹈、戏曲、音乐、摄影、书法等文化艺术硕果累累。

同时,旅游业是一个综合性很强的产业,其发展程度受区总体经济水平的制约。发达的经济地域不仅成为旅游业发展的重要市场条件,而且旅游投资能力强,旅游消费品供应充足,并且能够支持相关产业或行业的发展。太仓在城市环境综合整治定量考核中,连续3年名列前茅,环境质量始终保持在良好的水平。具有国家环境保护总局授予的"国家环境保护模范城市"称号。近年来,太仓提出了"百步见景、千步见园、满园皆绿"的建设思想,逐步形成"精、巧、雅、静"的城市园林绿化风格。太仓整个城市环境整洁而清爽,公共绿地布局合理,人性化特征明显,植物应用多样化,绿地建设的养护管理质量也较高。

③ 经济基础雄厚,周边客源市场潜力巨大。2014年,太仓实现地区生产总值1065.33亿元,按可比价格计算,比上年增长8.6%。太仓经济基础雄厚,人民生活富裕,是全国百强县(市)前十名。太仓周边上海、苏州、昆山、常熟、南通等大中小城市密集,人口稠密,正崛起为巨大的都市群,各城市正为打造"1小时都市圈"而努力,而且居民生活殷实、旅游需求旺盛,这些都为太仓发展休闲旅游提供了巨大的客源市场。

④ 优质人文和自然旅游资源。城市是人类改造自然的产物,是自然与人工的结合体;城市空间是融合了自然要素和人文要素的物质外显,是人类改造自然的直观表达。因此,城市的自然要素、人文要素是城市特色的背景和底蕴,城市空间则是城市特色的主体。

太仓地处水网密集的江南地区,拥有水网密集的地貌资源。境内河流稠密,塘浦纵横交错,新浏河、杨林塘、七浦塘、吴塘、盐铁塘、石头塘、湖川塘等多道河流贯穿市域,形成密布的河网,湿地资源丰富,具有形成河湖湿地景观的良好条件。太仓地处长江南岸的中纬度地带,气候温和、四季分明、光照充足、雨水充沛、地势平坦,自然生态条件好,利于多种绿化植被、农作物的生长。太仓境内范围内风景林地、生态林地、郊野公园、花卉苗木基地、交通走廊防护绿带、河道绿带、组团隔离绿带和基本农田等组成的绿化生态环境基础良好。

太仓历史悠久、经济繁荣昌盛、古往今来众多文人雅士聚集,造就了太仓深厚的文化底蕴。太仓因旧时处于娄江之东,别称娄东。因此太仓的传统文化又被称为娄东文化。娄东文化通常被概括为三个层次,即雅文化、俗文化与雅俗共赏文化。雅文化主要指以魏良辅为首的昆曲,以王世贞、吴梅村为领袖的古典诗文,以王时敏为首的娄东画派等;俗文化以民间的唱宣卷等为代表;而江南丝竹、舞龙狮则属雅俗共赏文化。

太仓还拥有开放包容的海洋文化。从太仓地域特征来看,太仓地处长江与东海连接处,是典型的江海交汇之地。800年前,太仓作为重要通商口岸而成为中国最早对外开放的沿海城市;600年前,郑和七次从太仓起航远涉重洋,让太仓名扬天下。太仓作为元、明时期中国最大的港口,容"海洋之襟喉,江湖之门户",有"六国码头"之称,可以说是海运成就了太仓。在漫长的历史岁月中,开放包容的海洋文化给太仓的历史文化和经济发展、社会生活都留下特别的色彩。

丰富的自然与人文旅游资源为太仓发展休闲旅游提供了载体(详见表4-2)。

表4-2 太仓休闲旅游资源

资源类别	旅游景点景区名称	提供的休闲活动
水域休闲类	七浦塘、长江口旅游度假区	游泳、垂钓、快艇、度假休闲、长江四鲜美食品尝等
生态休闲类	园花园、思钿月季园、现代农业园、电站村林果基地	观赏花卉、苗圃、购花、采摘等
历史遗产类	维新遗址、张溥故居、王锡爵故居、元代石桥、弇山园、南园、吴晓邦故居	参观、游览、科学考察、历史体验
文化场馆类	太仓博物馆、宋文治艺术馆、吴晓邦舞蹈艺术馆、吴健雄陈列馆、郑和纪念馆、高仁岐油画馆	参观、浏览、科学考察
人文活动类	牛郎织女传说、双凤民歌、江南丝竹、昆曲、舞龙、滚灯、羊肉美食节、江南牡丹节	观看比赛、商品展览、购物、表演、了解民俗文化、参与民俗活动
人文综合类	沙溪古镇	参观、游览、购物、体验
公共游憩类	金仓湖公园、滨河风光带、城北河	公园游乐
餐饮休闲类	太仓肉松、双凤爊鸡、双凤肥羊面、长江四鲜、太仓糟油、中华绒螯蟹、太仓白蒜、新毛芋艿、板桥西瓜等	美食、购物、体验
娱乐休闲类	南洋影院、大地影院、太仓大剧院、万达商场	各式娱乐休闲活动
体育健身类	东海高尔夫乡村俱乐部、金仓湖自行车环道	各式体育康体休闲活动
产业休闲类	现代农业园、艳阳农庄、双凤生态园、loft工业园、宝龙锦江等五星级酒店	农家乐、休闲购物、美食、都市农夫体验、休闲度假

⑤ 政府大力对旅游业提供政策支持。太仓市政府为旅游的发展创造了良好的机会。在太仓旅游部门和其他各部门密切配合下,太仓城市旅游功能更加完善,旅游大环境日趋优化。目前,太仓主要景点、经营单位、市区主要道路均设置了醒目规范的公共信息符号;在车站、太仓公园、华联、新城商场设立了4个旅游咨询服务中心和3块旅游地图广告牌;开通了旅游信息网和旅游咨询、

投诉电话,完善了"110""120"紧急救援机制;开辟了 2 条旅游专线车,提高完善了太仓"一日游"线路;在新城商厦、华联商场、南园和太仓公园增设了旅游购物和土特产专柜,新华东路餐饮一条街、上海路旅行社一条街初具规模;南园、弇山园通过 AAA 级景点评审;华联商厦、新城广场、南洋广场、华旭广场、万达广场等为游客提供了旅游购物的好去处。太仓旅游部门定期组织岗位培训,提高了旅游从业人员的素质。

(2) 太仓休闲旅游发展的现状及成就

① 旅游经济持续提升,数量呈正向增长。围绕着"城市即旅游"这一休闲主题,近年来,太仓旅游业有了长足的进步与发展。自 2012 年始,太仓旅游业紧紧围绕着"新一轮旅游规划启动之年,三年旅游提升计划收官之年,实现旅游新突破关键之年"契机,积极推进旅游景区、旅游饭店和旅行社的提档升级,通过举办节庆活动集聚人气,旅游市场影响力不断提升。

2014 年,旅游接待境内外游客 450.64 万人次,比上年增长 9.6%;旅游总收入 66.79 亿元,增长 11.0%。接待海外旅游人数 6.59 万人次,增长 41.1%,其中外国人 5.32 万人次,增长 30.1%;香港、澳门和台湾同胞 1.29 万人次,增长 108.1%。景区接待人数 362.9 万人次,增长 7.7%,平均客房出租率为 49.6%。年末拥有星级饭店 15 家,国家 4A 级、3A 级景区各 2 个。

② 旅游节事精彩纷呈,大力推动旅游业转型升级。近年来,太仓旅游业界举办了一些影响力较大的旅游赛事及活动,进一步推进了产业的转型升级。

2008 年郑和公园承办了中国航海日活动。位于新港城东南侧,总面积 122 公顷,是一个以郑和为主题的"多元一体化""体验式"新型综合性滨江公园。围绕"郑和七下西洋"这一主题,公园建设了郑和铜像、郑和宝船、郑和纪念馆和异域风情等四大景点。郑和铜像总造价 588 万元,高 18 米,全部用锡青铜铸造而成。郑和宝船身长 71.1 米,型宽 14.05 米,型深 6.1 米,六桅六帆,主桅高 28 米,总投资 1680 万元,仿明代郑和宝船坊。郑和纪念馆是公园内最醒目、最具有纪念意义的景点,总投资 460 万元,建筑面积 2300 平方米,建筑风格以还原郑和船队远洋的历史形象并蓄意于连接现代风范的设计为主题。异域风情区是郑和历史遗迹的现代缩影,主要有马六甲、爪哇、古里、麻林、锡兰南北楼、嗯噜莫斯和麦加等七大建筑,建筑面积为 3300 平方米。

2009 年开园的金仓湖围绕着"生态、郊野、休闲、运动"开发定位,围绕其自行车运动的特色,让游客实现了环湖游。举办一系列的活动,如第五届"娄东之春"暨"环保杯"2009 金仓湖风筝节;金仓湖卡通节;2009 中国太仓金仓湖国际自行车嘉年华。通过一系列的活动,提升了景区的知名度,获得一系列的荣誉,如首批世博主题体验之旅示范点、江苏省省级湿地公园称号、国家水利风景区称号。

近几年,太仓持续举办首届旅游文化节、江海河三鲜美食节、江南牡丹节、中国羊肉美食之乡——双凤羊肉节、郁金香节、中国兰花节等一系列旅游节庆活动,成立了"旅游集散服务中心",建立了"2010上海世博会太仓游客中心"。这些节事活动提升了太仓的知名度,大力推动旅游业转型升级。

③ 旅游产业业态水平不断提高。近年来,太仓现代农业园区认真落实"太仓市旅游业全面提升三年行动计划"要求,以做大做强农业生态旅游为目标,累计投资4.2亿元完善基础设施建设,强化生态、休闲项目开发力度,加强管理,强化服务,不断提升服务水平和质量,通过了苏州标准化创建单位验收,通过国家4A旅游景区评审,全面提高园区旅游竞争力,初步形成了一个集生态观光、科技展示、科普教育、商务度假、婚礼庆典于一体的农业生态旅游度假区。目前,太仓现代农业园区已获得了江苏省环境教育基地、江苏省巾帼文明岗、江苏省四星级乡村旅游区(点)及苏州市旅游标准化示范创建单位等荣誉和称号。

借助上海世博会的东风,沙溪古镇、园花园山庄等大型旅游项目建设全面推进,太仓旅游主题逐步清晰,不再局限于江南园林、历史名胜的观光旅游概念中,"江海主题""生态名城"逐渐成为旅游城市的发展方向。休闲度假式的旅游定位在世博会期间效应显现,迎来送往了全国各地200多万名游客。

近年来,太仓旅游业乘势而上,传统与现代、返璞归真和与时俱进,完整地体现在城市环境的日益完善以及旅游项目的快速发展之中。总之,太仓旅游近年来主打"江海文化""郑和文化"两张牌,形成江海特色国际休闲度假旅游目的地。

④ 旅游发展环境不断优化,基础设施建设日趋完善。太仓旅游环境已经形成气候,但旅游市场还未成熟。要顺应现代旅游市场的需求,太仓仍需独辟蹊径,在旅游业竞争激烈的长三角地块,要拥有自己的发展特色。在这样的背景下,"一核、两带、四大板块"的太仓旅游发展框架确立了,2012年11月6日,江苏省太仓长江口旅游度假区揭牌,这标志着太仓旅游业走上一个崭新的发展阶段。根据《江苏长江口旅游度假区总体规划》,长江口旅游度假区基础项目建设全面启动,并已成为首批苏州市级旅游度假区之一,太仓长江口旅游度假区将因地制宜,进一步放大区域内各类环境优势,从而实现从生态资源带状空间向旅游产业集聚空间的发展,浓墨重彩地围绕郑和文化以及古港文化做文章,将港口文化、航海文化创新演绎,从独特视角迎合现代游客的观光休闲体验要求,打造一流休闲度假目的地。同时,沙溪古镇完成了一期改造,修建如旧的江南枕河人家风貌,吸引了南来北往的游客;现代农业园初具规模,已有一定影响力;勤力生态园建起了国家级垂钓中心;园花园山庄全面提档升级。

⑤ 旅游形象日趋鲜明。近年来,太仓旅游放大自身优势,打造"四大板块",助推太仓旅游上规模,上档次。一是生态板块。以太仓现代农业园区为中

心,与之配套的有电站、勤力、西庐生态园等,主题词是现代、农业、生态、科技、观光,换句话说,游客到生态板块来游玩,不仅能吃到生态米,品到生态果,尝到生态菜,而且能接受从种子到农产品生长全过程的绿色生态教育,从辛勤的劳动中感受生活的乐趣。二是活力板块。以金仓湖郊野公园为中心,并逐渐向乡镇辐射,主题词是健身、运动、体闲。除了定期参加自行车、皮划艇、赛艇比赛训练的专业队伍,每天早晚专门来金仓湖跑步、骑车、赤足亲水、放风筝的人也越来越多,有的甚至扶老携幼,全家出动,部分欧美企业还把拔河、跳绳、转呼啦圈的比赛放到了金仓湖。三是人文板块。以沙溪、浏河、直塘等古镇为主,主题词是历史、传统、现代、文化。通过近几年的资源整合,浏河天妃宫妈祖庙、双凤维新遗址纪念馆、郑和纪念馆、吴晓邦舞蹈艺术馆等一批有史料价值的景点已得到很好的开发保护,成为传统教育的好教材。四是美食板块。以江海河三鲜、双凤羊肉为主,前者一年四季都有供应,但每季有重点菜肴推出,食客主要来自江浙沪,尤以上海人为多;后者品尝时间集中在冬春季节,各式各样的羊肉大餐,既能起到冬令食补作用,又有强身健体之功效。

(3)太仓休闲旅游发展的努力方向

《太仓市旅游规划》对太仓旅游业的总体定位是①:基于太仓"滨江国际化新兴港口城市、临沪现代化生态宜居城市"的城市性质定位,构建旅游产业集群与复合型功能的目的地发展结构,将太仓以大航海产品与月季产品为两大支撑品牌的世界航海旅游名城。由于投入加大,现代农业园、金仓湖郊野生态园、郑和公园等一批新项目的陆续开放,太仓旅游接待量与旅游收入均有较快增长,但应该说,增长更多是依赖数量,是外延式增长。尽管太仓旅游取得较大发展,然而在苏州地区,旅游经济、产业规模、旅游地位都不占先;在长三角、华东地区,太仓则始终未能被纳入华东黄金游线。太仓缺乏龙头性、代表性景区,真正具备市场优势的垄断性资源并没有很好地转化为富有竞争力、吸引力的热门产品。

长三角孕育了中国最大的中产阶层群体,随着世博效应扩散,以及太仓交通条件的优化(沿江城际),与上海零距离的太仓,将在很长一段时间内继续拥有着中国最好的客源市场条件。但长期以来,太仓旅游在长三角同级别的县市并不占优势。

2013年10月1日起,《旅游法》正式实施。该法对旅游业影响大、意义深,是中国旅游发展的里程碑。而在未来的发展中,太仓也将继续面临"灯下影"效应的挑战。太仓服务业现代化必须在休闲旅游业发展上寻求突破:

① 培养现代化的休闲观念。要增强城市的休闲识,营造浓厚的休闲氛围。

---

① 北京绿维创景规划设计院.太仓旅游发展总体规划(2010—2020)纲要[Z]2010.

加强对休闲消费的正确引导,引导居民处理好休闲与工作、休闲与创业的关系,克服损害健康、扰乱家庭、消磨时间、降低效率、破坏秩序的不良休闲行为,树立科学、文明健康的休闲理念,提高生活、生命质量。倡导教育培训、体育健身、文化娱乐等现代的休闲消费方式,让大众学习休闲、善于休闲、充分休闲、积极休闲、高效休闲,使生活更加富有意义。

② 提升休闲环境质量。优良的休闲环境是休闲度假的重要条件。太仓要加强城市的环境建设,进一步改善城市的生态环境,把太仓建设成为一座绿色城市、生态城市、花园城市;要重视城市建设的总体布局,用景观生态的设计理念规划城市,突出建筑物的艺术风格,让城市建筑充满文化韵味,富有艺术特色。提升休闲的氛围,让人时刻感受到太仓舒适的自然和人文气息。

③ 培养专门人才,提高人员素质。目前,太仓旅游业人才结构性短缺现象严重,高层次的旅游管理、策划、经营人才比较缺乏,导致配套服务水平较低。因此,要通过大力引进和培养短缺人才来改进服务水平,要对在岗人员和即将上岗的人员进行强化培训,留住旅游人才,完善旅游从业人员的薪酬制度。

④ 加强服务配套设施。在加快建设道路交通、通讯、环卫等基础服务配套设施建设的同时,也要加强旅游区内的通道以及休闲者主要活动场所的专业服务设施的配套建设,包括各种指路牌、景点指示牌、景点介绍、游览安全设施,以及最基本的饮食需求等服务设施,可在某一两个旅游景点试点引入智慧旅游。

⑤ 进一步完善社会服务体系。首先要完善信息咨询服务,建立信息咨询网络,在人口流动的密集地区建立咨询服务站。其次是完善租车服务。要做到租车服务网络化,能实行异地还车;还要做到租车服务规范化,车型、租车费用、时间、损坏的赔偿等都要有统一标准。

⑥ 重点打造休闲旅游景点,塑造龙头景点。严格地说,目前太仓的资源优势尚未转化为产品优势,缺少重量级龙头景区,在市场上始终无法突破。比如沙溪古镇开发的核心问题在于找主题。众所周知,江南地区的古镇资源富集,以江浙六大名镇(周庄、西塘等)为代表,目前均是"小桥流水梦江南",市场供应同质、饱和,竞争激烈。因此,要想打造一个社会、经济、文化三方面均取得成功的古镇,核心问题就是"寻找并打造有价值的差异",即找到既适合市场需求,又适合沙溪自身的古镇主题。沙溪古镇应该以"舞"作为突破口,打造"舞林大会"休闲概念。吴晓邦和他的舞蹈,是沙溪能够超脱于其他所有古镇的文化价值点,"中国舞蹈之乡"的底蕴才是沙溪骨子里的特质。舞,是沙溪古镇开发能够取得突破的最有力的爆发点。

⑦ 做好市场营销,将区位优势转化为市场优势。政府主导,成立目的地营销运营机构。太仓旅游目的地品牌开发与运营,树立三大营销任务:一是旅游整体形象传播,在主要目标市场快速树立与持续强化太仓旅游形象;二是针对

散客与团队细分市场推介相应产品品牌;三是建立营销工作成效反馈与评估机制,不断优化营销策略组合。上海作为世界旅游目的地,太仓与上海的捆绑延伸营销是必需的,上海为太仓提供了一个世界级的营销平台,借船出海营销最主要的操作办法就是以上海为出发地,组织、包装和推介各类题材的区域线路。为应对旅游淡旺季问题,太仓要分季节进行有侧重的营销,打造"四季太仓"旅游目的地。太仓景区景点性质各异,城市、美食、节庆、民俗、港口等吸引物也各有特点,打造的产品也是分别适合不同的市场细分群体,营销需要将产品精准对应到相应的市场,不能不加区分的推给市场整体。节事活动营销见效最快,是营销工作突破的抓手,根据多地的市场经验来看,"节事活动+旅游产品"配对打市场的效果是最理想的。例如晓邦舞蹈节+沙溪古镇舞林游,羊肉美食节、江海河美食节+皇家粮仓美食游等搭配推广。

三、太仓服务业现代化的探索

为推进太仓服务业发展,加快发展现代服务业,要按照太仓服务业发展总体规划(2006—2020)部署,实施新一轮服务业提升发展计划,大力发展现代物流、总部经济、服务外包和旅游产业,确保服务业增加值占比提高1.5个百分点。加快服务业集聚区特色化发展,扶持一批龙头企业入选省服务业"十百千"工程项目。发挥太仓港和保税物流中心作用,做大做强太仓物流园区,力争物流企业收入增长25%以上。推进中央商务区建设,吸引国内外企业来太设立区域性总部,新增总部企业10家以上。加大科教新城信息产业园建设力度,发展文化创意、电子商务、游戏动漫等产业,实现服务外包接包合同额、离岸执行额均增长25%以上。加快长江口旅游度假区、双凤生态园等旅游项目建设,创建一批A级景区、高星级酒店和旅行社,全力推进旅游标准化建设。① 具体措施如下:

(一)推动制造业服务业产业融合发展

产业间融合已成为现代产业发展的一个重要特征。当今世界,服务业是在融合与互动中发展的,与制造业、农业之间关系越来越密切。服务业和制造业的关系正在变得越来越密切,主要表现为制造业投入的服务量在增加。多数OECD国家产品生产中,服务投入增长速度明显快于实物投入增长速度。越来越多的制造商加入延期付款、培训、服务合同、咨询等服务,以新的服务领域来获取竞争优势。制造业与服务业的融合发展表现出两种趋势:一是"制造企业服务化";二是"服务型制造"。在信息技术应用日益广泛和深入的背景下,全球制造业正在从"生产型制造"向"服务型制造"转变。服务型制造的一个重要特

---

① 江苏省"十二五"服务业发展规划;太仓服务业发展总体规划(2006—2020)。

点是产品越来越"软化"和"个性化"。我国正在致力于走新型工业化道路,致力于摆脱价值链低端格局,出路就在于大力发展生产性服务业,并促进生产性服务业与制造业融合与互动发展,这是我们产业政策的一个新的着力点,是要长期坚持的一个战略选择。

因此,太仓作为中国的"德企之乡",要深入推进制造业服务业融合发展,形成双轮驱动的良好格局。一是大力发展生产性服务业。要大力发展具有高融合度的现代物流、文化创意、工业设计、科技研发、金融、服务外包、中介服务等生产性服务业,打造一批为太仓、江苏乃至全国先进制造业服务的服务平台和服务中心,抢占现代服务业发展制高点,生产性服务业占比再提高2个百分点,达60%。二是区域融合发展服务业。各镇区要结合太仓的区域特色和现有产业优势,在招商引资、发展产业和行业上有所侧重,达到区域融合发展,各自形成不同产业、不同行业的区域发展特色。三是大力发展总部经济。要积极发展税源型服务业,着力引进培育研发中心、销售中心、采购中心、结算中心等总部型企业。四是制造业分离发展服务业。太仓分离发展服务业已取得了很大成就,目前,要着手研究落实兑现政策的具体操作办法,并要以行业大中型企业和龙头企业为重点对象,对企业进行再宣传、再动员,以主辅分离、整合提升为主要内容,切实分离出一批科技研发、现代物流、专业配套、设计策划等服务业企业。

(二) 发展多元投融资体系

继续发挥政府投资引导放大作用,建立若干专项资金,推进服务业行业发展的细化落实。完善投融资担保体系,搭建项目储备平台和融资平台,多渠道筹集发展和建设资金,实现投资主体和融资渠道多元化。

1. 保护企业投资主体地位,提高市场资本积极性

规范政府投资行为,保护投资者合法权益,营造利于各类投资主体公平、有序竞争的市场环境,优化投资结构,提高投资效益。

2. 设立中小企业投资公司

要创造公平宽松的市场环境,降低市场准入条件,建立利益诱导机制,鼓励自主投资创业,鼓励非公有制经济发展,使市场主体有资愿投。

3. 组建中小企业融资和信用担保体系

按照政府引导、市场运作的原则,支持鼓励社会资本和引进市外资本投资担保业,建立担保机构,大力支持有条件的企业和民间投资主体以协会、商会等形式,共同出资或参股建立具有一定规模的担保公司;积极鼓励中小企业、民营企业建立互助担保基金和互助性担保机构;支持企业、个体、工商户、农民实行联户联保;积极推动政府出资支持建立中小企业担保机构试点工作,由各级财政安排一定数量的资金,专项支持担保机构发展,积极争取省财政担保再担保

风险补偿资金,重点用于支持担保行业发展和担保机构的代偿损失补偿。

此外,还要落实放宽社会资本投资领域的政策,建立政府投资项目库,加强政府投资项目管理,同时做好服务业投资项目信息建设等。

(三) 推动产业集聚集约发展

国外服务业集群理论告诉我们,成功的集群往往是自发形成的,正式及非正式知识的获取与创新环境的形成对于服务业集群的形成和发展极为重要。[①] 纵观目前地方的实践,各种服务业集群如金融、物流园区等被视为产业区的升级版和推动区域经济发展的"抓手",政府力促形成的服务业集群,主要依靠土地经营和各种政策优惠措施圈地招商,缺乏与地方产业特点的紧密联系。

市场驱动下自发生长起来的服务业集群,有其特殊的内在动力机制和演化规律。Schmitz等(1990)指出,不可能成功地在完全无基础之地人为地创造出一个集群,而是需要在已具有基础条件及潜力的地区逐渐构建,且必须结合相关政策机制促进其发展,并提升集群的创新能力与竞争力。因此,作为地方政府,要进一步加大现代服务业集聚区培育力度,提升建设和管理水平。

1. 要继续培育一批现代服务业集聚区

从实际出发,结合本地产业优势和区位条件,尽快培育一批规划科学、特色鲜明、功能完善的现代服务业集聚区,增强集聚效应,促进快速发展与功能提升。

一是强势发展物流业。要全面落实"以港强市"发展战略,充分利用沿江沿沪的区位优势和港口资源优势,以市域物流为基础,以区域物流为重点,以国际物流为主导,积极发展第三方和第四方物流,建立专业化、规模化、现代化的物流服务体系。太仓应借鉴上海自贸区形成的"可复制、可推广经验",不断争取和吸收自贸区的改革措施,建立完善、高效透明的市场体系,同时密切关注上海自贸区实施细则的出台,仔细研判自贸区政策的后续影响,全面建立与上海自贸区的对接联系,以上海为桥梁更深一步融入世界经济体系,在此基础上,加大保税港区申报力度。

二是大力发展金融业。继续大力度推进企业上市和企业发债工作。加强货币政策研究,积极开展银政企三方合作,扩大信贷规模,撬动金融资源,破解资金瓶颈,为太仓经济社会又好又快发展提供强有力的金融支撑。此外,还要积极发展理财产品、保险和证券业,满足人民群众的投资需求。

三是突破发展旅游业。要大力推进以长江口旅游度假区为重点的"一核两带四大板块"的开发建设,积极争创省级旅游度假区。要进一步加快沙溪古镇、金仓湖板块、城市旅游板块等旅游项目开发建设,抓好温泉酒店等高星级酒店

---

① 裴长洪.中国服务业发展报告[R].北京:社会科学文献出版社,2005.

建设,争取现代农业园区创建国家4A级景区。认真筹办江海河三鲜美食节、江南牡丹文化节、双凤羊肉美食节等旅游节庆活动。

四是着力发展商贸业。逐步建立健全太仓社区商业服务体系,完善肉菜追溯体系,力争把风情水街·海运堤创建成国家级特色商业街。加快人民路中心商圈扩容,增强配套功能,推动万达广场、江海河三鲜美食一条街、沙溪老街等特色商贸集聚区加快建设运营。加速森茂汽车城和华东水产品市场产业集聚发展。大力引导消费升级,加快品牌连锁等新业态引入,培育中华、省、市特色餐饮名店。

五是提升发展集聚区。按照太仓服务业集聚区布局规划,科学调整服务业空间布局,引导社会资源合理集聚,积极创建苏州市级服务业集聚区和省服务业示范集聚区。

2. 要建立集聚区招商和投资新机制

服务业发展专项引导资金要倾向于鼓励集聚区建设,切实发挥"四两拨千斤"作用,并加大对上争取力度,享受相关优惠政策。鼓励引导外资、民资和各类社会资本投资集聚区基础设施建设,努力形成政府、中介机构和服务业企业共同参与的招商引资新机制。

3. 要努力新申报一批集聚区

坚持"成熟一个、申报一个"的原则,按照省和苏州市集聚区申报的相关要求,加大对上攻关力度,力争成功申报一批苏州市级以上集聚区。

(四)创新管理机制

1. 加强组织领导

加快服务业发展是一项长期的战略任务,要立足当前,着眼长远,找准突破口,明确工作抓手,扎扎实实推进服务业发展。加强对服务业工作的组织领导、搞好队伍建设、完善服务业的工作机构是太仓服务业工作的重要内容,也是确保做好服务业工作的关键。要充分发挥服务业领导小组的职能,加强组织领导,抓好协调工作,更好地指导服务业的发展。市发改委(服务业办公室)要牵头总抓,做好日常协调指导工作。各地各部门要把推进服务业发展摆上重要日程,做到"一把手"亲自抓,分管领导各负其责。服务业重点行业牵头部门要明确工作责任和进度,建立工作长效机制和创新机制。各镇区要配齐配强服务业办公室工作人员,做到服务业工作有人管、有人抓、有人做。

2. 加强规划引领

服务业是一个庞大的体系,制定相应的发展规划十分必要。各地区和市各有关部门要对照规划,进一步理清本地区本部门发展思路、发展特色、发展重点,优化发展布局、创新发展举措,提高可操作性,通过科学实施服务业发展规划,促进太仓服务业加速发展。积极争取省服务业综合改革试点,争取省级政策、项目、专项资金的倾斜。

3. 加强政府服务

各级各部门要按照建设服务型政府的要求,切实增强服务意识,通过完善服务设施、创新服务机制、加强行业监管、加快信用体系建设等举措,全方位提升服务业发展软环境。要从政府职能入手,按照开放性和资源共享性原则,加强服务业发展的公共服务平台建设,促进社会资源优化配置和专业化分工协作,推动共性关键技术的转移与应用,逐步形成社会化、市场化、专业化的公共服务体系和长效机制。要着力推进海关监管信息系统、保税物流中心商务平台、信息科技公共服务等平台建设。还要强化服务业出台政策的落实。

4. 加强统计完善

服务业统计工作是统计工作的重要组成部分。统计部门要在做好批发零售、住宿餐饮等传统服务业统计的同时,会同有关部门进一步加强研究做好物流业、服务外包、文化产业等现代服务业统计;要在督促做好区镇服务业统计工作的同时,督促市级机关有关部门做好部门统计工作;要在做好数据统计的同时,分析汇总提出建设性的发展建议。

5. 加强目标考核

近年来,服务业已列入科学发展观考核体系,市服务业工作领导小组也增加了部分指标和部分项目的考核,对太仓服务业发展起到了有效的激励作用。服务业考核要有较大的创新,不仅要有定量的指标考核、也要有定性的工作任务考核,不仅要有总量性指标考核、也要有增量性指标考核、不仅要有数量性指标考核、也要有质量性指标考核。

(五) 构筑服务业人才高地

实现服务业现代化,人的素质是关键。处于现代化阶段的服务业,知识密度高,其价值来源于高素质的专业人才。为此,要营造良好经济及社会环境,大力吸引国内外优秀科技人才,为服务业现代化的实现提供人才保证。建立多渠道的人才培养机制,加快培养服务业所需的高层次应用型人才,从而提高职工的操作技术水平,满足服务业现代化对高素质人才队伍的需要,全面提高太仓服务业的竞争能力。

1. 健全服务业人才培养、激励和评价机制

改革现代服务业人才的培养机制,发挥学校、企业和研发机构三方共同的力量,实施产学研一体化的培养机制。全面推进职业资格证书制度,建立现代服务业职业资格标准体系,加快推进科技咨询师、项目管理师、质量认证师、资产评估师、会计师、技术经纪人、美容师等职业培训和资格认定工作,提供从业人员的整体素质。对从事高端技术服务业人才实施有效的激励机制和综合保障体系,包括个人所得税的减免、城市落户、职称评定、社会保障计划、解决配偶

就业和子女上学问题等。

2. 大力支持职业教育发展，为服务业输送合格人才

为服务业培养适用型人才是当前的重要任务。太仓要发挥地方财政资金、税后优惠和土地政策的导向作用，引导社会关心、支持职业教育发展，为职业教育创造一个良好的外部环境；鼓励各种教育机构发展跨领域专业人才培训，建立完善的相关职业资格制度，提升服务业的服务品质，使其标准化、规范化。就物流业而言，太仓可建立人力资源培训和教育专项基金，重点扶植地方高职院校，促进健雄职业技术学院以产学研深度融合为手段，以太仓发达的物流产业体系为平台，培养经济和社会发展一线需要的物流岗位高技能人才，同时，积极同上海交通大学、上海海事大学、上海财经大学、上海外贸学院以及苏州大学和苏州科技学院等高校合作；与北京大学、清华大学等、国际知名学府以及国际知名物流企业合作，规划建设长三角物流学院，为太仓以及长三角地区培养现代物流专业人才。同时鼓励本地物流从业人员参加相关的物流培训和考取相应的物流证书，提升职业素养。

3. 加大高端服务业紧缺人才引进和培养力度，建立高端服务人力资源储备库

鼓励跨国公司和国内外培训机构引进先进的人才培训理念和模式。全面推进高端服务人才的交流合作，招揽国内外高端服务行业领军人物。制订高端服务人才分类开发计划，引导高等院校、社会培训机构发展不同层次和类型的高端服务教育。健全企业家服务体系，吸引和培育更多具有创新精神和创业意识的企业家。完善以知识资本化为核心的激励机制，积极推进技术入股、管理人员持股、股票期权激励等新型分配方式，建立人才柔性流动机制，高端服务企业引进高级人才而产生的有关住房货币补贴、安家费、科研启动经费等费用，可依法列入成本核算。

"十三五"期间是太仓服务业发展的关键时期，要实现太仓产业结构由"二三一"、向"三二一"历史性跨越，当务之急是优化服务业内部结构，形成与太仓经济社会发展阶段相匹配，与港口经济、现代制造业和现代农业相融合，与城市化进程相协调，与国际市场相适应，优势凸显、特色鲜明、功能完善、繁荣发达的服务业发展体系，打造"生产服务业、生活服务业、生态服务业"三位一体发展格局。

1. 着力发展生产服务业

围绕"大港口、大物流、大产业"目标，进一步依托港口枢纽，大力发展现代物流产业。坚持市场主导，创新金融业态，积极培育资本市场体系，借力上海金融中心建设的溢出效应，进一步发展现代金融服务。以产业升级需求为导向，进一步加快科技服务、信息技术服务、商务服务、服务外包、电子商务等生产性

服务业发展,鼓励企业向价值链高端发展,推动园区提高集聚发展水平,加快生产制造与信息技术融合,促进太仓产业由生产制造型向生产服务型转变,力争到"十三五"期末生产性服务业增加值在全市服务业增加值中占比70%以上。

2. 重点发展生活服务业

围绕拓展服务业态,满足居民消费需求,发挥沿沪优势,加快专业市场建设,促进商贸流动,转变消费方式,发展新兴消费,建设特色街区,发展商业新型业态,紧抓"自贸区"机遇,拓展国内外商贸市场。发挥产业与经济转型、科技创新、城市建设、现代服务业发展的有机结合,推动文化创意服务业,打造"文化太仓""智慧太仓"。建设宜居城市,高标准、高起点建设一批现代化新型社区,发展社区服务业。

3. 积极发展生态服务业

构筑休闲太仓、活力太仓、古镇乡村和生态太仓四大休闲产品体系,发展休闲旅游产业,推动太仓产业结构升级。发展生态文明经济,实现物质生产和经济行为的生态化,打造绿色低碳城市,发展节约型服务产业,营建宜居生态环境,加快基于户外生态的"健康太仓"建设,塑造田园城市,引领生态文明建设。

"十三五"时期,太仓服务业发展重点内容主要有五个方面。

现代物流:重点发展港口物流,拓展第三方和第四方物流等新业态,完善港口集疏运体系,推进太仓物流园等载体建设,鼓励支持物流企业升级改造,推进物流产业集聚,建设以太仓港为核心枢纽的多式联运网络体系,加强与沿江港口和周边地区交通枢纽的连接与合作,打造集装箱干线港和国际江海联运枢纽港,构建专业化、规模化、现代化的物流服务业体系。

金融服务:对接上海国际金融中心建设,完善金融服务体系,创新发展银行、保险、证券等金融服务,加快天境湖私募基金创业基地等载体建设,积极拓展科技金融和互联网金融等新兴业态,扶持村镇银行和小额贷款公司等农村新型金融组织,大力引进和培育聚集银行、保险、证券等金融机构的数据、票据、银行卡等后台服务机构中心。

科技服务:推进天境湖文化科技创业园等载体建设。重点发展软件研发、生物医药研发测试、文化创意等服务外包业,积极拓展呼叫中心、影视产品后期制作和数字媒体等产业。着力发展技术转移、检验检测认证、创业孵化、知识产权等专业科技服务和综合科技服务业,提升科技服务业对科技创新和产业发展的支撑能力。大力发展以云计算、大数据、物联网、移动互联网为代表的信息服务业,加快"互联网+"服务业,提升信息技术服务工业能力。

电子商务:加快港区大宗商品交易平台、新区中央商务区等载体建设,鼓励支持第三方电子商务与交易平台建设,推进电子商务与制造业、商贸流通、对外贸易、金融、文化、旅游、农业等领域相结合,推动网络交易与电子认证、在线支付、物流配送、报关结汇、检验检疫、信用评价等环节的集成应用。

休闲旅游：面向上海及周边地区游客需求，全力推进旅游产品向观光、休闲、度假并重转变，注重差异化发展乡村旅游经济，旅游服务向优质高效提升，建设旅游强市和特色休闲城市。重点开发长江口旅游度假区，提升乡村旅游的能级，全面建设标准化旅游城市。

四、本章小结

做大做强服务业是太仓现代化的重要方向。本章对服务业现代化的内涵进行了界定，分析了服务业现代化的特征，阐述了服务业现代化的国际经验，以及国际经验对太仓发展服务业现代化的启示。在此基础上，详细分析了太仓服务业现代化的实践。太仓服务业现代化发展取得了很多成就，特别是生产性服务业、港口物流业的发展得到了快速推进，生活性服务业休闲旅游业发展也驶入了快车道。但是，服务业依然是目前太仓经济版图的一块短板，如何发挥自身优势，找准产业定位，完善发展举措，推进服务业倍增，是未来很长一段时期内太仓必须高度重视并重点解决的课题。

第五章
教育现代化

内容提要 改革开放30多年来,我国教育事业取得了长足进步和飞速发展。尤其是20世纪90年代以来,随着科教兴国战略的确立和实施,加快了教育改革和和现代化的步伐。1993年中共中央、国务院发布的《中国教育改革和发展纲要》中提出"到本世纪(20世纪)末,我国教育发展的总目标是:全面受教育的水平有明显提高;城乡劳动者的职前、职后教育有较大发展;各类专门人才的拥有量基本满足现代化建设的需要;形成具有中国特色的、面向21世纪的社会主义教育体系的基本框架。再经过几十年的努力,建立起比较成熟和完善的社会主义教育体系,实现教育的现代化。"教育现代化在经济、社会现代化进程中,提供智力和人才的强大支撑,是我国教育的根本目标和发展方向。进入21世纪,教育现代化的理论与实践更是成为人们日益关注的焦点。太仓是江苏经济比较发达的县市,1998年太仓在较早完成"普九"任务的基础上,积极响应江苏省委、省政府的号召,结合太仓经济社会发展的特点及现状,启动了教育现代化工程。

本章主要介绍了各国教育现代化的内涵、特征和主要模式,具体探讨了太仓教育现代化的背景、实践历程和主要成就,同时分析了太仓实现教育现代化的优势及今后努力的方向。

一、教育现代化的概述

现代化是从传统的前工业社会向工业化和信息化社会发展的社会变迁,一个国家的现代化所包含的内容和领域是多方面的,而教育现代化是国家现代化的基石和组成部分,教育优先发展战略地位的确立为新时期我国教育发展提供了坚实的制度保障与舆论支持。

(一)教育现代化的内涵

教育现代化是现代化的有机组成部分,它既具有现代化的共同属性,同时又具有自身的属性。简单而言,教育现代化是一个国家的教育适应现代社会发

展要求所达到的一种较高水平状态,是传统社会在现代社会的转化。就其理论内涵而言,教育现代化可以概括为以下几个方面:[①]

教育现代化是对一个国家教育发展达到较高水平状态的概括。教育现代化不是某种特定的教育形态或教育类型,而是一种水平表征,是指教育发展所达到的一种较高的标准,是教育与一个国家或地区的社会、经济、科学技术以及相应民族心理相适应的具有现代社会先进特征的水平状态。教育现代化是一个动态发展的概念,教育现代化的评判标准也总是处于动态的发展过程之中。由于各国各地区发展的不平衡性,教育现代化的发展也具有一定的地区差异性,显得参差不齐。

教育现代化是传统教育向现代教育转变的历史过程。传统教育涵盖了历史积淀下来的整个教育思想体系、教育制度、教育内容、教育方法和手段等。教育现代化是传统教育的传统形态向现代形态的转化,但教育现代化并非是对传统教育的彻底抛弃,而是对传统教育的选择、改造、发展和继承,即对传统教育中优秀的东西继承和发扬,对传统教育中与现时代不相适应的东西进行扬弃或改造,使它们符合时代的要求,成为现代教育的传统。

教育现代化是教育系统的全面性、整体性转换运动。教育现代化不仅仅是教育内容、教育手段、教育方法等某一方面的现代化,而是一种整体的现代化,代表着一个教育系统总体水平的普遍提高。教育现代化的全面性和整体性,既体现在教育内部,包括教育者和受教育者、学制结构等,又体现在教育外部,如社会的教育观念、优化的教育环境、教育与社会其他子系统之间的协调与平衡等;既体现在教育的微观层面,如学校管理、教育内容等,又体现在教育的宏观层面,如教育决策、投入机制等。概况而言,教育现代化的整体性,既体现在教育内部,又体现在教育外部;既有教育微观层面,又有教育宏观层面;还体现在内部因素与外部条件、微观系统与宏观系统的相互统一性上。

教育现代化的核心是人的现代化。人与社会是相互影响、相互促进的辩证关系,实现人的现代化,是构建现代社会最为核心的基础,也是判断一个社会是否达到现代化水平的根本标志之一。在影响现代化的诸多因素中,教育起着关键性作用,它不但能使人掌握现代科学知识,用理性的态度对待生活,而且能有效地塑造人的现代意识和现代价值观念。因此,从宏观方面而言,教育现代化也是实现人的现代化并进而实现社会现代化的必由之路。

(二) 教育现代化的基本特征

教育现代化是教育适应现代社会发展的需要,逐步进行自身调整,最终实

[①] 王铁军.教育现代化论纲[M].南京:南京师范大学出版社,1999;黄济,王策三.现代教育论[M].北京:人民教育出版社,1996;吴立德,等.现代教育原理探索[M].北京:中国文献资料出版社,2001.

现可持续发展的改革过程。在此过程中,与传统的教育改革相比,教育现代化呈现出不同于以往的基本特征:

1. 教育民主化

教育民主化是指民主原则在教育领域的深化和扩展,一般包括两层意思:第一,教育的普及化,即使个体具有越来越多的受教育机会,使受一定程度的教育成为公民的权利和义务,满足所有公民受教育的希望。第二,教育的主体性,即微观上要求在教育的过程中要尊重学生个体的主体性,应注意以平等和民主的态度对待学生,让学生主动、自由地负责;同时宏观上应尊重教育的自主权,尊重教育的相对独立性,即要遵循教育自身的特点和发展的规律,发展教育事业。

2. 教育终身化

20世纪60年代,法国教育家保罗·朗格朗正式提出了终身教育这个术语,之后在世界各国广泛传播并得到了普遍的认可,成为教育现代化的重要特征。终身教育是人们在一生各阶段当中所受各种教育的总和,是人所受不同类型教育的统一综合。包括教育体系的各个阶段和各种方式,既有学校教育,又有社会教育;既有正规教育,也有非正规教育。主张在每一个人需要的时刻以最好的方式提供必要的知识和技能,学习者不仅要学习已有的文化,而且要培养个人对环境变化的主动适应性、独立性。终身教育突破了传统教育的理论和实践范畴,对于改革传统教育的内容和方法,建立新的教育结构和教育体系,实现教育现代化具有重要意义。

3. 教育开放化

当代社会发展的开放性特点决定了教育的开放性。随着社会现代化的推进,开放性逐渐代替了传统社会的封闭性,而开放性的社会必然要求开放性的教育。具体而言,教育的开放化集中体现在以下四个方面:①教育的社会化,即教育向全社会开放,为全社会服务;②教育的一体化,即各级各类学校相互沟通、相互渗透,形成具有整合性特点的现代学校教育制度;③教育的功能整合,即教学、科研和社会服务相互结合、相互促进;④教育的国际化,即通过教育促进国际交流、培养具有国际视野的现代化人才。

4. 教育信息化

人类社会已进入以计算机和互联网为代表的信息化时代,信息技术逐渐深入到社会生活的每一方面,改变着人类的生存方式,也在改变着人类的教育方式和学习方式。与社会信息化的总体趋势相适宜,教育领域内的信息化进程也不断加快,教育信息化程度不断提高,并且成为现代教育事业发展的重要推动力量。教育信息化是基于计算机和互联网的教育内容更新和教育形式变革的过程,它将彻底改变传统的教育方式和内容。为更好地迎接信息社会带来的挑战,西方发达国家高度重视信息技术在教育领域内的推广应用,将它作为教育现代化和提高国家竞争力的重要手段。我们应积极顺应形势发展需求,切实把握教育信息化与教育现代化的内在关系,积极推广信息技术在教育中的应用水平和程度,以教育信息化带动教育现代化事业的健康、快速发展。

(三) 教育现代化的内容

教育现代化的内涵十分丰富广泛,涉及教育民主化、教育普及化、教育终身化、教育多样化以及与教育终身化相一致的教育社会化和社会教育化、教育个体化等方面。具体而言,教育现代化的主要内容如下:

1. 教育观念现代化

教育观念是人们对教育现实的价值取向和理性认识,是指导教育行为的一种思想意识,它对教育实践起着巨大的指导作用。适应社会发展的先进的教育观念,对社会和教育发展起着积极的促进作用;消极、落后、不适应社会发展的陈旧观念,则对社会和教育发展起着消极、阻碍的作用。实现教育观念现代化,就是要摒弃与时代和社会发展相背离的陈旧、落后的教育观念。近年来,随着社会发展的需求,教育观在宏观与微观上都发生了重要的变化。首先,教育内涵得到了拓展和深化。从原来教育与"正规的学校教育"相提并论,到后来教育涵盖了正规教育、非正规教育以及非正式教育。其次,教育打破了时空的限制。终身教育、全民教育和学习化社会已成为或正在成为发展的新趋势和新目标,教育逐渐成为所有人一生的事业。此外,教育公平、教育民主和教育主体性等观念逐渐深入人心,对于最终实现教育的现代化,充分发挥教育在现代社会中的建设性作用有着积极的影响。

2. 教育内容现代化

教育内容是完成教育任务,实现教育目的的基本保证,教育内容的现代化是建设现代化教育体系,培养高质量的现代化人才,加快社会现代化进程的必然要求和必经之路。各国在推进教育现代化的过程中,为了实现预定的教育目标,都十分重视教育内容的改革。其总体特征是:①注重课程的时代性与稳定性的统一,稳定中有变革,变革中求稳定;②注重课程的结构性与系统性的统一;③注重各门学科之间的相互渗透,建设综合课程;④注重必修课与选修课的结合,开设有利于学生个性发展的多种选修课程。

3. 教育手段现代化

教育手段现代化是指教学中的技术发展、设备引入以及手段更新的过程。现代信息技术是信息社会发展过程中具有凝聚力和渗透力的技术,随着社会的发展,它必然要渗透到整个教育过程之中。20世纪50年代以后,各种现代化的教育手段不断产生,幻灯、投影、录音、录像、闭路电视、计算机多媒体教学、计算机模拟实验等各种先进的教育手段纷纷进入学校教育活动之中。尤其是互联网被运用于教学,改变了传统固定的师生关系,使异地授课、网上学习、远程教育等成为可能,人民利用互联网可以方便地获取世界各地的教育信息、教学资料,实现信息交流、资源共享。

4. 教育管理现代化

教育管理现代化是教育现代化的重要组成部分,是实现教育现代化的条件之一。教育管理现代化是指管理队伍、管理制度和管理手段的现代化,即具有一支用现代化教育思想武器、具备现代化管理知识的高素质管理队伍,具备一整套现代教育管理制度,具备现代化管理手段,从而使教育管理更加科学化,进一步提高教育管理的效率。教育管理现代化是一个全方位的变革、完善过程。主要包括三方面内容:①管理体制现代化。教育管理体制是教育管理体系和制度的总称,它既要与社会政治体制、经济体制的需要相适应,又要符合教育自身的规律和特点,使现代教育的管理体制尽可能有利于教育的高质与高效运行,促进教育发展。②教育思想现代化。需要教育者摒弃落后的教育管理观,提倡与实行开放的管理、民主的管理以及依靠大家的智慧和力量,提高决策的民主化和教职工的参与程度;强调依据和参照有关的法令、法规,依法行事。③管理手段方法现代化。运用现代管理技术提高管理工作的效率和科学性。这是提高教育质量和管理效益的重要保证,也是教育管理现代化水平的重要标志之一。

5. 教师素质现代化

教师承担着培养合格社会成员的重要职责,其职业角色具有多样化的特点,如教育者、管理者、研究者等,这也决定了教师必须具备多样化的素质。教育现代化的关键是教师素质现代化。教师素质现代化主要包括以下几点:①思想观念现代化。现代教师应具有符合时代需要和历史发展潮流的科学教育观,如学生主体观、全面的质量观和评价观、终身教育观等。②职业道德素质的现代化。职业道德素质的现代化既包括继承历史上优秀的职业道德,如尊师重教、无私奉献等,也包括与现代社会发展相一致的民主意识、法制意识、效率观念、敬业精神等。③知识结构的现代化。当前社会的教师不仅应具有获取新知识的愿望,而且还应具有吐故纳新的能力,随着社会发展需要,不断更新自己的知识结构。④能力素质的现代化。教师应具备完善的能力结构,包括语言运用能力、教学组织能力、班级管理能力、现代技术的操作能力、教育科研能力以及敏锐的学术意识和宽广的学术视野等。

(四) 教育现代化的模式

从世界范围的现代化和教育现代化实践而言,现代化有多种模式,与之相对应,教育现代化也存在多种模式。由于各国所处的地理位置不同,民族文化传统存在差异,各国在走向现代化的过程中分别选择了各自不同的道路与模式,各国的教育在现代化过程中也表现出了不同的特点。概括起来,教育现代化可以分为内生型、应激追赶型、植入型、内生追赶型四种基本模式。

1. 内生型教育现代化模式

所谓内生型教育现代化模式,是指一个国家的教育现代化是由这个国家经济、政治、文化发展引起的带有较强自发性、自主性、主动性的对本国传统教育进行改革,使本国传统教育更加适应社会和人的发展需要的教育现代化过程。内生意味着教育现代化的根本动因来自本社会内部,推进教育现代化是自觉的、主动的行为。内生型教育现代化不排斥他们向其他国家和民族学习和借鉴,但这种学习和借鉴一般不带有任何外来的强制性和压迫性,是他们主动选择的结果。他们只选择那些他们认为对国家和民族发展有利的教育现代性因素,并把他们纳入本国传统教育的框架内,以改进本国的传统教育,而那些被他们认为不适合本国社会和人的发展需要的外来教育影响则通过一定的机制予以排除和避免。

由于早期现代化国家的教育现代化与其社会现代化发展一样,主要的发展动力来自社会和教育内部,而不是由于外部强制或强加的,或者主要依靠借助于外部力量才得以完成的。因此,这种模式的特点表现为:根据一个国家社会经济、政治、文化的发展需要,在吸收外来文化的基础上,对本国传统教育进行渐进性、稳妥的改造,促进本国传统教育现代性的增长,最终实现传统教育向现代教育的整体转变,实现教育的现代化。内生型教育现代化国家的政府干预程度相对较低,而民众的觉悟程度很高,政府在推动教育现代化过程中主要是顺应民众接受现代化教育的需要。教育现代化内生需要具备很多必要的条件,英法等欧美国家能够主动在其传统教育的基础上吸收其他民族的教育智慧进行体制和观念的创新,是教育现代化内生的最主要特征之一。

2. 应激追赶型教育现代化模式

应激追赶型教育现代化模式是目前大多数已经具备现代化腾飞条件的国家在实现教育现代化过程中的重要选择。所谓应激,是因为一部分国家已经在教育现代化的道路上处于领先地位,教育的发展为那些国家带来社会经济、政治、文化和人的发展的巨大利益,剧烈地刺激着一部分与早期内生型国家发展水平比较接近的后发展国家,受到这种刺激的国家能够迅速地组织起一个足以主宰民众意愿的甚至在某种程度上受到崇拜的以个人为核心的政府,并由这个政府动员和集中国家的人力、物力、财力用以加快发展教育,高速推进教育现代化进程,实现过程"压缩"和跨越式追赶的教育现代化模式。这种模式的特点是:传统教育已经在很大程度上接近向现代教育转变的阈限或经过努力能够很快达到这个阈限,教育现代化是受到先发展国家已经开始启动教育现代化进程的现实刺激而奋起追赶的过程,而且这个过程一般不会受到外来力量的控制和干涉,是一种自觉、自主的行为选择。

在某种意义上,应激追赶型教育现代化模式可以看作受到刺激后的加速内生,一方面具有内生的性质,是国家内部力量促成教育的现代化发展,另一方面在时间上具有即时性质,即能够对刺激做出快速的反应。应激追赶型教育现代化发展模式的政府干预程度很高,民众觉悟程度一般或较低,但他们的觉悟能够在政府的干预、启蒙下迅速提高,并响应政府的号令积极参与到教育现代化活动中。历史上继英国等欧美国家开启现代化进程后,比较成功的追赶典型有德国对西方其他先进国家的追赶,日本对美国的追赶,韩国对英法等发达国家的追赶。

3. 植入型教育现代化模式

在一部分殖民时代沦为殖民地,失去民族独立、传统文化和教育受到殖民破坏的民族国家,他们原来的传统教育因为无法满足宗主国对培养特定劳动力的需要而不得不产生改变或彻底中断,只有被迫地、被动地、受到控制地移植宗主国的现代教育。植入型教育现代化模式的特点是:在殖民统治的破坏下,传统教育产生一定程度的断裂甚至丧失殆尽,即使在取得民族独立后,也没有能力快速重建适合本国国情的现代化的教育。对这些曾经遭受殖民统治的国家来说,现代教育不是从本国传统教育中自然产生出来的,而是从宗主国移植过来的,具有异质性。它适应宗主国、植入国的需要却未必适应被殖民国、被植入国的需要。植入型教育现代化国家的政府干预程度很低,民众的觉悟程度也很低。植入型教育现代化模式是一种过渡模式,它必须首先恢复和建立一种新的教育传统,然后在这种新的教育传统的基础上发展、转变为内生追赶型模式。

4. 内生追赶型教育现代化模式

所谓内生追赶型教育现代化模式,是既具有内生性质又具有追赶性质的教育现代化模式,"内生"是基于一个国家和民族保存下来的没有被完全破坏的传统教育,"追赶"表明它已经错过了自主内生的机会,在发展序列上处于相对落后的状态。这种模式的特点是:具有悠久的文化教育传统,却没有抓住较有利的时间和机会内生出现代教育,其教育现代性内生受到某种外力的制约,导致教育现代性增长的过程缓慢甚至中断。内生追赶型教育现代化模式,需要根据社会发展需要和本国具体的国情对传统教育进行现代化改造,使传统教育向现代教育转变。一般而言,内生追赶型教育现代化模式的政府干预程度比较高,民众的觉悟程度一般或较低。①

教育现代化模式的多样性是由时空的多样性决定的,不同的时间、空间组合产生不同的教育现代化发展模式。任何一个国家或地区,只有根据本国具体

---

① 郭永华.内生追赶型中国教育现代化模式研究[M].海口:海南出版社,2009:10-14.

的时空条件,设计独特的适合本国特点的教育现代化模式,才能促进其教育现代化顺利开展。中国教育现代化进程从何时开始,学术界尚存在争论,有学者认为始于鸦片战争,有学者认为始于20世纪初新学制的颁布。① 目前比较一致的观点认为,中国出现现代教育,即开始被迫对封建传统教育进行改革,在鸦片战争失败时就已经启动。鉴于当时中国教育与现代社会不相适应的落后状况,曾相继尝试采用应激追赶型和植入型教育现代化模式。实际上,新时期中国教育现代化的实践探索真正的起步应当是在粉碎"四人帮"之后的1979年。邬志辉认为:"国家在全面恢复教育秩序之后,开始了新的开放式社会主义教育现代化的探索。"②我国是发展中国家,地域辽阔,人文地理条件千差万别,经济较发达地区,特别是东南沿海经济较发达地区,从20世纪90年代起就先后提出实现教育现代化的设想。世纪之交,北京、上海、广东、江苏等省市在制定加快发展、率先基本实现现代化战略中,确立了率先基本实现教育现代化战略,明确提出将率先基本实现教育现代化作为21世纪初乃至2010年教育发展的主要目标,并开始启动这一具有历史意义的社会工程,把教育纳入到推进现代化发展的快车道。③ 1992年11月,江苏省委、省政府在省委扩大会议上提出:争取在下个世纪的中期,江苏全省率先步入现代化,并要求苏南沿江发达地区能够在20世纪末就开始启动现代化工程。1993年,江苏省教育委员印发了《关于在苏南地区组织实施教育现代化工程试点的意见》,在全国率先提出了实施教育现代化工程的目标。

　　1996年江苏省委、省政府明确提出:江苏要在全国率先推进教育现代化,教育现代化由此成为全省各地教育改革和发展的共同目标,江苏省教育委员会研究制定了一系列关于江苏省乡镇教育、中小学和幼儿园基本实现现代化建设标准和评价指标,引领江苏教育现代化工程的有效推进。2005年6月,江苏省委、省政府召开教育工作会议,提出适应江苏省"两个率先"(率先全面建成小康社会和率先基本实现现代化),加快建设教育强省,2010年率先基本实现现代化。2007年10月,根据省政府批准的《江苏省县(市、区)教育现代化建设主要指标》,江苏省教育厅开始启动江苏省县(市、区)教育现代化建设水平评估。④ 在改革开放的进程中,苏州确立了"科教兴市、外向带动、可持续发展"战略。目前,苏州教育事业在优先发展、率先发展、加快发展和科学发展的基础上,现代国民教育体系已经初步建立,教育各项主要指标均已达到全国的领先水平。⑤

---

① 杜成宪,丁钢.20世纪中国教育的现代化研究[M].上海:上海教育出版社,2004:1.
② 周稽裘.教育现代化:一个特定历史时期的描述[M].北京:教育科学出版社,2009:16.
③ 谈松华,王建.教育现代化区域发展模式研究[M].北京:北京师范大学出版社,2011:1.
④ 谈松华,王建.教育现代化区域发展模式研究[M].北京:北京师范大学出版社,2011:24.
⑤ 王伟民.追寻教育现代化的足迹——来自卢湾的实践报告[M].上海:华东师范大学出版社,2012:20.

其中太仓的教育事业也在持续高水平、高质量地发展。

二、太仓教育现代化的实践

"南园村畔,娄水之滨,重建太师校园;老树婆娑,新苗茁壮,憧憬着美好的未来……"一曲太仓师范学校校歌,曾激励了莘莘学子,引领他们投身家乡的教育事业并为之奉献自己的青春与热血。清光绪三十三年(1907年),太仓州和镇洋、嘉定、宝山、崇明四县士绅蒋伯言、钱诵三、袁希涛、黄光之等发起建立苏南长江口区最早的学府之一——"太仓州属中学堂",校址在樊泾村旁的旧试院基础上改造而成,1909年2月18日,中学堂正式开学,此即为太仓师范的前身。后来,历经"江苏省立第四中学""江苏省立太仓中学校""江苏省立太仓师范学校""苏南太仓师范学校""江苏省太仓师范学校"等沿革,1963年根据江苏省教育厅关于调整建制的意见,太仓师范并入常熟师范,具有50年光荣历史的太师就此停办。1984年,江苏省人民政府批准重建江苏省太仓师范学校,并在同年招收太仓、昆山两地的中师生合计两个班级。此后,逐渐扩大招生规模,成为苏州地区办得最好的一所中等师范学校,为地方的教育事业提供了大量优秀的师资队伍。2004年7月,根据当时教育形势和社会经济发展趋势,江苏省太仓师范学校、太仓广播电视大学、太仓工业学校整合升格成为健雄职业技术学院。

百年太师,几易校名,数度迁徙,虽历经沧桑,但根脉绵延,桃李满园,为中国各时期培养了数以万计的优秀人才。而传承三所学校精华和文化积淀的健雄职业技术学院,更是不负众望,在办学中传承吴健雄精神,不断开拓创新,发挥区域优势,彰显办学特色,各项事业蓬勃发展,尤其是"定岗双元"人才培养模式在省内外享有一定的美誉。

从太仓州属中学堂到健雄职业技术学院,虽异地新建但古韵依存,并在知识经济形势下焕发出新的生机和活力,这正是太仓教育走向现代化的生动缩影。

太仓很早就兴办教育事业,注重培育各方面人才。自元、明时代始创卫学、州学起,不断发展。到了清代,又先后增办试院、县学及书院和文社,义塾、私塾有很大发展,遍及城乡。清末,废科举,兴科学,普办学堂。民国时期,为适应兴办实业和教育事业的需要,发展中学、师范和职业教育,初步建立起小学、中学、初等职业、成人教育相配套的教育体系。中华人民共和国成立后,逐步调整学校布局,改革教育管理体制,坚持公办与民办相结合的原则,实行县、乡、村三级办学的方法,使教育事业在社会主义建设中得到相应的发展。[①] 十一届三中全

[①] 太仓县志编纂委员会.太仓县志[M].南京:江苏人民出版社,1991:7.

会以后，太仓教育拨乱反正，走上了健康发展的道路。近年来，太仓教育水平整体快速提升，各级各类教育事业持续高水平、高质量发展。在全省率先普及了15年教育，教育的各项主要指标均达到了发达国家20世纪90年代末的水平，基本上建立起了较为完善的现代国民教育体系。①

（一）太仓推进教育现代化的背景

1. 位置优越，经济基础夯实雄厚

太仓地理位置优越，交通便利，吸引了来自全国各地的各类企业和务工人员。随着太仓城区大规模的老城区改造和现代城市建设规划的布局，太仓人口结构在调整中不断得到优化，高学历、高技能人员所占比例较多，海外归国人员比例近年来也呈不断上升趋势。

太仓物产丰饶，经济发达，所在的长江三角洲历来是我国最为富庶的区域之一，千余年来一直被人们誉为"鱼米之乡""人间天堂"。元代开发海上漕运，太仓作为始发港而迅速崛起，成为"漕运万艘，行商千舶，高樯大桅，集如林木"，"四方谓之天下第一码头"的东南大港。明永乐宣德间，大航海家郑和，从太仓刘家港（今太仓港）出发，开天下之先，七下西洋，谱写了中外航海史上的光辉篇章。地处江海之交的太仓，在经历了多次大陆文化与海洋文化的碰撞，至明中叶已形成了亦耕亦渔、亦工亦商的多元化经济格局，商品经济发达，社会空前繁荣，同时也孕育了义利兼顾、革新务实的人文精神。虽然富庶的太仓也历经战火，几遭摧残，但新中国成立后，在党和人民政府的领导下，太仓人民开展了大规模的社会主义建设，尤其是党的十一届三中全会之后，更是坚持解放思想、改革开放的指导思想，以经济建设为中心，大力弘扬郑和的探险精神和吴健雄的科学精神，取得了物质文明日新月异、精神文明与日俱长的辉煌成就。

2. 历史悠久，文化教育底蕴深厚

太仓教育事业源远流长，早在元明时代就已创卫学、州学，到了清代，就有试院、县学、书院、文社、义塾和私塾等多种办学形式，这些教育场所到清末的时候被改为学堂。民国时期，已逐步建立起小学、中学、初等职业、成人教育相配套的教育体系。1949年后，公办学校与民办学校都得到了发展。至1985年，全县办有各类学校和幼儿园561所，在校学生67043人，教职工4085人，比1948年分别增长3.6倍、1.4倍和5.8倍。儿童入学率为99.03%，小学毕业生升学率为99.98%。初中毕业生升学率为46.7%。成人教育，卓有成效。全县农民非文盲人数达到94.65%，分获省、市颁发的扫盲合格证书。② 而在1995年，太仓共有各类学校318所，其中幼儿园184所，小学103所，初级中学19所，完全

---

① 太仓人民政府.太仓中长期教育改革和发展规划纲要（2010—2020年）[Z].2010-12-25.
② 太仓县志编纂委员会.太仓县志[M].南京：江苏人民出版社，1991：8.

中学9所,高级中学1所,中等专业学校2所。在校学生数共有59735人,教职工4971人,其中,当时职业中学在校学生数为2398,成人技术培训学校在校学生总数为15000人。① 教育结构日趋合理,职业教育大力发展,中等专业学校人数占高中阶段总数的49%以上。成人教育以农村为主阵地,基本形成了与普通教育相对应的、体现成人教育特色的学历体系与非学历体系。太仓教育事业的发展呼唤着新的教育理念,以促进太仓教育的整体更大发展。

3. 形势所趋,国家教育改革的引领

1983年邓小平同志为景山学校题词"教育要面向现代化、面向世界、面向未来",即通常所说的"三个面向",首次明确提出了中国教育现代化的任务。1993年2月中共中央、国务院颁布了《中国教育改革和发展纲要》,明确提出了教育体制改革的目标和政策,开始全面改革教育管理体制、投资体制、办学体制和招生就业制度,扩大教育对外开放,开展全方位的国际教育交流,提出"再经过几十年的努力,建立起比较成熟和完善的社会主义教育体系,实现教育现代化",将"实现教育的现代化"作为我国教育发展的目标。之后,全国掀起了讨论教育现代化的热潮。

2007年《国家教育事业发展"十一五"规划纲要》提出"发达地区初步实现教育现代化"的要求。进入新世纪后,在社会现代化的进程中,世界各国各地区不断调整自身的教育发展战略,将教育现代化作为实现经济现代化的重要保障。基于"优先发展教育,建设人力资源强国"的战略部署,为促进教育事业科学发展,全面提高国民素质,加快社会主义现代化进程,2010年6月,中共中央政治局审议会议通过了《国家中长期教育改革和发展规划纲要(2010—2020年)》,从现代化建设的全局出发,确定了到2020年的战略目标,提出了"优先发展、育人为本、改革创新、促进公平、提高质量"的工作方针,把坚持以人为本、推进素质教育作为教育改革发展的战略主题。至此,教育现代化已成为国家意志和社会共识,成为我国教育发展的战略目标②。而国家对教育改革和发展的导向为太仓教育现代化指明了方向。此外,自20世纪90年代初,江苏从学校、乡镇层面开始了教育现代化的实践探索,启动实施了教育现代化工程。2007年颁布了《江苏省县(市、区)教育现代化建设主要指标》,江苏成为全国首家启动县域教育现代化建设和评估的省份,截至目前已有94个县(市、区)通过建设水平评估和验收,90%的县(市、区)基本实现教育现代化。

悠久的历史,繁荣的经济,璀璨的文化,深厚的教育传统,国家教育改革的引领,江苏教育实践的探索等这些都是太仓开展教育现代化的有利因素。1996

---

① 太仓统计局.太仓统计年鉴(1995年)[M].太仓:太仓印刷厂印制,1996:74-75.
② 胡卫,唐晓杰.中国教育现代化进程研究教育[M].北京:科学出版社,2010:3.

年,太仓根据省市关于高举教育现代化旗帜,努力推进教育工作"两个重要转变"的决定精神,围绕"加速现代化工程的进度、加快事业发展的速度、加大教育改革的深度、加强教育管理的力度、加固队伍建设的梯度"的工作思路,积极开展工作,推动各类教育事业健康、稳步、协调发展。

(二)太仓教育现代化的实践

早上5点多,记者来到太仓公交客运站时,"长鼻子"校车已经停在了指定位置。这款校车之所以称作"长鼻子",是因为采用了"美国校车卡车头+公交车身"的经典造型。据悉,这种设计是为了在发生碰撞时最大限度地吸收能量,保护司机和学生的安全。校车车身采用的是金刚封闭环骨架结构,并加厚了钢板,提高防撞系数。

太仓此次采购的35辆校车分为两款,25辆为"大鼻子"校车,核载52人,适合在较好的道路行驶,主要用于接送城镇的学生;10辆为"小鼻子"校车,核载32人,适合在农村道路行驶,主要用于接送农村的学生。太仓相关部门介绍,"长鼻子"校车不但在太仓是"首航",在苏州大市范围也是第一次投入使用。

保障措施全——每车配照管员负责学生安全

记者搭乘的"大鼻子"专门负责接送太仓耀华学校的学生。太仓耀华学校是一所农民工子弟学校,这次共分到五辆"大鼻子"和一辆"小鼻子"校车。5点40分,6辆校车一齐从公交客运站出发,分赴太仓各乡镇开始第一趟接送学生的任务。在接送学生之前,先要到耀华学校把一名担任随车照管员的老师接上车。"大鼻子"开出客运站,行驶在太仓郊外宽阔的马路上,记者坐在上面感觉非常平稳,舒适度不亚于长途大巴。

驾驶校车的潘福原师傅今年50多岁,已有32年驾龄,其中28年跑长途客车,驾驶经验非常丰富。他告诉记者,负责驾驶校车的司机都是校车服务公司严格挑选的,经过路考、面试层层选拔,最后录用了35人。校车驾驶员不仅要求技术好,未发生过重大事故,还要有责任心和耐心。在上岗前均经过了严格培训,确保能够专业化地应对驾驶校车过程中可能遇到的各种紧急情况。

6点整,记者搭乘的"大鼻子"来到耀华学校门口,把随车照管员李任奎老师接上车。李老师告诉记者,由于现在校车仍处于试运行阶段,目前只有一名照管员,正常化后每辆车将配备两名。照管员的主要任务是停车时观察路况、护送学生过马路,送孩子回家时比较小的学生还要亲自交到家长手中。

6点10分,"大鼻子"来到第一个接送点太仓洋沙社区门口,这里已有4名学生在等候。潘师傅将校车稳稳地停下,开车门前,先按下仪表盘边上的一个按钮,车厢左侧后部一个大大的"停"字警示牌向外弹出,提醒后面的车辆减速停车,等学生都安全上车后再行驶通过。车门打开后,照管员李老师第一个跳下车,他观察了车辆前后的情况，确认安全后才让学生依次上车，比较小的学生他还扶着他们上车。

最先上车的是一对兄弟，大的上小学五年级，小的上幼儿园大班，小哥俩第一次乘坐这种新型校车，很兴奋、很新奇。他们告诉记者，与原先的校车相比，这种车头近似卡通造型的校车更让他们喜欢。一位护送孩子到站点候车的家长刘兴杰女士告诉记者，她也是第一次看到这种新型校车，感觉很满意，把自己的孩子送上这样的校车心里也觉得比较踏实。

亏损政府贴补——乘车费用没涨，每人每学期400元

"大鼻子"车第一趟经过洋沙社区、锦绣新城、华盛园社区等四个停靠站，一路陆续上来了34名学生。记者发现，在学生人数较多的站点，还有两名身着条幅的交运青年志愿者在维持学生秩序、帮助他们排好队，向现场的学生和家长发放《乘坐校车安全常识》的宣传单。

6点30分，校车抵达终点站耀华学校。司机打开车门，学生依次下车。车辆熄火之后，车厢后部一盏红色警示灯不停闪烁，同时发出"请巡视车厢"的提示音。这时，潘师傅从驾驶座起身，一直走到车厢后部，将红色按钮按下，闪烁和提示音才消失。他告诉记者："这盏警示灯在驾驶位置是没有办法关的，一定要走到后面才能关掉，这样设计是为了等学生下完车后，促使驾驶员巡视一遍车厢，防止有睡着的学生落在车上，造成安全隐患。"

- 在下车点等候学生的耀华学校校长赵耀告诉记者，目前学校总共有859名学生搭乘"长鼻子"校车，占到总人数的一大半。每天早上6点到8点，每辆校车早上要跑四个来回，分赴不同的线路，把分散在学校周边各地的学生接到学校。线路根据就近上车的原则，由交运公司专业人员帮助设计。在正式接送前，交运公司还专门进行了勘查，危险、交通事故频发的路段尽量绕开不跑。学生乘坐"长鼻子"校车的费用和以前的旧校车一样，每位学生每学期400元，家长一般都能接受。稍微美中不足的是，校车的数量仍嫌不够，"由于校车载了学生后限制最高速度为50码，因此，6辆校车每辆一早上要跑四个来回才能把学生接完，碰到交通拥堵时，最后一趟车的学生可能会发生迟到现象。"赵校长说。

- 据太仓运管处相关负责人介绍，"长鼻子"校车每辆车一天的运营成本大约在1000元左右。但目前仍按照每学期400元的标准收取费用。这样核算下来，每辆校车一年要亏损10多万元，35辆校车将亏损350多万元，这些钱将全部由政府买单。目前，35辆校车主要用于外来务工人员子弟学校和乡镇公办小学，今后还将陆续扩展到其他公办学校。今年9月，太仓还将购进15辆"长鼻子"校车，届时，总共50辆"长鼻子"校车将满足更多学校的需求。

（引自苏州热线：http://www.sz.js.cn/local/municipal/2588233_7.html.）

为什么太仓的"长鼻子"校车，在苏州大市范围是"首航"，甚至在江苏省也

是首次大规模采购呢？这个问题的答案还要追溯到20世纪。1993年底，刚刚撤县建市的太仓抓住原省教委出台《关于在苏南地区组织实施教育现代化工程试点意见》的机遇，率先启动教育现代化工程，陆续下发《太仓实现教育现代化工程规划》《关于加快建设教育强市率先实现教育现代化的决定》，近几年，太仓先后获得了"江苏省高中教育先进市""江苏省幼儿教育先进市""江苏省师资队伍建设先进市""江苏省义务教育均衡发展先进市""江苏省全面实施素质教育先进市"和"江苏省规范教育收费示范市"等先进称号，并被中央教科所授予"全国区域教育发展特色示范区"荣誉称号。2007年10月以较高的评价通过江苏省首批教育现代化县(市)评估，2010年1月，又率先获得江苏省教育现代化建设先进市称号，2012年，又通过省级义务教育优质均衡发展示范区评估验收。

教育现代化发展承载着太仓的未来与希望，寄托人民群众美好生活新盼望，回眸太仓教育发展，尤其是撤县建市以来，在率先实现教育现代化的探索历程中，勇于开拓的太仓人率先践行教育优先发展的理念、努力构建完备的教育体系，促进教育的优先发展、均衡发展、全面发展、可持续发展、和谐发展，逐步将教育现代化蓝图转化为了新进展、新成就、新经验。

1. 坚持教育优先发展

近年来，市委市政府高度重视教育发展，把教育放在优先发展地位，以教育现代化为统领，以立德树人为根本，以促进公平为重点，以提高质量为核心，以改革创新为动力，统筹各部门和社会资源，在转型中求突破，努力让人人享有公平、优质、适切的教育。具体在四方面下功夫：一是坚持优先发展，在优化配置教育资源上下功夫；二是注重立德树人，在提高教育质量上下功夫；三是加强队伍建设，在构筑教育人才高地上下功夫；四是强化督查考核，在落实教育目标任务上下功夫。不断提升教育现代化建设水平，加快教育优质均衡发展，形成惠及全民的公平教育，提供更加丰富多样的优质教育，健全充满活力的教育体制机制。太仓教育科学发展成效显著：一是各类教育实现优质协调发展，高分通过了首批"全国义务教育发展基本均衡县(市、区)"评估认定。二是教育惠民服务品质加快提升，校舍升级改造工程顺利推进，太仓所有中小学、幼教中心食堂原材料全面实行"集中采购，定点配送"，近7万名学生享受到安全营养午餐。三是教育人才高地构筑持续优化。教师定期交流制度建立健全，教师流动比例达15%，有效推进师资队伍及教育的均衡发展。

(1) 坚实"科教兴市"战略

近20年来，"科教兴市"战略始终是太仓区域发展战略中的第一战略和主体战略，是决定其他因素的基础性、先导性和全局性战略。教育现代化始终是一个动态的过程，是一个与时俱进、赶超先进的过程。没有太仓教育的现代化，就没有太仓经济社会的现代化。推进太仓教育现代化建设，是促进经济快速健康可持续发展、提升太仓核心竞争力的重要保障,是全面提升区域文化发展水平,加强社会主义精神文明、民主法制、道德建设的主要手段。

(2) 合理统筹城乡教育发展规划

太仓教育现代化建设最初就立足于区域,打破单一发展格局,确立了"整体规划、分步实施、区域推进、滚动发展"的指导思想。在拟定太仓国民经济和社会发展"九五""十五""十一五""十二五"规划时,坚持把教育现代化建设纳入经济和社会现代化建设的全局来通盘筹划。在2003年太仓市行政区划调整后,按照建设城乡一体"哑铃型城市"的发展定位,陆续下发了《关于进一步做好中小学布局调整的意见》《关于加快实现城乡教育一体化现代化的意见》,本着因地制宜、适度超前的原则,格局区域位置、人口集聚密度、交通条件等,对中小学的布局进行了进一步调整,把布局调整及建设重点放在农村。因为没有农村教育的现代化,就不可能有太仓整体教育现代化。为此,各镇、区在进行城镇规划建设时,都优先考虑学校的规划建设。太仓中小学从"九五"末的78所调整到47所。

(3) 不断完善教育工作的领导机制

太仓把教育现代化建设放在工作的突出位置来抓,将各镇(区)党委、政府及主要领导抓教育工作的情况、教育事业发展情况、教育经费增长情况纳入对领导干部考核的指标体系。每年年初都会召开一次教育目标下达工作会议,年末召开教育目标责任考核工作会议,总结经验,寻找差距。为全力推进教育现代化建设,召开了多次教育现代化建设推进大会,全面发动,明确目标,落实任务,凝心聚力,狠抓进度,为太仓实现教育现代化奠定了坚实的基础。

2. 以办学条件优化为抓手,促进教育均衡发展

(1) 持续增加对教育经费的投入

太仓各级牢固确立教育投资是战略性投资的观念,确保教育拨款做到"三增长一优先"。"十五"期间,太仓教育经费总投入为16.21亿元,其中预算内教育经费拨款达9.14亿元,高于经常性财政收入增幅。"十一五"期间,太仓教育经费总投入达43.52亿元,其中预算内教育经费32.94亿元,分别比"十五"时期增长168.5%和293.2%,国家财政性教育经费年均增长率为28.32%。2011年教育财政支出13.61亿、基金支出2.09亿,共支出15.7亿。2012年教育财政支出15.25亿、基金支出1.6亿,共16.85亿。2013年教育财政支出16.55亿、基金支出1.2亿,共17.75亿。

(2) 不断提高教育信息化水平

太仓积极开展教育部《教育信息化标准》应用示范区的创建,把教育信息化作为教育现代化的基础工程,抢占教育发展的制高点,以信息化带动现代化,以实现教育的跨越式发展。目前,已全面完成了"校校通"建设工程,独立光纤与

城域网教育信息中心连通,所有学校建立了完全校园网,技术装备达省二类标准。所有学校建有学校网站且经常更新,并设有Blog平台、学校FTP课件中心、电子备课系统、瑞博网络教学平台等教育辅助系统。教育信息中心建成了视频会议远程教育直播系统,应用于全员继续教育培训,使广大教师足不出户就能得到更多的观摩学习机会。在加强硬件建设的同时,还不断推进信息技术在教育教学过程中的普遍应用,开展信息技术与学科课程整合的常态研究,改进了教学工作,提高了教学质量。在全国首次中小学教师教育技术水平考试中太仓教师考试合格率位居苏州市第一,许多教师成为运用现代化手段进行课堂教学的能手,在各级比赛中也频频获奖。近期,太仓教育信息化继续抓好教育资源库和系统内协同办公平台建设工作,扎实开展学校信息化工作调研指导、新技术与教学的深度融合研究、教师教育技术应用能力培训等重点工作,进一步加强远程在线教育平台的管理,建设好以教育信息化系统整合和区域教育资源共建共享为抓手的网络平台应用,加快信息化基础设施建设,努力在教育教学和教学管理中实现全方位的信息化,为教育教学改革和发展服务,为建设现代化的师资队伍服务。

(3)大力推进农村教育现代化"三大工程"建设

太仓的办学条件在推进"两基"和前期的教育现代化工程时已有了很大的改善。但随着城市化进程的加快,农村人口迅速向城区集聚,外来人口的大量涌入,造成城乡教育差距又一次被拉大。为此,太仓提出要把农村教育的现代化建设作为今后一段时期教育现代化工作中的重中之重,随后出台了《关于加快推进太仓市义务教育阶段农村学校现代化建设的实施意见》,主要以推进农村教育现代化的"三大工程"为抓手,按省标准全面提升中小学硬件设施的档次。一是乡镇学校十大重点工程建设。投入3.5亿元,易地新建10所农村中小学(幼儿园)。二是农村学校现代化建设工程。投入7000万元,改建、扩建16所农村中小学。三是教育条件装备现代化建设工程。投入2500万元,按省颁二类标准,配足配齐所有义务教育段学校的实验、图书、信息技术以及体卫艺等各专用室的设施设备。太仓所有的公办学校均能达到生均占地充足、校舍建筑完备、专用教室齐全、教学设施先进的标准。2007年出台《关于加强城乡学校交流、深化教育集团活动的通知》,进一步加强城乡学校之间的交流合作,促进教育均衡发展,加大城乡学校交流的力度,变松散型活动为紧密型合作。2010年又出台《关于深化托管、加强城乡学校共建活动的意见》,加强城乡学校交流合作,推进太仓城乡教育一体化,促进城乡优质教育均衡发展。

3. 以提升内涵建设为重点,促进教育全面发展

太仓在全面普及学前教育的基础上,逐步向0—3岁早期教育延伸,编制了《太仓市学前教育五年规划项目书》,进一步明确了未来学前教育发展的总体目

标;在高标准、高水平实施九年义务教育的基础上,向外来务工人员子女教育延伸;在巩固普高教育成果的基础上,向大力发展职业教育和成人教育延伸。

(1) 不断推进完善的现代国民教育体系建设

职业教育始终坚持"以就业为导向,以能力为本位,服务地方经济,服务企业需要"办学理念,依托"德企之乡"独特优势,健雄职业技术学院建立了"定岗双元"的本土模式,开创了校企合作"无缝衔接"的范例,从而形成了区域职业教育的整体优势和鲜明特色。2007年,在"全国高等职业技术教育论坛"上,中国职教学会王明达会长称,太仓模式堪称全国样板。2008年,健雄职业技术学院成为首批省级国际服务外包人才培训基地。2010年,健雄职业技术学院联合八所著名大学,建立了健雄联合研究院,使之成为推进转型升级、企业技改和研发的平台,科技、管理人员和我院教师提升知识层次的平台,走出了高职高专院校跨入高层次办学行列的创新之路。2011年,以健雄学院为依托,筹建省级太仓大学科技园,这在全国是一个创新。2012年,顺利通过省人才培养工作评估。2013年,定位在高层次、高技术人才培训基地和科技资源集聚和研发基地的健雄学院二期建成并投入使用,提升了学院人才培养内涵和办学层次。2014年,健雄职业技术学院更名为苏州健雄职业技术学院。

成人教育主要是通过加强统筹整合、强化社区教育载体建设来构建覆盖太仓的终身教育体系,基本满足学习型社会发展的需要。建立了太仓社区教育学院,各乡镇通过整合,建立了功能多样、资源共享、互为一体的社区教育中心,并以此为平台,大力推进现代农民教育工程。目前,在实现社区教育四项创建工作"全覆盖"的基础上,以创建江苏省社区教育示范区为目标,完成了九个苏州市级社区教育实验项目的申报工作。2012年,实现了社区教育创建工作五个"全覆盖",璜泾镇创建为苏州市级社区教育示范镇,"太仓市民学习在线"网站建成试运行。完成各级各类农村劳动力培训4万余人次,其中,农村新增和剩余劳动力转移培训3000余人。继续办好老年大学,丰富学科课程,老年教育普及率达到31.3%,43%的乡镇街道老年大学达到现代化建设标准。

(2) 全面推进教育教学和教育管理的改革

全面推进素质教育,严格执行《苏州市深化素质教育,丰富校园生活,促进学生全面发展的三项规定》《江苏省中小学管理规范》和省"五严"规定,出台《关于进一步规范中小学办学行为深入实施素质教育的意见》,深化基础教育课程改革和招生考试制度改革,引导教师教学"七认真"、学生"三会",学校办学水平和质量不断提高。制定并下发《关于进一步推进家校合作办好人民满意教育的实施意见》,家校合作机制进一步完善。

"以县为主,城乡一体"的基础教育管理体制不断完善。教育管理体制和制度改革不断深化。对市级教育业务部门进行整合,建立"培训、教研、科研和信息化四位一体"的新型运行机制,为有序有效全面推进新课程改革提供了业务支撑。推出城区学校托管农村薄弱学校举措,实现城区优质教育资源的优势辐射。完善政府统筹、教育行政部门扎口管理、行业企业参与的职业教育管理体制。教育地方法规和规章不断完善,执法力度进一步加大,依法治教、依法治校工作格局初步形成。

质量中心意识得到强化。下发《太仓市中小学、幼教中心教育质量综合评估方案(修订稿)》,全面树立质量中心意识,在太仓上下努力营造"全面、全员、全程"的质量氛围。教学业务部门继续加强调研,与此同时,加强了对太仓学科教学质量的监测,并及时将质量监测的数据分析报告给各学校,引导各校进一步树立正确的质量观。

(3) 以队伍建设为保证,师资素质稳步提升

太仓始终把打造一支现代化、高素质的师资队伍摆在教育现代化建设的突出位置。为此,太仓着力构建师资队伍建设的长效机制,大力实施师资队伍建设的"四大工程",即教师教育工程、优秀人才培养工程、引才引智工程和学校管理灵魂工程,提高师资水平。一是创新教师培训模式与途径,利用信息化技术构建面向太仓教师的远程继续教育平台,促进教师专业化发展。二是依托沿沪优势,聘请华东师范大学专家学者及上海市中小学名师名校长为导师,举办骨干教师、校长队伍的高级研修班,在组织程度、课程安排、研修方式、专家引领等环节上做好文章,初步形成了区域骨干教师的培养模式。三是对太仓级以上的骨干教师定期进行目标考核,考核合格即发放相应津贴,对市级骨干教师不搞终身制,真正实现了优胜劣汰、滚动发展,形成了优秀人才的动态管理机制。在推进师资队伍建设中,把加强农村中小学教师的队伍建设作为教育人才培养的重点,采取切实有效措施,提升整体素质。一是改善待遇,稳定队伍。除确保工资等足额按时到位外,还逐年增大岗位责任制奖金提升幅度,市财政和各镇(区)尽力统筹协调,保证奖金的足额及时发放。二是政策倾斜,加快培养。积极鼓励优秀毕业生到农村学校任教,对农村学校教师在评先、评优和申报学科学术带头人时给予政策倾斜,市财政安排的教师培训经费对农村骨干教师参加各级各类培训给予专项补贴。三是互动交流,资源共享。建立了区域内骨干教师到农村学校任教、巡回授课等制度;组建教育集团,通过示范学校、实验学校来带动农村薄弱学校教育质量的提高。推出了城区实验学校托管农村薄弱学校的举措,派出城区实验学校的管理团队,全面托管对口帮扶学校,引起了较好的反响。

(4) 大力推进校园文化特色建设

教育的现代化不仅依靠现代化的教学方式和教育手段去实现,还应包括教育内容的合理化与全面。校园文化是教育内容的主要组成部分,对教育的发展具有十分重要的意义。

为此,太仓制定了《太仓市加强和改进未成年人思想道德建设行动计划》,大力实施"德育教育""德育实践""成人教育""环境优化""社会援助"五大工程,学校、家庭、社会三位一体的思想道德教育网络不断完善。组织近20所中小学就校园文化建设、校本课程开发等开展了有效的探索和研究,明德学校的机器人、荣文学校的民乐、沙溪高级中学的桥牌、经贸小学的建筑模型、浏家港中学的航模、双凤中学的少年邮局都已成为省内外有影响力的特色品牌。

　　开展以吴健雄精神为核心的校园文化建设。健雄职业技术学院着重加强素质教育校本资源的开发,组织《走进健雄》《现代职业人》等一批独具校本特色的课程开发,并将素质教育纳入人才培养方案,加强对学生素质教育的培养。同时,建设了吴健雄陈列馆、吴健雄广场、吴健雄雕塑等一批吴健雄精神教育基地。学院定期举行系列主题活动,大力培育学生社团,丰富学生业余生活,提升学生各项能力。连年开展健雄杯大学生创新大赛,为学生的科技创新提供平台,学生的创新大赛作品已有10多项申请了国家专利,22项获得省级以上各类奖项,多项在企业投入生产。

　　(5)加快推进教育国际化步伐

　　为服务太仓"经济国际化"战略的实施,大力推进中外合作办学和交流。一方面全方位、无条件地为外商子女就学提供优质教育服务,另一方面加大了太仓教育与国际接轨的力度。健雄职业技术学院与德国工商行会上海代表处(AHK)共同创立的"中德中心"已成为AHK在中国联合创办最成功的中德培训中心,成为在华德资企业钟情的"双元制"专业人才培养基地、国内最大的"德国职业资格"考试和培训基地,2010年成为江苏省人才培养模式实验创新基地;与加拿大不列颠哥伦比亚理工学院合作开办机电一体化、模具设计与制造两个专业,在达到相关测试要求后,学生可以进入加拿大本部进一步深造;与英国奇切斯特学院合作举办会计专业,按照英国奇切斯特学院教学认证体系标准,引进英国奇切斯特学院英文教材,采用健雄学院教师和合作外方派遣教师联合授课方式,以培养学生的会计职业能力和英语能力;与美国荷晶大学在计算机(IT)、电子商务、会计、市场营销和商务英语等专业展开合作,就读健雄学院的大二、大三或已毕业的同学,在健雄学院进行了三年的专科课程学习后,均可进入该校就读大四本科阶段的课程,一年后修满学分即可获得荷晶大学学士学位,并可继续深造一年,获得荷晶大学硕士学位。

　　2012年,高中教育办学模式多元化和国际化步伐继续加快,与美国贝拉教育集团合作,省太高与洛杉矶市哈岗学区公立威尔逊高中"美国大学直通车项目"正式启动。明德高中与德国、加拿大的交流合作进一步深入,省沙高等9所中小学与澳大利亚维多利亚州东大区的学校结成了姊妹学校。省太仓中专与德国莱茵内卡地区斯坦博格友好学校、德国歌德学院合作与交流进一步深入。

4. 以体制机制创新为动力,促进教育的可持续发展

(1) 形成义务教育管理体制的"六统一"

"十五"以来,太仓不断强化政府公共教育的责任,"以县为主"的农村义务教育管理体制得到了进一步完善。结合太仓实际,实行了"六个统一",即教育发展由市政府统一规划,教师和干部由市教育局统一管理,教师工资由市财政统一发放,农村中小学公用经费由市财政按照苏州市标准统一足额下拨,免费义务教育专项资金由市镇两级财政共同统一划拨,农村中小学教师医保、养老保险、住房公积金等由市财政统一纳入预算。

(2) 深化学校内部管理体制和人事制度的改革

太仓各级各类学校通过民主化、科学化和信息化管理机制的构建,从而实现管理模式的嬗变,如沙溪高级中学的"导入ISO质量管理理念,创新校本管理制度实践研究"、太仓市实验小学的"数字校园"、沪太外国语小学的"精致教育、精细管理"等等,从机械、封闭、低效的管理模式,逐步向以人为本的制度层面和高效能管理模式转变。从2003年开始,太仓教育系统全面实施了全员聘用合同制和新教师人事代理制度,实现了事业单位工作人员由身份管理向岗位管理的转化,并逐步进行了分配制度的改革,明确规定教师年度目标责任制奖金不得平均发放。绩效工资改革稳步推进,并与2010年出台《太仓市义务教育学校绩效工资实施办法》《太仓市义务教育学校绩效工资实施细则》《太仓义务教育学校教职工绩效考核指导意见(试行)》等政策性文件,太仓市义务教育学校绩效工资于2010年3月底前全部兑现。

(3) 创新教育经费筹措机制

由于财政体制的改革和土地开发受到严格控制等因素,乡镇一级的财力大为弱化,缺乏足够的经费用于改善办学条件。因此,太仓一方面不断强化"以县为主"的管理体制,另一方面努力创新机制、体制,多渠道筹措教育经费。一是在教育资源整合过程中引入市场运作机制。成立了省内首家教育发展有限公司,通过教育发展公司将布局调整后的一些闲置资产经资产评估部门评估后置换或拍卖后予以盘活,或根据城市总体规划由市土地储备中心收购空余土地。通过这种方式,建设了市青少年活动中心、市中小学生生产劳动与社会实践基地、市实验高级中学、市实验中学、沙溪实验中学、沪太外国语小学、荣文学校、艺术幼儿园、实验幼儿园、小太阳幼儿园等一批优质教育资源,满足了人民群众教育多样化的教育需求。二是建立合理的激励机制,调动乡镇、学校办学的积极性。在实施教育现代化工程的初期,只要乡镇对学校的基础设施投入,教育局即给予10%～50%的资金扶持,只要学校增添了教育技术设备,教育局即给予30%的奖励。三是建立均衡的负担机制。在实施新一轮教育现代化建设时,太仓又采取"三三制"的方式,即经费投入分别由市财政、教育局和各乡镇分别

承担三分之一,市财政设立专项账户,统一管理建设资金,资金到位时间按工程进度同比例支付。这种方式既强化了市级政府的责任,又调动了乡镇的积极性,实施效果良好。

5. 以维护教育公平为保障,促进教育和谐发展

(1) 切实维护弱势群体的受教育权益

"政府主导、学校联动、社会参与"三位一体的帮困助学体系进一步得到完善。从2001年起在陆渡中学创办"初中特困生免费教育班",每年招收40名左右的特困生,实行全免费教育。还在原有"培智班"的基础上,创办了"太仓市爱心学校"。市镇两级财政共同努力做好免费义务教育工作,残疾儿童和贫困生的义务教育入学率都达到100%。全面落实《太仓市教育系统资助贫困高中生实施办法》。从2002年起,设立特困大学生助学基金,每年资助10余名太仓籍特困大学生。对来太仓务工人员子女接受义务教育问题,太仓给予了全面的关注,确立了"积极吸纳,支持办学,加强管理,逐步规范"的十六字方针,由市政府统一协调,尽力扩大公办学校的吸纳容量,取消所有入学门槛,鼓励务工人员子女就近到公办学校就读,公用经费由市财政按实际入学人数拨付,并积极落实义务教育免费政策。截至"十一五"末,已有76.1%外来务工人员子女在太仓各有关公办学校就读。太仓对具备初步办学条件的民工子弟学校给予了积极的扶持,把撤并后比较完好的村校提供给其使用,鼓励办学者兴建新校,并给予政策上的优惠。公安、交通、卫生、城建等部门经常对学校的交通、食品、消防、房屋等安全情况进行督查,组织办学人员学习,帮助他们增强安全意识,消除安全隐患,市区及周边的外来民工子弟学校实现了学生接送车辆的公交化。所有校车都安装了GPS定位仪。2012年投入2300万元购置45辆专用校车,成立校车运营分公司。下一步,太仓将全面推动外来务工人员子女学校的规范化、标准化建设,为外来务工人员子女创造更为优越的学习环境和条件。

(2) 营造和谐的教育发展环境

以构建和谐校园为目标,从增强师生法制安全意识、强化安全管理入手,通过制定《关于"法治太仓进校园"活动实施意见》和签订《太仓市教育系统创建"安全文明学校"目标责任书》,《太仓市"太阳之子"青少年法制宣传教育行动计划》。明确责任,落实措施,努力营造一个安全、文明、健康的育人环境。把文明校园和依法治校建设纳入"平安太仓"和"法治太仓"的创建系统,健全各项安全制度,建立了校园警务室,并由市政法委牵头,联合教育局、工商局、文明办、公安局、文广局等部门对校园周边环境进行定期整治,杜绝了重大安全责任事故的发生,将在校生的违法犯罪率严格控制在万分之一以内。积极开展教育系统政风行风评议活动,努力打造教育良好形象。近年来,太仓教育系统连续四年被确定为政风行风评议重点部门,就老百姓关心的"规范教育收费、规范办

学行为"等热点问题反复进行梳理、整改。严格执行教育收费"八制"(一费制、公示制、结算审核制、收费卡制、一把手负责制、责任追究制、一票否决制、督查制)和"三统一"(统一使用收费票据、统一收支两条线管理、统一规范捐资助学费收支管理),保持了教育收费的"零投诉"。严格执行《苏州市深化素质教育,丰富校园生活,促进学生全面发展的三项规定》,停办了义务教育学校所有节假日补习班和兴趣班,坚决制止任何打擦边球现象。在2010年市级机关"勤廉指数"测评活动中,教育系统以总分97.07分的成绩,列参评单位第一名。

三、太仓教育现代化的探索

(一) 太仓教育发展现状

近年来,太仓教育水平整体快速提升,各级各类教育事业持续高水平、高质量发展。在全省率先普及了15年教育,教育的各项主要指标均达到了发达国家20世纪90年代末的水平,基本上建立起了较为完善的现代国民教育体系。

根据《江苏省教育现代化指标体系》,到2020年,江苏省实现教育现代化要达到以下指标(如表5-1所示):

表5-1 江苏省教育现代化指标体系

一级指标	二级指标	序号	检测点	单位	目标值	权重
教育普及度	各级教育	1	学前3年教育毛入园率	%	≥98	2
		2	义务教育巩固率	%	≥99	2
		3	高中阶段教育毛入学率	%	≥95	2
		4	高等教育毛入学率	%	≥60	2
	继续教育	5	终身学习网络覆盖率	%	≥90	1
		6	从业人员继续教育年参与率	%	≥60	2
		7	城市和农村居民社区教育活动年参与率 其中:老年人年参与率	%	城市≥60 农村≥40 ≥20	2
教育公平度	机会均等	8	入学残疾儿童少年享受15年免费教育的比例	%	100	2
		9	进城务工人员随迁子女与户籍学生享受同等待遇的比例	%	100	2
		10	提供多样化教育	—	见说明	2
	资源配置	11	义务教育城乡、学校间条件均衡化比例 其中:教师合理流动比例	%	100 ≥15	3
		12	非义务教育阶段学校公共资源供给	—	见说明	2
		13	困难学生受帮扶比例	%	见说明	2

续表

一级指标	二级指标	序号	检测点	单位	目标值	权重
教育质量度	学生综合素质	14	思想品德与心理健康	—	见说明	3
		15	学业合格率 其中:中高等职业院校毕业生双证书获取率	%	≥95 ≥95	3
		16	体质健康测试合格率	%	≥95	3
	学校办学水平	17	人才培养模式	—	见说明	3
		18	达到省定优秀标准的各级各类学校比例	%	≥90	3
		19	高水平大学数量	所	见说明	3
教育开放度	资源共享	20	产学研结合水平	—	见说明	2
		21	高校学分互认比例	%	10	2
		22	学校、社会教育资源的开放和利用	—	见说明	2
	国际化水平	23	本科院校具有海外学习经历的教师和学生比例	%	教师≥30 学生≥3	2
		24	留学生占普通本科高校在校生比例	%	5	2
		25	职业院校专业课与国际通用职业资格证书对接比例	%	≥20	1
教育保障度	投入水平	26	财政教育支出预算和决算增长比例	%	见说明	3
		27	全社会教育投入增长比例	%	见说明	2
		28	各级教育生均预算内教育经费在全国省份排名	—	前三	2
	师资水平	29	师德与专业能力建设	—	见说明	2
		30	教师学历比例	%	见说明	1
		31	教师领军人才数在全国的占比	%	≥10	3
	信息化水平	32	国家信息化标准达标率	%	≥90	3
教育统筹度	布局与结构	33	各类教育协调发展与互通衔接	—	见说明	1
		34	学校布局与规模合理	—	见说明	2
		35	中等以下学校达到适度班额的比例	%	≥85	2
	体制与管理	36	公办学校多形式办学	—	见说明	1
		37	民办教育健康发展	—	见说明	2
		38	现代学校制度建设水平	—	见说明	3

续表

一级指标	二级指标	序号	检测点	单位	目标值	权重
教育贡献度	受教育水平	39	新增劳动力人均受教育年限	年	≥15	3
		40	主要劳动年龄人口平均受教育年限 其中:受过高等教育的比例	年 %	≥12.2 ≥25.8	2
	社会服务能力	41	技能人才满足经济社会发展需求	—	见说明	2
		42	高校科研创新能力	—	见说明	2
		43	高校应用研究开发成果转化率	%	≥80	2
		44	高校毕业生就业率	%	初次≥70 年终≥90	1
教育满意度	对学校及政府的满意度	45	学生、社会对学校的满意度	%	90	3
		46	学校对政府管理和服务的满意度	%	90	3

检测点说明:

第10检测点:提供多样化教育。该项指标主要反映具有不同发展潜能、兴趣、特长的学生接受多样化、个性化教育的情况。该项指标为定性指标,目标确定为:各类学校根据学生发展需要和学校自身特点设置多样化课程内容,育人方式呈现多样化个性化,学校文化和教学特色基本形成,建成一批高质量、有特色、有影响的学校。定性指标检测结果分为5档(下同):"完全符合",实现程度为100%;"比较符合",实现程度为80%;"基本符合",实现程度为50%;"基本不符合",实现程度为30%;"完全不符合",实现程度为0。该项权重分值为2分。

第12检测点:非义务教育阶段学校公共资源供给。该项指标主要反映非义务教育阶段学校公共教育资源的合理配置情况。该项指标为定性指标,目标确定为:公共教育资源向经济欠发达地区、农村地区、薄弱学校倾斜,建立完善的对口支援机制,经济欠发达地区、农村地区和薄弱学校在教学、科研、师资队伍建设与管理水平等方面明显提升;根据经济社会发展需要,公共资源供给与职业教育、高等教育发展战略相适应。该项权重分值为2分。

第13检测点:困难学生受帮扶比例。该项指标主要反映各类学校困难学生受资助或受帮扶的情况,是指受帮扶困难学生数与全部困难学生数的百分比。困难学生主要包括家庭经济困难学生和身心发展困难学生,家庭经济困难学生包括城乡最低生活保障家庭子女、孤残儿童、革命烈士或因公牺牲军人和警察子女及其他经济困难家庭子女,身心发展困难学生是指因身体残疾、心理疾病、发育迟缓等各种原因引起的身体和心理发展困难学生。家庭经济困难学生受帮扶形式主要包括助学金、减免学费课本费及作业本费等政府资助和社会团体、企事业单位及个人的社会资助,身心发展困难学生受帮扶形式主要包括学校在实际教育教学和管理中采取的个别指导、心理辅导等措施,社会个人及有关机构所提供的心理咨询、生活指导、基金资助等。家庭经济困难学生受帮扶比例目标值确定为100%,身心发展困难学生受帮扶比例目标值确定为85%以上。该项权重分值为2分。

第14检测点:思想品德与心理健康。该项指标主要反映各级各类学校学生思想品德素养和心理健康水平。该项指标为定性指标,目标确定为:各级各类学校学生都能形成符合其年龄阶段发展的正确道德观念,人格健全、心理健康,尊重他人、悦纳自我,具有良好的道德行为习惯。该项权重分值为3分。

第17检测点:人才培养模式。该项指标主要反映各级各类学校人才培养模式对经济社会发展、素质教育实施、学生全面个性发展的适切性。该项指标为定性指标,目标确定为:办学理念方面,全面贯彻党的教育方针,内涵深刻,富有先进性;校风、教风、学风积极向上,受到学校师生广泛认同,彰显学校精神气质和独特文化。课程教材和专业建设方面,中小学开齐开足国家规定的各类课程,课程具有一定的综合性选择性;职业院校课程能够满足技术型、技能型人才培养需求;高等学校课程和学科建设与经济社会联系紧密。教学方式方面,各级各类学校有效运用启发式、探究式、讨论式、参与式教学,分层教学、走班制、学分制、导师制等教学管理制度逐步推行,学生具有更多的自由发展空间和学习选择机会。评价方面,建有科学多样的评价标准,公开、平等、竞争、择优的学生选拔方式建立健全,无分数至上的片面评价做法。该项指标目标值确定为3分。

第19检测点:高水平大学数量。该项指标主要反映高校办学水平及其在国内外的竞争力,主要从3个方面检测:一是世界排名前200位大学数量,以泰晤士高等教育增刊发布的THE(泰晤士高等教育)世界大学排名、上海交通大学发布的世界大学学术排名、美国新闻周刊发布的世界大学排名为依据,2011年,江苏1所高校世界排名前200位,确定目标值为2所。二是国内排名前100位大学数量,以中国校友会网和广东管理科学研究院发布的大学排行榜为依据,2011年,江苏分别有13所和15所高校进入这两个排行榜,确定目标值为15所。三是国内排名前100位高等职业院校数量,以获得国家示范性高职院校和国家骨干高职院校称号为依据,2011年,江苏有15所高职院校获得这两个称号,确定目标值为15所。该项权重分值为3分。

第20检测点:产学研结合水平。该项指标主要反映高校、中高职院校与地方政府、行业企业之间的合作水平。该项指标为定性指标,目标确定为:引导和鼓励学校、地方政府、行业企业参与产学研合作的政策法规健全,建有一批高质量的产学研合作基地,学校与行业企业深度有效合作,实现互利共赢,在提升学生专业技能、培养高素质人才方面发挥了较大推动作用。该项权重分值为2分。

第22检测点：学校、社会教育资源的开放和利用。该项指标主要反映学校教育和社会教育资源的开放程度及利用情况。该项指标为定性指标，目标确定为：学校资源向社会适度开放并经常化制度化，各级各类学校在非教学时间向社会开放体育场馆、图书馆、教室、礼堂、计算机房等；高校面向社会免费开设公益性课程，通用性课程资源实现网络共享。所有社会公益性公共文化、科普场馆和体育设施供学校及学生免费使用。各级各类学校之间教育资源共享，教学科研合作机制健全。该项权重分值为2分。

第26检测点：财政教育支出预算和决算增长比例。该项指标主要反映财政教育支出的增长情况及公共财政投向教育领域的程度，是指年度财政教育支出预算和决算增加数分别与上一年度财政教育支出预算与决算数的百分比。财政教育支出预算，是指通过公共财政预算安排的政府收支分类科目"205教育"支出，不含上级财政教育转移支付、地方教育附加。财政教育支出决算，是指公共财政支出决算"205教育"实际支出，不包含地方教育附加。该项指标目标值确定为分别高于公共财政预算和决算支出增长比例。该项权重分值为3分。

第27检测点：全社会教育投入增长比例。该项指标主要反映全社会教育投入的年度增长情况，是指年度全社会教育投入增加数与上一年度全社会教育投入总量的百分比。该项指标及目标值选自《江苏省中长期教育改革和发展规划纲要（2010—2020）》，确定目标值为高于地区生产总值增长比例。该项权重分值为2分。

第29检测点：师德与专业能力建设。该项指标主要反映各级各类学校教师的师德师风和专业能力建设情况。该项指标为定性指标，目标确定为：加强教师职业理想和职业道德教育，教师为人师表、严谨治学；注重师德考核，把考核结果作为教师聘用、评优评先的重要依据。中小学、幼儿园教师分级分层培训体系健全，省市县校4级培训网络完善，每5年一周期的教师全员培训制度全面落实，培训经费达到省定要求，中小学、幼儿园县级以上骨干教师占专任教师比例达15%以上，校（园）长专业化水平不断提升；职业院校"双师型"教师队伍建设取得明显成效，高职院校和中职学校"双师型"教师比例分别达85%、75%以上；高校教学激励机制建立健全，形成一批教学名师和优秀教学团队，同时，科研组织管理模式和资源配置方式不断创新，形成一批协作攻关、勇攀高峰的创新团体。该项权重分值为2分。

第30检测点：教师学历比例。该项指标主要反映各级教育教师学历情况，是指具有专科以上学历的幼儿园和小学教师、具有本科以上学历的初中教师、具有研究生学历（学位）的高中阶段教师和高职高专教师、具有博士学位的普通本科高校教师数与本级教育教师总数的百分比。该项指标和目标值选自《江苏省中长期教育改革和发展规划纲要(2010—2020)》,2011年,各级教育教师具有上述学历(学位)的比例分别为:幼儿园教师89.3%、小学教师87.5%、初中教师81.7%、普通高中教师6.7%、普通本科高校教师28.6%,确定目标值分别为幼儿园教师100%、小学教师100%、初中教师100%、高中阶段教师20%以上、高职高专院校教师85%以上、普通本科高校教师60%以上。该项权重分值为1分。

第33检测点:各类教育协调发展与互通衔接。该项指标主要反映各类教育结构比例的合理程度及相互贯通情况。该项指标为定性指标,目标确定为:普通教育与职业教育、成人教育的比例和规模规划合理,职业教育与普通教育横向互通,中等教育与高等教育纵向衔接;学分制、弹性学制等建立健全,形成开放灵活、选择多样的人才培养"立交桥"。该项权重分值为1分。

第34检测点:学校布局与规模合理。该项指标主要反映各级各类学校布局与规模情况。该项指标为定性指标,目标确定为:每1—1.5万常住人口左右建有1所幼儿园,幼儿园办园规模一般不超过12个班;义务教育学校布局满足适龄儿童少年就近入学需求,小学办学规模一般不超过6轨,初中办学规模一般不超过8轨;高中阶段学校布局以资源有效整合、质量整体提高为导向,普通高中办学规模一般不超过16轨,中等职业学校办学规模一般多于3000名学生;高等学校布局适应经济社会发展和人才培养需求,每个省辖市至少拥有1所普通本科高校和若干所高等职业院校。该项权重分值为2分。

第36检测点:公办学校多形式办学。该项指标主要反映公办学校办学体制改革情况。该项指标为定性指标,目标确定为:公办学校办学形式多样,部分优秀校长(园长)管理多所学校(幼儿园),部分公办学校之间、公办学校和民办学校之间联合组建教育集团,部分公办学校依托行业企业办学、实行股份制或由企业、社会团体、个人等参与举办,部分公办高校试点整体转制。该项权重分值为1分。

第37检测点:民办教育健康发展。该项指标主要反映民办教育的发展情况。该项指标为定性指标,目标确定为:民办学校登记、法人产权制度和内部治理结构等管理制度建立健全,对民办学校的人才鼓励政策和促进民办教育发展的金融、税收等扶持政策全面落实,民办学校办学行为规范,建成一批高质量有特色的民办学校。该项权重分值为2分。

第38检测点:现代学校制度建设水平。该项指标主要反映政府、学校、社会三者角色定位是否合理。该项指标为定性指标,目标确定为:政校分开、管办分离的办学格局基本形成,政府行政审批、行政许可等对学校的直接管理事项设置规范合理,学校办学自主权全面落实、法人治理结构比较健全,依法办学、自主管理、民主监督、社会参与的现代学校制度普遍建立。该项权重分值为3分。

第41检测点:技能人才满足经济社会发展需求。该项指标主要反映职业院校人才培养与经济社会发展契合度。该项指标为定性指标,目标确定为:技能人才供需结构与产业结构基本吻合,建立适应产业结构变化的技能人才培养动态调整机制;技能人才总量稳步增长,且与经济社会需求保持大体平衡;社会对毕业生质量的满意度较高,毕业生的职业道德、职业技能、就业创业能力等综合职业能力获得社会普遍认可,符合技能人才特点的多元质量评价机制建立健全。该项权重分值为2分。

第42检测点:高校科研创新能力。该项指标主要反映高校重点学科和科研创新平台建设及科研成果获奖情况。该项指标目标值确定为:高校国家一级重点学科占全国总数的10%以上,国家级科研创新平台数在全国排名前二位;国家自然科学奖、国家技术发明奖、国家科技进步奖、国家哲学社会科学基金项目优秀成果奖等奖项的获奖数量和等次在全国排名前二位,一些成果产生重大社会影响。该项权重分值为2分。

表5-2 太仓教育发展和人力资源开发主要目标

指标\地区\年份	太仓 2009	太仓 2015	太仓 2020	苏州 2009	苏州 2015	苏州 2020	江苏 2009	江苏 2020	全国 2009	全国 2015	全国 2020
学前三年毛入园率(%)	100	100	100	100	100	100	96	98	51	60	70
义务教育巩固率(%)	100	100	100	100	100	100	99	99	91	93	95
高中段教育毛入学率(%)	100	100	100	100	100	100	95	95	79	87	90
高等教育毛入学率(%)	66.08	70	75	63	68	73	40	60	24	36	40
从业人员继续教育年参与率(%)	60	68	83	58	65	80	48	60	13	19	23
老年教育普及率(%)	17	35	55	15	30	50	—	—	—	—	—
新增劳动力平均受教育年限(年)	15.2	15.5	16	15.2	15.5	16	14	15	12.4	13.3	13.5
主要劳动年龄人口受过高等教育的比例(%)	18	27	32	17.9	26	31	13.9	26	9.9	15	20
国家教育信息化标准达标率(%)	80	90	98	80	90	98	—	90	—	—	—

续表

指标\年份 地区	太仓			苏州			江苏		全国		
	2009	2015	2020	2009	2015	2020	2009	2020	2009	2015	2020
达到省定优秀标准的各级各类学校比例(%)	60	75	90	60	75	90	—	80	—	—	—
财政教育支出占一般预算支出比例	高于省核定比例			高于省核定比例			高于中央核定比例		—	—	—
全社会教育投入增长比例	高于GDP增长比例			高于GDP增长比例			高于GDP增长比例		—	—	—
社会、学生对学校的满意度(%)	90	95	95	90	95	95	—	90	—	—	—
学校对政府管理和服务的满意度(%)	90	95	95	90	95	95	—	90	—	—	—

资料来源：《太仓中长期教育改革和发展规划纲要》。

根据指标体系和说明，除了个别指标不适合太仓外，其余指标基本上能衡量太仓教育现代化水平。根据《太仓市中长期教育改革和发展规划纲要》《太仓市教育事业发展"十二五"规划》等的数据，截至2014年底，太仓教育现代化程度得分约为92分（因指标体系是达标制不是加分制，对一些高出达标值的监测点不加分），其中教育普及度、继续教育、学生综合素质、布局与结构、体制与管理、教育满意度等一级指标完全达标，资源配置一级指标基本达标。可见，经过改革开放后30多年的发展，太仓的教育水平已经有了极大的提高，优质教育体系基本建立，师资素质显著增强，各项教育改革成果显著，教育发展环境明显优化。到2020年，根据《太仓市中长期教育改革和发展规划纲要》，最后几个检测点也将会达标，届时，原先达标的指标也将会有很大的发展，故届时太仓的教育现代化将是一个高水平的教育现代化。不过，目前资源配置、学校办学水平、资源共享、国际化水平、师资水平、信息化水平、受教育水平、社会服务能力等二级指标中有个别监测点尚未完全达标。尚未完全达标的监测点分别是：教师合理流动比例、达到省定优秀标准的各级各类学校比例、高水平大学数量、高校学分互认比例、职业院校专业课与国际通用职业资格证书对接比例、教师学历比例、国家信息化标准达标率、主要劳动人口受过高等教育的比例、高校应用研究开发成果转化率等。

表 5-3 "十二五"期间太仓教育发展和人力资源开发主要目标

指　　标	2015 年
学前三年毛入园率(%)	100
义务教育巩固率(%)	100
高中段教育毛入学率(%)	100
高等教育毛入学率(%)	70
从业人员继续教育年参与率(%)	68
老年教育普及率(%)	35
新增劳动力平均受教育年限(年)	15.5
主要劳动年龄人口受过高等教育的比例(%)	27
国家教育信息化标准达标率(%)	90
达到省定优秀标准的各级各类学校比例(%)	80
财政教育支出占一般预算支出比例	高于省核定比例
全社会教育投入增长比例	高于 GDP 增长比例
社会、学生对学校的满意度(%)	95
学校对政府管理和服务的满意度(%)	95

资料来源:《太仓教育事业发展"十二五"规划》。

根据《江苏省中长期教育改革和发展规划纲要》《江苏省教育现代化指标体系》《太仓市中长期教育改革和发展规划纲要》《太仓市教育事业发展"十二五"规划》等文件,到 2015 年底可能达标的检测点有教师合理流动比例、主要劳动人口受过高等教育的比例等,到 2020 年,可能达标的是达到省定优秀标准的各级各类学校比例。

(二)太仓教育现代化面临的机遇和优势

1. 太仓教育现代化面临的机遇

从经济社会发展来看,太仓正处在加快经济转型升级、发展创新型经济、全面建设更高水平小康社会、率先实现基本现代化的关键时期。太仓市委、市政府大力实施"科技创新、以港强市、接轨上海、城乡一体、可持续发展"战略,创新符合"江海时代"的科学发展模式,着力构建以低碳经济为导向的和以港口经济为特征的现代产业体系,精心培育以科技进步和自主创新为基础的竞争新优势,大力优化以促进区域协调发展和可持续发展为核心的空间布局,加快发展以富庶文明和人本为先为重点的社会事业,精心打造幸福金太仓,加快建成可持续发展的新兴港口城市、开放包容富于特色的创新型城市的总体目标,对教育改革发展提出了迫切要求,提供了有利条件和广阔空间。

人才资源是第一资源,教育是开发人力资源、促进人的全面发展的根本途径,在经济社会发展中处于基础性、全局性、先导性的战略地位。强市必先强教。太仓教育已进入以人为本、结构优化、城乡一体、质量提升、体制创新的新时期,必须以更宽广的视野、更先进的理念、更强烈的紧迫感和使命感,遵循教育发展基本规律,顺应世界先进教育发展趋势,探索中国特色、时代特征、太仓特点的教育改革发展新路,在更高起点上推进教育现代化,以现代化的教育培养现代化的人才。

区域发达的经济水平,欧美企业聚集地以及传统文化资源丰富,同时受上海等现代文化的辐射,尤其是政府的高度重视等综合优势,使太仓教育现代化的发展拥有了得天独厚的条件和机遇。

2. 太仓教育现代化发展的优势

意识超前。意识是行动的先导,直接决定着行动的主动性和有效性。太仓位于江苏省东南部,东濒长江,历史底蕴深厚,经济文化发达,对外开放程度较高。太仓市委市政府传承崇文重教的传统,对推进太仓教育现代化高度重视,并给予政策上的支持和经费上的保障。早在1981年就开始调整中等教育结构,1984年全县基本扫除文盲,青壮年非文盲率达99.59%;1988年,全县幼儿教育达到城乡普及化程度;1992年普及了九年制义务教育,是省内较早完成"普九"任务的县市。1998年,教育现代化工程启动,至2000年,太仓所有镇(区)均建成江苏省实施教育现代化工程先进镇;2002年通过省首批教育现代化先进县(市)评估;2004年7月,经江苏省人民政府批准太仓第一所全日制普通高等学校——健雄职业技术学院建立,改变了太仓没有高校的历史。2007年,撤并最后一所村小。正是由于教育现代化的起步早,为太仓率先基本实现教育现代化奠定了比较厚实的实践基础,也赢得了率先发展的先机。

政府主导。实施义务教育和其他各级各类教育主要是政府的职责,为此,办好群众满意的教育,是太仓政府努力的方向。2006年,太仓市委、市政府做出了《加快发展教育强市、率先实现教育现代化的决定》,坚持教育优先发展战略,创新工作思路,加大投入力度,大力推进城乡教育均衡化、现代化发展,连续四年把教育工程列为太仓市政府实事工程,先后投入资金20多亿元,进行了"乡镇学校十大重点工程""农村学校现代化建设工程""教育条件装备现代化建设工程""来太务工人员子女学校规范化建设工程""太仓市校园技防工程""学前教育现代化工程""健雄职业技术学院一期、二期工程""省太高新校区"等重大工程建设,高水平合理化配置了公共教育资源,全面提升大、中、小学、幼儿园办学条件的现代化层次,提升了太仓教育的现代化水平。正是市委市政府的大力支持,才能整合利用一切资源推进教育现代化,推进教育现代化成为政府各职能部门的共同信念和努力方向。

经费保障。长期以来,教育经费短缺是制约地区经济发展的瓶颈问题,也是限制推进教育现代化的主要理由。太仓政府重视教育,压缩行政开支,多渠道筹措经费,确保教育工作的有序进行。太仓教育现代化的资金投入逐年大幅增长,在每年的教育财政资金中,均有部分来自于上级财政的补助。因苏南地区的经济总量高于苏北、苏中地区,太仓的教育投入绝大部分由太仓市镇两级财力解决。各乡镇经济实力较强,支撑了义务教育较快发展。就太仓义务教育支出而言,因乡镇学校的经费由各所属乡镇财力负担,农村学校各类经费只是来源渠道不一样,而执行的标准是统一的。2002年9月起,太仓中小学教师工资由市财政统一发放,医疗保险、失业保险、住房公积金也逐步纳入统发工资范畴。2004年起,生均公用经费按省标准拨付,通过市教育局直接拨付至学校。2006年秋季起义务教育学校实行免费,所需经费和"一免一补"经费由市、镇两级财政按四六比例负担。2007年农村学校现代化建设工程列入市政府实事工程,由市、镇财力和市教育局各负担三分之一。较为完善的教育投入制度为推进太仓教育现代化起了保驾护航的作用,同时,教育的高投入也为推进太仓教育现代化提供了充足的财力保障。

(三)太仓教育现代化存在的问题

太仓在推进教育现代化的进程中,取得了辉煌的成绩,但根据《国家中长期教育改革和发展规划纲要(2010—2020年)》和《江苏省中长期教育改革和发展规划纲要(2010—2020年)》中相关教育改革发展导向,从教育取得的成就、发展水平及区域经济文化和教育发展的现实需求来看,太仓教育现代化还面临着一些有待解决的问题,这需要我们在今后的教育实践探索中解决。

1. 优秀教育人才的选拔和培养

为了更好地推进和深化新课程改革,进一步加强"名师"工程建设,整体提升教师队伍素质,太仓在骨干教师的选拔和培养方面进行了有益的探索和实践,比如2008年出台《太仓市中小学(幼儿园)骨干教师评选管理办法》,2010年出台《太仓教育人才计划实施细则(试行)》,实施新一轮太仓教育人才培养计划,构筑教育人才高地。各所学校也开展教坛新秀、教学能手、师德标兵、教学基本功比赛、学科带头人等活动,储备和选拔了一批优秀的教育人才。截至2011年,拥有省特级教师9名,教授级中学高级教师4名,苏州市名教师、名校长17名,苏州市学科带头人55名。截至2013年,幼儿园教师本科学历达66.9%,小学教师本科及以上学历达75.8%,初中教师本科及以上学历达95.2%,普通高中教师研究生比例达28.2%(含在读),职业学校教师研究生比例达22%(含在读)。但总体而言,目前太仓还缺乏在苏州市里比较有影响的优秀教师,与苏州其他县市相比,太仓的教师专业化水平还有待提升。

2. 教育经费的投入和管理

作为经济高度发达的苏南县级市,太仓的教育经费投入相对来说比较可观,而且近年来教育经费投入呈稳步上升趋势。在市委市政府的重视下,太仓牢固确立教育投资是战略性投资的观念,确保教育拨款"三增长一优先",教育经费的投入大幅增加。以2012年为例,2012年全年教育经费预算总投入约为17亿万元,占财政一般预算支出的17.74%,高于2011年的16.71%。义务教育阶段中小学生均公用经费基准定额从2011年的每生每年小学586元,初中750元增加至每生每年小学650元,初中800元,高于省定标准。但是,经费的投入是为了创造更好的产值。从目前太仓教育投入绩效的实际水平来看,一定程度上存在着投入与产出有差距的问题。如何建立相应的评估和预警机制,规避教育资源的浪费,使教育投入有更大的产出,是亟待解决的问题。

3. 教育国际化的推进和发展

随着教育国际交流与合作日益频繁,世界各国教育相互影响、相互依存的程度不断提高。教育国际化的最终目的是培养具有国际意识、国际交往能力、国际竞争能力的人才。为服务太仓"经济国际化"战略的实施,太仓大力推进中外合作办学和交流。一是加大了与国际合作的力度。太仓职教中心扩大与德资企业合作,办好、办精德企专业工人培训中心,健雄职业技术学院与德国商会上海代表处合作建立"中德培训中心",致力于打造具有国际水平、国内一流的专业技术工人培训中心。二是加大了师生国际交流培训的力度。2006年共选派了12名骨干教师赴英国、澳大利亚和加拿大培训学习,206名师生赴新加坡、日本修学交流,55名教师参加了暑期英语引智培训,有85名台籍学生和27名外籍学生在太仓各有关学校就读。2006年以后,每年都会选派部分学校领导、骨干教师、优秀学生参加短期国际交流。虽然太仓在教育开放层面进行了许多实践,但对教育国际化的内涵还存在比较模糊的认识,目前也主要是停留在交流合作的层面。如何理解教育国际化的深层内涵,使教育合作走出形式交流的窠臼,是我们今后需要解决的重大课题。

(四)太仓教育现代化未来走向的思考

1. 构建现代教育体系,实现教育终身化

终身教育思想是现代教育重要的理念之一。1965年12月,国际著名教育家、终身教育理论的创立者保罗·朗格朗在联合国教科文组织在巴黎召开的"第三届促进成人教育国际委员会"会议上做了《论终身教育》的学术报告,该报告引起了与会者和有关组织的充分肯定和极大重视。之后短短数年,终身教育理念已经在世界各国广泛传播。终身教育作为一种教育思想,简言之,就是横向方面的家庭、学校和社会三个领域的教育,而其纵向方面又指贯穿于人的一生的婴幼儿期、青少年期、成年期及老年期四个层面的教育。①

终身教育理论自确立以来,受到世界各国的普遍重视。目前许多国家把终身教育作为本国教育改革的总目标,努力把终身教育纳入规范化渠道,并以终身教育的原则来改组、设计自己的国民教育体系,试图建立一个从幼儿园到老年大学、从家庭教育到企业教育的全面实施终身教育的终身教育大系统。我国在构建终身教育体系方面出台了相关的文件或法律,如《中华人民共和国教育法》明确规定:"建立和完善终身教育体系";国务院批转教育部《面向二十一世纪教育振兴行动计划》中提出"开展社区教育实验工作,逐步建立和完善终身教育体系,努力提高全民素质";《中共中央国务院关于深化教育改革全面推进素质教育的决定》又提出"逐渐完善终身教育体系"的要求。建立和完善终身教育体系,已经成为我国教育改革发展的基本目标。但终身教育体系的构建不是一个自发的过程,它的构建和完善必须要依靠法律、法规的强制和规范。

太仓在实现教育终身化方面进行了有益的探索和实践,并初步构建了包括学前教育、基础教育、职业教育、职后培训与继续教育的现代教育体系。今后将通过一系列举措,依托成人教育、社区教育、家庭教育、青少年校内外的教育和实践活动等各种形式,满足市民终身教育和多样化教育需求。加快市社区学院、乡镇社区教育中心和社区(村民)学校建设,建成国家级社区教育实验区,市老年大学和90%以上的乡镇成人教育中心学校达到苏州市现代化建设标准,各乡镇建有现代化老年大学分校(教学点),100%村居建有现代化社区(村民)学校。建设省级以上社区教育示范乡镇达50%,苏州市级社区教育示范乡镇达100%,太仓市级社区教育示范村居达30%,先进村居达50%。建设以广播电视、互联网等为载体的远程开放继续教育平台,建设各级市民网上学习中心,形成覆盖太仓城乡的数字化终身学习网络。整合文化、教育、旅游、体育等各类资源,建立面向社会的开放共享机制,拓展教育服务功能。积极开展自学考试综合改革,建立健全自学考试助学体系和自考毕业生就业服务体系。鼓励和支持社会力量举办各类非学历教育培训机构,依法加强规范管理,重点建设若干个省、市级品牌机构。

2. 坚持促进教育公平,实现教育均衡化

教育均衡发展是教育现代化的基石,让每一个孩子都能机会均等地享受到与时代同步的优质教育,是教育现代化的重要特征。② 教育均衡化不仅包括教育入学机会的平等,也包括教育过程的平等,享受优质教育资源的机会均等,还包括享受教育发展的成果平等。中国自改革开放以来,整个经济社会进入转型

---

① 吴遵民.现代国际终身教育论[M].北京:中国人民大学出版社,2007:40.
② 谈松华,王建.教育现代化区域发展模式研究[M].北京:北京师范大学出版社,2011:372.

期,中国的教育体制正在发生着深刻的变化,教育制度亦不断创新以适应社会和经济发展的需要。在这期间,中国教育不公平的问题不断涌现,并成为中国政府亟待解决的重要问题之一。首先,教育不公平的一个突出表现是:中国城乡之间、地区之间教育差距拉大,不同社会群体之间的教育差距也在不断加大,中国弱势群体和贫困学生的教育问题凸显;其次,中国义务教育阶段的择校问题一直是家长谈论的焦点问题,如今学前教育的高学费和上学难问题已成为中国家长新烦恼,形成最新的教育不公平现象……诸如此类问题,都在实质上要求教育政策的制定者,必须以教育公平为出发点来解决中国的教育问题,解决教育公平问题是解决中国教育一切问题的前提。

教育均衡化是发展现代教育的一个重要指征。太仓在城乡基础教育均衡发展上做了大量的工作,如制定《关于进一步做好中小学布局调整的意见》,出台《关于加快推进太仓市义务教育阶段农村学校现代化建设的实施意见》,加强农村中小学教师队伍建设,创新义务教育管理体制等①,使太仓教育的均衡化程度已经达到了比较高的水平。按照江苏省义务教育优质均衡改革发展示范区的建设要求,推进义务教育资源配置标准化、均等化,加大市级财政转移支付力度,缩小镇、区财政投入差距,基本建立市级统筹为主的义务教育财政投入体制,基本实现义务教育阶段学校经费标准统一、教师收入标准统一、学校配置标准统一、教师队伍配置标准统一,使区域内校际之间办学条件、师资队伍、管理水平、教育质量等大致相当、各有特色,基本消除"择校"现象,义务教育公平度、满意度不断提高。此外,将继续提升基础教育公平程度。健全助学体系,实施家庭经济困难学生资助计划,确保学生不因贫失学、辍学。加快特殊教育发展,推进苏州市高水平特殊学校现代化建设,2020年前异地新建爱心学校,使之成为太仓市集教育、康复、培训和监测为一体的示范性现代化特殊教育指导中心。适龄残障儿童少年义务教育阶段的入学率达到普通儿童的水平,实现零拒绝、零收费。积极发展残疾儿童少年的学前教育和高中段教育,到2015年,特殊儿童接受3年学前教育的比例达85%;到2020年,特殊儿童接受3年学前教育的比例达96%以上,义务教育后继续接受高中段教育或接受1~3年劳动预备制培训的比例达80%,实现残疾儿童免费15年教育。

3. 深化办学体制改革,实现教育多元化

从人类社会发展的角度而言,所谓教育多元化是指办学体制的多元化、办学模式的多元化、教育投入的多元化和教育供给的多元化等。它是人类社会生活多样性在教育领域的折射和要求。追求教育多元化一直是各国教育改革的主要方向,特别是近年来,社会经济发展的多元趋势,文化发展的多元倾向,要

---

① 邹农俭.现代化太仓实践[M].北京:社会科学文献出版社,2010:138.

求教育的多元化。① 21世纪的中国教育应是一个全新构架体系下的现代化教育。改革开放20多年来,我国社会、经济格局发生了巨大变化,单一的社会、经济格局被打破,当前已呈现出多元化的格局,走教育多元化发展道路,是实现我国教育现代化的必然抉择。

多元化教育体系的具体内涵就是在全社会以树立教育投资消费观、教育产业观、教育服务观为先导,以建立教育多元化共同投入体制和多元化办学体制为主要突破口,形成产权多元、形式多元、体制多元、发展模式多元的适应我国经济与教育多元格局的现代新型现代化教育发展大体系②。具体主要包括:办学主体多元。除政府主体办学外,鼓励国家机关、部队、国家企业事业单位、民主党派社会团体、私营企业、公民个人以及境外团体、人士等积极投资办学,以充分发挥各种教育资源。教育投入多元。政府除作为最大的教育投资者外,还应因地制宜地建立教育投入体制,开拓投资渠道,鼓励企业和个人主动参与教育事业发展。发展模式多元。除学校完全由政府主办,产权单一归政府所有的"公办模式"外,还有纯社会力量办学的"民办模式",及社会力量为主,政府为辅举办的"民办公助"模式等。办学形式多元。随着人们需求的加强,除了单一的学校教育外,还出现了老年教育、职业技能培训、娱乐教育等多种教育形式。

自20世纪90年代以来,太仓积极稳妥地推进办学体制改革,实行多元化办学和多元化投入,以促进教育事业的快速发展,形成了涵盖幼儿教育、义务教育、高中教育、高等教育和成人教育的现代教育系统。今后,加快学前教育优质健康发展,坚持学前教育的公益性,构建更加完善的以政府投入为主、公办幼儿园为主、教育行政主管部门为主、鼓励多渠道投入、支持多体制办园的学前教育体系。探索以政府购买服务的方式发展学前教育。此外,推动普通高中优质多元发展。鼓励利用社会力量办学,加强内涵建设,全面提升普通高中整体办学水平和学生综合素质。注重学生自主学习和个性发展,加强创新能力培养,为学生成长、成人、成功奠定基础,形成高质量、多样化、有特色、可选择的发展格局。

四、本章小结

面向21世纪,世界各国教育的改革和发展也进入了新时代。为顺应教育改革发展的时代要求,建设高水平教育现代化学校,构建现代教育体系,全面推进素质教育,培养高质量人才,太仓教育工作者同心协力,以宽广的视野、先进

---

① 陈实.现代教育发展的多元化趋势:[D].武汉:华中师范大学,2001:1.
② 张铁明,吴开俊.多元化:21世纪中国教育体系构建与发展的必然抉择[J].教育发展研究,2001(8):10-11.

的理念和强烈的使命感,不断努力探索,并取得了一定的成绩。但形势在变化,教育在发展,太仓教育现代化的推进也是个不断深化和逐步深入的过程。让太仓的每个孩子都能接受良好的教育,让太仓的每个家庭都能享受优质教育的惠泽,这既是太仓继续深入推进教育现代化实践的决心,也是对太仓每位市民的庄重承诺。

第六章
科技现代化

内容提要 "科学技术是生产力"是马克思主义的一个基本原理。邓小平同志在总结当代科技高速发展的基础上,进一步做出"科学技术是第一生产力"的论断。这一论断反复被历史验证。科学技术发展到今天,更成为当代经济、社会发展的决定性力量,科技日益成为现代生产力中最活跃的因素和最主要的支撑力量。想要在全国率先基本实现现代化,保持国内的竞争优势,参与国际竞争,实现可持续发展,就必须走科技现代化之路,这样才能充分发挥现有发展优势,占领科技和经济竞争的制高点。

"十一五"以来,在市委、市政府的正确领导和各区镇的共同努力下,太仓科技工作按照"科技创新能力走在全省前列"的总要求,以科技创新六大计划为抓手,产业转型升级、载体项目建设、科技人才引育、政产学研合作全面推进,科技创新能力位列福布斯县级市第六名,被认定为江苏省创新型试点市,彻底甩掉战略短板的帽子,为率先基本实现现代化提供了强有力的科技支撑。

本章主要通过三部分内容来评述太仓科技现代化的发展,第一部分为科技现代化概述,对科技现代化的概念、意义和国际经验等相关理论进行介绍。第二部分详细描述了太仓科技现代化的实践之路,通过大量数据分析及生动的新闻报道,对太仓科技现代化的发展历程、成就和特色进行阐述。第三部分对太仓科技现代化进行了探索,根据科技现代化指标,针对太仓科技现代化薄弱环节,给出战略方向和实施方案,以期抓住当前转型升级、经济发展进入新常态的发展机遇,进一步推动太仓的科技现代化的飞速发展。

一、科技现代化概述

(一) 科技现代化的内涵

科技现代化主要指一个国家或地区综合运用各种科技资源,集中发挥自身的优势和特色,奋力抢占科技竞争的前沿领域,提高科技未来发展的先进水平和主导地位,加速经济、社会可持续发展,推动国家或地区现代化不断走向世界的前列。

科技现代化包括三层内涵:目标方向上,科技发展整体水平向现代世界先进水平迈进;功能作用上,科技发展为现代经济、社会发展做出决定性贡献;方式手段上,不断探索和完善科技发展现代体制和运行机制。

(二) 科技现代化的意义

"科学技术是生产力"是马克思主义的一个基本原理。邓小平同志在总结当代科技高速发展的基础上,进一步做出"科学技术是第一生产力"的论断。这一论断反复被历史所验证。在马克思看来,现代科学技术的出现及其在生产中的应用是大工业生产的先决条件,科技是经济发展、社会进步和人的发展的强大推动力量,科技的发展和大量应用是现代社会的一个重要标志。科学技术发展到今天,更成为当代经济、社会发展的决定性力量,科技日益成为现代生产力中最活跃的因素和最主要的支撑力量。

1. 全面促进生产力的发展

科学技术是第一生产力。新科技革命对生产力产生了重大影响。其一,新科技革命促进了生产工具的发展,实现了从机械化到自动化的转变;其二,新科技革命使劳动对象发生了巨大变化。劳动对象一般分为两类:一类是自然资源,一类是经过劳动加工过的原材料。随着科技的进步,后一种劳动对象越来越多,人工合成材料不断出现。劳动对象的变化对于提高产品质量具有重要的作用;其三,新科技革命使劳动者的素质大大提高。生产的自动化、科学化要求劳动者具备相应的科学文化知识和劳动技能。一般说来,现代企业的劳动者都受过专业知识的培训。随着时间的推移,今后受高等教育的人将越来越多;其四,新科技革命使企业的经营、管理水平大大提高。管理也是生产力。现代化企业可以通过电视监控、电话、网络等手段对本企业的生产活动进行管理;也可以了解国内外信息,对市场做出科学预测,等等。

2. 开辟新兴产业,提升传统产业

经济增长要持续快速发展,经济结构必然要进行调整。调整中就必然关系到传统产业的持续发展和开辟新兴产业的问题。产业发展的历史说明,新兴产业的形成主要是靠科技支撑来完成的。在当代,美国信息和知识产业长期处于世界领先地位,也是因为其在集成电路和软件研究技术上独一无二;与现代高新技术产业相比,传统产业普遍存在生产设备陈旧、技术相对落后、产品老化等问题。这些问题的解决同样有赖于科技支撑体系提供新的技术。

3. 提高科技进步贡献率

根据世界通行的方法,在经济的增长量中,包含有科技、资本和劳动三要素,而科技进步的贡献率在现代经济的增长中一般是最大的,大约占到50%左右,发达国家达到70%、80%。越是科技发达的国家,其科技发展对经济增长的贡献越大。科技进步对经济增长的贡献,在一定意义上表现为科技成果转化为现实生产力的程度。国家计委在一份课题报告中,对我国1979—1996年科技进步作了分析,此期间我国经济年均增长9.87%,资本和劳动投入平均分别增长8.6%,对经济增长的贡献率分别为41.91%和12.15%;科技对经济增长的贡献率达45.9%。与改革开放前26年相比,这一时期我国经济增长已由过去主要靠资本投入转为依靠资本和科技双轮驱动,而且科技进步的作用逐步占据主导地位,这一趋势将会更加明显,科技对经济的推动作用十分强大。

(三) 科技现代化的评价体系

如何评价科技现代化,目前世界上还没有成熟通用的指标体系和数据支持,并由于科技活动及其成果和效益的无形性、流动性、潜在性和不可测性等特点,目前构建科技现代化全面、客观、准确的评价指标体系,还存在一些难以逾越的技术障碍。借鉴经济合作与发展组织(OECD)、世界经济论坛(WEF)和瑞士国际管理发展学院(IMD)、联合国开发计划署(UNDP)以及英克尔斯的现代化评价系统等相关科技指标,根据可比性、全面性、简单性、可操作性的原则,我们认为下面三个方面13项指标,能够基本反映科技现代化的整体进展情况。

1. 科技创新

科技创新是科技自身发展的实力或水平类指标,用三个指标来反映:(1)国际技术创新中心数量。综合反映了国家或地区的科技创新能力,是衡量科技现代化水平的重要标志。(2) R&D经费投入。是衡量国家或地区对科技的实际重视程度或实际支持力度的核心指标,直接影响科技创新活动的深度和广度。(3)科技成果产出。主要有人均有效专利件数、人均科学与工程技术论文数、科学与工程技术论文被公认权威刊物转载引用率以及国际合作成果所占比率等。其中,人均科学与工程技术论文数、科学与技术论文转载引用率等,直接反映了国家或地区基础研究的整体水平。发明专利、有效专利件数、国际专利件数,则是科技实际产出力度的标志。

2. 科技贡献

科技贡献是科技发展的功能类指标,集中反映的是科技发展在经济、社会发展中的地位和作用。主要指标有:(1)高新技术产业发展。反映科技发展在形成新的经济增长点,促进经济质量提高和结构调整中的贡献,关键指标是高新技术产业产值占工业总产值的比重,是衡量新经济的重要指标。(2)传统技术革新成果普及率。反映科技发展在加快国家或地区工业化进程中的贡献,具体指标是汽车、电话、电视的普及率。(3)高科技成果普及率。反映高科技成果向社会转化,尤其是其在提高社会信息化水平中的贡献,以信息与通信技术(ICT)的普及率为代表,其中因特网用户占总人口的比例、人均拥有的互联网服务器、上网费用占人均月收入的比例三个指标,都能够大致反映ICT的普及情况。(4)高技术产品国际竞争力。反映高技术产品在国际市场上的竞争力,及对提高经济国际化水平的贡献,具体指标是高技术产品国际贸易额占贸易总额的比例。(5)人类健康。反映科技发展帮助人类战胜疾病、延长寿命、提高生活质量、改善社会发展状况的贡献,能够从婴儿死亡率或人口预期寿命指标得到反映。

3. 科技条件

科技条件是科技发展的环境或保障类指标,是促进科技发展的前提条件和社会基础,主要指标有:(1)教育水平。教育是科技发展的基础性条件,高等院校入学率,尤其是理科生员数量及其比重,代表了国家或地区科技潜力的重要方面。(2)研发人员。科学家、工程师占人口的比重,是科技活动的主体性、决定性因素,是科技潜力的关键指标。(3)人才流动。由国家或地区科技、经济、管理水平及人才发展机会等综合因素决定。流入科技人员占流出科技人员总数的比重,反映了在开放的市场环境下,一个国家或地区对科技人力资源的吸引和分享能力。(4)风险资本。是高科技企业技术创新的主要资本来源,直接反映了国家或地区社会资本投入结构的合理性,决定了科技成果向生产力的转化速度和效果,是衡量高新技术产业发展条件的重要指标。(5)居民科学素养。反映公众对科学知识、科学方法、科学精神的理解和接受程度,对科技发展有重要影响。

(四)科技现代化的发展模式

1. 发科技现代化发展历程

在人类历史上,科技、文明进步和现代化是相互促进的。科技发展是文明进步和现代化的组成部分,科技成果是文明和现代化的动力源泉。在21世纪,文明进步和现代化既依赖于科技进步,又对科技发展形成巨大的需求拉动,将引发新的科技革命。

(1)世界现代化与科技革命的关系

首先,世界现代化是18世纪以来的一个客观现象和世界潮流。一般而言,现代化是指18世纪以来人类文明的一种前沿变化和国际竞争,它包括现代文明的形成、发展、转型和国际互动,文明要素的创新、选择、传播和退出以及追赶、达到和保持世界先进水平的国际竞争和国际分化。

在18—21世纪,世界现代化的前沿过程可以分为两个阶段和四次浪潮,其中,第一次现代化是从农业经济和农业社会向工业经济和工业社会的转变,第二次现代化是从工业经济和工业社会向知识经济和知识社会的转变;四次浪潮分别是机械化、电气化、自动化和信息化(见表6-1)。

表 6-1　十八世纪以来世界现代化前沿过程的两个阶段和四次浪潮

阶段	浪潮	大致时间	经济现代化	社会现代化
第一次现代化	第一次	1763—1870	第一次产业革命、机械化	城市化、社会分化流动
第一次现代化	第二次	1870—1945	第二次产业革命、电气化	电器化、普及义务教育
第一次现代化	第三次	1946—1970	第三次产业革命、自动化	福利化、普及中等教育
第二次现代化	第四次	1970—2020	第四次产业革命、信息化	网络化、普及高等教育

其次,科技革命是 16 世纪以来的一种历史现象。目前,关于科技革命也没有统一定义。在本文中,科技革命是科学革命和技术革命的统称,指引发科技范式以及人类的思想观念、生活方式和生产方式的革命性变化的科技变迁。在学科史层次上,根据美国科学哲学家库恩的观点,科学革命指科学范式的转变,技术革命指技术范式的转变。在世界科技史层次上,科学革命不仅是一种科学范式的转变,而且是引发人类思想观念的革命性变化的科学变迁;技术革命不仅是技术范式的转变,而且是引发人类生活方式和生产方式的革命性变化的技术变迁。许多科技史学家认为,16 世纪以来,世界上先后大约发生了五次科技革命(见表 6-2)。

表 6-2　十六世纪以来科技革命与内容

科技革命	大致时间	主要内容
第一次	16—17 世纪	近代物理学的诞生
第二次	18 世纪中后期	蒸汽机和机械革命
第三次	19 世纪中后期	电子和运输革命
第四次	20 世纪上半叶	相对论和量子论等
第五次	20 世纪中期	电子技术和自动化
第五次	20 世纪中后期	信息技术和网络化

第三,科技革命与世界现代化是相互促进的。例如,第一次科技革命发生在 16—17 世纪,它是世界现代化的前奏,为世界现代化和第一次产业革命准备了科学知识、科学方法和科学精神。第二次和第三次科技革命分别推动了第一次和第二次产业革命,第四次和第五次科技革命推动了第三次和第四次产业革命。世界现代化的前四次浪潮和产业革命都是由科技革命所推动。科技革命的重要发明和创新,不仅推动了产业革命,而且与经济周期紧密相关。科技革命和产业革命,既是世界现代化的一种表现形式,也是后者的重要组成部分。

(2) 科技革命的过程

卡尔·马克思通过对资本主义社会劳动生产力的深入分析,最早认识到了科技创新是经济发展与竞争的重要推动力,并突出科学是生产力中一个相对独立的因素。

15世纪下半叶,人类社会进入了一个新时代。恩格斯在《自然辩证法》中提出"这是地球从来没有经历过的最伟大的一次革命。自然科学也就在这一场革命中诞生和形成起来。"

① 文艺复兴运动与近代科学的诞生。中世纪后期,欧洲的城市经济逐渐恢复,工商业有所发展,资本主义因素开始萌芽。文艺复兴运动发源于当时工商业最发达的意大利,促进了科学的解放,产生了近代以来的第一次科学革命。近代自然科学的革命首先在天文学领域兴起。波兰天文学家哥白尼经过毕生的天象观测和数学计算,出版了著作《天体运行论》,提出了新宇宙观——太阳中心说。随后,德国天文学家开普勒发现了行星运动三定律,把哥白尼学说向前推进了一大步。意大利物理学家伽利略是近代力学的创始人。他进行了一系列关于物体运动的实验,建立了正确的自由落体、抛物体等运动规律。他还制造出天文望远镜,用事实有力地证明了哥白尼学说。除上述成果之外,更重要的贡献是他创立了实验和数学相结合的科学研究方法,这种经验与理论相结合的科学方法,对整个近代自然科学都产生了深远的影响。

② 牛顿力学与第一次工业革命。16世纪中叶,英国的商人、教师、工匠和牧师纷纷来到欧洲大陆学习,引进先进的技术。16世纪末,德国内战的爆发给英国提供了赶超机会。1662年,民间组织的"哲学学会"被英国国王批准为"皇家学会",成为英国乃至世界的学术中心。17世纪,科学技术中心从意大利转移到英国。英国物理学家牛顿在总结前人成果的基础上,把物体的机械运动规律归结为三大运动定律和万有引力定律,由此创立了完整的力学体系。

牛顿力学是近代科学的象征。三百年来,它是机械、土木、建筑、交通运输等工程的理论基础。正是在牛顿力学科学成果的广泛影响下,18世纪60年代开始了以蒸汽机的广泛使用为主要标志的英国工业革命,也是近代的第一次技术革命。

第一步活塞式蒸汽机是1690年由法国人发明的,1705年,英国人成功制造了第一台较为实用的蒸汽机,1769年,英国大学的仪器修理工瓦特在热学理论的指导下,对蒸汽机做了关键性的改进,大大提高了机器的效率,并使之成为适用于各种机器的动力机。随着蒸汽机的不断改进,应用范围日益扩大,涵盖了机械、冶金、化学等一系列工业部门,使社会生产力以前所未有的速度发展。

产业革命刺激了交通运输业的发展。1807年美国人制造的蒸汽船试航成功;1814年,英国发明了第一台实用蒸汽机车。同时,煤炭工业和化学工业技术也有了较大进展。煤炭炼焦中产生出来的煤焦油促进了制药和染料等有机化学工业的进步,纺织业和农业的需要加速了制酸制碱等无机化学工业技术的发展。

19世纪初,英国最早完成了工业革命。接着法国、德国、美国也相继完成。19世纪成为资本主义大工业时代。1770—1840年,英国工人的劳动生产率平均提高了20倍,国民经济总收入增长了7倍。钢铁、煤炭、机械、化工等工业产品占世界总产量的一半以上,国际贸易相当于世界其他各国的总和。

③ 电磁学理论与第二次工业革命。19世纪70年代开始了以电力的广泛应用为标志的第二次技术革命,由此产生了近代第二次工业革命。在电磁理论的指导下,被誉为德国科技之父的西门子等人发明了发电机,美国科学家特拉斯发明了电动机。1878年,美国发明家爱迪生研究成功了碳丝电灯,使电照明得以推广。80年代建设了中心发电站,并解决了远距离输电问题,展现出电力应用的广阔前景,使电力为大工厂、大范围地区的工业提供了比蒸汽动力更强大、更方便的动力,电力作为新的能源逐步取代了蒸汽动力而占据统治地位。

电的广泛应用给人类的生产、生活及思维方式带来了全面的、深刻的影响,同时德国成为继英国之后又一个世界科技中心。德国是具有悠久科学传统又有广泛技术基础的国家,重视基础研究,也重视研究成果的应用。此间,德国的科学家成批涌现,科学事业发展迅速,其中特别是有机化学的发展令人瞩目。以李比希为首的一批科学家发展了农业急需的肥料技术和有机化学,首创了前所未有的肥料业;他们通过煤化学研究,建立了德国的煤化学工业,由此迅速发展了合成化学工业,并使之成为重要的出口工业,打开了产业技术的突破口。

德国工业化的过程,又一次证明了科学技术是生产力。1875年,世界科技中心由英国转移到德国;1880年,德国的工业发展速度超过了英国;1885年,德国各行业的产品产量均压倒了德国;在科技中心转移20年后的1895年,世界经济中心也转移到德国。德国只用了40多年的时间,完成了英国100多年的工业化进程。

④ 相对论、量子论与第三次技术革命。19世纪末20世纪初发生的物理学革命,使自然科学进入一个新的历史阶段——现代科学阶段。

爱因斯坦创立的相对论和普朗克提出的量子假说是现代科学技术的两块基石。在这两大理论的指导下,20世纪自然科学得到迅速的发展:建立了原子核物理、粒子物理、半导体物理等新兴学科,并相继出现了一大批新兴技术,其中以原子能、电子计算机和空间技术为主要标志。现在的物理理论和技术有力地促进了化学、生物学、天文学和地质学的发展。尤其是生物学取得了划时代的重大突破,从细胞水平深入到分子水平,诞生了基因理论。

由于原子能、电子计算机和空间技术的出现,20世纪40年代开始了近代以来的第三次技术革命。原子能的开发利用,揭开了第三次技术革命的序幕。经过二三十年的发展,到了70年代进入了一个新的阶段,即新技术革命。在信息、生物、材料、能源、空间、海洋等各个领域新的科学技术不断涌现。90年代以后,这些新科技得到全面的应用,进入商品化、产业化阶段。社会面貌发生了更加深刻的变化,人类正在进入一个新时代——信息时代。

2. 科技现代化的国际经验

(1) 美国科技发展路径

在美国的现代化进程中,科学技术一直占有极为重要的地位,因此有人说:"现代化最关键的问题就是要首先解决科技现代化的问题。"可以说,19世纪末20世纪初,美国从欧洲借鉴来并迅速将其商业化的如内燃机、化学和电力等一般科学技术,是美国迅速走向并实现第一次现代化的最重要原因之一。第二次世界大战以来发生的以信息技术、生物技术和新材料技术等为主要内容的高科技革命,以科学技术产业一体化、制度化、组织化、系统化为发展模式和机制,不仅使美国巩固了第一次现代化的成果,快速进入第二次现代化进程,而且在某种程度上直接导致了美国在战后成为一个高科技迅猛发展的后工业社会。

美国式的高科技发展模式,是科学、技术、产业三位一体,政府、企业、大学三位一体的发展模式,政府是形成这一模式的重要中介力量和纽带。

在将科学技术转化为生产力的过程中,美国政府推行了一系列科技政策、工业政策和与科技发展有关的法律法规。主要表现在:制定有利于研究和发展的税收政策,对生产设备进行投资,制定专利法,在管理经济和放松管制之间进行选择,制定反垄断措施以及政府订货,为风险资本的融资创造有利的政策环境和法律环境等方面。

政府还通过专利政策刺激企业扩大内部的研究和发展。专利法与美国垄断政策一起成为刺激企业研究与发展的两大政治因素。另外,税收政策也是刺激公司研究与发展的因素之一。最典型的是里根总统于1981年签署的《研究与发展税收优惠法案》,这一法案使公司对研究与发展的投资增加到1%~2%,这些都有利于技术在经济领域的应用和传播。为了使科技创新制度化和法律化,政府制定了一系列支持科技开发和企业(尤其是中、小企业)创新的法律法规,形成了一套完整而系统的政策体系。联邦政府通过干预甚至介入美国的研究和发展体系,根本改变了这一体系的结构,充分体现了科技产业一体化的特征。

第二次世界大战以后,尤其是20世纪50年代以来,美国联邦政府通过大量的财政资助、与大学或企业制定研究合同以及直接介入研究等方式,对R&D进行大规模参与,根本改变了研究与发展结构。研究与发展不再主要以技术开发为主,或基础研究与技术开发相脱节,而是基础研究、技术开发和科技成果商业化并重。联邦政府对研究与发展的扶持,最直接的方法是对研究和发展(R&D)进行财政资助,制定法律法规和政府本身承担部分科研工作。战后政府

R&D 支出的两个显著特征,一是国家对 R&D 的投资占总 R&D 投资的比重大幅度增加,二是联邦内部 R&D 预算占总预算的比重急剧增加。第二次世界大战后美国联邦政府对 R&D 的支出占总支出的 $1/2 \sim 2/3$。

同时,联邦政府本身也进行了大量的科学研究工作。如 1985 年到 1991 年间,联邦政府雇佣的科学家人数增加了 16%,工程师人数增加了 12%。1990 年,全国从事科学和工程职业的雇员占总雇员的 6.9%。"联邦政府是科学家和研究工程师的最大雇主,是大学基础研究的最大资金提供者,另外,联邦政府的 700 多家实验室雇用了全国将近 1/6 的科学家"。州政府和地方政府中的技术专家所占比例也越来越大。从此,R&D 不再仅仅主要是工业行为,而是政府、大学和企业的联合行为,在 R&D 的政府化和商业化中,政府起着指导甚至决定性的作用。

建立"大学成果转化联合会",每所大学都设科技成果转化办公室,协助科技成果产业化。同一区域的高校或不同区域的高校之间为了促进科技成果的快速转化,可以和专业相近的其他高校合作成立转化中心,通过教育、信息交流等,推进成果转化,共享科技成果转化的成果。大学不仅向企业转移技术,而且为自己的教研人员和学生创建新企业提供有利条件。目前,美国大学与企业界的合作,大致模式有斯坦福模式、普林斯顿模式、犹他模式、北卡模式等,通过拓宽产学研合作渠道,建设科技工业园,推动市场化发展。

(2) 德国科技政策演变过程

在欧洲资本主义国家中,德国起步最晚,但经历过十九世纪中叶到二十世纪初这段黄金时期,在科学技术的推动下,德国从一个落后国一跃成为欧洲最强大的资本主义国家,曾一度成为世界的"科学中心",直到今天德国依然是颇具影响力的世界大国,这其中,德国的科技政策起到了重要的作用,科技政策的创新推动着德国经济的增长、综合国力的提高和较强竞争力的保持。

① 科学技术的创新性。德国政府认识到要在世界竞争永远处于不败之地就必须进行科技创新,而要实现科技创新就必须拥有大量的高新技术人才。仅普马协会就先后产生了 30 多位诺贝尔奖获得者。在科技创新方面更是加大投入,2006 年,德国新政府最重要的科技政策是首次发布了《德国高科技战略》报告,同时继续加大科技投入,特别是 17 个创新领域的投入即将达到 GDP 的 3%。报告明确了安全研究、健康与医学、环境技术、信息与通讯、航空航天、车辆与交通技术、微系统技术、纳米技术、生物技术和材料技术等 17 个创新领域。并资助"精英大学",如慕尼黑大学、慕尼黑技术大学等,以确保德国在世界科学技术上的领导地位。

② 科研体制的系统性。德国的科技研究工系统由很多大型机构及其下属的严密分支构成。德国拥有特色的大学系统,包括综合性大学、工业大学和各

种专门技术高等院校,以满足不同领域、不同层次产业部门的人才需求。拥有针对基础理论研究的两大研究院即德国科学研究院和著名的马克思——普朗克研究院。此外,还有大型的应用技术研究领域的中坚力量弗朗霍夫协会等。总之,从科技体制结构上来看,德国科研机构呈金字塔型排列,形成一个分工明确、相互促进、相辅相成的科研体系。

(3) 日本科技事业发展历程

第二次世界大战后,日本的科学技术在短短的几十年中得到了飞速发展,从一个科技落后的国家一跃成为世界科技强国,取得了举世瞩目的成就。

① 技术引进捷径。二战结束后,日本经济及科技实力远落后于欧美国家。为尽快缩短与欧美国家在科技和经济上的差距,日本政府在科技发展战略上选择了"技术引进"这一捷径,希望越过科学研究这一环节,从大规模引进国外先进技术入手,推动经济快速发展。与此同时,日本的科技事业也配合着国家"技术引进"的科技发展战略开始复苏。

通过技术引进发展战略的实施,日本的经济进入高速发展时期。日本引进世界先进技术,通过模仿、消化和改良,迅速使之产业化、产品化。由于竞相引进技术而导致了设备投资的迅速增长,出现了所谓"投资呼唤投资"的热潮。通过设备投资热潮,在战争期间由发达国家开发的新技术、新产品大量流进日本,使原有的产业设备一举更新,崛起了钢铁、合成纤维、石油化学、电子工业等一大批新兴产业。日本1964年加入经合组织(OECD),进入了发达国家行列。1967年日本国民生产总值超过了英法两国,1968年超过西德,经济规模上仅次于美国,而成为第二经济大国。日本的人均国民收入在1970年达到1515美元,排名世界第20位。据统计,从20世纪50年代至1977年,引进国外技术达2.9万多项,然后根据本国的经济特点和技术基础加以改进、补充和发展,成为"日本化"的新技术。

② 科研人员分布在企业的比重大。企业为了抢占市场,谋求发展,除投入大量的费用进行研究开发外,还不惜花巨资大力吸收、引进科研人员。在亚洲,日本几乎是唯一一个拥有多名自然科学领域诺贝尔奖获奖者的国家。民间企业的科研人员在全国科研人员的比重一直占绝大比例。2009年日本科研人员总数达到83.9万人,其中分布在企业的科研人员总数为49.3万人,占总数的58.8%,大学科研人员总数为30.6万人,占总数的36.5%,公共机构总数为3.2万人,占总数的3.8%,非营利团体总数为0.8万人,占总数的1.0%。

③ 重视科研成果的转化工作。日本素来十分重视科研成果的转化工作,为尽量缩短科研成果从实验室走进工厂的时间,日本政府一方面设立一些特殊机构,在科研成果和企业间牵线搭桥;另一方面,还制定了各项政策和法律,鼓励企业开发应用新科技成果。另外,日本政府也非常注重中小企业在科研成果产

业化方面的作用,日本政府制定各种法律法规,从政策和资金方面为科研成果走进中小企业提供各种形式的支持。例如,《中小企业创造活动促进法》设立了创造性技术研究开发辅助金制度,从资金上支持中小企业对科研成果的应用开发;同时对研究开发型中小企业实施特别的税赋政策,减免法人税和所得税;企业因技术开发造成亏损,可转移到下一年度结算等等。

(4) 印度科技发展和崛起

印度独立后,为把印度建设成为现代化工业强国,历届政府都十分重视科技特别是高科技发展在社会经济发展中的特殊作用。作为人口众多的发展中大国和穷国,印度政府仍投入大量人力、物力,积极开展科技研发。经过六十多年的艰苦努力,在原子科技、信息科技、空间科技、生物科技和海洋科技等领域取得举世瞩目的成就。

① 科技兴国是印度长期坚持的方针。尼赫鲁认为科学家可决定印度的未来,强调"没有科学和技术,我们就不能进步","没有科学技术的自力更生,经济独立则不可能"。印度宪法规定:"科学必须渗透到我们国家生活的每一个方面和我们奋斗的一切领域。"独立后,印度政府敢于在一个贫穷的发展中国家发展高科技,总是根据世界高科技发展的态势和印度高科技发展的具体情况,在不同时期制订其高科技发展规划,强调高科技发展的阶段性,在某些阶段做到对某类高科技有所为,而对另类高科技有所不为,集中力量尽快重点突破某个高科技领域,到条件成熟时,再集中力量突破其他高科技领域。这就是印度发展高科技的重要经验之一。

综观独立后60多年来印度科技政策的演变、科技发展规划的调整和科技发展的历程,印度高科技发展大致可分为三个主要阶段。1947年独立到20世纪60年代中期为第一个阶段,为印度高科技初创阶段。印度政府公布了1958年科学政策决议,规定了未来印度科技发展的方向,启动了原子科技研发计划,建设了在核武器发展计划中举足轻重的"加印美反应堆"。1950年代末期,面对国际空间科技迅猛发展,印度在极端艰苦条件下,及时启动了空间科技的研发计划。20世纪60年代中期到80年代末期为第二个阶段,为印度高科技初步发展阶段。在继续执行1958年科学政策决议,继续原子科技和空间科技研发的基础上,印度启动了生物科技特别是农业生物科技的研发。经过二十多年艰苦努力,印度在原子科技、空间科技和生物科技等高科技领域取得一系列重要成果。

② 造就和培养高科技人才队伍。要发展高科技,关键在于需要有一大批高素质的高科技人才。独立后,为了促进高科技发展,印度政府特别重视高科技人才培养。1983年技术政策指出,"把研究与开发,科技教育和高水平人才培养放在重要位置"。同时,印度政府特别重视高等教育发展,并重点建设一批高等

教育机构,为高科技发展培养了一大批高素质的科技人才,也为发展中国家既要办大教育,又要培养高级科技人才,走出一条具有印度特色的道路。

(5)以色列科技创新的经验

以色列是一个自然资源十分匮乏的中东小国。大部分国土是沙漠,全年无降雨期长达7个多月,水资源和矿产资源高度贫乏。它长期深处领土纠纷、巴以冲突战火边缘,生存与发展条件极其严峻。但是,以色列通过科技创新,不仅突破了生态与环境的发展局限,还一跃成为世界经济与科技强国。近年来,以色列的电子、通讯、计算机软件、电子医疗设备、生物制品等高技术产业迅速崛起,实力居世界领先水平。是名副其实的科技研发创新和高技术出口强国。

① 建立科技创新管理体系。提供全方位支持。以色列采取由国家科学技术委员统一管理的科研体制。早在1949年,以色列就建立了中央级的科技管理机构——国家科学技术委员会,专门负责制定科技政策和宏观设计研究规划。目前,科技委员会除立法外,还对科技发展和政府的科技决策进行质询和监督。在以色列科技创新体系中,首席科学家办公室(OCS)扮演了重要角色。该机构是资助企业研发工作的执行机构,不但负责监管以色列孵化器,还负责执行对外科技合作协议、审批研发项目等,有一套严格的管理程序。以色列工业研发中心(MATIMOP),是在以色列首席科学家办公室指导下全权负责支持该国科技创新和实施研发资助项目和计划的重要平台和专业机构。在以色列所有的研究型大学里,不仅有许多高科技公司。而且还专门建有校属研究成果推广中心并且运作得非常成功。

另外,以色列还建立了十分发达的风险投资业。早在1992年,以色列就出资1亿美元设立国有独资的YOZMA政府风险基金,引导国内外风投对该国的"种子期"项目进行投资,吸引的国际资本高达近50亿美元。目前,以色列拥有60多个风险投资基金,资金额超过100亿美元,在全球规模仅次于美国。人均创业风险投资位居世界第一位,是全球风投资金聚集度最高的国家。

② 重视科技成果转化。大力发展技术孵化器。以色列政府高度重视科技成果转化。早在1991年就开始设立技术孵化器,直接或间接提供经费支持,帮助高新技术企业组建团队、商业策划、制订研发计划和寻找合作伙伴等。孵化器项目的孵化时间最多为2年,最高政府支持资金不超过项目批准预算的85%。目的就是在有限时间内用有限的资金,孵化出最具潜力和最高标准的高科技企业。

据统计,目前以色列国内有30多个孵化器,孵化成功率达50%以上,切实保证了孵化器内中小企业的研发与创新的顺利实施,为以色列创造骄人的经济奇迹提供了强有力的支撑。以色列每年都有一大批新兴企业通过孵化器成长壮大,尤其在生命科学方面,60%以上的企业都是通过孵化器发展起来的。

二、太仓科技现代化的实践

（一）太仓科技现代化的发展历程

纵观世界发展历史，可以发现各国自主创新能力的发展是与人类历史上多次技术革命的发展紧密联系的。每一次重大的科技革命和产业革命都伴随着大量的产业、基础设施、相关服务从技术核心国家向外围国家转移、扩散。科学技术发展到今天，已经成为当代经济、社会发展的决定性力量，科技日益成为现代生产力中最活跃的因素和最主要的支撑力量。

太仓由于特殊的历史原因，没能赶上前几次世界技术革命的浪潮，十一届三中全会以后，科技和创新活动逐渐恢复和发展。尤其是近年来，科技综合实力和创新能力显著提升，可以说对比20年前的太仓，科技创新从无到有，从小到大，引领太仓社会经济的转型升级。考察太仓科技发展历程，我们不难发现，自主创新能力的发展与产业演进紧密联系，可归纳为三个阶段。

1. 第一阶段，萌芽——以技术模仿为主（80年代初期—90年代初期）

十一届三中全会以后，计划经济体制开始向社会主义市场经济体制转变，太仓乡镇企业率先发展，凭借紧邻上海的地域优势，抓住上海工业资源外扩、技术外溢的机遇，通过模仿移植、消化吸收一些实用技术和工艺，奠定了工业基础，迎来了经济第一轮发展。到1996年，三产比重由1978年的51.71∶36.43∶11.86调整为15.13∶65.14∶19.73，"二、三、一"格局逐渐形成，这种产业结构的变换标志着工业化的迅速成长，工业演变为主体经济，自主创新意识开始出现萌芽。大量民营企业和乡镇企业对技术和人才的需求导致出现"星期天工程师"的鼎盛景象，以技术模仿为主的工艺改造开始了太仓科技创新之路的探索。

2. 第二阶段，孕育——以技术引进为主（90年代中期—"十五"末期）

90年代中期以来，科学技术是国家竞争力基础这一观念得到广泛认同，资本流动的热潮伴随着产业的转移随之兴起，太仓抓住机遇，承接转移，大力吸引发达国家和地区的资金和技术。外资研发机构具有资金雄厚、设备先进、专业性强等特点，对太仓自主创新能力的提高起到极大的推动作用；同时，坚持把打造民营科技企业作为一件大事来抓，不断加大对民营企业的科技扶持力度，千方百计提高企业自主创新能力和产品科技含量。到2010年，太仓高新技术产业产值占规模以上工业总产值的比重达到19.9%。伴随着科技创新载体建设、大型科技成果洽谈会的举办、科技服务工作的开展、产学研合作的推进等各项科技工作取得的进步，科技创新逐渐在经济飞速发展的大潮中崭露头角。太仓属于高新技术产业的企业主要集中在电子及通信设备制造业、医药制药业、专用科学仪器设备制造业、电气机械及设备制造业、新材料产品等五个行业100

多家企业,但其中有相当部分企业规模较小,产品附件值较低,缺少核心技术和自主知识产权的支撑,对科技现代化目标的基本实现提出了新的挑战。

3. 第三阶段,发展——以自主创新为主("十一五"以来)

太仓市"十一五"规划、"十二五"规划以及《关于发展太仓创新型经济实施意见》,把增强自主创新能力、建设创新型城市放在"十一五"发展的重中之重位置,明确提出要充分发挥企业在技术创新中的主体地位,着力培养一批具有自主知识产权的大企业、大品牌。同时深入实施"创新引领"战略,不断加大科技创新、招才引智、产学研合作等方面工作的力度,这为太仓自主创新能力的培养提供了有利的政策背景和宏观环境,再加上太仓近年来经济、社会发展所积聚的技术资源、人才资源、资金资源等,均为自主创新能力培养提供了优良的条件,太仓自主创新能力的发展正逢绝佳机遇。2013年研发经费支出占地区生产总值比重约2.25%,2014年底,太仓科技进步贡献率近60%,高新技术产业产值占规模以上工业产值比重达32.8%。

(二)太仓科技现代化的主要成就

"十二五"以来,太仓瞄准率先基本实现现代化总目标,以发展创新型经济和建设创新型城市为重点,大力实施创新引领战略,扎实推进科技创新工程,深入开展产学研合作,加速聚集各类高端人才,自主创新能力不断提升,转型升级步伐不断加快,科技创新工作阶梯式上升。2012年,科技创新能力位列福布斯县级市第6位,被认定为全国科技进步先进市、国家知识产权试点城市、江苏省创新新型试点市。

1. 高新技术产业提速发展

一方面,通过科技创新载体的建设,加大科技人才招商力度,有针对性引进高新产业企业(项目),从基础培育高新技术产业,从而改变产业结构。另一方面,按照创新型企业、高新技术企业、创新标杆企业、创新先锋企业、拟上市入库存培育企业、创新领军企业的梯队发展格局,加大各层次创新企业资质的培育与认定工作。到2014年底,高新技术产业实现产值683亿元,占规模工业比重32.77%,占比较2010年底提高了12.87个百分点;累计拥有高新技术企业174家,比2010年底增加了109家,约占规模以上工业企业13.55%,其中国家火炬计划重点高新技术企业13家;苏州创新先锋企业9家、科技拟上市培育企业13家;每年新认定省民营科技企业超过100家,新认定各类高新技术产品100只左右。

2. 自主创新能力显著提升

一方面,完善专利资金管理办法,为全面实施知识产权战略,发展高新技术产业,促进企业技术创新,强化知识产权保护,出台《太仓市专利专项资金管理办法》,开展专利信息数据库等平台建设和知识产权专题培训。"十二五"以来,累计申请专利30826件,授权专利20904件,分别比"十一五"期间累计数增长

92.45%和130.55%,万人发明专利拥有量达17.13件,比2011年底提高了12.8件。另一方面,加大国家关于企业研究开发经费加计扣除政策的落实力度,2014年199家企业研发费用加计扣除项目772项,备案金额超过31亿元;经苏州认定的R&D占比达2.13%,比2010年底提高0.32个百分点。

3. 创新人才团队集聚壮大

人才资源是第一资源,领军人才更是战略资源。太仓始终把领军人才引进工作摆在重要位置,大力实施"522"人才工程,高层次人才队伍不断壮大。截至2014年年底,共拥有国家"千人计划"人才15位,其中,自主培育3位;拥有江苏省创新团队3个;拥有省"双创"人才35位,其中,近3年获评21位;拥有"姑苏"领军人才44位,其中,近3年获评31位;自主培育江苏省博士计划人才16人、省企业家培育工程人才8人、省科技副总11人、太仓科技领军人才170位,领军人才企业共争取上级人才、科技经费1.08亿元。领军人才总量和每万名劳动力中研发人员数均超过100人,万名劳动力中人才数超过2000人。

4. 载体平台建设有力推进

"十二五"以来,先后出台《大中型企业研发机构建设方案》《加快太仓市科技创新载体发展若干政策的实施意见》,促进城市载体数量和质量较以往有大幅提升。其中,太仓港荣升为国家级经济技术开发区,国家特种功能材料高新产业化基地通过科技部论证,省级高新技术产业开发区获准筹建,大学科技园、生物医药产业园、科技产业园获批省级科技创新载体,天镜湖文化科技产业园和数字文化与创意产业基地分别入选首批省文化科技产业园和省产学研产业协同创新基地,沙溪、城厢、双凤被认定为省创新型乡镇。截至2014年年底,建有产业技术研究院4家、企业技术研究院3家,拥有省级工程技术研究中心26家、企业院士工作站4家、企业研究生工作站37家、外资研发机构21家,147家大中型工业企业超过99%的企业建立了研发中心。中科院计算所、技物所太仓分所、同济大学等9所高等院校的技术转移中心在太仓建立分中心。

5. 各类科技合作有序有效开展

一是产学研合作蓬勃开展。积极搭建产学研合作交流平台,每年举办"科创月"活动,在推动校地合作、校企合作等方面已初步形成了以企业为主体、市场为导向、高校和科研院所为依托的技术创新体系。企业通过产学研合作,提高了自主创新能力,提升了产品竞争力和市场占有率,取得了良好的经济效益和社会效益。"十二五"以来,市级层面与东南大学、同济大学等高校院所签订协议17项,267家企业与130所高校院所实施产学研合作项目549个,建成各类产学研联合体127个,合同金额达1.63亿元,项目总投资超11亿元,各项指标均较"十一五"翻了二至三番。实施产学研合作项目后,企业销售、利润和上缴利税增长40%左右。

二是科技金融彰显特色。在全省首创科才通项目,设立风险补偿专项资金,出台科技金融创新发展指导意见,引导银行优先向科技型、人才型企业放贷;把信誉度高、成长性好的企业优先推荐给江苏银行、农村商业银行等金融机构,争取更多企业获得金融扶持。"十二五"以来,科才通、科技之星和科贷通等科技金融项目累计为40家企业提供资助1.5亿元。目前,科技企业获批科技贷款余额为112.91亿元。

三是国际合作闯出新路。依托开放型经济优势,发挥"德企之乡"优势,鼓励德资企业建立研发中心、引进史太白技术转移中心,深入推进中德合作内涵,2013年苏州国家先进制造技术国际创新园获科技部批准。同时积极搭建交流平台,鼓励本土民营企业参加国际技术交流活动,破除民营中小企业活动范围有限、视野不够开阔、国际关系较少等难题,鼓励斯迪克、太瑞生诺、金江铜业、紫冠等一批企业与国外科研机构和商家合作,集聚人才、技术、资本等要素,提升企业综合竞争力。2013年,金仓合金与以色列理工学院共建服务于高端合金产品产业化的国际顶尖金属类研发中心,成为国内首个由民企与以色列高校共建的联合研发实验室。

6. 获批项目量质双双提升

"十二五"期间,太仓科技立项经费大幅增长,创新能力进一步提升。一方面强化项目的挖掘、培育,由科技局领导班子带队下基层、进企业,鼓励、指导企业实施科技创新项目。准确把握项目导向,精心培育重点项目,力争更多项目申报机会。另一方面,强化项目的申报指导和跟踪落实。邀请省市项目申报专家来太,向企业做高企申报、成果转化、研发机构建设等专题培训,详细讲解项目申报条件、申报流程、注意事项等各环节内容,切实提高申报成功率。2012年,4个项目获苏州市级科技进步奖;2件专利获第七届国际发明展银奖、3件专利获铜奖。据不完全统计,"十二五"以来,太仓累计获国家立项55只、省级项目149只、苏州项目60只,连续4年获批7项省重大科技成果项目,累计争取部省级经费近2亿元,资金数较"十一五"翻两番多。

7. 科技服务品牌效应显著

成功举办两届"科技创新工程推进月活动开幕式暨科技人才双百对接会",每年邀请百名高校专家教授和太仓百位科技型企业负责人对接交流,收集企业人才、技术需求,发布高校最新技术成果,为企业与高校开展合作牵线搭桥。建立领导干部重点企业挂钩联系制度,认真开展"政策进企、项目助企、人才强企、金融扶企、合作支企"为主要内容的"五企服务"和以"比创新、比业绩、比作风"为内容的主题教育竞赛活动。近三年,累计走访、调研企业近4000家次,举办高企高品申报、科技基础设施建设、大中型企业研发机构建设、重大成果转化等各类专题培训400多场次,累计辅导企业申报国家863、省重大成果转化、工业支撑等各级各类科技项目1000多个。

（三）太仓科技现代化的特点

1. 四大产学研合作载体平台

"十一五"以来，太仓科技局紧紧围绕和依托四大载体，不断深化产学研合作，充分发挥高校、科研机构技术优势，加快推进科技进步与创新，初步形成了优质科技资源集聚的良好局面。

（1）"6+1"国家技术转移联盟太仓工作站。由科技局与上海国家技术转移联盟共同组建。自2009年中科院上海国家技术转移中心、上海交通大学国家技术转移中心、华东理工大学国家技术转移中心与科技局共建"3+1"国家技术转移联盟太仓工作站以来，近两年，上海理工大学技术转移中心、东华大学技术转移中心、同济大学技术转移中心陆续加入联盟，"3+1"也逐渐拓展为"6+1"。"6"是指6所高校的国家级技术转移中心，"1"是指太仓市科技局。

工作站建立以来，已引进了一批高层次人才和优秀科技项目，其中，由引进人才带资金、带科技成果来太创办的7家企业是工作站工作的典型范例。这7家企业的创办人员均为各学科领域的尖端人才，其中国家杰出青年2名、教授6名、副教授3名，他们携带优秀项目来太，抢抓技术、应用的制高点，率先实现科技成果产业化、规模化，创造了客观的经济社会效益。7家企业累计申请发明专利、使用新型专利20多件，获批国家软件版权2项。获江苏省"双创"人才项目3项、苏州市姑苏人才项目2项、太仓"双创"人才6项。

依托国家技术转移联盟的名校人才资源优势，"6+1"推动了太仓产学研创新平台的建设。近年来，先后帮助两家企业建成了省级企业院士工作站，即中科院上海有机所—苏州雅本化学股份有限公司院士工作站、苏州荣文东华大学郁铭芳院士工作站，建立了10家大学生实习基地。经"6+1"协调推进，共与上海高校院所达成132项产学研合作项目，其中2010年11项、2011年40项、2012年81项，总投资近9亿元；建立产学研联合体近30个，柔性引进上海专家教授解决企业技术难题50多项。

（2）科技镇长团。为增强县区、乡镇科技创新能力，江苏省组织开展"科技镇长团"选派工作。2008年10月，常熟在全省率先启动科技特派员试点工作。2009年，江苏省选派68名年轻干部组成第二批"科技镇长团"，到苏南经济强镇挂职工作。在张家港、常熟、太仓、昆山、吴江，科技镇长团利用所在高校、院所的科研和人才优势，深入企业调研，把握相关技术领域发展态势和创新资源布局；深化产学研合作、加快创新载体建设，促进科技资源融合，推动特色产业做大做强，增强区域自主创新能力和持续发展能力。

紧扣科技和人才两大工作主题，注重打造"校地联合、校企联姻、镇团联动"的立体工作格局。

一是大力引进科技合作项目。

第五批科技镇长团自2012年8月到任太仓以后,累计走访企业1788家次,邀请专家学者1225人次到太仓对接洽谈,收集技术难题和人才需求368项,促成合作意向177对,达成各类政产学研合作协议84项,合同金额超过11亿元。帮助企业申报江苏省科技成果转化项目9项;帮助申报省工业支撑计划项目10项,省创新资金项目5项,申报国家创新基金项目14项,总计各类科技项目75项。协助建立各类各级产学研平台39个,成功对接"教授博士柔性进企业"等高层次人才97名。

二是努力完善"借力招才"机制,助力太仓企业引智升级。

"接轨上海"是太仓的重要发展战略,"科技镇长团"始终围绕借沪引智的核心任务,不断加大太仓—上海协同科技创新、招才引智、产学研合作的工作力度。2013年5月,同济大学太仓高新技术研究院正式落户太仓港区,研究院和"同高院"有限公司相继注册成立,首期落实投资近3亿元,同时规划建设投资2.7亿元的"同高院"成果转化基地。

为了推进"同高院"建设,"科技镇长团"先后协调同济大学领导与太仓党政领导进行4次专题磋商,组织同济大学各院系与太仓各区镇开展对接交流30多次,同济大学100多名各级领导、教授到太仓考察调研,围绕"同高院"建设走访有关企业60多家,组织太仓近100名各级领导和相关部门人员赴同济大学考察交流,在此基础上,研究制订了"同高院"总体建设方案与各分中心建设方案,并成立了由同济大学与太仓领导共同组成的推进机构,建立了专门的工作协调机制。在镇长团的协同努力下,同济大学太仓高新技术研究院成为同济大学在县级市建立的首个研究院,总投资达10亿元。

(3)健雄联合研究院。为加快建立以企业为主体、市场为导向、产学研相结合的科技创新体系,为太仓建设现代产业体系提供强有力的人才和技术支撑,太仓市委、市政府与东南大学、南航、电子科大等8所著名高校和企业联合共建了综合性政产学研公共服务平台——健雄联合研究院(挂靠健雄职业技术学院),于2010年7月揭牌。

健雄联合研究院是由政府、高校和企业联合共建的,集高层次人才培养、技术转移和高新技术企业孵化为一体的综合性产学研公共服务平台,包括联合研究生院和技术服务中心两大主要功能,其功能定位主要体现在以下三方面:一是人才储备与培养的功能。通过联合办学加强与知名高校之间的交流合作,提升健雄学院科研、教学和服务社会能力。把"联合研究生院"作为太仓高层次"双元制"人才培养基地,为太仓经济和社会发展培养实用型高级管理人才和专业技术人才,为太仓下一轮跨越发展做好人才储备。二是紧密政产学研合作的功能。从政府层面推进产学研合作,积极引入高校科研力量和科技成果等资源为太仓新兴产业发展服务，同时增进高校之间、企业之间以及高校与企业之间的交流合作，达到技术、行业强强联合的目的。三是构建科技金融体系的功能。通过政校企三方合作的成功案例，调动企业合作创新和自主创新的积极性，吸引企业资金建立风险投资机制。探索建立"政府搭台、院校推动、企业唱戏"的科技金融合作模式，加速推进产学研风险企业科技资源与风险投资企业产业资本有效融合。

目前，健雄联合研究院上联国内外25所著名高校和科研机构，下接太仓各行各业的科技发展和高层次人才需求，形成了1000多种符合太仓产业发展和企业转型升级的科技资源库；与地方企业产学研合作，成功引进高新技术47项，帮助20余家企业开展技术升级，产生直接经济效益1.6亿元；助推太仓5家企业成为江苏省高新技术企业；集聚专家学者80人；引进博士6名、行业领军精英团队6支；培育国家"千人计划"1人、省双创人才1名、姑苏领军人才2人、太仓"522"人才4名；在籍在职研究生培养520人；开办大学生创业培训班，培训2000多人，成功孵化创业项目20多个。

健雄"智汇"风暴越刮越大
——联合研究院吸纳高层次人才推动中小企业科技创新和转型升级

金秋十月，正值市第四届"人才宣传服务月"活动开展之际，最近健雄联合研究院又吸纳了20位专家、教授、学者、行业领军人才。目前，健雄联合研究院专家库人数超过了80人，联合成员院校达25所。

日前，健雄联合研究院迎来市第五批科技镇长团的所有成员，这些成员就新一批科技镇长团如何立足健雄联合研究院共同服务太仓人才和科技发展作了深入探讨。通过前四批成员与健雄学院的紧密合作，科技镇长团认识到，健雄联合研究院是一个集聚各方高端人力资源和技术资源的良好平台，是科技镇长团强有力的大本营，可以有效整合各成员及其身后高校、科研院所等资源，持续为太仓又好又快发展服务。据悉，健雄联合研究院已累计吸纳40多位科技镇长团成员加入自己的高层次专家团队。

挖掘太仓主体产业、高校及科研院所的高层次人才资源一直是健雄联合研究院的工作思路。10月11日，健雄联合研究院邀请东华大学材料学院和纺织学院的四位教授来太开展企业调研和产学研合作。新材料是太仓的支柱性产业之一，纺织和材料是东华大学的两个王牌专业，两者结合势必会擦出火花。东华大学的四位教授此次首选恒光化纤进行调研，并力争与该企业开展产学研合作。

在三方会谈中，东华大学的四位教授和恒光化纤的相关负责人以健雄联合研究院为枢纽，初步达成了合作意向。同时，健雄联合研究院的领导邀请东华大学的四位教授和恒光化纤的首席纤维技术专家加入健雄联合研究院的高端专家团队。五位专家接受邀请，并就如何开展工作制订了计划。据悉，恒光化纤立志做出中国人自己的王牌纤维,虽然企业规模不大,但注重研发、技术和人才的引进,在业内享有多种纤维的定价权。

此外,健雄联合研究院依托大学科技园引进来自美国立足于研发抗艾滋病小分子药物的黄新江团队、来自北京的智能物联网李湃和张小全团队、中组部"千人计划"国家特聘专家医学博士张晓东团队,这些团队的核心成员已成为太仓科技创新创业领军人才。除了通过合作吸纳联合高校及外部资源组建的高层次专家队伍,健雄联合研究院还通过招聘引进高端人力资源组建联合研究院专职博士团,目前这一专职博士团已有近10人,其中1人还是哈佛大学的博士。一部分博士通过进驻企业支撑企业研发工作,并帮助企业申报了近10项专利,还有一些博士依托联合研究院平台建立产业研究中心,帮助企业开展产业研究,并积极筹建生物医药、新材料、农业三个产业研究中心。同时,健雄联合研究院还借助高层次专家团队、技术资源和项目平台,加大对健雄学院本校师资的培养力度,打造本土化高层次师资队伍。

健雄学院有关负责人表示,健雄联合研究院将继续以太仓主体产业为基础,以平台载体建设为抓手,借助国内外著名高校或科研机构的资源推动太仓中小企业科技创新和转型升级。

(来源:2012年10月19日《太仓日报》,记者:徐盛兵)

(4)太仓东南大学重大技术成果转移和转化中心。是由太仓人民政府和东南大学科研院共同组建,旨在依托东南大学诸多学科领域的技术、信息和人才等方面的综合优势,和太仓新材料、新能源、电子信息、重大装备制造、生物医药等产业的特色和优势,积极为太仓提供一批可转化为现实生产力的科技成果,致力于打造成东南大学科技成果转化基地。中心的主要工作职责有:积极组织和支持企业与东南大学开展各种形式的科技人才合作,引进、转化及推广东南大学的科研成果,促进科技成果迅速转化和产业化;积极构建各类技术研发和创新平台,提高太仓企业自主创新能力,发展高新技术产业,助推产业结构调整,促进转型升级;积极服务太仓人才引进和培育工作,建立各种人才交流合作渠道;负责校地合作相关工作的联络、各项产学研活动的组织、校企合作项目的推进、实施和跟踪服务以及其他工作。

2. 五大产学研合作服务平台

"十二五"以来,太仓科技局着眼于提升企业技术创新能力和人才发展战略,为产学研合作搭建了五大服务平台,推进高新技术成果转化与产业化,取得了良好的成效,受到了企业的普遍欢迎和认可。

(1)生产力促进中心。该中心是太仓科技局下属的公益性事业单位,内设科技信息服务部、科技中介服务部、科技咨询服务部、科技载体建设部、成果转化服务部、科技创投服务部6个部门,采取"生产力中心+科技服务+科技企业"的创新模式,主要为企业提供产学研合作、科技成果推广、科技项目申报、科技培训、科技信息、技术贸易、信息网络建设等服务;为初创期中小企业提供科技创投服务;为政府提供决策咨询服务、信息网络建设服务;为社会提供信息服务等。目前,中心入驻各类科技服务单位13家,为1600多家企业提供科技服务2000多次,累计实现服务性收入近1千万元。

(2)太仓大学科技园。该科技园是江苏省科技厅和江苏省教育厅于2011年12月批复同意以健雄联合研究院、健雄职业技术学院为主体筹建的省级大学科技园,2013年4月通过省级验收认定。太仓大学科技园地处太仓科教新城的核心地带,位于太仓最南端,北依太仓市区和经济开发区,距太仓市中心约5公里,东南方向与上海嘉定完全接壤,距上海市中心约45公里,距虹桥机场35公里,是太仓接轨上海的最前沿,地理位置绝佳。以健雄联合研究院为主体建设太仓大学科技园是一个创新,能实现高校科技成果的软着陆,同时健雄联合研究院起着"浇水、施肥、催化、助研"作用,能促进科技成果尽快孵化出园,从而得以产业化。太仓大学科技园不仅仅对某一高校的科技成果进行孵化,而是针对太仓发展需求的战略性新兴产业,在国内外高校范围内选择市场前景好、科技含量高、附加值高的科技成果和项目入园孵化,这就避免了完全依托某一所高校建立大学科技园面临科技成果不多、对太仓产业相关度不高、成果没有可比性等方面的缺陷和不足。

太仓大学科技园结合太仓五大战略性新兴产业,积极开展领军人才团队引进工作,促进其科技成果转化、孵化。截至2014年年底,园区累计引入各类企业264家,相关合作高校11家,转化复旦大学、北京航空航天大学等高校科技成果32项,引进和共建的研发中心达8所,引入培训机构3个;累计引入本科以上人才950多人,其中留学人员约35人,博士学历约85人,硕士学历以上约220人。园内各级各类领军人才获评数达51人次,其中1人获国家千人计划奖励,2人获省双创人才奖励,4人获姑苏领军人才奖励,24人获得"522"科技领军人才奖励,2人获得"522"文化领军人才奖励,10人获得"522"文化重点紧缺人才奖励,8人获"522"太仓高层次人才奖励。园区先后获评"国家级高校学生科技创业实习基地""省级大学科技园""省科技企业孵化器""省大学生创业示范园""省三星级公共服务平台""省重点培育小企业创业基地""苏州市创业孵化示范基地"等荣誉。

太仓大学科技园以高端人才打造创新高地

"我们正在对申请入园的每一家企业进行详细的审查,只有符合标准的企业才能在园区安家落户。"近日,当记者在江苏太仓科教新城大学科技园管委会采访时,管委会主任王哲颇为自豪地对记者说。王哲这番话的底气从何而来?

区位优势显著　政府给力扶持

太仓大学科技园成立于2011年12月,地处太仓东南部,紧邻上海、苏州。

"从科技园30分钟就能到上海虹桥机场,我们已经开通往返虹桥枢纽的专线班车,方便频繁来往沪太两地的旅客。"大学科技园管委会办公室陈主任说。根据太仓"十二五"规划纲要及产业发展要求,大学科技园将建设成为整个太仓级的重点孵化载体,形成以现代服务业为主导,特别是文化和科技相结合的文化信息产业,大力拓展总部经济、服务外包、电子商务、金融服务、紧缺产业人才教育培训等特色业务形态,构建具有太仓自身发展特色的科技创新体系,推动科技和经济的可持续发展。

为了给入园的企业提供更好的发展环境,园区除了构建"一站式"的中介服务体系、知识产权工作站以及食堂、图书馆、体育场馆等完善的生活和商务配套外,还搭建了技术、资金融资等特色技术平台,助力企业更快更好地成长。科技园与中科院上海技术物理研究所、中科院计算机所达成深度合作协议,分别在园区设立技术研发中心和分所,实现研发中心技术专利与园区企业产业资本的快速融合。针对高科技企业对信息技术要求较高的特点,园区引入云计算服务平台,为园区企业移动多媒体、动漫制作、影视渲染、网络基因等领域的大规模工程计算、海量存储、数据处理提供平台。

与此同时,太仓、科教新城创业投资有限公司设立了6000万元的创投基金,扶持文化科技产业。大学科技园有限公司出资3000万元,积极对园内企业进行项目扶持和跟进投资。同时园区还联合市科技局、财政局与交通银行、中国银行等推出了"科才通"项目,为园区企业提供全方位的金融服务。

集聚尖端人才　打造田园城市

"我们瞄准现代服务业和人才集聚高地、建设生态宜居城市、实现产城融合发展的'三大目标',全力打造江苏接轨上海的桥头堡、文化与科技融合发展的现代田园城。"科教新城党工委书记施燕萍说。

"最能影响一个地区文化产业发展氛围的,是人才的聚集。"为吸引高层次人才前来创业发展,大学科技园配合太仓实施了"522"人才工程计划,对文化产业领军人才、重点人才等高端人才给予包括人才奖励、项目资助、安家补贴在内的各种优惠措施。

不仅如此,对于入驻大学科技园的文化产业人才计划项目,由载体单位提供不少于100平方米的工作场所,免收三年租金,并根据项目情况,优先推荐给创业风险投资基金,提供发展文化产业所需的金融优质服务,优先推荐申报省、市文化产业引导资金。通过大力引进与培育科技领军人才和创新创业团队,进一步扩大了以院士和业内知名人士为主体的专家库和智库,为产业及企业发展提供快捷、高质的服务。未来,大学科技园还将进一步推进人才国际化,引进一批具有国际视野和才能的高端人才,以人才高地打造创新高地。用3~5年,引进100名重点领军人才、1万名产业人才、新增100万平方米产业载体。

"作为一个新兴的产业园区,要发展必须打造一流的软硬件环境才能吸引一流的人才。"科教新城党工委委员包加林说，新城内没有工业企业，按照生态优美、低碳环保的要求精心打造现代田园城市，提升城市形象与品位，展现水绕城、花映城、绿满城、田依城的美丽新城风光。

总占地面积约450亩风情水街海运堤目前完成一期建设，已形成汇聚中高级餐饮的特色美食文化街。二期也将于今年10月开街，将以特色中西餐饮和主题文化酒吧、休闲娱乐、儿童游乐、历史文化展示、精品酒店等为主，成为太仓城市文化休闲新地标。

人才培训基地　储备智力资源

"人力资源，特别是高素质人才是园区持续发展的基础和排头兵。"目前，园区设立了水晶石实训基地、澳大利亚互动娱乐学院、太仓健雄服务外包人才培训基地、江南数字媒体研究院、南航大文化产业研究院、中科院计算所太仓分所等六大培训基地，每年培训规模可达5000余人次。

园区还与苏州大学、南京师范大学等7所高校建立了长期的合作关系，作为大学生假期实习基地，吸引高校学生留在当地工作。这不仅满足了太仓文化科技企业对人才的巨大需要，还使大学科技园成为重点面向电子信息和文化创意产业的现代科技培训基地。

2013年1月，位于太仓大学科技园内的中国科学院计算技术研究所太仓分所成功承办中国科学院大学"计算机技术"在职工程硕士太仓培养点，通过建立人才培养和孵化基地，为政府、金融、教育、制造业、零售、服务、能源、物流和交通、媒体、电信、公共事业和医疗卫生等行业输送创新型实用人才。"计算机技术"在职工程硕士的培养，满足了太仓各大中小型企业对计算机中高端人才的迫切需求，成为人才需求与输送之间的一座重要桥梁。

今年2月，中兴通讯亚太区实训总部入驻园区，这是继深圳、北京、西安、南京之后建立的又一个培训基地，实训总部依托中兴通讯强大的技术力量，提供专业的通讯、软件、移动互联网培训，为园区企业输送专业的人才。

"实验机房、云计算……只要是培训需要的硬件和软件我们都按照行业高标准来配备。"中兴通讯亚太区实训总部负责人焦敏告诉记者，"我们有先进的通信设备实验机房，有中兴通讯师资库支持的顶尖培训教师，可以根据企业的需求，帮助企业'定制'人才。"据了解，太仓大学科技园现已入驻企业近百家，贝乐欧车联网、中物时代智能化科技等40个科技文化类项目完成注册，另有各类在谈科技文化类项目约100个。今年4月成功获批成为省级大学科技园，并正在积极申报国家级科技园区。

（来源：2013年11月4日中国江苏网，通讯员：张伟伟）

(3) 太仓市高分子材料研发中心公司。该公司是太仓生产力促进中心下属的法人独资企业，同时也是与中科院化学研究所合作组建的公共技术服务机构。公司主要从事高分子材料、生物医用材料、医药分子和中间体合成的研发和创新。公司的目标是根据国内市场需求，开发出满足客户要求的产品，以最适宜的技术导入市场，提供优质服务，将技术中心新开发的实验技术或中试技术进行产业化推广，致力于成为高分子科学技术的先驱者和广大供应商、客户的最佳合作伙伴。

目前，公司拥有自主发明专利6项，合作发明专利8项，参与了10余项国家标准与行业标准的制定，在功能涂料、生物医药、高分子助剂等多个专业技术领域拥有核心技术。公司有雄厚的科研实力，下辖2个科研创新团队，与中科院化学所、华东理工大学等国内知名高校和科研院所有着广泛的合作，与常熟理工学院搭建了"功能高分子材料"共建研发平台，汇集了一批国内知名专业技术人才，已相继开发出多种高新技术产品，分别应用于塑料化工、涂料、生物医药等行业。目前，公司与苏州韬普电子有限公司合作开发的防静电电子胶、与太仓开林油漆涂料厂合作开发的船底防雾漆已进入生产应用阶段，取得了良好的经济效益。公司与太仓浦源医药有限公司开展了"医药中间体"产学研前瞻性研究项目，与常熟理工学院合作申报了省级"功能氟碳树脂"前沿性研究项目，为太仓康辉科技有限公司改进PVC发泡材料技术，并促成华东理工大学与华伦皮塑有限公司、常熟理工学院与太仓市宝马环境工程有限公司等开展了深入的产学研合作，取得了良好的实效。

（4）科技服务中心。该中心成功打造了江苏省内第一家"科技服务超市"。所谓"科技服务超市"，就是将专利申请、项目申报、企业管理、技术咨询等一系列科技服务像货品一样集中陈列在某一区域内，企业就像顾客，按照自己的实际需求选择相应的服务种类，解决发展经营中遇到的技术问题。中心现有2600平方米的窗口式服务场所，为太仓中小企业、外资企业、高新技术企业和新材料产业基地提供科技信息、科技成果展示发布、技术产权转移交易、科技创业投融资、科技合作交流等"一站式""一条龙"服务。中心累计举办成果发布17次，实现中科院与企业技术对接9次，培育成果产业化项目3个，带动社会资金8300万元，成为助推太仓经济社会高效发展、展示企业自主创新成果、展现科技发展新形象、树立科技服务新品牌的窗口。

（5）科技创新创业领军人才服务中心。该中心成立于2011年7月份，中心除了贯彻落实国家、省、市关于引进科技创新创业领军人才的政策措施，组织申报各类人才项目外，还搭建了高层次人才创业服务中心公共服务平台，建立相关人才数据库，为科技人才、领军人才所在的企业提供团队建设、企业管理、人事服务、项目申报、知识产权保护、融资担保、医疗保险、子女入学入托等全方位服务，为高层次人才"引得来、留得住、用得好"发挥了一定的作用。

3. 十大科技创新项目

2013年，太仓投资逾30亿元，打造同济大学高新应用技术研究院建设工程、太仓生物医药产业园平台建设工程、中德先进制造技术国际创新园建设工程、太仓生物港建设工程、江苏太仓创意产业园建设工程、太仓检验检测产业园建设工程、太仓科技信息产业园二期建设工程、太仓张江信息产业园建设工程、大中型企业研发机构全覆盖工程、创新型企业群培育工程等十大科技创新项目（如表6-3所示）。

表6-3 太仓十大科技创新项目

项目名称	项目总投资、建设规模及主要建设内容
同济大学高新应用技术研究院建设工程	总投资10亿元，依托同济大学在新能源汽车、先进制造技术、轨道交通与港口、海洋重大装备、新能源、新材料、电子信息、城市规划、环境保护、生物医药、创意设计和文化传媒等方面的学科优势，建成以政府为主导、公司化运作、企业广泛参与的技术创新载体。
太仓生物医药产业园平台建设工程	总投资约6亿元，占地约130亩，主要建设医疗器械公共服务平台、基因工程重组新药药学中试平台、小分子药物制剂工艺研究及中试放大平台等生物医药孵化载体和商务酒店、研发办公楼、专家楼、人才公寓配套商业等。
中德先进制造技术国际创新园建设工程	3年内，建设30万平方米孵化器、加速平台，10万平方米科技配套服务平台，引入50个左右国际科技合作项目，近10家境外技术转移机构，与10家国外高校建立研发、技术合作关系，引入约200名海外管理人才及先进的技术。
太仓生物港建设工程	一期总投资3亿元，规划面积约250亩，以国家级太仓港经济技术开发区为依托，重点发展生物体外诊断试剂及相应仪器、耗材为主的新兴产业，形成"企业——孵化器——加速器——产业基地"模式的创新创业服务体系。
江苏太仓创意产业园建设工程	总投资约5.4亿元，总占地40.7亩，建筑面积约11万平方米，重点引入工业设计、建筑与设计、包装与服装设计、平面与广告设计、影视制作与工艺美术等文化创意产业，成立太仓——香港设计中心、快速成型交易中心和人才培训中心，拟引入各类工业设计企业和研发机构100家以上，引进高级人才千人以上。
太仓检验检测产业园建设工程	总投资3.24亿元，占地约80亩，建筑面积约7万平方米，将在光环境监测、相关产品质量检测、新产品研发、信息咨询服务、专利成果标准化、国际先进标准的采用、新产品展示以及员工培训等方面为企业提供服务。
太仓科技信息产业园二期建设工程	总投资约5亿元，占地约60亩，建筑面积约13万平方米，重点发展区域总部经济、移动互联网、科技研发、软件开发、服务外包等现代服务业。
太仓张江信息产业园建设工程	总投资约5亿元，占地73亩，主要发展移动终端和芯片设计、数字内容开发运营等文化创意产业和软件开发、服务外包等产业，目标建成张江国家自主创新示范区太仓分园。
大中型企业研发机构全覆盖工程	大中型内资企业和高新技术企业全部建立研发机构，实现全覆盖；大中型企业90%以上建立研发机构。
创新型企业群培育工程	到"十二五"末，重点培育10家创新标杆企业、10家科技上市企业，新增100家高新技术企业。

十大科技创新项目涵盖了科技创新载体建设、研发平台建设、公共服务平台建设、科技型企业集群建设等方面，对提升太仓科技创新能力和推进经济社会转型升级有着举足轻重的作用。太仓科技局将认真做好项目沟通、协调、汇

总和通报工作,着力解决项目推进过程中存在的瓶颈问题,针对具体问题,采取具体办法,认真加以解决,真正把项目建设落到实处,切实发挥十大科技创新项目在科技创新引领方面的实效,提高太仓自主创新能力,努力建设创新型城市。

4. 各类人才彰显创新活力

太仓大力实施"522"人才工程,一方面通过举办科技人才企业——高校人才对接会、苏州国际精英周太仓分会场、广州留交会等重大活动,宣传太仓创新创业政策积极引才;另一方面,对现有科技型企业家、科技领军人才、高层次研发人才、高级管理人才开展专题培训积极育才。同时,强化人才在住房、医疗、社保、子女教育等方面的服务,努力营造人才培养、引进、使用的良好氛围。

创新人才总量的不断突破,促进产业结构优化。目前,太仓76家科技领军人才企业共拥有职工4338人,其中34.9%为研发人员、博士194人、硕士357人、留学归国人员121人、高级支撑134人,高层次人才占职工总人数的18.6%,为创新型城市建设插上了腾飞的翅膀。

76家科技领军人才企业中有62家企业集中在电子信息、生物医药、新材料、新能源等新兴产业领域。赛业、冠科、昭衍、金盟等企业初步形成了生物医药行业的产业链。陆群、蓝田、秦志光、路庆华等高端人才的落户将吸引越来越多的国内外一流专家、学者来太仓创新创业,推动太仓新兴产业向多元化、国际化方向发展,进一步促进城市产业结构的调整与优化。

成功引进一名人才,可以做大一个企业,催生一个产业。76家科技领军人才企业中有11家规模工业企业、5家高新技术企业以及太仓仅有的2家技术先进型服务企业。虽然领军人才企业总量小,但创新能力强。共申请专利689件,其中发明专利280件;拥有授权专利214件,其中发明专利41件,发明专利占专利授权总量的比重达19.2%,高于太仓3.43%的平均水平。领军人才企业建设的工程技术研究中心、科技公共服务平台、研究生工作站等基础设施建设情况良好。

随着科技领军人才企业的相继落户和企业规模的发展壮大,人才企业对区域经济的推动作用越来越明显,部分企业已成为板块上的领头羊。2012年,共有44家领军人才企业实现销售总额296455万元,同比增长27%;实现利税21987万元,同比增长51%。2013年52家企业实现销售总额38亿元,同比增长约30%。

太仓"522"工程打造人才引进绿色通道

太仓产的水果番茄、太仓产的滴灌肥、太仓产的药品配方……近年来,太仓大力引进各方人才,越来越多的东西打上了"太仓产"的烙印,尝到了高层次人才给太仓经济发展带来的甜头。随着"522"人才工程的实施与落实,太仓将吸引更多高层次人才的聚集。

放眼世界找人才

近几年来，太仓大力实施人才强市战略，将人才优势转化为转型升级的强大动力。为了在人力资源这块大富矿里淘到发展的真金，太仓接轨上海、放眼世界寻找人才，截至目前，已有86618名人才集聚太仓。

太仓与多家知名高校合作，先后成立了中科院上海技术转移中心太仓分中心，与中科院上海分院、上海交大、华东理工大学等共建国家技术转移联盟太仓工作站，与上海复旦大学合作建立"复旦—太仓高级管理人员发展中心"。还通过技术对接，签订沪太产学研合作协议，共吸引沪上项目579个，投资总额196亿元，注册资金64亿元。

引进人才，还要有国际眼光。太仓在美国侨报、欧洲时报、澳洲侨报等海外主流媒体推介人才政策和创业环境，增加太仓对海外人才的吸引力；每年，太仓都赴德国举办"太仓周"活动，并与国外培训机构合作选送人才集中受训；目前，太仓正在抓紧筹建驻德国、美国太仓人才工作站，力争于今年8月份正式运行。同时，引进外资艾立特人才服务有限公司，依托其总部在香港的"节点"优势，为太仓引进高端人才提供猎头服务。

人才开发"太仓产"

去年底，总部位于美国硅谷的中美冠科生物技术落户太仓科技创业园，这家从事生物医药外包服务的公司为美国辉瑞等世界医药巨头打工，企业领头人吴越团队在去年入选"姑苏人才计划"。今年，他们的销售目标为700～800万美元，而他们在太仓只有区区数百名员工，人均创造的产值可谓非常巨大。

另一位入选"姑苏人才计划"的卜崇兴，刚刚研发了全国首创的"红串"水果番茄，将来全国的人均可吃到这种水果番茄，都会知道这是"太仓产"；此外，其在太仓开发的全价营养滴灌肥，可以防止土壤盐碱化，使作物增产，年销售500吨，5年内预计实现利润6800万元，并最终成为中国配方滴灌肥料的引领者。

如果多几个这样的人才团队，并带着他们的技术和项目，在太仓这片热土上汲取养分，收获成果，一个城市新的经济增长点就可能被激发。太仓已经尝到引进高层次人才带来的甜头，而这还只是开始，相信人才带来的潜力会有更好更大的爆发，他们代表着太仓更美好的未来。

人才创业舞台大

"太仓新兴产业崛起和产业转型升级、科技创新都需要人才。"太仓人才办有关负责人介绍，所谓"良禽择木而栖"，太仓也将在多方面积极打造人才引进的绿色通道，为各类人才施展才华建好舞台。

在太仓出台实施的"522"人才工程政策中，计划在5年内投入5个亿引进、培育并重点支持200名能够突破关键技术、发展高新技术产业、带动新兴产业的科技创新创业领军人才，2000名重点产业紧缺创新人才。

"领军人才将给予35万～250万元的安家补贴，100万～400万的专项经费资助,100万~500万元的风险投资,高层次创新创业人才在居留和出入境、落户、医疗、住房、税收、子女入学等方面将出台一系列政策,并建设太仓科技领军人才服务中心,为高层次人才创新创业提供一站式、全过程的服务,让人才在太仓创业有舞台、服务有保障,推动人才在太仓生根、事业在太仓腾飞。"这位负责人说。

(来源:2010年7月6日江苏人才工作网,记者:廖文婷)

5. 政产学研合作成效日益显著

(1) 企业创新主体地位日益深化

企业有明确的技术创新需求和可供合作的技术项目,企业家对产学研合作高度重视,能够为产学研合作提供技术支持,保障合作项目的资金投入,这些是产学研合作的必要前提。市科技局调研数据显示,产学研合作已成为企业提升技术研发能力的重要方式。接受调研的企业中,84.85%是通过产学研合作方式建立研发机构的,研发人员数占企业总数的20%。与省内高校院所开展实质性的产学研合作的企业占被调研企业总数的75.76%。调研数据还显示,产学研合作形式日益多样化。目前,企业与高校开展产学研合作,以联合开发形式合作的占36.36%、委托开发的占21.82%、咨询服务的占18.18%、人才联合培养的占16.36%、技术转让的占5.46%、股权合作共建企业的占1.82%。这些合作进一步提升了企业的自主创新能力,加速了科技人才的有效集聚,成为创新型城市建设的重要推手,也为这座快速崛起的科技新城增添了勃勃生机。

(2) 政府搭建平台形式日益多样

近两年,通过市领导深入高校走访,科技镇长团牵线搭桥,科技局、人才办等相关部门的共同努力,太仓市与清华城市规划设计研究院、东南大学、哈尔滨工程大学、东华大学等17所高校先后建立了全面合作关系,其中"985"重点高校、"211"工程大学占70%。

此外,科技局、人才办等相关部门一方面通过举办"曙光学者太仓行""科技人才双百对接会""校企直通车"等上百场活动,把高校专家、教授请进来,与太仓企业洽谈项目,解决技术难题。另一方面,组织科技企业家开展东南大学行、东华大学行、苏州大学行、成都高校行等活动,鼓励企业走出去,主动与高校对接合作。据不完全统计,目前,已有12所"985"高校和31所"211"工程大学与当地100多家企业开展了各种形式的产学研合作。

三、太仓科技现代化的探索

"十二五"以来,太仓科技工作瞄准率先基本实现现代化目标,深入实施科技创新六大工程,全力助推创新型经济发展和创新型城市建设,科技综合实力稳步增强。对照率先基本实现现代化指标体系,涉及科技方面的主要有高新技术产业产值占规模以上工业产值比重、R&D 经费支出占 GDP 比重、万人发明专利拥有量、科技进步贡献率及每万劳动力中研发人员数等五项指标。其中,科技进步贡献率指标已达目标值 97.1%;每万劳动力中研发人员数指标 2012 年已达目标值 136%;万人发明专利拥有量 2014 年已达目标值 114%。

(一) 太仓科技现代化问题分析

太仓基本现代化各指标中几个弱项指标分别是:高新技术产业产值占工业总产值比重、R&D 经费占 GDP 的比重,目标值分别为 45%、2.8%。影响着两项指标全面达标的主要问题分析如下:

高新产值占比:一方面受产业结构影响,沿江基础产业、原有制造业对不上高新产业目录,影响了列统企业数量。2014 年底太仓 1165 家规模企业中列统高新的 224 家,占比为 19.22%;另一方面高新技术产业企业产出规模较小、产业布局不够合理、产业链没有形成。太仓前 10 名规上企业中仅有 1 家进入高新产业列统范围,前 20 名中仅有 7 家。

R&D 经费支出占比:太仓高校及科研单位少,大中型企业不多,部分企业对科研投入认识不足,重视不够,对科技统计业务不熟悉、尺度把握不准。

总体来说,这两项指标都与科技创新直接相关,这些指标的数值偏低,说明科技创新不足,科技创新对经济社会发展的支撑力度不够,引领作用发挥得不好。这些弱项指标主要集中在科技创新的两个层面上,一是科技创新成果偏少、创新资源没有形成集聚效应;二是科技创新的内在驱动力缺乏,科技创新与经济社会需求的联系不紧密。太仓基本实现现代化进程中的主要问题的根源是科技创新内生驱动力不足。

1. 科技创新内生驱动力不足导致产业结构处于低端

产业结构转型滞后是太仓基本实现现代化的主要问题。根据钱纳里等人的研究,当经济处于工业化中后期阶段时,引领产业结构优化升级的主要因素已经由资本和劳动的投入转向技术要素的投入,科技创新开始成为推动产业结构优化升级的主要动力。太仓科技创新驱动力不强,产业的核心竞争力不强,具有知识产权的核心技术缺乏,太仓的科技创新虽然在国内县级区域处于领先行列,但在经济全球化的背景下科技创新是国际化的,只有国际领先才是真正的领先,因此科技创新必须参与国际竞争,用国际标准来衡量,在这方面太仓缺人才、缺成果,尤其是缺领军人才、高端人才,缺重大成果,太仓科技创新内生驱动力的不足对产业结构影响很大,产业结构转型滞后,没有及时转向科技创新驱动的以第三产业为主导的产业结构。

2. 科技创新内生驱动力不足尤其表现为企业自主创新能力低下

太仓企业自主创新能力整体还处于较低水平,企业的对外技术依存度仍然较高,企业研发经费的投入强度一直在低水平徘徊。说明企业一方面缺乏科技创新的实力,既缺人才,又缺经费,缺乏科技创新的团队,没有科技创新的资金,尤其是太仓大量的中小企业,生存都是步履维艰,很难创新。另一方面企业缺乏科技创新的动力,企业都是趋利的,但在目前的环境中企业开展科技创新感受到的风险还太大,顾虑很多。民营企业家思想保守,加之在以创新为核心竞争力的形势下缺乏与时俱进的意识。

(二) 太仓科技现代化的机遇和优势

目前已进入"十二五"末期,即将跨入"十三五",这是太仓依靠自主创新引领产业升级、结构转型的攻坚期,新的机遇、新的挑战对太仓的自主创新与科技发展提出了新的更高的要求。

1. 新的机遇

十八大以来,国家自上而下全面推进创新驱动发展战略。全面深化改革领导小组多次会议强调科技创新的重要性、紧迫性,习总书记、李克强总理多次发表重要讲话提出新时期科技创新工作的思路,要求全社会深入贯彻党的十八大和十八届二中、三中全会精神,落实创新驱动发展战略,促进科技与经济紧密结合,落实《中共中央国务院关于深化科技体制改革加快国家创新体系建设的意见》(中发〔2012〕6号)。先后发布了《国务院关于改进加强中央财政科研项目和资金管理的若干意见》(国发〔2014〕11号)、《国务院关于加快科技服务业发展的若干意见》(国发〔2014〕49号)、《关于深化中央财政科技计划(专项、基金等)管理改革的方案》等系列文件。上海自贸区的溢出效应、苏南国家自主创新示范区的设立、上海将建全球科技创新中心、多年科技基础的积累均为太仓迎来了独特的优势与机遇。

2. 新的挑战

随着经济发展进入新常态,要理性面对经济社会发展,在产业转型升级、发展战略新兴产业及高新技术产业过程中,自主创新是核心。因此,"十三五"时期应把解放和发展科技生产力作为推进经济增长方式转变的基本路径,把建设创新型城市作为决定未来命运的战略决策,必须把制度创新作为提升自主创新的有效途径。同时,太仓科技发展面临着非常严峻的挑战,在以下三个方面表现得尤其突出:中心城市对人才、技术、资源等要素的集聚能力将明显增强,城市能级偏低、创新资源有限、经济总量不大的太仓将面临更多的竞争新考验;高新产值占比相对较低,传统产业占比仍较高,传统优势行业规模的扩张将倍受新压力;自主创新对经济社会发展的主导作用尚未充分体现,体制与政策的不完善将对太仓高新产业的发展产生新障碍。具体说,一是研发孵化、人才创新基地偏少,承载科技型企业、人才创新创业的载体空间需进一步拓展。二是创新资源匮乏,在本土高校科研院所缺乏的情况下,急需引进国内外一流科研院所与政府深度合作引领产业发展。三是创新领军型企业不足，企业自主创新的意识和能力尚待增强，特别是在研发人才的培养、研发经费的投入、高品新品的开发、创新项目的实施上仍需强化引导。四是产业结构有待优化，高新占比虽然近两年来大幅提升，但仍与周边地区存在着较大差距，转型升级的任务仍然很重。五是创投机构不多，民间创业投资不够活跃，规模不大，金融与科技的合作仍需更大突破。六是科技服务业体系不健全，本土科技服务机构甚少，服务层次和水平不高。

(三) 太仓科技现代化的思考

1. 加快推进高新技术产业发展步伐

要促进太仓率先基本实现现代化，关键是要厘清思路，明确目标，增强科技创新内生驱动力，以创建苏南国家自主创新示范区为契机，进一步突出企业创新主体地位，完善科技创型体系，助力创新引领战略深入实施。加快从现代化第一阶段向现代化第二阶段的转变。

（1）加快创新载体提档升级。科技企业孵化器为核心的科技园区是集聚高端要素的重要载体平台，是城市转型发展的"发动机"，是区域创新体系的重要组成部分，是区域经济发展的创新源泉，是带动区域经济结构调整和经济转型升级的重要引擎。应努力将太仓大学科技园升格为国家级大学科技园，全力以赴协调推进重大科技创新项目建设，重点推进同济大学高新应用技术研究院建设工程、太仓生物医药产业园平台建设工程、中德先进制造技术国际创新园建设工程等，设立产业技术发展专项计划，对新兴产业领域的关键技术、重大载体和重点项目，予以集成支持、滚动支持。进一步优化江苏太仓创意产业园、生物医药产业园、太仓科技信息产业园二期等六大园区的发展规划和产业布局，完善并落实各项优惠政策，着力引进、培育龙头骨干企业，打造、延伸科技产业链，增强园区孵化、辐射、带动能力。

（2）加快培育高科技成长型企业群体。高科技产业已成为衡量国家综合国力的重要指标，作为高科技产业微观单元的高科技企业，以其创新动力和专业化技术，不仅为孵化新兴产业、激活区域经济提供了重要的基础，而且还成为推动产业升级、提高经济综合竞争力的基本力量。加快培育高科技成长型企业群体，对太仓积极探索产业发展新模式，加快构建结构优化、技术先进、附加值高的现代产业体系至关重要，对推进"第二个率先"，奋力开创现代化建设新局面至关重要。

然而受到宏观经济形势和多重不利因素影响，太仓高科技成长型企业存在诸如企业规模偏小，企业融资相对困难，企业引进人才难度较大，公共服务体系不够完善等问题，但针对太仓转变经济增长方式的目标和特点，明确实施创新推动战略性任务，集中力量在关键领域取得突破，积极营造有利的发展环境，是完全可以克服以上诸多困难和障碍的。

大力争创省创新型领军企业,积极培育苏州创新先锋企业,经认定企业给予科技创新活动经费扶持;同时,对省创新型领军企业、苏州创新先锋企业兑现落实省、市相关税收优惠与奖励等方面政策。

另外,标杆企业产业带动力大,对培育企业群体、做宽做强产业链、发挥产业集聚优势至关重要。如昭衍、雅本化学、德威新材料等标杆企业在太仓的生物医药、新材料产业发展中发挥了重要的引领作用,因此要进一步加大扶持力度。通过标杆企业的核心带动作用,逐步形成以之为辐射圆点的高科技成长型企业群体。

(3) 重点扶持一批中小微科技企业发展壮大。研究制定科技型中小微企业认定管理办法,筛选创新能力和发展潜力俱佳的科技型中小微企业进行重点培育,大力推进实施江苏省科技厅提出的"小升高"计划。推动银行、保险、创投等机构创新服务产品,一是加大对科技型中小微企业的金融支持力度;设立天使投资基金与天使投资引导资金,对初创期科技型小微企业给予重点支持。大力通过种子基金重点扶植科技创新型"苗企业",有效促进企业开展自主创新活动,推进初创企业的融资速度。另外,聚焦科技资源、形成科技合力,共同推动科技成果转化。围绕科技成果转化,加强技术集成和商业模式创新,利用技术成果转移和转化中心,逐步建立完善专业化的检测中心、信息中心、技术交易中心等配套服务平台,加快推动信息共享和技术转移,促进科技成果向产业化生产项目加速转化。充分发挥"科技镇长团"、上海国家技术转移联盟太仓工作站的作用,强化政府、企业和高效、科研院所的交流合作。

(4) 以人才结构优化引领和助推产业结构转型升级。加大引进和培育科技创新人才是从源头上增加科技创新成果、发展高新技术产业的根本途径,引进人才特别是引进领军型海归人才是发展战略性新兴产业和重点产业的捷径。要以人才结构优化引领和助推产业结构转型升级,实现高端的人才与高端的产业结构相互促进,形成良性循环。要实现人才的超常规发展,率先实现人才强市的目标。

第一,大力引进高层次人才,优化人才结构。双向推进面上广泛引才和本土定点育才工作,引导和激励领军型高端人才、优秀创业创新人才向太仓集聚。优化人才结构,以人才结构优化引领产业结构优化升级,并实现产业结构与人才结构的良性互动。继续完善和实施引才计划,如"522"人才工程、"姑苏人才计划""省双创人才计划"等,完善人才、智力、项目相结合的柔性引进机制。承办好国际前沿技术与产业化发展峰会等各类专业科技人才交流活动,举办好科技双百对接会,组织参加好国际精英周太仓分会场、广州留交会等活动,吸引产业发展紧缺的国内外高层次人才来太仓参观考察、投资兴业。

第二,完善创科技人才队伍建设的体制机制,引导科技人才向企业集聚。以科创园、软件园、工业设计园、大学科技园、生物医药产业园、科技产业园等载体为依托,大力实施人才引进培养计划,广泛吸引科技人才和专家学者带成果、带技术、带项目入驻园区,从场所提供、资金争取、市场开拓等方面予以扶持。

第三,加强科技人才流动,进一步促进产、学、研三方通过多种方式、多条渠道开展合作和结合,鼓励企事业单位采取灵活方式引进国内外智力。提高企业的社会地位,改变实际存在的"官本位"的状况,增强企业对科技人才的吸引力,推动科技人才向企业集聚。

第四,建立人才激励机制,如股权激励、带薪休假制度、职务晋升等。政府要搞好对人才的服务,建立公益性服务与社会化服务相结合的公共服务体系。加快完善城市休闲、娱乐、消费等功能,适当引进高层次的运营商,提升商贸服务业档次。强化各类要素保障,积极为人才的衣食住行以及配偶子女的就业就学、医疗保障等方面给予优先帮助,构成有利于人才"宜居""利居""乐居"的高品质的生活服务环境。通过人才配套服务,为培育高科技成长型企业群体提供智力保障。

(5) 引导多元投入,健全科技金融。在推动战略性新兴产业发展的资金投入方面,用政府引导性资金投入的增长带动社会多元化资金投入的增长和企业主体性资金投入的增长,构建政府、企业、社会等多元化的投入体系。

加强科技与金融的结合,就是要充分利用银行信贷、创业投资、保险和担保等直接和间接融资手段,促进资本要素向新兴产业集聚。目前太仓有10多家创投公司、两家私募公司,在提供资金支持(主要包括项目投资、融资租赁、供应链服务、私募基金投资)、技术帮助、配套服务等方面发挥了一定作用,但与周边区域相比仍存在总量偏少、公司定位不准、专业人才紧缺、业务性不强、投入实体企业形成产业资本的比例严重偏低等问题。可根据高科技成长型企业发展的不同阶段,发挥社会资本作用,分别引入不同类型的基金管理模式,如天使基金、创投基金、风投基金、PE私募投资基金、并购投资基金、IPO等。

在信贷政策方面,强化金融服务支撑,重点鼓励金融机构加大信贷支持,积极发挥多层次资本市场的融资功能,大力发展创业投资和股权投资基金。主要包括积极开展知识产权质押融资、产业链融资等信贷方式创新,建立政府创业投资引导基金和产业发展投资基金等,扶持和引导发展创业投资,加大力度支持战略性新兴产业发展。整理发布科技企业名录,把信誉度高、成长性好的企业优先推荐给江苏银行、农村商业银行等金融机构,争取更多企业获得金融扶持,同时可尝试设立科技支行,专门针对科技型企业开展投融资业务。

加强多元科技投入,努力激发企业创新活力。强化政府科技投入增长的保障机制,确保政府在年初预算分配和财政超收分配中全社会研发投入占生产总值的比例逐年明显提高。合理安排经费比例,加大对创新型企业群体建设的科技经费支持。完善以公共财政投入为引导、企业研发投入为主体、社会资本为补充的多元化、多渠道的科技投入体系,综合运用财政拨款、基金、贴息、担保、创投等多种方式吸引社会资金向创新创业投入。

2. 加大研发投入，突出企业创新主体地位

（1）加强创新氛围的营造。突出制度创新的职能，要加强有利于创新驱动的制度环境建设，建立鼓励科技创新的政策体系，在目前尤其是要加强知识产权的保护和管理力度。即要完善知识产权宣教体系、政策体系和服务体系，出台知识产权质押融资政策，健全专利信息服务平台和专利代理机构，重点扶持以自主知识产权为支撑的高新技术项目。完善服务体系，培育本土专利代理机构，分行业、分产业建立专利信息服务平台。加强与上级知识产权部门沟通联系，争取加快审查、授权周期，并做好对发明授权专利的监控，确保授权专利有效性的维持。

（2）引导企业提升创新能力。第一，树立持续创新观念。从战略上认识到企业技术创新能力对提高企业市场竞争力的作用，认识到企业经济增长方式转变要建立在提高企业技术创新能力的基础上。确立"转型升级"的目标、内容，创新品种、提升质量、创建品牌、改善服务，努力向消费者提供适销对路的产品和服务，引领创造新的消费需求，扩大消费市场。第二，推行标准化和品牌化。以国际市场为主导的企业，全面系统地采用国际标准，提升进军国际市场的能力。以国内市场为主导的企业，应先达到国家标准，并充分利用国内市场培育品牌，完成品牌升级。实现从"贴牌"到"品牌"再到"名牌"的转变。第三，抓住信息时代下的发展机遇，建立完善企业信息化渠道，提升企业实力，促进企业的转型升级。推广计算机辅助设计（CAD）、企业资源计划（ERP）等计算机辅助研发和制造软件，提升企业研发、生产控制、市场营销、供应链管理、人力资源管理等环节自动化和智能化水平，促进信息化与工业化深度融合，提高软件和信息服务业服务企业发展能力。通过引导企业提升创新能力，为加快培育高科技成长型企业群体奠定坚实的基础。引导企业加快研发机构建设。确保大中型工业企业、高新技术企业研发机构全覆盖，外资企业研发机构建有率达90%。鼓励企业联合高校院所共建企业研究院、重点实验室、工程技术研究中心等；支持龙头企业开展跨国技术合作，设立并收购境外研发机构，开展关键核心技术攻关、前沿先导技术开发和重大战略产品研发等。通过企业研发机构的建设，促进企业加大研发经费的投入力度。同时，提升企业科技基础设施建设层次，加快建设一批省企业院士工作站、省工程技术研究中心、省研究生工作站及省级外资研发机构等。

（3）注重科技政策的落实。继续加大财政科技的投入力度，实现政府财政对科技投入的稳步增长。加强政策与案例宣传，努力营造创新环境氛围。落实促进自主创新的各项激励政策，深入实施促进企业成为技术创新主体的有关财税、金融、政府采购等政策。设立企业研发机构建设专项资金，对企业建设、获

得认定的研发机构给予资助、奖励、匹配。大力落实企业研发费用加计扣除、高新技术企业所得税减免、创新先锋型企业等税收、奖励政策。继续开展十大高新技术产值企业的年度评比工作并予以表彰,对规模大、增速快的高新技术产业企业被纳入"千企升级行动计划"或创新型企业集群实施意见给予适当奖励。

在税收激励政策方面,切实完善税收激励政策,在落实好现行各项税收政策的基础上,结合税制改革方向和税种特征,从激励自主创新、引导消费、鼓励发展新业态等角度,针对产业的具体特征,制定流转税、所得税、消费税、营业税等支持政策,更好地发挥政府推动和保障作用。

(4)健全科技服务体系。分类推进公共服务平台建设。对政府性公共服务体系,加大投入做大做强,提供基础性服务;对社会性体系,探索政府、高校、科研机构和企业共同参与、风险共担、利润共享模式,实行"政府监管指导、部分业务外包"。在产业集聚区,探索成立校企、院企等多种形式的联合实验室运作模式,共同打造技术公共服务平台。依托行业协会和各类商会,培育、引进有实力的中介组织、服务机构,开展招商、会展、名牌认定、行业标准制定、融资担保等各类服务工作。积极争取有更多的创新载体、平台、企业技术中心、工程技术研究中心等获省级、国家级认定,提高档次,提升水平,增强权威性。加强镇区科技创新服务组织,把科技局有关职能延伸到镇区,在中小企业服务中心(经营站)增加科技创新服务职能,实现上下联动服务。发挥基层商会(协会)作用,积极引导企业"联盟转型",抓住机遇着力由个体分散的无序竞争向联盟合作转变,着力推动各类战略联盟和集群发展,实施风险分担、资源共用、利益共享。通过提升公共服务水平,改变自主知识产权稀缺、企业核心竞争力不强的现状,实现产业链由低端向高端的跨越,使之成为高科技成长型企业群体的创新支撑。

"十三五"期间,太仓要把握全球科技革命趋势,强化企业创新主体地位,加快汇聚科技创新要素资源,推进高新技术产业发展,不断提升科技创新综合水平,鼓励大众创业、万众创新,努力建设宜居宜业现代化创新创业城市。亟待突破的方向是:

1. 推进企业创新发展

鼓励大型企业、行业龙头企业建立企业技术中心和研发机构,打造企业技术创新和产业化平台,努力形成一批集研究开发、设计、制造于一体,具有国际竞争力的高科技企业。推动企业加大研发投入,加大高新技术企业和研发费用加计扣除两项优惠政策的落实力度。培育壮大创新企业群体,建立覆盖企业初创、成长、发展等不同阶段的政策扶持体系。加大科技型中小企业扶持力度,加快高成长性科技企业在多层次资本市场上市步伐。大力发展创新型领军企业,通过并购重组、委托开发和购买知识产权等方式提升企业综合竞争力。推动传统民营企业转型升级。强化外资企业属地研发创新。进一步完善符合市场经济特点的科技成果转移转化机制。鼓励企业与科研院所、高等院校联合,建立产业技术创新联盟,参与国际科技合作。推动科技创新资源共享,增强企业协同创新能力。

2. 集聚创新创业人才

创新人才集聚机制,发挥引才直通站、欧美同学会、"千人计划"专家联谊会等资源优势,加快海内外高层次人才的引进工作,打造长三角人才高地。依托健雄联合研究院、太仓市企业联合大学培养各类人才,建立一批集咨询服务、技术研究、人才引育、高企孵化于一体的合作创新平台,大力实施人才项目"嫁接式"合作。优化人才扶持政策,在住房公积金、子女入学、医疗、出入境、落户、社保等生活待遇方面完善配套措施,打造适宜人才创新创业的舆论、工作、生活环境。

3. 构建创新支撑体系

一是推进创新园区建设。发挥中德合作优势,推进"国际科技合作基地"和"中德企业合作基地"建设,努力建成国家级高新技术开发区。依托大学科技园、苏州健雄职业技术学院、太仓数字文化和创意产业技术创新中心等创新平台,打造天镜湖文化科技产业园。着力发展生物医药研发及产业化基地,壮大手性药物和新型中间体研发基地、高端新药产业基地、酶产业基地和医疗器械生产基地,形成全省具有特色和规模的生物医药科技产业园。大力推进江苏省机电装备科技产业园、中科院上海硅酸盐研究所苏州研究院等载体建设,建成科技产业园。重点加强太阳能光伏、光电、海上风能、生物质能源产业共性关键技术及下一代核心技术、关键材料与设备的研究与开发,完善产业链体系,推进新能源科技产业园建设,形成具有一定影响的风电装备基地和全省有名的太阳能光伏产业基地。加快同济大学太仓高新技术研究院等平台的建设,全力发展多性能复合材料、特种功能材料等新材料,做优新材料科技产业园。坚持技术引进与合作创新有机结合,完善制造技术创新体系,推进数字化、网络化、智能化制造,打造全省知名的高端装备制造基地,做强新装备科技产业园。二是加快创新创业服务平台建设,进一步推进科技创业园、软件园、大学科技园等创新创业载体建设,加快建设一批新型孵化器、加速器等创业孵化支持机构,重点打造一批重点领域的产业技术创新服务平台,培育一批行业协会和产业技术创新联盟,不断提高创新服务载体专业服务能力。三是大力发展科技服务业。积极引进科技评估师、咨询师、经纪人等高素质专业人才,加快推进研究开发、技术转移、知识产权、检验检测认证、创业孵化等科技创新全链条的科技服务体系建设,形成多类型、多层次、多元结构的科技服务网络。引导和推动金融机构创新产品、改进服务、搭建平台,实现科技创新和金融资本的有机结合。加大对初创型科技企业的扶持,加大"科贷通"对科技型中小微企业创新发展的支持力度。

4. 强化知识产权保护

以有效提升自主创新能力为核心,优化"激励创造、有效运用、依法保护、科学管理"的知识产权创造、管理、运用和保护体系。大力推进企业知识产权试点扩面工作,全面推广《企业知识产权管理规范》国家标准。以重点企业、优势企业、成长企业为主要依托,培育一批具有自主核心技术知识产权的企业群。鼓励企业申请国际专利,提升知识产权成果转化率。不断完善知识产权行政执法与司法保护机制,提升企业自我维权的意识和能力。加大对各类侵权违法犯罪行为的打击力度,维护所有人的合法权益,营造公平竞争的市场秩序。

四、本章小结

科技现代化是太仓现代化建设的重要内容。太仓在科技现代化进程中走在全国前列,取得很多成效和经验。在更高水平的现代化建设过程中,太仓要克服研发基地、创新人才不足,企业自主创新意识不强,创投机构不多等主要问题,深入实施创新引领战略,保持自主创新、重点跨越、支撑发展、引领未来的发展方针,把加快科技进步、发展创新型经济作为主攻方向,着力增强自主创新能力,加快形成有利于创新型经济发展的体制机制;同时,坚持政策引领、平台建设、服务完善、注重人才等特色,充分发挥经济、教育、服务业对科技发展的反哺作用,努力完成现代化科技指标,争创全国科技进步先进市,早日建成创新城市、智慧城市。

第七章
文化现代化

内容提要 本章分三个部分,第一部分主要界定太仓文化现代化的内涵和外延,文化现代化主要指中观层面、微观层面的现代化,重点论述改革开放以来太仓的文化发展。第二部分为太仓文化现代化的历史回顾,主要梳理了改革开放以来,太仓从思想观念更新、文化设施改善、文化产业规模扩大、群众文化活动蓬勃发展、公共文化服务体系建设、文化遗产保护六个方面,对太仓文化现代化所取得的成绩进行了回顾和分析。第三部分主要分析了太仓文化现代化存在的问题,并对未来之路进行了展望。

一、文化现代化概述

(一) 文化现代化的内涵

1. 文化

文化的内涵相当丰富,人们对此的认识也大相径庭,有西方学者曾归纳出二百多个概念,可见文化这一概念内涵的复杂性和人们对它认识的多样性、差异性。大体而言,我们可以从三个层次来界定文化,一是宏观意义的文化,包括物质文化、精神文化和制度文化,是人类创造的一切物质产品和精神产品的总和,几乎包括人类所有的观念、活动和成果。二是中观意义的文化,它是指以社会意识形态为表现形式的观念体系,包括政治、法律、道德、艺术、宗教、哲学等意识形态以及社会心理等。三是微观意义的文化,其外延大体与中国政府文化部门(文化部、文化厅、文广局等各级文化管理部门)所管辖的领域重叠,侧重于看得见的操作性强层面的文化。

2. 文化现代化

文化现代化的含义可以从纵向的、历史的角度和横向、逻辑的角度二个维度进行考察。

(1)从纵向的、历史的角度考察,也是从文化现代化的大背景——社会现代化角度考察。

现代化是20世纪60年代以后风靡西方学界的一个社会学范畴,其内涵主要包括三个方面:①针对特定国际关系而言,是指经济上落后的国家通过技术革命,在经济和技术上赶超世界先进水平国家的过程,也就是发展中国家追赶发达国家的过程;②针对农耕经济而言,现代化的实质就是实现工业化的过程;③针对传统社会而言,指的是自第一次工业革命以来,科学技术和经济高速发展带来社会的全面变化,包括工业发展、经济增长、知识普及、政治进步、信仰变化等诸多方面的内容。文化现代化作为整个社会现代化进程中的一个领域,其意义也应该来自于社会现代化这一大体系,即与工业、农业、军事、科技等领域的现代化一样,文化现代化是文化领域的现代化。工业、农业、军事、科技的现代化器用倾向明显,多数指标可以量化,因而其现代化也可以说是一个量的追赶过程,于是乎很多人自然将文化理解为这样一个过程,在中国各种各样的"接轨"中,程度不同地暗含着这样的一个逻辑。不过,文化现代化不像其他领域的现代化——发展中国家追赶西方国家,相反,文化上向西方看齐常常会引起不快和抵制,对西方文化霸权主义、文化殖民的批判,正表明了这样的一种心态。

(2) 从横向、逻辑的角度,也是从文化自身的意义进行考察。

政治、经济、文化是社会的三大领域,按照马克思主义社会学的理解,文化是政治、经济在人们思想、生活方式上的反映,建立在经济、政治的基础之上,并受其制约,也就是说有什么样的生产力发展水平、生产方式以及政治、经济制度就相应有什么样的文化。从这个意义而言,文化现代化就是建立与自身政治、经济制度、体制相适应的文化。具体于中国的文化现代化,就是建立与具有中国特色的社会主义政治、经济相适应的文化过程。从这个角度而言,文化的现代化并不是一个时间概念,其先进与落后并不是和别的文化比较,而是和自身比较,适应现行的政治、经济体制的则是先进的、现代化的文化,不适应的就是落后的、非现代化的文化。雅斯贝尔斯指出,"由一种文化范式决定(不是由物质生产力或生产方式决定)的文化模式从'轴心时代'起,就奠定了没有价值高低之分的世界几大文化(文明)样态的合法地位",这句话也说明了这一问题。从世界范围而言,文化的现代化就是建立与自身政治、经济相适应的文化过程,是通过文化的交流实现各民族的文化平等权、文化认同权,维护世界文化多样性、促进世界和平共处、共同发展的过程,这是文化多元化的基础,也是建立中国特色的社会主义现代化文化的理论依据。当然我们在强调文化的多元性时,也不能因为其多元性,而完全否定文化现代化存在一些普世的标准,如自由、民主、平等。

就当下中国的实践而言,学界在探讨文化现代化的相关话题时,其"文化"主要指中观意义的文化,即主要涉及观念的现代化、人的现代化;而各级政府部门在考量文化现代化、制定文化现代化的标准时,则更多侧重微观层面的文化,即从观念所体现的物质载体去考察文化现代化的内涵。这样做的原因在于中观层面的文化比较抽象,进行量化的评价缺乏可操作性,而微观层面主要涉及服务中观思想观念的器用方面,方便量化。本书所说的文化现代化中的"文化"主要是从中观、微观意义上而言的,即在考察文化现代化的基本含义时主要指中观意义的文化,而在具体谈论太仓文化现代化时主要指微观意义上的文化。这并非论者有意走捷径,而是出于以下的考虑:文化现代化中的"文化"自然理应包括思想、观念的现代化、价值体系的现代化和相应的器用的现代化,但鉴于地方的文化现代化,主要不在于建立完整的意识形态和一套价值体系,而是贯彻国家已有的意识形态和价值体系,并且在这样的基础上,继承自己的传统文化,建设具有地方特色的社会主义现代化文化,丰富国家意识形态和价值体系。

(二)中国文化现代化的路径

1. 马克思主义大众化

文化是社会经济、政治生活的反映,经济和政治的性质决定着文化的性质,中国的社会主义国家性质决定了马克思主义在中国文化现代化中的地位:包括毛泽东思想、邓小平理论、"三个代表"重要思想、科学发展观在内的马克思主义是中国革命和社会主义建设的指导思想,也顺理成章成为中国文化现代化的指导思想,在中国文化现代化中处于核心地位。这意味着中国文化的现代化也是马克思主义大众化的过程,即将马克思主义的主要思想纳入到社会主义核心价值观中,融入人们的思维模式和生活方式中。马克思主义在中国文化现代化中的作用包括三个方面:一是社会价值观的导向作用,即我们的社会主义新文化必须建立在马克思主义价值观上,中国文化的现代化过程也是马克思主义价值观的深入大众、并内化为自觉意识的过程;二是文化思维模式的奠基作用,即用马克思主义的科学世界观和科学思维方法,观察问题、认识世界、解决问题;三是文化格局的优化作用,即用马克思主义来整合中国传统文化和现代西方文化,建设社会主义新文化。

2. 中国优秀传统文化的现代化

五四运动作为中国现代史与近代史的分界点,其对中国现代历史上的影响是不言而喻的,这种影响体现在文化上,是形成了中国古代文化与现代文化的分水岭,也在一定程度上造成了中国古代文化与现代文化的割裂。有一个时期,中国古代文化在主流思想中,被视为中国社会停滞不前的罪魁祸首、阻碍中国现代化的顽石而被抛弃。当然,在声讨传统文化的罪恶的浪潮中,也不乏传统文化的保护者,其中以新儒家最有影响。新儒家的学说被称为新儒学,是与马克思主义派、自由主义西化派并称的中国现代三大思潮之一,是中国现代文化保守主义的主要思想代表。尽管新儒学被称为中国现代三大思潮之一,但其声音在时代的浪潮中显得微弱、无助,特别是在改革开放前的中国,影响甚微。

1999年是五四运动80周年,围绕五四运动的意义,学界展开了热烈的讨论,五四运动对传统文化的立场被再次审视、反思,传统文化的现代意义这一话题引起学界的重视。刘再复、陈思和、李慎之、王元化等知名学者都撰文探讨这一问题,他们从不同的角度探讨了中国传统文化的现代性转换问题。与海外学者探讨中国传统文化的现代性转换不同的是,国内学者的讨论,引发了国人对中国传统文化的再次高度关注。随着中国的综合国力的不断增强,中华民族的伟大复兴的愿望也越来越强烈。党的十七届六中全会通过的《中共中央关于深化文化体制改革推动社会主义文化大发展大繁荣若干重大问题的决定》,将文化建设推向一个新的高度,也将传统文化的现代化转换推向一个新的高度,正如决定指出的那样,"中华民族伟大复兴必然伴随着中华文化繁荣兴盛",中华文化是包含了中国传统文化精髓的文化,是在世界文化中具有中国特色的文化,也应该是经过了现代性转换的中国传统文化。

中国传统文化的现代化转换大体包括两个方面的内容:

首先是支撑传统文化中核心价值体系的思想观念的现代化转换。众所周知,对中国文化产生深远影响的思想体系主要有道、儒、佛三家,其中又以儒家为最,因此传统文化的现代化转换首先体现为将道、儒、佛三家,特别是对儒家思想中合理因子进行改造,使之成为中国现代文化的重要组成部分。目前学界研究最多的是儒家思想的现代性转换,新儒家可以说是其中的代表。新儒家对传统文化的现代性转换研究主要内容有:在传统文化中开发现代科学与民主事业的根据,以促进中国现代民主社会的建立;弘扬传统美德,将其作为新道德的有机组成部分,如诚信、仁爱之心等,新儒家的努力也可以说代表了传统文化价值体系现代化转换的主要方向。

其次是传统文化中文化形式的现代化转换。任何事物都由内容和形式构成,文化也不例外,文化内容的核心是价值体系,是思想观念,可以以多种形式存在,可以存在于艺术作品中、宗教仪式中、民俗风情中。因此传统文化的现代性转换也包括传统文化形式的转换,例如昆曲、京剧、年画、过年、中秋节、端午节的各种习俗,这些艺术形式、民俗风情包含着一些思想糟粕、落后观念,但它们同时也承载着中华民族的共同记忆,因此我们可以利用其形式,对其内容进行改造,使之符合现代社会的需要,同时又延续着民族记忆。毛泽东在20世纪40年代创作的《新民主主义论》中,曾提出"民族的形式,新民主主义的内容"指的就是对民族文化的形式的改造利用,这对我们实现传统文化的现代性转换具有很强的指导意义。

3. 西方文化精髓的中国化

西方是现代化的发源之地,近三个世纪以来,西方资本主义国家不仅领导了工业技术革命的浪潮,也创造了灿烂的现代工业文明,为世界的发展、进步做出了巨大的贡献。中国自1840年被英国以武力撞开国门后,就开始了艰难的现代化进程。19世纪60—90年代的洋务运动,拉开了中国现代化的序幕,其现代化主要表现在物质文明的创造上,即学习西方科技文明、发展生产力、创造物质财富,实现强国富民的梦想,这也是经济落后国家现代化最直接的动力。维新变法开启了现代制度文明建设之路,其主要表现为通过社会改良建立新的社会制度,辛亥革命则希望以暴力革命建立新的制度。新文化运动将现代化的重心转向观念文明建设或者说思想文化建设。在其后一百多年的现代化进程中,工业化和追赶西方科学技术的脚步是中国现代化不变的主题,但在人的现代化方面,却几经波折。"五四"新文化运动,是一次典型的向西看的运动,来自于西方科学、民主两面大旗成为其最耀眼的精神标记,然而,它在吸收西方现代文明成果时,忽视了对传统文化的改造和传承,最终不仅使西方文明大打折扣,同时还造成了中国文化的割裂。新中国成立后的国际形势和价值选择,使中国的观念文明建设走向"五四"新文化的对立面——将西方现代文明当作明日黄花抛弃了。其实,在中国的文化现代化上,是不可能越过西方文明这座山的,正确对待西方现代文明是中国文化现代化的重要议题。西方现代文明,至少有四个方面是值得我国文化现代化借鉴的。

(1) 科学精神,即理性的精神。科学是五四运动的两大旗帜之一,它不仅指学习西方的科学技术,更重要的是学习西方的理性精神。古代中国是一个重人伦的"道德主体""和谐意识"的国家,科学理性则不够发达。吸纳西方现代文明的理性精神,可以弥补中国传统文化工具理性薄弱的不足,改变重道德而轻法律、重人治而轻法治的偏颇,有利于现代法治社会的建设。

(2) 自由、民主、平等精神。自由、民主、平等是西方社会核心思想观念,也是现代社会的重要支柱。现代社会是建立在自由、民主、平等基础上的契约社会,国家的根本任务在于在人民按契约给予的权力范围内管理社会事务,保障人民的自由、民主、平等权利。西方契约社会建设经过了一个长期的过程,其理论主要有两个:一是英国经验主义社会论,洛克的《政府论》是代表;一是大陆理性主义社会论,卢梭的《社会契约论》是代表。中国经历了长达两千多年的封建社会,等级思想根深蒂固,民主思想资源单薄,虽然中国要建设的是社会主义民主,与资产阶级民主具有不同的性质,但其自由、民主、平等的精神资源是可以批判吸收的。

(3) 人文主义精神。人文主义精神是西方社会文艺复兴以来与神的搏斗中产生的一种思想观念,以人为本,尊重人的价值和尊严,平等、博爱是其核心思想。中国虽然没有经历欧洲中世纪那样把人作为神的奴隶的时代,但忽视个人价值、强调家族、集团价值同样是非人道的。因此源自西方的人文主义也是我国文化现代化批判吸收的重要精神资源。

(4) 丰硕的艺术成果。西方社会自文艺复兴、资本主义制度建立以来,不建设作为整个现代化的一个重要领域来抓,取得了丰硕成果,为太仓率先基本实现现代化增添了亮丽色彩。如今,"人人参与文化、人人享受文化"已经成为太仓上下的文化自觉,功能齐全的文化设施、内容精彩的文化活动,丰富了市民的幸福生活。在这片文脉留香之地,文化"润物细无声"般渗入太仓人的生活,并日益成为这座城市的核心和灵魂,为打造苏南现代化示范区"太仓样本"提供了强大的精神动力。

(一) 人的观念不断更新

文化包括观念形态、制度形态和物化形态不同的层次,处于最里层的是观念层面的文化,制度文化、物态文化是观念文化的体现。建设一个国家、一个民族的文化也应从最核心的观念入手。新中国成立以来,特别是改革开放以来,党和政府高度重视精神文明建设。1979年9月召开的党的十一届四中全会上,叶剑英首次提出了"社会主义精神文明建设"概念,其后,我国以精神文明建设为抓手和外显形式,开展了文化观念的建设,使社会主义文化与社会主义经济、政治保持一致,并促进其发展。太仓根据我国精神文明建设的总体要求,围绕马克思主义的大众化和时代化、传统文化的继承与革新、西方优秀文化的合理吸收,高度重视思想宣传、道德教育和精神生产,有力促进了太仓人观念的现代化,为太仓文化现代化提供了先进的思想资源。

(1) 重视思想宣传和教育工作,加快社会主义核心价值体系建设。马克思主义是中国特色社会主义的理论基础,促进马克思主义的大众化、中国化、时代化,建立社会主义核心价值体系,是文化现代化的首要任务。马克思主义作为一种科学理论,不会完全自发在群众中产生,因此,要借助政府的力量,来加快其传播、融合,使其真正成为社会主义的思想武库。改革开放以来,太仓坚持以爱国主义为核心的民族精神和以改革创新为核心的时代精神教育民众,不断巩固共同理想和道德基础。

1996年是太仓思想文化建设的重要一年,《太仓市社会主义精神文明建设"九五"规划》对新时期太仓精神文明建设的任务、目标、措施进行了科学的规划。其后,太仓与时俱进,根据新形势、新要求,确立思想宣传重点,加强思想宣传工作,在思想文化建设上取得明显成效。1997年开始编印《思想信息》,将思想宣传制度化、定期化。2000年,制定下发《中共太仓市委关于加强和改进思想政治工作实施意见》,召开思想政治工作研讨会,建立市委思想政治工作联席会议,完善思想政治工作的机制、体制。在2000年、2002年和2009年,分别组建太仓市业余讲师团、党的十六大精神宣讲团、科学发展观宣讲团,或利用市民学校等阵地,或深入工厂、企业、民间,宣讲"三个代表"、科学发展观,使中国特色社会主义创新理论深入民心。2005年,成立太仓哲学社会科学界联合会,利用《太仓社科论坛》平台,开展思想文化的研究与探索。2008年,在《太仓日报》、太仓电视台开设"娄东大讲坛"栏目,聘请知名专家、学者撰写文章、开展专题讲座,宣传社会主义核心价值观,并就太仓思想、文化、政治、经济建设的重大问题,进行分析、阐释。2009年,编辑《科学发展观在太仓的实践》,总结了太仓科学发展的经验。

爱国主义是社会主义核心价值体系中的重要内容,太仓采取一系列措施,强化爱国主义教育。1996年开展了"爱国兴太仓,迈向现代化"主题教育活动,命名十大爱国主义教育基地,1999年编印《历史在这里闪光——太仓爱国主义教育基地巡礼》,展现太仓爱国主义教育成果,总结太仓爱国主义教育的经验。城市精神不仅包含了作为意识形态的"大传统",也包括民风、民俗等"小传统",是一个城市发展与延续的灵魂,也是生活在该城市的人民的精神家园。太仓作为一个历史悠久的江南水乡,创造了"金太仓"品牌的江南福地,有着自己内在的精神资源。为传承太仓优秀历史传统,建设太仓人的新的精神家园,2006年开展了太仓城市精神大讨论活动,通过在《太仓日报》开设"太仓城市精神讨论"专栏、在太仓电视台开辟和组织"城市精神大讨论"专题访谈栏目、面向社会广泛征集太仓城市精神主题词等形式,广泛深入开展城市精神研讨活动。活动吸引了广大市民的积极参与,征集主题词及表述方案300多条,最终将"精致和谐、务实创新"确定为太仓城市精神。"精致和谐、务实创新"的太仓精神既包含了太仓作为鱼米之乡的历史名镇的内在精神,也包括了以改革创新为核心的时代精神。

(2)以创建文明城市、文明村镇、文明行业为抓手,以"三德"、乡风民俗和素质教育为重点,大力建设社会主义精神文明。1996年10月,党的十四届六中全会通过《中共中央关于加强社会主义精神文明建设若干重要问题的决议》,将文明城市与文明村镇、文明行业作为群众性精神文明建设的重要内容。太仓按照《决议》要求,开展系列活动,并取得很好反响。1997年,开展了"讲文明,树新风"活动,有19家单位获得"太仓市文明窗口单位"。1998年,以创建文明城市为龙头,创建文明行业、文明小区、文明村镇为载体,大力推进文明建设,该年梅园小区通过江苏省文明小区达标验收,6个单位获得省级文明单位荣誉称号。1999年,太仓成为江苏省首批文明城市,显示了太仓精神文明建设的成果。为加强农村精神文明建设,自2000年起,开展了农村"文明示范户"评选工作,当年有50户家庭获"文明示范户"称号。2001年,城厢、沙溪、归庄、璜泾被评为省级文明镇,浏河镇新塘村等8个村为省级文明村,国税局等8个行业为省级文明行业,桃园小区、梅园小区被评为省级文明小区。2002年,太仓被评为"全国创建文明城市工作先进城市"。2004年,为进一步加强农村精神文明建设,下发《关于在太仓市开展农民素质教育活动的意见》,并组建农村政策教育宣讲团,开展法律法规教育、道德教育。为倡导社会主义新风尚,从2004年开始,开展社会主义精神文明十佳新人评选活动。2006年,实施"百村万户文明建设工程",举办了"乡风文明先进典型教育""争做文明村,争做文明户,争做新农民"系列活动。2008年至2011年间,举办农民综合素质"菜单式"培训,每年培训超过10万人次。2011年,成立创建文明城市指挥部,召开创建文明城市动员大会和各级推进会,将文明城市建设推向高潮,2012年,太仓文明城市建设进入冲刺阶段。

道德建设是社会主义精神文明建设的重要内容,道德水平是一个社会文明程度的重要标准,太仓认真落实《公民道德教育实施纲要》,以提升社会公德、职业道德、家庭美德为目的,开展形式多样的活动,市民道德水平不断提高。如2004年,开展"一言一行见公德"道德实践活动,"三管六不"万人签名活动,"小手牵大手,共铸诚信新太仓"塑造诚信形象活动。到2014年,太仓有6人荣登"中国好人榜":义务献血100次的助人为乐"中国好人"闵知行,照顾残疾妹妹14载的孝老爱亲"中国好人"范依萍,努力赚钱为母亲病的救人好少年、孝老爱亲"中国好人"朱建国,宁亏百万也要保证供货的诚实守信"中国好人"郭跃,27年替牺牲战友尽孝的退伍老兵、孝老爱亲"中国好人"杨建清,十多年坚持免费为部队官兵放映电影的敬业奉献"中国好人"陆丁兴,作为代表呈现了太仓良好的道德形象。

(3) 大力扶持文艺创作,提高精神生产水平,创造文化资源

艺术是人把握世界的方式之一,同时也是人的第二存在:艺术创作是人精神生活、精神追求的重要体现,因此艺术也成为改变人的思想观念、建构人的精神世界的重要方式。太仓十分重视文艺创作,涌现了一大批反映太仓新面貌、体现太仓新精神的文艺作品,为太仓文化现代化提供了重要的精神资源。1996年大型沪剧《孽海泪》获苏州市第七届新剧(节)调演演出奖、导演奖、优秀音乐设计奖。1998年《寻找红军帽》获曹禺戏剧文学奖三等奖、油画《源泉》入选全国群星奖、歌曲《新年,送你归队》获中央人民广播电台"广播新歌"评比铜奖。1999年,为鼓励文艺创作和理论研究,太仓设立"文化繁星奖",2000年颁发首届"文化繁星奖",其后每年都进行"文化繁星奖"评比。2000年,小戏《童心无忌》获省戏剧一等奖,同年在第六届中国艺术节苏州评弹比赛暨首届评弹艺术节上,由世界名著《茶花女》改编的《特殊的谈判》获优秀节目奖、优秀创作奖。摄影作品《家乡戏迷》获全国"群艺杯"铜奖。2005年凌鼎年微型小说《菖蒲之死》获全国小小说征文一等奖,2008年他的《灵猴》获第6届微型小说年度一等奖。何济麟的小小说专辑《红豆》获中山文学奖,宋祖荫等创作的《美丽的恐怖》获中国广电协会创优节目一等奖。2006年歌曲《穿越黄金水路》获全国征歌三等奖、第七届江苏省"五星工程奖"银奖。2008年,舞蹈《快鹿》获上海之春国际音乐节创作奖。沪剧小戏《风雨过后是阳光》获江苏省第五届小戏小品大赛编剧奖、音乐奖。2009年歌曲《心中的祝福》获江苏省第七届"五个一工程

奖"。2009年《木偶的森林》获江苏省第七届"五个一工程奖"。2010年，张晓峰创作的《花果山随想》等3个作品在国家大剧院上演。2011年凌鼎年获江苏省政府紫金山文学奖。2012年获"五星工程奖"金奖1项、银奖4项，吴利明创作的歌曲《母爱绵绵》获省"五个一工程"入选作品奖。太仓获得"微型小说之乡"称号，充分显示了太仓在微型小说创作方面的实绩。2013年，创作的各类文艺精品获国家级奖项8件，省级奖项2件。2014年，长篇小说《第一道防线》等28件作品分获江苏省第九届精神文明建设"五个一工程"荣誉奖、入选奖、提名奖。

（二）文化设施不断改善

文化包括看得见的宗教、艺术、道德活动、日常生活习俗等有形的部分，也包括看不见的实际上是文化核心的思想观念。文化设施是有形的文化，是人们开展文化活动所必需的物质载体，为无形的文化观念服务。建设现代化的文化，需要一定的物质载体，文化设施建设的意义也在于为文化架起一个平台，促进与自身经济、政治相适应的文化的传播和建设。文化设施的范围很广，对于现代文化来说，主要包括公共图书馆、群艺馆、文化馆、各类艺术团体团部和活动场所、影剧院、博物馆、纪念馆、展览馆、文保单位、文艺学校和文化科研单位及相应的设备。文化设施的投资、建设主体可以是政府，也可以是民间组织、团体，但从全局上看，从中国的国情看，政府在文化设施建设中处于主导地位，加大投入，建立、完善文化现代化所需要的、为文化现代化服务的设施主要是政府的责任。新中国成立以来，特别是改革开放以来，太仓不断加大资金投入，积极开展文化设施建设，使太仓的文化设施处于全省领先地位，为文化的现代化提供了坚实的物质基础。

2003年起，太仓的文化设施建设投入大幅增加，以年均55.8%的速度增长。2005年，为支持各乡镇公益性文化设施的新建、改建和扩建以及群众文化活动的进一步开展，市政府设立年度总额为300万元的公益性基层文化设施建设发展引导资金和群众文化发展专项资金，并将这两项资金纳入市财政预算，出台了专项资金管理办法和《乡镇文化站管理办法》，加强对专项资金的监管。2008年资金投入达到6594万元。2009年斥资5.2亿元新建太仓图博中心、文化艺术中心。2010年，为扶持文化产业的发展，设立了500万元的文化产业发展专项引导资金。"十一五"期间，文化事业投入达到6.24亿元，比"十五"末增长74%。到2012年底，太仓拥有图书馆13个（含1个总馆和12个分馆）、文化馆1个、各类博物馆（含纪念馆）15个、剧院2个、影剧院4家，7个乡镇图书馆、7个乡镇文化活动中心、90个村文化活动室，太仓公共文化设施面积达到17.6万平方米，按常住人口71.2万计算，人均公共文化设施面积达到0.25平方米，公共图书馆人均藏书量1.2册，为太仓文化事业的发展、太仓的文化现代化提供有力的支撑。

1. 以图书馆建设为重点,开展现代文化信息资源设施建设

现代社会是信息社会,信息的获取和利用无论对个人还是国家、民族的发展都十分重要。图书(包括电子图书)是传递信息的重要载体,现代图书馆则是实现图书资源共享的最重要的平台,对于市民提高自身的文化素养具有重要意义。

太仓现代图书馆的创办也比较早,其历史可以追溯到清光绪年间——谬朝荃创办东仓书库。新中国成立后的30年里,太仓图书馆经历了几起几落:时而变图书馆为图书阅览室,附属于文化馆;时而为图书室,附属于新华书店;"文革"中曾一度停办。期间藏书量虽有所增加,但幅度很小,场馆设施基本徘徊不前。1979年,在人民北路建造了新图书馆,馆舍面积906平方米,设有书库、外借处、办公室、成人和少儿阅览室等,有座位160个,这是太仓图书馆设施首次得到了较大的改观。2000年,为满足不断增加的文化需求,太仓博物馆、宋文治艺术馆合并成立太仓图博中心,中心位于新华东街,太仓图书馆得到大幅度扩建:总面积达8000平方米(差不多为原馆的10倍),藏书总量大大增加到16万册,报刊种数575种,并实行全开架借阅,计算机自动化管理,服务水平得到提高。

随着太仓经济的飞速发展,终身学习型社会建设的推进,市民学习需求也不断扩大,对学习资源的要求提高,原有的图书馆已不能满足群众的要求。为此,太仓市政府再度投入巨资建造新图书馆,2010年12月新馆正式开放。与2000年建造的旧馆相比,新馆无论是馆舍面积、藏书量还是馆内设施都大大改观,是一座标准的现代化图书馆。新馆建筑面积达19000平方米,设有阅览座席700余个,现有藏书56万余册,视听文献1.1万件,年征订报纸、期刊1800余种,与苏州地区公共馆共建共享清华同方期刊全文、万方、维普、龙源等8个数据库,拥有数字资源存储量3.2T。另外还有4D影院、多功能报告厅、盲文阅览室藏。多功能报告厅面积约150平方米,共217个座席,可为举办各种读书活动提供场所。电子阅览室拥有64台高性能多媒体计算机、1万余件可免费外借的音像资料。盲文阅览室藏有盲文书籍800余册、盲人有声读物20种,还配备了盲文打字机、盲文点显器、阳光读屏软件等设备。

乡镇图书馆的建设也得到加强,现建成镇级图书馆7个,村级基层点88个。2008年,太仓图书馆也成为全省首批升级达标的文化共享工程市、县支中心。2010年,建立太仓流动图书馆,这是由一辆金龙客车改造而成的图书流动车,可装载4000余本图书,通过无线网与总馆数据库连接,可为读者提供办证、借还等服务,大大便利了农村读者借阅图书。

太仓在加强图书馆建设、为城乡读者提供信息资源方面的成绩,得到上级部门的认可,多次获得表彰:1993年—1999年间三次获得"省级文明图书馆称

号",2005年,太仓图书馆在全国公共图书馆评估定级工作中,被评定为国家一级馆。2008年,太仓图书馆自行编印的馆刊《尔雅》创刊,每两月出版一期,被中国图书馆学会阅读推广委员会指定为"书香园地"期刊之一,获评"2014中国图书馆阅读推广类十佳内刊内报"。1998年至2000年间,沙溪、直塘、璜泾、新毛、浮桥、金浪镇等乡镇图书馆被命名为"苏州市乡镇明星图书馆"。

2. 加强展馆建设,打造展现太仓文化的载体

为展现太仓几千年丰厚的历史、人文底蕴,1987年太仓建立太仓博物馆,这是江苏省创办的首批县(市)级博物馆。太仓博物馆最初分设在张溥故居和王锡爵故居内。1998年在其中建立太仓历史名人馆和近现代名人馆,拓展了展馆的内容。2000年市政府投资2300万元,建造图博中心,同年博物馆搬至新华西路图博中心内,馆舍面积增加到2500平方米。2002年投资200万元完成太仓历史文物陈列馆建设,展馆内涵进一步丰富。

投资1.26亿的太仓博物馆新馆2009年开工建设,2011年元旦开馆。新馆建筑面积14000平方米,共计11个展厅,展览面积约7000平方米,它将太仓数千年来历史文化的特色划分为三大主题、四大陈列,分别为"仓""港""文"和复社纪念堂、文物陈列馆、太仓历史名人馆、"四王"纪念馆。展馆在突出太仓"江南古代文明核心区"概念的同时,将太仓历史和社会发展中最突出的、最有影响的、最有地域特色的、最能让观众感兴趣的内容,清晰地传达给观众。展馆地下一层为六国码头场景,一层两个临展厅,二层为历史厅,由"仓""港""文"三部分组成,三层为娄东画派陈列、馆藏精品部分组成。四层为革命历史陈列、老照片展览厅和徐锦凡浅绛彩瓷器展,整个博物馆陈列部分的流线规划为一个大的顺时针走向。博物馆馆藏陶瓷、青铜器、书画、玉器等2000余件。

在原吴晓邦舞蹈艺术馆基础上,投资850万元的太仓美术馆2013年5月建成,11月正式对外开放。太仓美术馆在保持原来吴晓邦舞蹈艺术馆风格的前提下,增加了一层1000多平方米面积的展馆,整个美术馆面积达到2238平方米,全部展厅面积为802平方米。一楼是临时展览厅,可开展群众性展览活动;二楼是封闭式馆藏陈列室和娄东画派展览厅,并配有可以容纳60人的小型报告厅,可不定期举行各类名家讲座;三楼是书画培训、交流、创作的平台。

建筑面积4050平方米的太仓名人馆2013年建成,主体建筑共分3层,一层、二层设有8个展厅,三层为办公区。115位太仓名人的风采和事迹分别被纳入了文苑撷英、翰墨清芬、名宦乡贤等8个展厅。名人馆是融合园林景观、汲取太仓人文精粹的重要展览展示场所,为市民更深入全面了解太仓文化提供了又一重要窗口。

经过一年半时间建设,位于天镜湖畔的市规划展示馆2014年5月对外开放。市规划展示馆的展馆总面积约10000平方米,外形为富有江南水乡特色的

"双鱼"造型,展馆的主题是"太仓之梦",以时间为线索,分为序厅、小城故事、金色太仓、田园之梦、尾厅五个章节,全面展示太仓的现代化建设成就和未来规划。展览内容注重太仓的历史底蕴,充分运用声光电等现代技术,展示建设成就。展馆中有不少"人机互动"设施,在太仓记忆互动留影展区,通过互动拍照技术,将太仓城市旧貌与新颜相结合,让参观者置身于太仓的今昔巨变之中。展馆中的太仓城市总体规划模型沙盘面积达到 800 平方米,展示面积位居全国前列。

另外,太仓还建造了多个专题展览馆、纪念馆,将太仓的文化记忆具象化,宋文治艺术馆、吴健雄陈列室、朱屺瞻故居、郑和公园、维新遗址公园是其中的重要场馆。宋文治艺术馆建于 1989 年,占地 1000 余平方米,收藏有宋文治先生生前捐赠的代表作品 60 件及明清书画珍品 30 件和出土文物百余件。吴健雄陈列馆建于 2012 年,馆址在健雄职业技术学院内。

太仓图书馆规模不断扩大、藏书不断增加、设施不断改进的过程,太仓博物馆由分散陈列到集中展示、规模由小到大的发展过程,美术馆、名人馆、各类专题馆的相继建成,可以说是太仓经济、政治现代化在文化上的反映的一个缩影,经济快速发展为不断增加市民文化需求提供了保障。

3. 加强影剧院、现代传媒等文化娱乐设施建设

戏剧是中国古代艺术的瑰宝,不仅产生了大量伟大的艺术作品,成为中国古代艺术家族中的重要一员,同时,也融入了中国古代日常生活,成为节庆文化、宗教文化重要组成部分。中国古代戏剧表演场所主要为家庭戏台、家族祠堂、寺庙开放式戏台和商业戏院,随着现代商业社会的推进,商业戏院成为戏剧表演的主要场所,在晚清、民国时期到达高潮。其后,随着电影艺术的发展,戏剧逐渐没落,戏院也逐渐为电影院所取代。

太仓作为昆曲的发源地,戏曲事业曾十分繁荣,在晚清时期,太仓各地戏台有 30 多座。民国时期,一方面是城市商业戏曲表演的繁荣和剧院的增加——新中国成立前太仓有大型戏院 5 座;另一方面,与城市戏剧表演商业化的繁荣形成鲜明对照的是地方戏台逐渐荒废、破旧。新中国成立后,开放式的戏台基本消失。与此同时,与电影艺术的发展同步,电影院成为大众艺术消费的重要场所,并得到迅速发展。20 世纪 50 年代初期,县人民委员会大会堂被改为太仓电影院,浏河、沙溪也建成影剧院。

改革开放后,特别是 1981 年中共中央《关于关心人民群众文化生活的指示》发布后,影剧院建设快速发展:1978 年,在人民北路新建人民影剧院;到 1985 年 22 个乡镇都拥有了影剧院。

20 世纪 90 年代以后,电视普及速度加快,但影剧院建设仍有一定程度的发展:1996 年直塘镇投资 80 万,新建影剧院;1997 年浮桥镇投资 70 万,建设影剧

院。20世纪90年代末到21世纪初,电影受到电视的冲击,一度走向衰落。经过一段时间的沉寂之后,随着电影重新定位,新一轮的影剧院的建设开始,2000年,青少年活动中心的中心影剧院建成之后,南洋影城、五洋影城、万达影城相继建成,更为个性化的小型影院播放方式赢得了观众,数字电影成为主流。随后各乡镇也开始了电影设施的改进,2008年太仓新增数字电影放映设备5台,总数达到8台,实现了数字电影放映全覆盖。

20世纪70年代后期,随着电视机逐渐进入普通百姓家,电视接收相关的设施建设成为政府文化设施建设的重点。1995年太仓有线电视入网率达到72.5%,有线电视村34个。1998年,太仓实现太仓有线电视光缆联网,并开展了"百村有线电视联网"活动,板桥镇实现全镇联网,建成太仓第一个有线电视镇。2000年太仓220个村有线电视联网,联网率为95.2%,基本实现有线电视村村通。2002年各乡镇投入近300万元用于农村广播电视设施建设,有线电视镇村联网村225个,太仓镇村联网率达97.4%;入户率为60%。2006年,制订数字电视发展规划方案和实施意见,并着手实施有线电视网络的双向改造,2007年通过省有线电视"户户通"考核验收。到2008年12.26万户实现数字电视整转,全面完成数字电视整转工作。2008年,有线电视用户16.55万户,入户率108%,到2010年有线电视用户14.37万户,入户率97%,互联网用户总数11.45万户。

4. 建设社区、群众文化活动场所,为群众文化活动提供有力支撑

群众文化活动包括节庆群众活动、广场群众活动、室内文艺表演等多种形式,其活动场所可以在室内,也可以在室外,但无论在室内还是室外群众文化活动,拥有一定的场所来进行活动组织、排练表演是十分必要的,同时,也必须为那些小型群众文艺活动提供一定室外场所,因此社区、乡镇群众文化活动场所的建设是影响群众文化活动的一个因素,是文化基础设施建设的重要内容。

民国时期,太仓组织、指导群众文化活动、为群众文化活动提供场所的政府部门是太仓县通俗教育馆、民众教育馆和基层民众教育馆,新中国成立后则主要由专门的文化部门负责——包括县文化馆和乡镇一级的文化站。1951年太仓建立人民文化馆,1954年改为文化馆,馆舍面积260平方米。"文革"期间,文化馆曾一度停办,1972年文化馆恢复运行。1983年,太仓市政府拨款35万元,在人民北路新建文化馆,文化馆的设施得到大的改观。1997年太仓文化艺术中心开工建设,1999年投资700万元的市文化宫二期工程文化娱乐中心竣工。该中心启用后,太仓文化馆的馆舍面积大幅度增加,办公条件和活动设施据苏州各县市前列。

2004年,文化馆新馆建成,馆舍面积4500平方米,并对馆内设施进行了升级改造,同年太仓文化馆经文化部考查、审核,晋升为国家一级文化馆。2009

年,新的文化艺术中心开工建设,文化中心包括有1200个座位的大剧院和文化馆,中心建筑面积2.6万平方米。

各乡镇也积极开展文化站和文化中心的建设。1954年太仓设文化站8个,1966年文化站达到25个,"文革"后乡镇文化站停办,1970年后陆续开始恢复,到1985年,全镇24个乡镇都建有文化站,其中,浮桥镇在1980年以文化站为基础建立的文化中心,是太仓首个乡镇文化中心。其后新毛、璜泾相继建立文化中心,1982年文化中心达到14个,总面积5850平方米。1983年,国家文化部召开南方片农村集镇文化中心工作座谈会,来自全国14个省、市的200多名与会代表参观了太仓的乡镇文化中心,太仓新湖乡公园式文化中心成为江苏省农村集镇文化中心的三种典型风格之一。1985年,全县所有乡镇都建成文化中心,为群众文化的开展提供了有力的保障。20世纪90年代后期,随着生活水平的提高,乡镇文化中心开始新一轮改建、扩建。1997年板桥镇将原工商、税务大楼进行改造,并增添相应设施,建成面积1400多平方米的板桥文化中心。2005年,市政府设立基层公益性文化设施建设和群众性文化活动专项资金,乡镇文化中心升级改造工作加快开展。同年陆渡镇新建的面积近1700平方米的文化活动中心启用,沙溪、整合文化资源,完成2000平方米文化设施达标任务。其后,璜泾、双凤相继新建文化中心。到2009年底,村(社区)文化活动室完成90%。城厢镇电站村等16个村(社区)活动室建成启用;18个村图书室成为首批达标"农家书屋"。2011年底太仓7个镇完成了文化活动中心建设,90个行政村完成了文化活动室达标建设。2014年,各类艺术表演团体228个,文化馆、公共图书馆、博物馆、档案馆各1个,公共图书总藏量93.4万册。开展各类文化惠民活动3000场次,建成了省级公共文化服务体系示范区,进入全国文明城市提名城市行列。

(三)文化产业规模不断扩大

联合国教科文组织认为:文化产业是按照工业标准,生产、再生产、储存以及分配文化产品和服务的一系列活动的行业,包括报纸杂志业、影视音像业、出版发行业、旅游观光业、演出娱乐业、工艺美术业、会议展览业、竞技体育业和教育培训业等诸多方面。尽管文化产业是现代市场经济的一个重要产业,是国民经济的重要组成部分,是各个国家、各个地区综合实力的一个重要竞争要素,也是文化体系中的重要内容,但我国对文化产业的认识相对滞后。

新中国成立后,在官方意识形态中,一直将政治、经济、文化并称,表明政府对文化的高度重视,但在很长一段时间内,我国政府并不把文化当作产业来做,也就是说文化活动并不以营利为目的,而是注重其意识形态效应。2000年10月,中共十五届五中全会通过了《中共中央关于制定国民经济和社会发展第十个五年计划的建议》,首次提出了文化产业的概念。2002年11月,党的十六大将文化事业与文化产业分开表述:文化产业是为满足人们的精神需求而生产文化产品和提供文化服务的行业,营利性是其显著特征;文化事业是为满足人们娱乐、休闲、求知、审美等公益性文化需要而展开的一系列非营利性活动,二者构成文化发展的两个同等重要的内容。

2004年,国家统计局在国内外现有研究的基础上,制定并公布了《文化及相关产业分类》,该《分类》认为:文化产业核心层包括新闻服务、出版发行和版权服务、广播、电视、电影服务和文化艺术服务;文化产业外围层包括网络文化服务、文化休闲娱乐服务和其他文化服务;相关文化产业层包括文化用品、设备及相关文化产品的生产和文化用品、设备及相关文化产品的销售。文化产业相关文化服务归类为:一是用品的生产和销售;包括文具、乐器、玩具、印刷纸张、书写纸张、空白磁带、空白光盘、电影胶片、照相器材、摄影胶卷、游艺器材等的生产和销售活动;二是设备的生产和销售,包括:新闻采编设备、广播设备、专业电视设备、电影设备、印刷专用设备、电视机、光碟机、收录机、音响设备等的生产和销售活动;三是相关文化产品的生产和销售,包括:工艺品、摄影作品、专业设计等的生产和销售活动。本书所说的文化产业的外延,与国家统计局的分类所涉及的类别基本重合。

尽管国家2000年才提出文化产业的概念,但并不意味在此之前,我国的文化产业一片空白,实际上文化产业涉及的主要领域早就已经存在,如影视文化产业、娱乐文化产业,问题在于:没有将其当作产业来发展,突出其经济效益;没有建立文化产业体系,统筹规划文化产业的发展。太仓文化产业的发展可以分为三个阶段:2005年以前为第一阶段,即探索、起步阶段;2006年—2009年为第二阶段,即成熟、发展阶段;2010年到现在为第三阶段,即加速发展的新阶段。

在第一阶段,太仓还没有形成清晰的文化产业的概念,更谈不上系统的文化产业发展规划和策略,文化产业是在文化事业的旗帜下发展的。在2005年以前,影剧事业、图书发行、印刷业是太仓文化产业的主要关注点,这从《太仓年鉴》的文化部分内容编排体系上可以得到清晰的体现。另外,尽管将印刷业放在文化编里介绍,但在产业统计时,未将其纳入,这也体现了当时人们对文化产业认识的模糊性。

虽然在第一阶段还没有提出全面、系统的产业发展思路和规划,太仓文化产业还是得到了一定的发展。1998年11月,为促进文化产业的发展,市政府批准成立了太仓市文化发展公司,由公有资产管理委员会授权,对文化系统内核定企(事)业的国家(集体)资产进行经营管理,并承担保值、增值责任。公司实行现代企业管理制度,实现了资产、人才、技术的优化组合,是太仓文化产业机制创新的一次有益的尝试,也是太仓文化产业发展史上具有里程碑意义的一件大事。1999年,文化发展公司确立了一校(文化艺术培训学校)二城(娱乐城、影视城)三市场(演出市场、古玩市场、书画市场)的发展重点和建立人民路高品位文化产业带的发展思路。在接下来的三年里,太仓文化产业基本上按照上述思路展开。2000年、2001年文化发展公司各新增资产1000万元,用来拓展演出市场、改善文化培训设施,并取得了较好的效果:组织了"申飞之夜"歌舞晚会、美国"拉斯纽斯"歌舞晚会等7场大型文艺演出,对演出机制进行了有益的探索;文化艺术培训学校开办书法、美术、器乐、舞蹈、形体等136个班次的培训班,年培训学员人数达到4000余人,产生了较好的经济社会效益。2001年,文化发展公司启动了影视娱乐城的建设,落实1000万元项目资金,并签订了800万元的民资项目1个。该年《中国文化报》"文化产业"专版发表了太仓文化局局长吴斌撰写的、总结太仓文化产业发展经验的文章——《找准新时期文化工作的利器——对发展文化产业推进文化事业发展的思考》,太仓在文化产业方面的创新举措引起有关方面的重视,省内外近20个县、市到太仓学习、交流文化产业发展经验。

第二阶段为成熟、发展阶段。2006年,制定了《太仓市文化事业"十一五"发展规划》,《规划》将文化产业放在突出的位置进行阐述,并比较全面和系统地阐述了太仓发展文化产业的思路和策略,对具体发展路径做了科学的规划,太仓文化产业发展也进入了新的阶段。

在新的发展策略指导下,印刷业作为文化产业的重要部分得到政府的扶持,发展迅猛:2006年,印刷企业增加到207家(其中产值超亿元的2家,产值超千万的14家),印刷业年销售产值11.2亿元,比2006年增长12%;2007年,印刷企业产值增加到17.26亿元,增长率为37.53亿元。2007年启动了太仓文化产业5年发展规划的编制工作,规划是《太仓市文化事业"十一五"发展规划》的具体化,首次对文化产业的发展进行总体规划,全面阐述了太仓文化产业发展的思路、方法、步骤。

2008年10月、2012年12月,南洋广场、万达广场相继落成,这标志着太仓文化休闲产业发展到了一个新的阶段。二大广场既是购物广场,也是集休闲、娱乐广场,它将购物、影视、娱乐、休闲旅游于一体的文化产业聚集区,大大促进了文化产业的规模化、集约化发展。

2008年,苏州鹞鹰数据技术有限公司成为江苏省文化产业引导资金支持项目,这是太仓数字艺术产业的重要突破。2009年5月,太仓LOFT文化创意产业园开园,当年就有工业设计、建筑设计、平面设计、艺术设计、文化传播及创意产业周边服务商等相关企业等20余家入驻,并获得江苏省80万元财政资金补贴。太仓LOFT文化创意产业园的成功运营,表明太仓文化产业进入集约化发展、规模化发展的新阶段。

第三阶段为强劲发展的新阶段。第一阶段的探索和第二个阶段的积累,为文化产业发展奠定了良好的基础,2010年以来,太仓通过加大政策落实、加强推介招商、强化服务企业、搭建文化产品展示平台等举措,大力发展创意设计、动漫制作、网络游戏等文化产业。太仓已成功举办三届"创意太仓、活力家园"金秋文化创意产业活动节,四次组团参加中国(深圳)国际文化产业博览交易会,两次组团参加中国苏州文化创意设计产业交易博览会,加大文化产业招商引资力度,吸引了大批文化产业企业来太洽谈投资。目前,天镜湖文化科技产业园已获评省重点文化产业园区,浏河江海文化产业园、双凤渔业文化产业园、沙溪古镇文化旅游、璜泾商务文化产业园等特色园区,助推太仓文化产业跨越发展。

这一阶段呈现出以下特征:

1. 规范产业统计口径,制定产业发展规划

2010年6月,太仓文广新局和太仓统计局制定出台《太仓市文化产业统计工作实施方案》,根据国家文化产业统计通行标准,明确了文化产业统计分类标准和统计范围,为摸清太仓文化产业的现状、制定发展规划奠定了基础。2010年,会同上海社科院文化产业研究中心制定了《太仓市"十二五"文化产业发展规划》,明确了太仓文化产业发展的空间布局、总体思路和发展战略,决定将文化创意产业、文化旅游业、工艺美术业、印刷复制业、演艺娱乐业、新兴媒体业作为太仓文化产业发展六大重点领域,将LOFT文化创意园、软件园、留学生创业园、南洋广场时尚文化园、沙溪古镇等10个项目作为重点发展项目。

2. 加大政策支持力度,扶持文化产业快速发展

从2010年起,相继出台了《关于太仓市文化产业跨越发展的意见》《关于加快太仓市文化产业发展若干政策意见》《太仓市文化产业发展专项引导资金使用管理办法》《太仓市文化产业人才计划实施细则(试行)》等一系列政策、制度,《细则》决定设立800万元的文化产业发展专项引导资金,对扶持文化产业发展的各项政策,如文化领军人才的引进、专项引导资金的使用,做出了明确的规定。2011年、2013年各评选出文化产业领军人才1人,2011年选出文化产业重点人才4人,2012年、2013年各5人。

3. 加强载体建设,为文化产业发展提供良好平台

2010年将LOFT创意产业园、留学生创业园、软件园、东上海影视基地等文化产业园命名为"太仓市文化产业示范基地",不断完善其基础建设,同年,LOFT创意产业园、科教新城文化产业园成功申报"苏州市文化产业示范基地"。2012年,总投入达15亿元、建筑面积达31万平方米的江苏国际创意产业园、科教新城科技信息产业园、软件园二期工程等文化产业园开工建设,为太仓文化产业的更快发展提供了基础平台。2013年天镜湖文化科技产业园被评为江苏省重点文化产业园、江苏省首批文化科技产业园,江苏(太仓)LOFT工业设计园入选江苏省文化产业示范基地。

4. 加大传统工艺产品宣传,搭建文化产品展示平台

组织双凤龙狮制作、史仁杰麦秸画、张志强漆画等具有太仓文化底蕴的工艺美术品参加2010(第五届)中国南京文化产业交易会、第七届中国(深圳)国际文化产业博览交易会,扩大了太仓传统工艺美术品的影响。

5. 加大推介招商力度,打造文化产业品牌

近年来,先后举办两届"创意太仓,活力家园"金秋文化创意产业活动节项目推介会,签约项目36个,项目注册资本超过36亿元;组团参加了中国(深圳)国际文化产业博览交易会、中韩设计论坛、北京"文化创意产业与品牌城市"国际论坛、中国苏州文化创意设计产业交易博览会等大型活动10余次,并收到良好效果,如在中国(深圳)第七届国际文化产业博览交易会上与深圳灵狮文化产业投资有限公司签订"江苏国际创意产业园"项目合作协议,项目总投资8.8亿元,总建筑面积11万平方米;在首届中国苏州文化创意设计产业交易博览会上,两个项目入选了闭幕式的签约仪式,签约总金额3.73亿元。2013年举办香港·上海·太仓文化产业合作交流会。

6. 文化产业总量快速增长

2010年太仓文化产业增加值达29.11亿元,占地区国民生产总值的比重达4.2%,2011年,文化产业增加值为41.38亿元,占地区国民生产总值比重达4.8%,年增长率超过全国水平,2012年,文化产业增加值55亿元,占GDP比重为5.5%,接近上海、湖南、广东等文化产业发达地区水平。

经过10余年快速发展,太仓逐渐明确了文化产业的优势与不足,形成了建立在自身文化历史底蕴上、与太仓经济社会发展相适应的发展思路和发展策略。较为完善的现代文化产业体系、发展平台和机制基本建立,为太仓文化产业的进一步发展提供了良好的基础。

(四)公共文化服务体系不断健全

公共文化服务体系是指为满足社会的公共文化需求,保障公民基本文化权利,向公众提供公共文化产品和服务的运行管理机制系统的总称,其实质是对提供什么样的公共文化、怎样提供公共文化服务以及如何对服务过程实施科学管理的运行与管理系统。公共文化服务体系是文化事业真正落到实处的平台,对于文化的现代化具有至关重要的意义。我国的公共文化服务体系大体包括先进文化理论研究服务体系、文艺精品创作服务体系、文化知识传授服务体系、文化传播服务体系、文化娱乐服务体系、文化传承服务体系、农村文化服务体系等七个方面。

2005年10月,党的十六届五中全会第一次正式提出:"加大政府对文化事业的投入,逐步形成覆盖全社会的比较完备的公共文化服务体系。"2006年10月,十六届六中全会再一次明确指出:"加快建立覆盖全社会的公共文化服务体系。"2007年8月21日,中共中央办公厅、国务院办公厅下发《关于加强公共文化服务体系建设的若干意见》,明确了我国公共文化服务体系建设的指导思想、目标任务、工作抓手及工作要求。2007年10月15日,党的十七大将"覆盖全社会的公共文化服务体系基本建立"作为全面建设小康社会的目标要求,这是对"公共文化服务体系"在文化建设中的地位的全新认识,是对文化工作在全党全国大局工作中地位和作用的全新认识,十八届三中全会指出要建立健全现代公共文化服务体系,则是对我国公共文化服务体系的新的要求。

太仓积极落实党和国家关于公共文化服务体系建设相关文件精神,大力开展公共文化服务体系建设,并取得丰硕的成果,2013年,通过国家级公共文化服务体系示范区创建验收。下面从三个方面对太仓公共文化服务体系建设做一个回顾(体系中部分内容,在相关章节已涉及,在此不再细谈)。

1. 加强法制建设,提高管理水平,打造健康文化市场

文化一方面是作为意识形态的一部分,体现上层建筑的意志,为上层建筑服务,追求商业利润不是其主要目的;另一方面,文化产品又是一种商品,其生产、销售、消费要遵循市场规则,因此加强市场管理,保障文化产品的顺畅流通,是文化服务体系建设的重要任务。

要打造健康的文化市场,首先要加强法制建设,提高依法行政水平。太仓坚持"一手抓繁荣,一手抓管理"方针,贯彻落实国务院《娱乐场所管理条例》等重要文化政策、法律法规,并根据地方具体情况,制定地方行政法规,提高了文化市场执法水平。如1996年建立书报刊印刷厂厂长例会制度,定期对印刷、复印企业进行督察;2003年,通过对行政审批和行政执法职能的调整和分离,使行政审批和收费进一步规范;2005年出台《网吧变更规定和音像市场发展意见》,成立了文化市场行业协会,加强了文化从业人员培训和文化市场法律法规宣传,开展了争创"放心网吧""正版音像制品经营示范店""印刷行业免检单位"等活动。

其次是加强对从业人员的培训,提高从业人员业务水平和自觉遵守法律法规意识。通过集中培训、分类指导、媒体宣传、案例分析、处罚警示等各种形式,根据不同时期的重点工作,开展对文化经营业主、负责人的政策、法律法规培训。1998年,开展了"文化市场法制年"活动,下发有关游戏机、音箱出租、营业与电脑培训管理的规范性文件。2001年,对歌舞娱乐、游戏机、影院、书报刊市场的300多名经营者进行了法律法规、业务知识培训和考核,重新审核发证上岗。2002年,组织了740人次文化经营业主参加政策、法律法规知识培训。2003年,1200多名业主分9期接受以法律法规知识为主要内容的培训。2009年组织太仓文化市场各经营门类500多家企业主参加文化市场法律法规培训。

再次是完善监管体系,提高监管水平。1998年根据市场经济条件下文化市

场管理的特点,初步形成了功能适应市场、人员配备专业、工作运行科学的管理管理模式。2002年,为增强管理的透明性、公正性,文化管理部门政务公开进一步深化,并将2001年开设的一站式便民服务站进驻市行政审批中心,成为太仓首批进入市行政审批中心的单位。2002年文化管理部门20人次参加省市业务部门组织的专业培训,35人次参加了文化局组织的法律法规5个专题培训考核,提高了文化管理人员的业务水平和执法能力。2003年,运用现代网络技术,建立了网络文化市场监管平台。2004年,建立每日巡查和每日情况登记制度,加强了对经营者的监管;投资建设电子游戏演艺场所视频监控系统,技术监管作用得到加强。2004—2006年逐渐建立了立体监控系统:2004年,在原校园周边地区义务监督员的基础上建立了行风监督员、网吧义务监督员;2005年,加强义务监督员的培训和双向交流,"五老"义务监督员的监督范围从网吧拓展到游戏机房、音像市场,"五老"义务监督工作受到省文化厅和省关工委表彰。2006年以"五老"义务监督员队伍为主的社会监管网络进一步完善。

2. 积极开展文化人才培育服务体系建设,推动文艺创作水平提升

文化现代化首先是人的现代化、观念的现代化,人才是文化现代化的关键,为文化人才的成长、发展提供良好的平台是公共文化服务体系建设的重要内容之一。

太仓改革开放后,文化人才培养、服务体系建设大体以2009年为界经历两个阶段。第一个阶段,是文化事业为中心的阶段,这一阶段,国家更多从意识形态的角度关注文化、重视文化事业的发展,文化产品更多按照原先的计划经济模式经营。在人才培养上,也将重点放在文艺工作者和文艺创作(生产)环节上。

在第一阶段,太仓主要通过组织文艺工作者采风获得第一手创作素材和情感体验、资助作家创作、帮助作家出版作品、为作家作品建立交流平台等措施,培养文艺、文化人才。从1998年起,太仓建立了重点作品签约资助制度,扶持青年文艺工作者、支持重点文艺创作,资助《况钟传奇》等一大批作品的出版。2002年,在江苏省美术馆举办了太仓国画、油画展,展出太仓30多位作者的80余件作品。2005年,支持吴利明出版了《吴利明创作歌曲专辑》CD。2009年文联筹措资金出版了《月季花丛书》,扶持太仓12位作家出版个人作品集。2008年在上海朱屺瞻艺术馆举办新娄东山水画展,除展出朱屺瞻、宋文治、邢少兰等知名画家作品,也展出部分青年画家作品。2009年编印出版《太仓书院作品集》,举办太仓书画院成立10周年画展,推荐画家作品,帮助画家打出品牌。2010年又设立"太仓文学艺术界联合会年度单项奖",设组织奖、创新奖、成就奖、新人奖和贡献奖,奖励在文艺领域做出贡献的人才。

为了加强基层文艺队伍建设,2004年拟定了太仓市文化建设初步规划,提

出了加强乡镇文化站建设的意见,进一步落实了文化站人员编制,确保了人员到位、编制到位、职责到位,使基层文艺工作者安心工作。另外相关文化部门,如文联、作家协会、娄东书画院,经常组织文艺工作者外出采风,聘请专家为群众文艺骨干讲座、辅导,帮助文艺工作者扩大视野,提高创作水平。

2009年以后,随着文化产业的兴起,文化发展关注的中心也转移到文化产业上,按照市场经济的模式扶持、培养文化产业人才成为这一阶段的突出特点。2009年太仓制定了文化产业领军人才制度,在资金和政策上,给予文艺领军人才大力扶持,该年成立"吴利明工作音乐室""蔡萌萌美术工作室"。2013年,开始了文艺领军人才和拔尖人才的评选工作,邢少兰、吴利明、凌鼎年等7人被授予文艺领军人才称号,邓进、邓全明等28人被授予文艺创作拔尖人才称号。另外加大了文化产业人才的引进力度:制定了《太仓市文化产业人才计划实施细则(试行)》,把培养引进文化产业人才纳入"522"人才计划;主动到高校招聘文化产业人才。

3. 建设文化交流平台,促进文化交流,增强文化活力

文化交流是实现文化现代化的重要途径,从国家层面上讲,文化交流主要是国家之间的包括文化输出、文化引进的各类文化活动,对地方政府层面而言,既包括国家间的文化交流,也包括国内地方间的文化交流。文化交流是文化繁荣、文化进步的重要动力,这在中外文化发展史上都是不争的事实,中国唐代之所以能成为当时世界政治、经济、文化的一大中心,与其以开放的态度接纳东西方文化是分不开的。现在,中华民族正走向伟大的复兴,其中也包括文化的复兴,当然,文化复兴不是回到过去的文化,而是在中国传统文化精髓的基础上,建设具有开放性、包容性、世界性和民族性的文化。在当前"地球村"的环境下,一体化的影响不仅局限在经济领域,文化领域也是如此,而且,经济一体化的加剧,许多处于弱势地位的民族文化面临着生存的危机,保卫民族文化的安全成为许多民族(国家)的任务,中国作为一个文明古国,其文化在世界上有着广泛的影响力,但由于近代100余年国家积弱不振,民族文化自信力受到影响,加之日益加剧的商业化、全球化带来的负面影响,中国传统文化也面临着巨大的挑战,因此,维护国家文化安全也是我国文化领域的重要任务。当然,维护文化安全,不是闭关自守,相反,我们应该积极与各国各民族文化进行广泛、深入的交流,建设具有中国特色的民族文化。地处长三角的太仓,具有得天独厚的优势,太仓文化部门利用沿江沿沪的优势,积极开展文化交流,促进了太仓文化的发展。1996年,文化局局长高志强率领太仓文化艺术代表团一行12人,访问日本友好城市清谷町,参加了町民节演出活动;著名画家邢少兰在日本、新加坡举办了个人画展,展出《松风涛声》等60余幅作品;著名微型小说作家凌鼎年参加泰国第二届世界华文微型小说研讨会;市文联组队参加俄罗斯电影节交流活动。

1998年应日本岩国市政府邀请,以汪放为团长的太仓文化艺术交流团一行10人,在岩国商业高等学校、岩国市新剧场进行了演出。太仓横泾小学民乐团、恒通民乐团于2002年、2003年先后应邀访问新加坡,举办江南丝竹专场音乐会,并签订了《交流协作协议书》,2013年五洋丝竹乐团赴德国、荷兰、法国、意大利等国访问演出。

在开展国家间的文化交流的同时,太仓也积极开展国内地区间的文化交流。1998年,作为上海文化艺术节项目之一的宋文治艺术馆暨邢少兰画展在上海朱屺瞻艺术馆举行,展出太仓著名画家邢少兰的40件代表作品。2003年在苏州举办"太仓之夜"广场文艺演出,还赴吴江、昆山、嘉定等周边地区进行交流演出。2005年,太仓文广局和江苏省美术馆、江苏省美术家协会为宋文治艺术馆馆长蔡萌萌举办了风景油画展览,展览在江苏省美术馆举行,展出作品41件。2007年10月,"欢乐中国行魅力太仓"大型综艺晚会在太仓举行,演艺明星孙楠、张信哲、刘欢、赵薇等登台演出。2008年新娄东山水画展在上海朱屺瞻艺术馆举行,展出朱屺瞻、宋文治、邢少兰等17位太仓籍全国知名画家的作品。同年江南丝竹、滚灯参演第十届上海国际艺术节。2010年举办首届"吴晓邦杯"国标舞全国公开赛,来自全国各地的1500名选手参赛。2012年,五洋丝竹乐团赴台湾展演,并获"丝竹相和宝岛行——海峡两岸丝竹乐队观摩展演交流赛"一等奖;在深圳举办"新娄东画派山水画展"。

(五)群众文化欣欣向荣

群众文化,顾名思义就是人民群众自己的文化,是群众为满足自身的精神生活需求,以自我活动为主体,自我娱乐、自我教育为目的具有民族特色和地方特点的各类文化活动的总称。群众文化是以普通群众为主体,由群众直接或间接参与的一种社会文化现象,它包括群众文化活动、群众文化工作和群众文化生活等几大方面的内容,按照主体的不同性质,则可分为社区群众文化、乡镇群众文化、企业群众文化等。发展群众文化有利于提高人们的文化素质和知识水平,从而满足人们日益增长的文化需要,是我国社会主义精神文明建设不可或缺的内容,为社会主义精神文明建设提供强大的动力。广大人民群众是历史的创造者,也是文化的创造者,发展群众文化也体现了尊重历史、以人民为主体的、以人为本的科学发展观。群众文化是一个时代文化的重要组成部分,也是衡量一个时代文化先进性的标准,中国的文化现代化最终也要体现在群众文化上,群众文化是文化现代化的重要内容,只有群众文化现代化了,才算是真正的文化现代化。太仓充分发挥群众的主体作用和政府的引导作用,群众文化蓬勃发展,对太仓文化现代化整体水平的提高起到了重要的推动作用。

1. 一镇一品为主线,建设特色群众文化

群众文化是以群众为主体的文化,是民间文化的重要载体,是传统得以延续的主要途径。为更好地繁荣群众文化,弘扬传统文化精髓,打造文化品牌,增强传统文化的凝聚力,太仓1999年提出"一镇一品"的口号,经过多年努力,"一镇一品"建设取得了显著的成效——新湖镇的龙狮制作和龙狮表演、璜泾镇的民乐演奏、沙溪镇的舞蹈和文学、浏河镇的灯谜、岳王镇的戏曲演唱、金浪镇的丝竹,已成为群众文化品牌,在弘扬地方文化中发挥重要的作用。

璜泾镇的民乐演奏有着广泛的群众基础,为了延续这一传统,璜泾镇在抓好民间老艺人和成人民乐队建设的同时,将民间艺术引入课堂,以璜泾小学为基地,开展民族音乐特色教育,培养民族音乐接班人。1999年璜泾镇组建了一支80余人的学生民乐队伍,与社会民乐团体一同开展民乐演奏活动,产生了较大的影响,同年,该镇被评为苏州市特色文化镇——民乐之乡。2000年,璜泾中心小学被命名为"太仓市特色文化(民乐)学校",由该学校民乐队演奏的《骑车去郊游》获得全国第二届"蒲公英"奖银奖。2002年璜泾被省文化厅批准为江苏省民间艺术之乡民乐之乡。2008年获文化部颁发的"中国民间文化艺术之乡"(民乐之乡)。

耍龙舞狮是中华民族的一项传统民间群体娱乐活动,特别在重大节日期间,耍龙灯、舞狮子成为必不可少的活动,表达了吉祥、团结的寓意。太仓双凤(新湖)不仅有耍龙灯、舞狮子的传统,而且制作龙狮的历史十分悠久。相传湘军领袖曾国藩是个"龙狮迷",他带兵攻陷太平天国首都天京后,部属及后裔散落长江南北,其中部分人落户双凤,也将湖南人龙狮制作技艺带到了双凤,从而使双凤龙狮制作吸收了南北龙狮制作技术,形成了自己的风格。在20世纪70年代早期,原新湖乡挑选人员组成了文艺演出队,进行龙狮表演。为增强龙狮这一民间艺术的生命力,双凤(新湖)人对传统的龙狮表演艺术进行了改造:一方面对原有的锣鼓曲谱进行了改进,使节奏更加明快、流畅,符合现代人的口味,同时对龙狮形象进行了创新;另一方面,将龙狮艺术与武术、舞蹈、杂技结合,增强龙狮艺术的表现力和吸引力。改革开放后,为了培养龙狮艺术的传人、保持民间艺术的吸引力,新湖中学和新湖小学也成立了龙狮队,学习龙狮技艺,开展民间艺术教育。为了活跃民间文化,增强民间文化的活力和凝聚力,太仓对新湖镇的龙狮制作和耍龙舞狮活动进行了扶持。在新湖政府的支持下,1999年成立了新湖龙狮协会,会员200余人。2000年龙狮协会会员增加到250人,表演队伍20多支,经常开展演出活动,群众的参与热情不断高涨,表演水平也得到提高,先后在江苏省广场舞蹈、鼓乐大赛、江苏省农民运动会舞龙大赛中获奖。2000年,新湖镇被文化部命名为"中国民间艺术(龙狮)之乡"。2001年,太仓新湖滚灯队参加江浙沪民间舞蹈滚灯大会串,并获优秀节目奖。现今,双凤的龙狮制作已由满足自身演出需要发展为商业生产,他们不仅制作龙灯、狮子,还制作大头娃娃、彩灯、宫灯,其产品不仅满足了其他地方龙狮表演的需要,也为电影、电视、戏剧、杂技制作道具。双凤的龙狮艺术，不仅是一项群众参与热情高的民间活动，同时也是一项产业活动，二者互为条件，推动了龙狮这一群众活动的发展。

太仓沙溪镇是中国现代舞蹈奠基人吴晓邦的故乡，沙溪人也对舞蹈抱有浓厚的兴趣，沙溪镇政府针对这一特点因势利导，推进沙溪的群众文化活动，形成了自身的特色。经过多年的发展，沙溪拥有民间舞蹈队、健身舞蹈队、艺术舞蹈队等多支业余舞蹈队伍，这些来自各行各业的舞蹈爱好者，不断相互交流，开展舞蹈表演，实现自娱自乐。他们表演的龙灯、腰鼓、莲湘、秧歌等节目，再现了江南千年古镇民间艺术的遗韵。健身舞蹈木兰扇、木兰剑、交谊舞、扇舞等现代舞蹈，也受到沙溪众多民众的欢迎，在其优美的舞姿中，我们看到了当代沙溪人的风貌和太平盛世人民的美好生活。沙溪舞蹈爱好者还在文化馆的指导下，先后创作出群众性舞蹈节目《古镇乡情》《好日子》《欢乐中国年》《飞翔》《茉莉花》《散花飞舞》《中国娃》《叶儿清清菜花黄》等作品，讴歌了改革开放取得的伟大成就，赞美了新农村建设的先进典型，传达了农民享受改革开放成果所带来的由衷的喜悦。《散花飞舞》《中国娃》《叶儿清清菜花黄》等自创节目多次参加了江苏省大型文艺演出活动，获得一致好评。中央电视台夕阳红栏目播出了沙溪夕阳红舞蹈队表演的舞蹈《花好月圆》和《欢乐中国年》。2002年沙溪被省文化厅批准为江苏省民间艺术之乡（舞蹈之乡），2008年获文化部"中国民间文化艺术之乡（舞蹈之乡）"称号。太仓"一镇一品"工程是建立在广泛的群众基础上的、由政府主导的文化工程，它体现了社会主义文化工作的特点，也取得了很好的成效。

2. 以大型活动为载体，以社团为龙头，积极开展形式多样的群众文化活动

群众文化活动是形成、增强文化凝聚力、传递传统文化的重要途径，而群众文艺社团则是开展群众文化活动的有力推手，加强群众文艺社团建设，以其为基础，组织大型群众文艺活动对于坚持群众文化的正确导向和推动群众文化的繁荣有着积极的作用。虽然组织民间文艺社团是群众自己的事情，但政府的支持也必不可少，太仓民间文艺社团蓬勃发展与太仓政府的推动是分不开的。太仓文广局通过组织民间乐团开展交流演出、解决民间社团资金困难、为民间文艺社团提供活动场地、派专业人员进行艺术辅导等措施，有力地促进了民间文艺社团的发展。如2007年经太仓文广局牵头，江苏五洋集团、雅鹿集团分别与太仓恒通丝竹乐团、太仓沪剧团签订冠名协议，后者因此获得了企业的资金支持。2003年，召开了社区领导和业余团队座谈会，帮助社区和文艺团队结成对子，为民间社团开展活动提供必要的场地等资源支持。2004年文广局建立了业务干部挂钩乡镇、社区、民间文艺社团制度，选派文艺骨干深入乡镇、社区、社团，为其开展艺术创作、演出活动的策划、组织提供指导。多次组织恒通民乐

团、璜泾小学民乐团、新湖滚灯队等到国内外开展演出,扩大民间文艺社团的影响、增强其影响力。在政府的支持下,民间文艺团体得到大发展:文艺社团数量从2000年的20多支增加到2011年的193支,会员达到2300余人,一批优秀民间文艺社团脱颖而出——恒通民族乐团、璜泾荣文艺术团分别于2004年、2006年获得省"省特色文化团队"称号,璜泾荣文艺术团获"省优秀民营文艺团队"称号。

组织大型文艺、文化活动,一方面可以为民间文艺、文化社团提供表演舞台,促进民间文艺、文化社团的发展,另一方面可以利用其广场效应,配合中央思想宣传的需要,加强社会主义核心价值观教育。太仓组织的大型群众的文艺、文化活动主要包括四种形式。

一是综合性群众活动。综合性群众文艺、文化活动是群众文艺、文化活动的主要形式,太仓文化部门几乎每年都要在重大节日组织综合性的大型群众活动,如1996年的太仓文化艺术周、2000年的"中行之夜"广场文艺晚会、从2003年起一年一度的娄东之春艺术节、2005年"太仓走向辉煌"群众文艺专场、2007年乡镇群众文艺创作节目展演,这些大型活动参加演出的人数经常达到上万人,观众达10余万人。随着经济的发展,群众文化的发展迅速,而建设社会主义新文化的要求也更加迫切,为此,从2008年开始开展"百团大展演"活动。2008年,来自太仓的127个文艺团队的2500多名业余文艺人员参加了"百团大展演"活动,这些人员来自于各行各业,有教师、学生、干部、一线产业工业,有土生土长的本地居民,也有外来务工人员,有白发斑斑的老者,也有黄发垂髫的孩童。此次活动分为"村村演""社区演"、江南丝竹演奏比赛、"交流演""公演""优秀节目展演"等环节,其中"村村演""社区演"是业余团队在各镇文化站的组织下,到各村、各社区演出;"交流演"是各镇之间的业余文艺团队进行的交流演出;"公演"是各镇精品节目展,演出的节目是在各村的节目中挑选出来的;"优秀节目展演"是太仓优秀群众文化节目的精品演出;江南丝竹演奏比赛是特色群众文化演奏专场。历时半年的"百团大展演"在90个村、68个社区演出140余场,吸引15万群众观看。此后每年都举办"百团大展演",其规模不断扩大,表演水平不断提高,已成为太仓大型群众活动的一个品牌。

二是农民群众活动。中国地域广阔,工业化还未完成,农村、农业、农民仍是中国社会的重要问题,农民群众活动,也是中国群众文化的重要组成部分,农村、农民文化素质的提高是文化现代化的重要内容。同时,中国传统文明主要是农业文明,农村也是传统文明重地,因此,农民群众活动也是弘扬民族文化的重要途径。为保存传统文明精髓,实现传统文明的现代化,太仓举办了众多大型的农民群众活动。2002年举办了历时3个月的农民艺术节,以"写农民、唱农民、农民演、农民唱"为宗旨,组织各类文体活动100多项,参与者达11万人次。

2006年以乡镇为单位举办农民文化节,其中城厢镇第二届农民艺术节活动时间20多天,4000多人参加了20多项活动,观众达5万多人次。陆渡首届农民文化节有2000多人参加"春色近满园"戏曲赛等8大类活动,开幕式上16支民间文艺表演方阵表演的龙狮、腰鼓、踩高跷等民俗节目。2008年,"纪念改革开放30周年——首届中国农民文艺会演"太仓分会场在城厢、沙溪、浮桥、浏河四镇演出。这些形式多样的农民群众活动,一方面展示、保存了优秀传统文化,同时也在传统中融入了现代文化元素,为文化现代化起了重要的推动作用。

三是社区群众活动。社区是一个新事物,与计划经济时代的街道办事处、居民委员会的官僚机构性质不同,它是群众性组织,以广大市民为主体,是城市的民间。随着经济的转型,社会组织管理方式的转变,社区在现代社会中的地位为国家所认识和重视。2003年是太仓创建省社区文化示范年,也是太仓社区文化建设里程碑的一年,从该年开始,社区文化建设进入了新的阶段。此后一年一度的社区文化活动节成为太仓市民自己的节日,广大市民用自己的形式庆祝自己的节日,表达自己的喜怒哀乐。

四是专题群众活动。除了举办上述三类经常性群众活动外,太仓还根据群众的需求和文化现代化的需要,举办了许多专题性的群众活动。如2005年举办了第三届郑和航海节群众文艺专场"太仓走向辉煌",来自太仓市60多个单位的近千名群众业余演员参与该活动,充分展现了娄东文化的深厚底蕴和太仓推进"两个率先"中取得的丰硕成果以及太仓人民的精神面貌;2005年举办首届新太仓人卡拉OK比赛,大赛不仅是一个音乐赛事,也是关注新太仓人、建立和谐太仓文化的一种体现;2005年举办了首届夕阳红艺术节,以艺术的形式,关注日益突出的社会老年化问题。

3. 普及提高结合,群众文化内容丰富,成果显著

群众文化具有自发的性质,是以群众为主体、服务于群众的大众文化、通俗文化,但它也是我国社会主义文化的重要组成部分,因此它也应该是社会主义性质的文化,必须以社会主义核心价值观为指导,群众文化的马克思主义化是我国文化现代化的基本内容。故此,我们在组织开展群众文化活动时,要坚持普及与提高相结合的原则,既要体现其群众主体性,又要体现社会主义性质。改革开放以来,太仓坚持普及与提高结合,组织开展群众文化活动,在太仓文化现代化方面形成了自身的特色。

(1)坚持不懈开展文化下乡活动。所谓文化下乡是指政府文化部门利用政府资源组织人力、物力,将符合群众口味同时又体现社会主义核心价值观的优秀文艺送到群众当中,让他们在农村也能同步欣赏到一流的文艺作品,提高艺术品位。多年来,太仓将文化下乡当作马克思主义文化大众化的有效途径,坚持不懈,收到良好的效果。文化下乡包括送戏、送电影、送展览、送书等内容,

太仓文化部门根据国家文化建设和思想宣传的需要、太仓广大群众的精神和文化需要,每年都开展有针对性的文化下乡活动。如1998年举办了"二十年改革、二十年巨变"图片展和专题书展,2001年文化馆戏剧艺术团深入12个乡镇巡回演出,演出大型沪剧《孽海泪》等优秀剧目,而自2005年以来开展的一年一度的"文化百村行"将文化下乡推向了一个新的高潮。

(2) 指导群众活动,提高群众创作水准。隶属于太仓文广局的文化馆拥有一支专业水平较高的创作队伍,他们在搞好自身的创作的同时,也到乡镇、社区开展辅导,还请外面的专业人员对民间文艺团体进行指导,从而提高群众社团的创作水平和表演水平。2005年文化馆进一步健全了联络员制度,文化业务干部深入乡镇、社区、机关、企业、学校,和业务文艺团队做好活动策划、节目创作演出指导。2007年,组织了太仓市群众创作节目调演,文化部门专业人员对各镇(区)700多名业余文艺工作者创作、表演的90多个节目进行现场指导,对提高群众文艺节目的档次起了积极的作用。该年太仓市文广局创作人员在深入农村、了解农民思想新动态、社会主义新农村建设的新人物的基础上创作了7幕现代沪剧《金桂飘香》,并与来自社会各界的文艺爱好者与文化馆戏剧艺术团共同排练、演出。通过专业演员与群众文化结合的方式,激发了基层群众的文艺热情。文化管理部门还邀请著名音乐家经常对太仓的民间丝竹社团进行辅导,大大提高了丝竹社团的表演水平。

(3) 通过评比、评奖方式,对群众文化活动进行引导,使群众活动的价值导向符合社会主义核心价值观。如2007年对太仓乡镇群众文艺创作节目展演作品进行了评比,小品《寻找》等6个作品获得优秀奖,小品《盘夫》等8个作品获得优秀表演奖。2009年举办了基层文化骨干培训班,33名基层群众文化骨干参加了培训。

通过各方的共同努力,太仓群众文化取得长足的进步,在各种表演、比赛活动中得到好评。1997年《北塔风铃声》入选第五届中国艺术节,成为江苏省唯一入选艺术节展演的群众节目。1998年举办"齐心共筑生命线"文艺晚会,苏南吹打《又是一个丰收年》、戏剧联唱《两区建设展宏图》、舞蹈《挑》等节目,将传统民族文化和社会主义核心价值观结合,提高了群众文化的品位。2002年江南丝竹《六花六节》、双凤民歌《哥哥妹妹心连心》获首届江苏中国民间艺术节民歌民舞民乐大赛金奖、铜奖。2004年太仓通过"省群众文化先进县"复查,2010年"百团大展演"活动获得"五星工程奖"服务奖。

(六) 文化遗产的保护、开发和利用水平不断提高

文化遗产是一个民族传统文化成果的物化形式,其对人类的重要意义是多方面的,《世界文化遗产公约》将其概况为四个方面:(1)真实性,即文化遗产包含着历史存在的确实信息;(2)情感价值:即巩固个人的和国家的文化认同,具

有惊叹称奇、认同性、延续性、精神的、象征的和崇拜的特征;(3)文化价值:包括文献的、历史的、考古的、古老与珍稀的、古人类学和文化人类学的、审美的、建筑艺术的、城市景观的、风景的和生态学的、科学的众多方面的内容;(4)使用价值:功能的、经济的(包括旅游)、教育的(包括展览)、社会的、政治的。人类对文化遗产及其保护的认识经历一个过程。欧洲对古代建筑文物的保护思想来源于18世纪崇拜历史传统的浪漫主义思潮,例如英国在19世纪初开始了文物修复工作,其保护思想来源于一个被称为"哥特复兴"的以中世纪建筑为主要修复对象的思潮。20世纪以来,战争和大规模工业化建设先后出现,大大地改变了我们生活的环境和地球的面貌,同时也刺激了文物保护思想的进一步反省,深化了对文化遗产及保护的认识,《雅典宪章》(1933年)、《威尼斯宪章》(1964年)、《内罗毕建议》(1976年)、《马丘比丘宪章》(1977年)、《华盛顿宪章》(1987年)、《世界文化遗产公约》(1987年)等一系列文件大体勾勒出了人类对文化遗产保护认识的轨迹。

　　太仓是一个有着2000多年历史的文化名城。太仓祖先留下了丰厚的文化遗迹、文化遗产:"百戏之祖"的昆曲和优美动听的江南丝竹都源自太仓南码头一带;明清园林之盛,有"太仓园林甲东南"之誉;张溥兴社、王世贞兴文,吴伟业兴诗,陆世仪兴学,"四王"(王时敏、王鉴、王翚、王原祁)兴画,使太仓文化成为中国文化的璀璨明珠。太仓对文化遗产的认识及其保护也经历一个过程:"文革"中由于对传统文化与社会主义新文化之间的关系认识上的偏误,文化遗产的保护没有得到足够的重视,一些文化遗产甚至遭到人为的破坏;改革之初,主流意识的兴奋点主要在经济建设,文化遗产的保护仍没有得到应有的重视;20世纪90年代后期随着文化旅游经济的发展以及世界文化遗产保护意识的影响,文化遗产保护意识增强。2004年太仓市制定了文物事业"十一五"发展规划,这是太仓第一份完整、系统的文物保护与发展利用规划,对于太仓文保事业具有里程碑的意义。2005年首次召开太仓市文化遗产保护工作专题会议,体现了政府对文物保护工作的高度重视。2007年太仓市文广局被授予全省文物系统先进集体,2009年获"全国文物工作先进县"称号,这是对太仓文物保护公共的充分肯定。下面从四个方面介绍太仓在文化遗产方面做出的努力和取得的成绩。

　　1. 有形遗产的保护与修缮

　　20世纪90年代中后期,一方面,旅游业的蓬勃发展刺激了地方政府对文化遗产的热情,另一方面,随着经济建设的不断推进,党和国家日益认识到文化在社会主义事业中的意义,文化遗产的保护进入了新的阶段,太仓也不例外。1996年,完成了《太仓市文物志》文物部分的编写工作,开始着手张溥故居、天妃宫、元代五桥等省级文物保护单位的建档工作,并与34处文物保护单位的使用单位进行检查,签订保护责任书,开启了太仓文化遗产保护工作的新时代。改革开放以来,特别是20世纪90年代以来,太仓市政府坚持"保护为主,抢救第一"的方针,相继修缮一批重要历史文化遗迹,有力保护了文化遗产。

一是南园重建工程。南园为明代万历年间首辅太仓籍人王锡爵所建,清初,其孙子大画家王时敏与叠山大师张南垣合作加以拓建,占地达三十余亩,为清代以来太仓园林之首。乾隆时期南园荒废,嘉庆、道光年间重建,同治时又重修,后渐破旧。抗战时毁损于日寇的炮火,新中国成立后一度被辟为苗圃。改革开放后,太仓市政府出面重金收回南园遗址地块,并于1998年按原照片、原图纸进行设计、规划,逐步恢复了"门楼""绣雪堂""香涛阁""大还阁""鹤梅仙馆""寒碧舫""潭影轩"和"长廊"等十八处景点,还将街坊改造中有历史价值的十余栋古建筑,迁建至南园。

二是张溥故居修缮工程。张溥(1602—1641年)号天如,是明崇祯年间进士、明末文学家、"复社"领袖。张溥故居建于明代天启、崇祯年间,原为张溥伯父、明崇祯时工部尚书张辅之的宅第,后为张溥所得。保存下来的张溥故居是一路三进建筑,第一进为大厅,第二、第三进均为二层楼房,前后房屋楼下有回廊相通,楼上为独具特色的"通转走马楼",堂堂相应,楼楼相通。三进后面还有一个景色别致、小巧玲珑的小花苑,整套建筑斗拱齐全,工艺精湛,布局精巧。张溥故居较完整地保存了明代"尚书府第"的建筑风貌,其建筑主要构件也是明代建筑遗物,因此它不仅具有较高的文物价值和建筑艺术价值,作为明代著名学者、复社领袖张溥的建筑遗迹,还具有很高的历史纪念价值。20世纪70年代,著名古建筑、园林专家陈从周教授在探亲时发现了该古建筑,太仓县政府对此高度重视,1979年将其列为太仓县级文保单位,并于1984年开始动工修复,1996年12月,张溥故居全部修缮完毕,对外开放。其后,政府不断投入资金,对张溥故居的内部设施和外部环境进行完善:2000年新增《太仓历代进士名录》《太仓文物胜迹展》《复社纪念堂》,丰富了张溥故居的历史文化内涵;2004—2006年投入700多万元,再次对张溥故居进行了维修和展馆设施升级。1995年,张溥故居被列为江苏省级文物保护单位,2006年6月被国务院公布为第六批全国重点文物保护单位。

三是王锡爵故居修缮工程。王锡爵,明万历年间首辅,其故居始建于明代万历年,原正中有澄观堂,偏东为燕喜堂,偏西为鹤来堂,后面有三馀馆、乐颐堂、含誉楼、晚清轩、录斐轩、德隅和画楼等,经风雨侵蚀,至现代多已荒废。1998年,新东街进行改造,王锡爵大学士第及王氏宗祠被确认为市级文物保护单位,进行保护维修,1999年4月,对王锡爵故居保存部分——门屋与王氏宗祠——进行修缮。修缮后的王锡爵故居包括"太师第门楼"与王氏宗祠三进,门楼面阔五间,门厅左右为上下二层;屋内花园中陈列着"四王"雕像,在王氏宗祠碑廊陈列了太仓 27 件 40 块具有很高的文物价值和艺术价值的碑刻,其中包括《归去来分辞》、元赵孟頫《送李愿归盘谷序》、清康熙《临黄庭坚书碑》等珍贵文物。相邻部分建筑被搬迁,其中清代建筑鸳鸯厅复建于南园。2000 年新增"娄东画派陈列馆",2002 年,王锡爵故居被江苏省人民政府公布为江苏省文物保护单位。2007 年投资 200 多万元对王锡爵故居再次维修,并在内设立了娄东画派纪念馆。

四是天妃宫修缮工程。浏河天妃宫又称"天妃灵慈宫",俗称"娘娘庙"。据文献记载,浏河天妃宫同湄洲妈祖庙、泉州天后宫、天津天后宫一起被统称为大陆元代"四大妈祖庙"。浏河天妃宫始建于北宋宣和五年(1123 年),由旅居娄江口的闽粤海商建造,元至正二年(1342 年)移建于现址——位于浏河镇东市庙前街。作为最早兴建的妈祖宫庙之一,浏河天妃宫历经元、明、清、民国多次扩建修缮。1911 年秋,正殿毁于大火,仅存清代所建后殿。1984 年,为重现太仓航海文化,太仓政府决定重修建天妃宫。1985 年,为纪念郑和首下西洋 580 周年,天妃宫寝殿被辟为郑和纪念馆(后被迁出,单独建郑和公园)。1992 年 5 月,天妃宫作为道教活动场所正式对外开放,1995 年被列为江苏省重点文物保护单位。2011 年 5 月太仓天妃宫再次重修,并对外开放。

五是元代五桥。太仓是典型的江南水乡,河多桥众,其中不少是历史悠久的古桥,以元代五桥为最。州桥、周泾桥、皋桥、井亭桥、金鸡桥是建造于元代 5 座古桥。州桥位于城厢镇南街南端,原名安福桥,后因其位于州署衙门对面,故称州桥。周泾桥位于城厢镇东门街边濠弄口,原名海门第一桥,正中地幅石上"海门第一桥"的字迹和 4 块条石及两侧石栏板的雕刻图版都保存完好。皋桥位于城厢镇西门街张家弄口,又名高桥、兴福桥。三桥勾勒出太仓古城轮廓。井亭桥、金鸡桥都位于南郊南广寺附近,前者为三孔桥,长 16.7 米,后者为单孔桥,长 4.67 米。1996 年 4 月对井亭桥、金鸡桥进行维修。2005 年对元代五桥进行了维修。2006 年元代五桥成为全国重点文物保护单位。

此外,太仓对西庐古园也进行了修缮改建。西庐又名西田,位于太仓城厢镇西门外六七里,为明末清初著名画家王时敏晚年归里所筑的田园式别墅,系明代造园大师张南垣名作。至现代,西庐园已完全荒废。为彰显太仓园林文化底蕴,太仓市决定重建西庐园。2004 年,历时 2 年耗资 4000 余万的西庐园全部竣工。重修的西庐园占地 450 亩,是一个集休闲、生态、景观、生产于一体的开放式生态公园,也是市民充分感受古人"采菊东篱下"境界的休闲胜地。

经过改革开放以来 30 多年的努力,太仓的文化遗产保护取得显著的成效,形成了全方位展示太仓深厚历史文化的景观体系:海运仓遗址、天妃宫展现太仓航海文化,南园、弇山园、西庐园展现江南园林文化,张溥故居、王锡爵故居展现中国士绅文化,沙溪古镇展现江南水乡文化。

2. 有形遗产的开发与利用

开发文化遗产的目的主要有两个方面：一是让大众了解祖先留下来的文化遗产，强化民族认同感，更好传承发扬传统文化；二是通过文化遗产的开发，获得经济效益，造福当地民众，同时也为遗产的保护提供资金支持。改革开放以来，太仓遵循"有效保护、合理利用、加强管理"原则，对太仓现有的文化遗产进行了合理的开发，收到较好的成效。

一是合理开发已有文化遗产，发展文化旅游，创造经济效益。沙溪古镇的开发，在这方面最具代表性。沙溪在唐代已形成村落，元代自涂崧西迁，形成市集，明代商运通达，成为商贸重镇。沙溪古镇区内历史文化遗存丰富，保存着独具特色的明清临水建筑、幽深古老的小巷、古朴雄浑的古桥及历史文化名人故居等。开凿于宋代的七浦河贯穿全镇，河道宽阔，河中有岛，为江南古镇一大特色。沿河街道绵延1.5公里，河上横跨着三座古石拱桥：利济桥、庵桥、义兴桥，均具有典型的清代建筑风格。2001年沙溪镇列入江苏省历史文化名镇，2005年又被国家建设部、文物局命名为中国历史文化名镇，又先后荣获了"苏州市十大魅力旅游乡镇""全国民间艺术（舞蹈）之乡"等荣誉。为更好地保护沙溪古镇文化，同时开发古镇旅游业，太仓市政府决定对沙溪古镇进行维修和旅游开发，2010年5月，投资1.2亿修复完毕的沙溪古镇作为旅游景点对外开放，2010年接待25万人次，获得初步的效益。2012年，沙溪古镇被国务院列为世界文化遗产预备名单。

二是加强考古工作，提高考古水平，挖掘文化遗产。考古工作是衡量一个地区文化保护水平的重要内容，近些年来，随着经济的发展和对文物保护工作的加强，太仓考古获得重大突破，考古水平迈上新台阶，其标志性的成就是海运仓遗址和维新遗址的发现。关于太仓的起源有春秋说、战国说、西汉说、三国说、五代说等五种说法，虽无论哪种说法都表明太仓是元明时期中国海运漕粮的重要基地，全国著名的粮仓，太仓因粮仓而出名，但又都对太仓古代粮仓的基址位置都未提及或语焉不详。2008年，苏州博物馆与太仓文物部门共同对太仓海运仓遗址进行了考古调查，终于发现了太仓海运仓遗址所在位置和规模：位于太仓城厢镇南郊，在盐铁塘东，场中路两侧。整个遗址为台形，高出周围地面0.50~1.50米。遗址由两个长方形土台组成，整个遗址的面积在11万平方米以上，储存粮食1000万公斤以上。遗址的发现为元明时代仓廪文化史和太仓港发展史提供实证资料，丰富了太仓的历史文化遗存内容。海运仓遗址列入由国家文物局主编的《2008年第三次全国文物普查重要新发现》。

双凤维新遗址的发现也是太仓考古的另一重大发现。2003年5月，苏州市博物馆和太仓博物馆在清理1座明代古墓时，意外发现厚达一米多的红烧土和一批印纹陶罐，经考古发掘和专家论证，最终确定是马桥文化和良渚文化遗存，并定名为太仓维新遗址。维新遗址中心面积约1万平方米,总范围约6万平方米。遗址分北、南两个区。南发掘区出土马桥文化遗存有陶片、土井和大量红烧土堆积物;北发掘区出土马桥文化遗存有凹圜底罐、鼎足等。良渚文化遗存有圈足盘、高领罐、鼎足、豆把、甗、鬶等器物残片,以及一块彩陶片。为保护这一珍贵的文化遗产,太仓市政府于2006年投资450万元,建造了太仓维新遗址公园,内有主体建筑面积630平方米维新遗址陈列馆,陈列馆分三个展示厅,展示太仓海陆变迁过程和维新遗址挖掘保护及出土成果以及马桥文化和良渚文化的特征与内涵。陈列馆于2007年正式对外开放,已成为太仓市德育教育基地。维新遗址的发现填补了太仓原始文化的空白,将太仓有据可考的历史上溯至距今4500年左右,被誉为"太仓之根"。同时,为了解良渚和马桥文化的内涵及分布提供了极为重要的新依据,对研究太仓及整个长江下游地区的历史发展脉络提供了新资料,极大地充实丰富了太仓历史文化的内涵。2011年12月,太仓维新遗址被列为第七批江苏省文物保护单位。

三是建设新的文化工程,弘扬地方文化,增强文化认同。太仓是一座历史名城(镇),祖先创造物质文化的同时,也给后人留下了丰富的精神遗产,但有些遗产逐渐被湮没在时代风雨中,为留住这些渐渐淡忘的民族记忆,太仓建设了一些新的文化工程,如郑和公园、宋文治艺术馆、太仓名人馆等。太仓是郑和七下西洋的起锚地,郑和在完成7次伟大的航海后,亲立"通番事迹碑",记录了这史无前例的壮举。郑和七下西洋是中华民族记忆的重要一页,为保护这重要的历史见证,太仓于2008年建造了郑和主题公园。郑和主题公园总面积122公顷,建有11座山体、主入口广场、音乐喷泉、郑和铜像、郑和宝船、郑和纪念馆、郑和七下西洋历经的异域风情等10个工程。建筑风格以还原郑和船队远洋的历史文化主调,并融入现代设计理念。异域风情区再现郑和七下西洋所到国家和地区的历史遗迹和风情,主要有马六甲、爪哇、古里、麻林、锡兰南北楼、嗯噜莫斯和麦加等七大建筑,面积为3300平方米。另外还在新东路建设成为"历史文化一条街",设立了"四王"南园雅集群像、陆世仪先生读书处、镇洋县界碑等景点,以保留太仓的传统文化记忆。

3. 非物质文化遗产的保护

非物质文化遗产是指各族人民世代相传并视为其文化遗产组成部分的各种传统文化表现形式,以及与传统文化表现形式相关的实物和场所,各族人民世代相传、与各族人民群众的生产生活密不可分、由文化表现形式及相关的实物和场所组成是它的三个基本特征,民间传说、习俗、音乐、舞蹈、语言、礼仪、庆典、烹调以及传统文化都属于非物质文化遗产的领域。非物质文化遗产是整个文化遗产中的一个重要组成部分,体现了一个国家、民族的血脉和精神,是国家、民族的身份象征和价值象征,保护非物质文化遗产对于民族文化的传承,维护世界文化多样性、促进世界和平共处、共同发展具有重要的意义。为此,联合国教科文组织于1989年、2002年、2003年相继出台了《保护民间文化和传统文化的建议案》《伊斯坦布尔宣言》《保护非物质文化遗产公约》等重要文件,以加强非物质文化遗产的保护。我国是一个有着悠久历史和灿烂文化的国家,同时又是一个后起的现代民族国家,在科学技术、经济上学习西方先进成果的过程中,也很容易丧失自己的民族文化,特别是在西方文化殖民浪潮的冲击下,保护民族文化显得尤为重要。我国政府十分重视非物质文化遗产的保护,2004年我国政府加入《保护非物质文化遗产公约》,2006年成为该公约的政府委员会成员,并于2011年颁布了《中华人民共和国非物质文化遗产法》。

非物质文化遗产的保护主要包括两个方面。一是静态的保护,如对珍贵、优秀的非物质文化遗产进行搜集、整理和归档,用相关物化载体,比如录音带、相片等将其记录下来。二是动态的保护,也就是传承中保护,即将非物质文化遗产中的精华加以有效利用,延续人们对它的深刻理解和认识,借助于一定的方法和手段,寻求有形化载体对非物质文化遗产的内涵、外延进行生动形象的表达,使之被宣传到人们的思想里,扎根在思想认识之中,从而增强认同感,自觉地传承。静态的保护是非物质文化遗产保护的基础,非物质文化遗产保护的最终目的还是要维持这些无形资产的继续流传。

太仓作为一个江南古城,非物质文化遗产也十分丰富,在世界《保护非物质文化遗产公约》颁布之前,太仓和其他地方一样,是将非物质文化遗产归为民间文化进行保护的。2005年,首次太仓市文化遗产保护工作会议召开,非物质文化遗产保护成为这次会议的重要议题,至此,太仓市非物质文化遗产保护进入新的阶段。2006年、2008年分3批公布了太仓市非物质文化遗产名录,江南丝竹、双凤民歌、太仓肉松技艺等27项作品入选,袁光华作为滚灯传承人入选江苏省非物质文化遗产项目保护代表性传承人。10多年来,太仓以龙狮和江南丝竹二大非物质文化遗产保护为重点,取得了一系列成绩。

江南丝竹是中国传统器乐丝竹乐的一种,主要由弦乐、管乐和鼓板三类乐器组成,曾在苏南、上海、浙江一带流行。江南丝竹起源于明代嘉隆年间,以魏良辅为首的戏曲音乐家们在太仓南码头创制昆曲水磨腔的同时,以张野塘为中坚人物组成了规模完整的丝竹乐队,用工尺谱演奏,由昆曲班社、堂名鼓手兼奏,后逐渐形成丝竹演奏的专职班社。明万历末在吴中(苏州地区)形成了新的乐种"弦索",可算是江南丝竹的前身,20世纪50年代,正式定名为江南丝竹。江南丝竹曾有着广泛的群众基础:演奏地点可在茶馆等公共场所也可为私人住宅,既可作为娱乐节目,也可作为婚、丧、喜、庆的演奏活动。至20世纪60、70年代,传统江南丝竹班社均自行解散,加之受现代流行音乐和婚丧仪式改变的冲击,江南丝竹逐渐衰落。至上世纪末,江南丝竹日渐濒危。作为一种起源于太仓的民间音乐,承载着太仓地方文化,为此,太仓市政府将江南丝竹作为太仓非物质文化保护的重要对象,采取三方面的措施,进行了有效的保护。

一是江南丝竹作品的收集、整理和研究。1998年,陈有觉、高雪峰对江南丝竹的起源和发展进行了研究,撰写论文《江南丝竹发源初考》。2002年,对在太仓流传的江南丝竹作品进行了收集、整理,收集到丝竹作品130多首,并精选了《乌夜啼》《槐黄》《春花秋月》《节节高》《花花六版》《六花六节》《南词起板》《龙虎斗》《葡萄仙子》《八段锦》等10首乐曲结集为《江南丝竹十大名曲》(CD版)出版,次年出版由著名作曲家张晓峰整理、编配的《江南丝竹十大曲》总谱,2006年出版《江南丝竹新八曲》。

二是加强队伍建设,培养表演队伍。1999年,为进一步推动江南丝竹队伍建设和理论研究、演奏活动的普及和提高,成立了太仓市江南丝竹协会,协会有丝竹社团24个、会员280余人。2003年,成立"省文化馆江南丝竹实验基地",探索推动、促进江南丝竹的普及和提高的方法和途径。2005年拨款300多万元,建造了建筑面积460平方米的江南丝竹馆。

三是扶持江南丝竹演出活动,扩大丝竹影响。2003年举办"江南丝竹八大曲演奏比赛""江浙沪江南丝竹邀请赛",还组织恒通民乐团赴新加坡、我国香港地区、日本等国家和地区表演江南丝竹。2004年出版了《丝竹之乡——太仓》,组织恒通民族乐团到北京、南京举办太仓江南丝竹展演。2007年江苏五洋集团与文广局签订协议,通过与企业联姻,促进江南丝竹品牌打造。保护有了明显的成效:江南丝竹作品《六花六节》获首届江苏中国民间艺术大赛民乐类节目金奖(双凤民歌《哥哥妹妹心连心》或铜奖)、全国13届群星奖优秀奖,太仓被江苏省文化厅命名为首批特色文化之乡(江南丝竹之乡),2006年江南丝竹入选国家首批非物质文化遗产名录。

双凤龙狮、双凤山歌、太仓肉松、璜泾民乐也是太仓重要的非物质文化遗产,对此,太仓采取了有效的措施对其进行保护。2008年沙溪的舞蹈、城厢的书画、横泾的民乐、双凤的龙狮、江南丝竹入选中国民间文化艺术之乡。七夕节、"双凤山歌"等9个项目入选江苏省非物质文化遗产代表名录。

三、太仓文化现代化展望

位列全国百强县(市)前十强的太仓,在经济社会快速发展、人民物质生活水平不断提高、向率先基本实现现代化迈进的同时,人们对精神生活的追求层次也不断提高。为满足太仓人民不断增长的文化需求,太仓需要根据我国社会主义文化现代化的总体要求,加快文化产业的发展,大力繁荣文化事业,建设与中国特色社会主义政治、经济相适应的地方文化,以增强人民的幸福感,实现更高程度的文化现代化。

（一）增强太仓新文化活力

文化可以从文化的本质、精神文化形态、制度文化形态、物化文化形态四个层次进行界定,从文化本质看,它是不同民族、种族深层的思维模式、心理结构、文化积淀在政治、经济、军事、日常生活等的体现。尽管普通百姓通常只看到文化的物化形态,只关心文化的物化形态,但作为政府,文化建设的主导者,不能只停留在物态文化的建设上,而应该进一步提高到加强制度文化、精神文化建设的高度。目前,太仓在物化形态建设方面,取得了很大的成绩,基本实现了现代化,为文化的大发展、大繁荣提供了良好的基础。不过,在深层精神文化建设方面,仍存在较大的不足,没有同类城市如张家港精神那样强的影响力。外层物化形态的文化,如果没有与深层的制度文化、精神文化相适应,或者没有深层的制度文化、精神文化做支撑,是难以实现真正的、持久的发展,不仅如此,它还会进一步影响地区经济的持续发展、整体竞争力。我们所说的将文化产业作为支柱产业,不仅指文化产业 GDP 占总 GDP 的比重要提高,也指文化要为经济发展提供资源和动力:以文化为先驱,以文化为先导,以文化为品牌,扩大地区的影响,从而为开拓市场、经济发展开辟道路。因此,在未来的发展中,太仓要在现有良好的物化文化基础上,以马克思主义为指导,加强精神文化、制度文化的建设,如基层民主制度的建设,如生态文明的建设,如文艺创作队伍建设,群众文艺建设等,从而提高处于文化磁场核心的制度文化、精神文化的影响力、竞争力,为文化的大发展、大繁荣提供强劲的内生动力。在具体操作层面上,则可以太仓品牌文化为抓手,突出品牌效应。如加强村级组织的民主建设,生态文明建设;如将凌鼎年的小说、弹词故事等与动漫结合起来,既提升文化产业的文化内涵,又扩大文化产业的规模。

（二）打造"金太仓"文化品牌

社会主义文化的普遍要求就是建设以马克思主义为基石,与具有中国特色的社会主义政治、经济相适应的、吸收了中外传统文化精髓的社会主义核心价值观,这是任何地方文化都必须坚持的,是文化建设的制高点,文化现代化的中心任务。太仓地方文化特色建设主要包括两方面:优秀太仓传统文化的彰显、与太仓经济社会发展相适应的新文化的建设。太仓是历史文化名城,不仅仅因为其涌现了王世贞、张溥、"四王"、朱屺瞻、吴健雄、吴晓邦等一大批历史文化名人,创造一度享誉全国的娄东文化、航海文化,打出了"金太仓"响亮的文化名片;更重要的是这些都是太仓精神积淀的结果,体现了太仓人对家乡高度的认同感和自豪感。我们在开展太仓城市建设时,不能只停留在"视觉城市"的建设,还要重视"文化城市"的建设。欧洲中小城市的建设值得太仓借鉴,欧洲许多名城,规模并不大,通常只有几十万人口,如瑞士的苏黎世、德国的诸多小城市,这样的小城,服务功能很全,生活在这里的人们认同于自身的生活方式,注重保持传统与现代的衔接,享受着和谐而自在的生活。太仓区域面积不大,人口较少,却有渊源深远、底蕴深厚的文化传统,并且有较高的认同感、自豪感,这是建设传统与现代和谐、人与自然和谐的生态太仓的有利条件,也是建设像苏黎世那样的具有鲜明特色的现代化城市,将体现"金太仓"的太仓士绅文化的优雅转换成现代慢生活与大视野融合的现代太仓文化的灵魂。我们还要注重软文化实力的建设,如各种文艺、文化社团的建设,将"精致和谐、务实创新"的太仓城市精神演绎成具体的生活场景、生活故事,渗透到百姓的日常生活、精神积淀中。

具体说来,我们要充分利用太仓业已形成的"郑和航海起锚地""江南丝竹发源地""娄东画派发祥地""牛郎织女降生地"等四大品牌的影响力,从四个方面彰显太仓文化的魅力。

1. 以江南丝竹、滚灯、娄东画派为重要抓手,打造文化太仓品牌

娄东画派是曾享誉全国的著名国画流派,在中国文化史上占有重要地位,江南丝竹和滚灯是太仓两张响亮的文化名片,既有较好的群众基础,也有较高的声誉,太仓要进一步加强宣传和建设,使之成为文化太仓的重要品牌。

2. 以太仓港口开发区和浏河镇、浮桥镇等为中心,建设江海文化产业园

沿江、沿沪是太仓独特的地理优势,郑和是太仓难得的文化遗产,太仓要以"郑和航海起锚地"和"江河海三鲜"为平台,嫁接各类文化投资和服务项目,包括面向产业的生产型文化服务和面向市民的民生型文化服务,使之成为体现江海文化特色的产业集聚区。

3. 沙溪古镇建设和开发

沙溪古镇是江南水乡文化的代表,具有很高的文化价值,太仓不仅是从文化产业、文化遗产的保护角度保护沙溪古镇,还要从古镇保护型新型乡村建设的角度,开发建设沙溪古镇。一方面,要保护和传承沙溪镇的历史文化资源,争取申报世界文化遗产,树立沙溪古镇一条街的文化品牌,引入各类文化投资和服务项目,使之成为富有娄东文化风韵的文化创意集聚区和旅游目的地;另一方面要将这种保护和开发与建设新型乡村结合,使其成为既能延续传统又能舒适生活的现代城镇。

4. 以花卉园艺文化产业园建设为平台,彰显太仓园林艺术和绘画艺术传统

太仓是江南园林艺术和绘画艺术的重镇,曾声扬九州。太仓现拥有规模化的现代农业和花卉园艺,太仓市现代农业园区被评为国家级现代农业示范园区、省级农业科技园、省观光农业园,为弘扬太仓园林艺术奠定了基础。未来太仓要将传统游山玩水的园林、绘画艺术与休闲观光农业结合,建设具有自身特色的观光农业。

(三)扩大文化产业规模,提升文化整体影响力

经过"十一五"以来的快速发展,太仓产业结构不断优化,但也存在一些问题,主要体现为:尽管形成了以石油化工和电力能源为主的临江基础制造产业,以汽车配件、精密机械和生物医药为主的高新技术制造产业,以纺织、能源和物流等为主的特色产业集群,但目前还没有形成文化产业与其他产业相互促进、协调发展的产业体系,文化资源和产业项目分散,缺少重大项目和龙头企业的带动,文化产业中的文化内涵还没有得到充分的彰显。在未来的发展中,太仓要围绕文化建产业,以文化为内生资源扩大文化产业规模。《太仓市文化产业发展规划(2011—2015)》指出,太仓将以"创意太仓,活力家园"为主题,按照"一核三片,由南向北"的格局,围绕文化创意产业、文化旅游业、工艺美术业、印刷复制业、演艺娱乐业、新兴媒体业六大重点产业,以科教新城文化产业集聚区建设、LOFT文化创意产业园建设、太仓市科技创业园、留学人员创业园、太仓软件园建设、南洋广场时尚文化园、金仓湖体育休闲产业带、双凤福地建设、沙溪古镇开发、花卉园艺文化产业苑建设、江海文化休闲港建设、印刷与媒体产业群建设等10个重点项目和会展节庆开发工程、旅游景区创优工程、创意研发提升工程等3大重点工程为抓手,积极推进文化产业发展,培养大型文化产业企业,以之为龙头,带动太仓文化产业协调、快速发展,并形成与太仓特色产业群相适应的文化产业和文化产业与其他产业相互促进的良好机制,加快文化产业发展,把太仓建设成为以创意与研发为引导,以印刷与媒体为支柱,以生态与休闲为特色,文脉传承、要素集聚、产业联动、效益优良、辐射长三角的文化产业先进城市,实现文化产业增加值占GDP比重达到6.5%以上,成为太仓经济重要支撑产业。但我们仍要注意,在发展文化产业时,要突出文化的纽带作用,突出太仓文化内涵,强化文化的内生动力性,如果缺少太仓文化做动力,产业的发展也将失去依托,或者是文化产业发展了,但并不一定是太仓先进文化的发展。

(四)健全现代公共文化服务体系

加强公共文化服务体系建设是党的"十八"提出的重要任务,十八届三中全会提出建立现代公共文化服务体系则是新时代的文化建设要求。为加强现代公共文化服务体系建设,2015年,中共中央办公厅、国务院办公厅印发了《关于加快构建现代公共文化服务体系的意见》,制定了《国家基本公共文化服务指导标准(2015—2020)》。太仓要结合本地实际,围绕统筹推进公共文化服务均衡发展、增强公共文化服务发展动力、加强公共文化产品和服务供给、推进公共文化服务与科技融合发展、创新公共文化管理体制和运行机制、加大公共文化服务保障力度六大任务,走创新发展道路,建成覆盖城乡、便捷高效、保基本、促公平的现代公共文化服务体系。

"十三五"期间,太仓文化建设重点工作是:按照传承、创新、开放、繁荣的方

针,满足人民群众不断增长的精神文化需求,全面增强城市文化软实力,努力提高社会文明程度。

1. 加强城市文明建设

以宣传教育、实践养成、制度规范为抓手,以党员干部、公众人物、青少年为重点对象,广泛开展道德教育实践活动,扎实开展志愿服务活动。分步骤有重点地推进社会主义核心价值观的培育践行,结合实际工作、融入日常生活,使社会主义核心价值观内化为人们的精神追求、外化为人们的自觉行动。坚持"以创促建、重在管理、注重长效、惠及群众"的原则,以实现"优美环境、优良秩序、优质服务"为目标,推动市民文明素质、公共文明建设水平、城乡文明一体化程度不断提升,将太仓打造成为具有高质量的生活环境、高品位的城乡文化、高素质的公民思想道德的文明城市。

2. 引领文化传承创新

加强对传统历史文化资源的挖掘,与上海交通大学合作共建"上海交通大学太仓娄东文化研究院",强化娄东文化品牌价值研究与推广。利用好郑和航海文化、江南丝竹、新娄东画派、滚灯等文化名片,开展更具广度和深度的对外文化交流,增强城市文化影响力。进一步挖掘地方特色和民间文化,实施太仓文化史文库、历史文化名人等重大出版工程,建立一批太仓历史文化研究基地,推进特色文化载体建设,广泛开展特色文化活动。巩固"一镇一品"特色,推进地方特色文化品牌的创建活动。加大古镇、古街、古村落保护力度,积极推进沙溪古镇参与世界文化遗产申请,做好太仓海上丝绸之路申遗相关工作。编制遗址保护规划,完成重点文物修缮保护工程。完善非物质文化遗产项目名录保护体系和传承人认定体系,建立非物质文化遗产项目数据库。重点保护好沙溪古镇、海运仓遗址、浏河天妃宫遗迹、张溥庄第、古拱桥等重要文化遗产,加强江南丝竹、滚灯、龙狮、双凤山歌、唐调等一批国家省市非物质文化遗产的研究和传播,促进文化遗产产业化发展,将具有地方特色的文化元素融入旅游产品设计和创意产品研发。

3. 繁荣文艺创作

制定繁荣发展社会主义文艺的实施办法,坚持以社会主义核心价值观引领文艺创作,发挥广大文化工作者和人民群众的创造精神,推动优秀文化产品大量涌现。建立文艺创作题材库,突出太仓地方文化特色,重点抓好以中国梦、核心价值观为主题的现实题材、以反映太仓改革开放和现代化建设为主题的重大题材、以百姓生活、身边事迹为主题的民生题材等作品的创作生产。办好重温经典娄东(太仓)全国中国画(山水画)作品展,形成品牌效应。以精神文明建设"五个一工程奖"、"省五星工程奖"、"苏州繁星奖"为目标,重点抓好文学、戏剧、音乐、舞蹈、美术、书法、摄影等各门类的精品创作生产。

4. 完善公共文化服务

合理布局城乡公共文化设施,促进公共文化资源互联互通、共建共享,加快打造城市"十分钟文化圈"和农村"十里文化圈"。加快港区、新区、科教新城文化中心建设,推进宋文治艺术馆改扩建。进一步推动公共文化场馆免费开放,丰富免费开放服务项目,提升服务能力。整合文化资源,推进文化惠民,持续打造"文化乐园、精神家园"文化惠民服务品牌。推进"书香城市"建设,全市图书馆分馆数量达到20个,实现市、镇、村(社区)三级图书网络的资源共享、图书流转和通借通还。统筹城乡公共文化设施建设、服务供给、队伍建设、资金保障等,均衡配置公共文化资源。建立基本公共文化服务指导标准、保障标准,制定完善公共文化单位标准化服务规范。开辟针对性服务渠道,保障和实现城市低收入居民、残疾人、老年人和农民工等群体的文化生活基本需求。建立公共文化服务体系建设领导体制和工作机制,统筹推进全市的公共文化服务建设。完善政府采购制度,积极引导社会力量参与公共文化服务。建立健全公共文化服务的动态反馈机制、评价机制、考核机制和监督机制等。推进文化志愿服务体系建设,建立文化志愿服务长效工作机制。

5. 提升文化产业实力

以"创意太仓,活力家园"为主题,促进文化与创意、科技、旅游等产业深度融合,大力发展具有地方文化特色的设计创意业、现代传媒业、演艺娱乐业、文化旅游业、文化会展业等产业。推进数字博物馆、数字图书馆、数字文化馆、网上剧院建设,加快文化产品生产传播的数字化、网络化进程。加大对文化科技融合项目扶持力度,促进核心技术、关键技术的研发应用,提高文化产品科技含量。积极扶持小微文化企业发展,推动建设众创空间、扶持文化创客,培育更多文化市场主体。加快培育重点文化产业企业。落实文创产业发展专项引导资金,培育优质文创产业项目,大力推进文化产业基地、文化创意产业园区建设,全力扶持天镜湖文化科技产业园、江海文化产业园建设。推动有条件的文化企业上市融资,推进文化金融产品建设。创新商业模式,拓展大众文化消费市场,开发特色文化消费,扩大文化服务消费,提供个性化、分众化的文化产品和服务,培育新的文化消费增长点。大力推进文化领域522人才工程,加快培养和引进一批文化领军人才和重点人才。加大对创新型、紧缺型、高层次文化产业人才的扶持力度,营造文化人才与科技人才同等重要的环境条件。

6. 促进文化交流

依托数字化、信息化等手段,通过互联网媒体平台展示太仓文化。加强与境外友好城市、"一带一路"沿线国家和城市的互通交流,积极推动江南丝竹、新娄东画派、滚灯龙狮等传统文化资源走出去,支持文化企业参与国家丝路书香工程、丝路影视桥工程,参与国际著名图书、影视动漫等文化产品展示交易会。

开展深度的对外文化交流,增强城市文化影响力。扶持一批文化进出口骨干企业,培育一批外向型文化出口企业和产业基地,支持本地文化企业通过独资、合资、控股参股、并购等形式在境外兴办实体,建立营销网点,实现落地经营。

四、本章小结

从20世纪90年代前计划经济时代的文化建设,到90年代后市场经济时代的文化发展,再到2006年开始的文化事业与文化产业协调并进的文化强市,回顾60余年的太仓文化现代化历程,虽然其中不乏坎坷,但文化现代化的基本趋势没有改变,并取得了丰硕的成果,独具太仓特色的娄东文化得到传承,现代城市文化日益繁荣,创意文化产业规模不断扩大。进入21世纪,太仓有快速发展的经济做支撑,有高度的政治民主、社会文明做保障,丰厚的文化积淀做基础,太仓的文化现代化之路会越走越宽。

第八章
社会现代化

内容提要 党的十八大报告提出,要在改善民生和创新管理中加强社会建设。近年来,太仓坚持以经济、社会协调发展为主线,以实现社会现代化为目标,以坚持"多元普惠、和谐善治"举措为路径,加快社会建设,创新社会治理,形成了"政社联动""田园城市"等一系列具有太仓特色的社会现代化实践成果。

本章主要通过三部分内容来阐述太仓社会现代化的发展,第一部分为社会现代化概述,对社会现代化的国内外研究现状、内涵与特征等相关理论进行梳理。第二部分详细介绍了太仓社会现代化的实践,通过查阅和引用大量数据,对太仓社会现代化的发展历程、成就以及特色和创新进行了阐述,第三部分对太仓社会现代化进行了探索,找出社会现代化建设过程中存在的问题并提出对策,为太仓社会现代化建设指明方向。

近年来,太仓逐步形成了"多元普惠、和谐善治"的社会建设和管理模式。在公共服务方面,在江苏省率先普及 15 年教育,公共卫生服务体系健全率达 100%,成为全国首个富裕型长寿之乡,并率先实现医疗、养老、低保"三大"城乡一体化,全国首创的"大病再保险"项目被国家医保新政采纳。在城乡发展方面,探索形成园区化、合作化、产业化、农场化发展模式,加快"三集中""三置换"步伐,目前 54.7% 的农民实现集中居住,85% 以上的农村工业企业进入工业园区,90% 的农村土地进行了流转,实现了"三化"同步发展。在社会建设过程中,打造了具有江南水乡特色的宜居环境。在社会治理方面,从 2008 年开始探索政府行政管理和基层群众自治有效衔接和良性互动机制,"政社互动"被誉为继我国审批制度改革后行政改革的"第二次革命"。

2012 年 11 月 17 日至 18 日,"社会现代化:太仓实践"研讨会及相关座谈会在太仓隆重召开,来自中国社会科学院、国务院发展研究中心、清华大学、北京大学及上海、四川等地的 47 名专家、学者共同探讨了社会现代化建设的实践路径。一个县级城市缘何有如此大的魅力,吸引众多的专家、学者纷纷来访?"政社互动"的背后又究竟是什么力量在推动太仓的社会建设和社会治理?让我们走进这个江南小城镇,一同领略它那独特的社会现代化模式。

一、社会现代化概述

(一)国内外社会现代化研究述评

社会现代化是一种特殊的社会变迁。社会现代化作为一种特定理论并成为一种世界性潮流是在20世纪50年代到60年代初期出现的。广大新独立的发展中国家为了改变本国的贫穷落后面貌,缩短同发达国家在社会发展水平上的差距,都选择了社会现代化道路,将其视为改变落后状况的必然步骤;同时,也推动了社会现代化理论研究的发展。随着世界各国社会现代化实践的进展和理论研究的深入,人们逐渐认识到,就社会现代化的基本特征来说,这一社会发展过程实际上起始于17世纪英国资产阶级革命和18世纪工业革命,至19世纪席卷西欧、北美,到20世纪中期以后形成世界性潮流。社会现代化的理论研究也可以追溯到19世纪中叶以后一些重要的社会学家如E.迪尔凯姆和M.韦伯等人的研究。

迄今为止,社会现代化的含义并不是有明确共识的,而且有关现代化理论很少对现代化与社会现代化做明显的区分。从20世纪50年代到现在,我国对现代化有不同的提法,从1954年提出的工业现代化、农业现代化、交通运输业现代化和国防现代化,到1964年提出的现代工业、现代农业、现代国防和现代科学技术四个现代化,再到1979年提出的四个现代化,都有一些差别。从现代化理论诞生来看,也存在着两条线索:一条是对欧美近代发展的透视和概括,另一条则是对发展中国家发展的注视和分析。

近现代西方社会和人文科学的重要使命,就是如何去解释和分析它们所处时代出现的社会、经济、政治和文化变迁,尤其围绕着如何解释欧洲启蒙运动以来的西方社会发展乃至整个人类社会发展而展开长时间的争论和研究。按美国社会学家布莱克的分析,在对近代以来社会发展的反思过程中,首先是用进步的概念取代神学的解释,认为近代欧洲是理性力量驱动社会进步和发展的。其次是用精神理念来解释人类社会发展,如黑格尔将历史看作是自由原则这样的精神理念在不断冲破给它设置的障碍中而取得发展的过程;而马克思则用经济基础与上层建筑的辩证法去解释欧洲的社会发展。所有这些研究都以近代西欧社会发展为模板,无形中奠定了一种"西方种族中心论"的西方化或西方文明的观点:"西方仍然被认为是决定性地取代着世界上其他各地的传统文化。"因此,西方一些学者曾将欧洲近代发展概括为"西方化"。到20世纪50年代才找到一个被绝大多数人所认可的解释和分析框架——现代化。

现代化理论产生的另一个动力源自于西方学者乃至一些发展中国家的学

者对发展中国家的注释和解释。到20世纪五六十年代,美国一些社会学家超越欧美国家,将眼光瞄向非欧美国家的发展,用现代化理论取代过去的西方化观点,解释西方社会近代以来的进步和发展,并为非西方社会提出了所谓的发展路径——按西方社会那样去做就可以实现现代化。特别是对那些研究发展中国家发展问题的学者来说,现代化专指发展中国家的发展过程,而欧美已经实现了现代化,因此,不存在现代化问题了。在他们看来,现代化理论虽然是从欧美发展中总结出来的,但主要是用于解释和指导发展中国家的发展,而与欧美发达国家的发展没有什么关系了。在这个意义上,现代化理论被视为一种发展理论。

在各种现代化理论中最常出现的是传统与现代、先进与落后、科技、组织、工业化、城市化等概念。一种观点认为,现代化是一个从传统社会向现代社会转变的过程,最终实现具有现代性的社会。在这个过程中,科技知识的进步起到关键性的作用,社会的组织形式发生了明显的变化。正如美国政治学家塞缪尔·P.亨廷顿认为,"大多数现代化理论家主张现代社会和传统社会的主要区别在于现代人对其自然环境和社会环境有更强的控制能力。而这种控制能力又建立在科学和技术知识扩大的基础上"。还有一些研究者列举了传统社会与现代社会的不同特点,在韦伯和帕森斯看来,现代社会与传统社会的最大区别在于社会组织原则的不同:传统社会更多的是采用特殊性、先赋性等原则组织起来,而现代社会则是通过普遍性、获致性原则组织起来的。中国哲学家梁漱溟所说的中国以职业分立为特点而不同于西方的阶级分化为特点,实际上在一定程度上也道出了中国作为一个传统社会不同于西方现代社会的差别。

尼日利亚政治学教授詹姆斯·奥康内尔从三个方面阐释现代化的内涵:一是分析因果关系的方法是现代化的核心,这实际上是一种科学技术发明创造的方法;二是工具和技术的大量增加;三是社会结构的灵活性和连续性的认同。鲁道夫夫妇很具体地描述了现代性的内涵:"'现代性'意为:地方纽带和地区性的观点让位于全球观念和普世态度;功利、计算、科学的真理压倒了感情、神圣和非理性的思想;社会和政治的基本单位不是集体而是个人;人们在生活和工作中的相互联系不是依据出身而是靠选择;他们以主宰者的态度而不是用听天由命的态度去对待物质环境和人类环境……政府再也不是超人的权力象征,不让普通人进入,而是以参与、允诺和对公众负责作为它的基础。"

不论是韦伯、帕森斯,还是萨顿、奥康内尔、鲁道夫夫妇等现代化理论家们,对现代社会或现代化都有一些共同的看法:随着科技的创新和发明,人类对环境的控制能力显著提高,从而影响到社会组织形式、职业结构、权力结构、男女结构乃至健康、生命等。但是现代社会不是突然就达成的,也不是完全与传统社会断裂的,而是通过一个较长时间的演变过程实现的。因此,亨廷顿认为,对现代化过程,大多数作者或明或暗地达成了对九个特征的一致看法:现代化是革命的过程、复杂的过程、系统的过程、全球的过程、长期的过程、有阶段的过程、同质化的过程、不可逆转的过程、进步的过程。他提出了现代化的五大目标,即增长、公正、民主、稳定以及自主。

虽然以上有关现代化的看法曾被批为带有西方中心主义色彩,确实也忽略了传统与现代并不一定是断裂的这一现实,但是,它们仍然受到学术界和各国政治家们的关注和青睐。这与其包含的一些精彩观点和分析密不可分,我们不能因为其存在一些缺陷而完全抛弃它,关键在于去芜存菁,进行具体的扬弃。其一,现代化并不是一些学者凭空捏造出来的概念,而是人类文明进步在近现代的具体体现和进程。其二,现代化过程中各国虽然有自己的一些特殊性,但是也存在一些普遍性的东西,只要进入这个进程,这些普遍性都会呈现出来。其三,特殊性与普遍性之间并不是天然的对立或契合,而是一个相互建构的过程,从而造就世界多元现代性。在此需要指出的是,我们讨论的重点并不是普遍性与特殊性问题,而是从现有的现代化理论中寻找分析和研究太仓社会现代化的一些独特视角和观点,这也是一个特殊性与普遍性的对话过程。

实际上,现代化是一个科技发明和推广带来的经济发展方式、社会组织方式和能力变化的过程,而社会现代化就是指社会组织方式和能力的变化过程。在这里,社会是相对于政府、市场而言的,主要包括社会结构、社会组织、社区村落、家庭家族、社会关系、个人等。在社会现代化过程中,社会从隶属、依附于政府(或神权,如天主教),迈向自主、自立并具有与政府平等地位的主体,从原来的封闭状态迈向开放和流动的状态,从简单的乃至两极的社会结构转变为复杂、多元的社会结构,从世袭等级转变为职业等级,从传统权威转变为多元权威并存。在社会现代化过程中,一个最大的变化就是社会、政府和市场三者关系的变化:在传统社会时代,社会和市场都是隶属于政府(君权)的,缺乏独立性,在欧洲的中世纪和中国的王朝时代,社会和市场都是很微弱的,如英国经济人类学家波兰尼所说:"市场在各个国家内部经济中所扮演的角色,直到近代以前,都是不重要的。"特别是在欧洲,随着科技发展,非生物力逐渐取代人力、畜力,社会和市场就有了独立的基础,经济有了快速发展,市场竞争力大大增加,从而带来社会的发展,进而有能力冲破君权、神权的监控,动摇它们的基础,最终出现作为现代化标志的英法资产阶级革命。这实际上就是社会、市场和政府三者关系的重组和重构过程,在这个过程中,社会、市场获得了自己的独立空间和能力。

纵观社会现代化发展的历史经验和理论成果,我们应该也可以将其研究系统化,以提高我们对社会现代化发展的科学认识并促进理论研究的发展。

(二) 社会现代化的内涵

从广义上讲,社会现代化是指社会在科学技术发展的带动下,以经济发展为基础,包括社会组织、社会价值观念等社会生活各个方面的全面发展过程。社会现代化是一个具有丰富内容的社会发展过程,它以自身的现实发展澄清了人们曾经有过的谬误和偏颇之处,显示出自身特有的内涵。

1. 社会现代化是一个连续不断的历史进程

社会现代化不是某些固定僵死的标准,更主要的它是一种具有某些客观特征的社会发展过程。发展的客观特征,如工业化等是绝对的,但其过程和发展的具体形态则是相对的、经常变化的。如果我们试图离开历史的发展而将某些特征固定化,我们就会陷入无法解脱的困境。人们曾经屡次将发达国家在现代化发展某一阶段上的具体表现视为现代化的标准,如蒸汽机、电气化等,但每一次社会发展都突破了这种限定,以新的发展内容丰富了自己。社会现代化本身是带有客观特征的发展趋势,而它的具体形态和水平从根本上讲则一直就是比较的产物。发达国家在比较中达到了当今世界上相对最高的程度,而发展中国家发展程度则相对较低,甚至一部分国家还没有从整体上进入这一特定的社会发展过程。即使就发达国家来说,社会现代化过程还在继续,这不仅是因为它们在社会发展上还存在很多缺陷,更因为它们正在新技术革命的带动下,经历巨大的社会结构变动,依赖科学技术来促进社会发展。

2. 社会的现代化绝非是"西方化"或"欧洲化"

社会现代化的客观特征无疑是在那些世界上率先开始现代化进程的西方国家的发展中集中表现出来,并且作为客观的发展特征,发展中国家在谋求社会现代化时也无法违背这些客观规律。但是,社会现代化绝非意味着发展中国家要跟在西方国家后面亦步亦趋,照搬它们曾经实施过的方法和战略。任何国家有所成就的社会现代化过程都是将普遍的客观特征同本国的历史条件和文化传统有机结合的产物,而20世纪50年代以来很多发展中国家不顾本国的历史条件和具体环境而照搬西方国家的社会现代化模式,结果反而给本国社会现代化发展带来极大损害,它们的经验和教训是值得认真总结和思考的。

某些西方学者有意无意地按照西方国家的现代化道路为发展中国家设计的种种模式,几乎没有成功的。如著名经济学家 W. 罗斯托的经济成长阶段论根本未在发展中国家发展中顺利实现。某些发展中国家为经济起飞所投入的大量资金,由于本国所处的国际环境、发展水平、国内政治、文化状况及社会制度都不同于当初的西方国家,不但没有带来经济的"起飞",反而使发展中国家欠下了沉重的外债。其实,如果我们仔细分析一下发达国家的现代化进程,就会发现它们之间,例如英国、法国和德国也有很大的不同,而日本、澳大利亚等国社会现代化的成功实践,早已超出了传统"西方""欧洲"的范围。

3. 传统与社会现代化的多向型联系

"传统"与"现代"是现代化理论中一直极为混乱的概念。许多人构造了大量社会现代化模式,用各种"模式变量"去衡量所谓"传统社会"和"现代社会",其实是将传统与现代化势不两立起来,而大部分"模式变量"又不过是对西方社会发展中的某些社会因素的概括。

"传统"一般应理解为由历史沿传而来的思想、道德、风俗、艺术、制度等等。每一个民族在自身的历史活动中都创造了自己的传统。首先,传统是一个非常复杂的非同质性结构,在"传统"内部包含了本民族在不同历史时期、不同条件、由不同的社会集团和个人所贡献的成分,因而不论在要素结构还是层次结构上都是非一统的,其中还包括与外民族相互交流和影响的结果。其次,虽然传统具有相对的稳定性,但任何民族的传统都不是一成不变的,变化程度大小有区别,但都不断有新的成分加入并逐渐成为传统。正因如此,传统与现代的关系是多向型的,至少可以区分出:对立排斥型,即传统中的某些部分同社会现代化过程完全对立、抵制或排斥现代化;同化型,即人们根据社会现代化的要求重新评价某些传统的价值,加以改造,依然纳入现代化社会结构里;支持型,即传统的某些部分不但不会妨碍社会现代化过程,反而会支持或推动社会现代化过程。社会现代化发展的历史事实是,没有一个绝对继承传统的现代化过程,也没有一个绝对拒绝传统的现代化过程。离开了正确认识和处理传统与现代化的关系,社会现代化不会顺利发展。

4. 社会现代化是社会协调发展的过程

经济发展是社会现代化的基础,但并不等于社会现代化,而仅是广义社会的现代化发展的经济方面,它既不可孤立地发展,更不能代替整个社会现代化。这是因为现代化的经济发展有赖于其他社会要素的现代化发展,例如主权国家的建立、教育水平的提高等等。更主要的是,社会现代化的目标是高层次的。社会现代化的目的是围绕社会中人的全面发展而展开的,不仅应带来社会物质财富的增长,而且要使社会生活各个方面包括社会精神生活提高,使每一个社会成员逐步达到平等,使个人在逐步得到全面发展的基础上逐步能够自由地表现自己的才能,社会现代化过程应是符合大多数社会成员和本民族文化价值需要的发展过程。如果经济有了极大增长,但社会不平等加剧,民族的文化经济受到破坏,甚至国家和民族的独立受到侵蚀,那就是人们经常讲到的"有增长而无发展"。从另外一种角度讲,社会现代化发展的许多方面如价值观念、社会心理等等也不是用经济指标能够代替衡量的。

(三) 社会现代化的特征

社会现代化作为特定的社会发展过程,人们曾经从各种角度将其具体化,但无外乎两种模式,即强调单一特征或强调多种特征,其实,单单强调单一特征或多种特征都是片面的。社会现代化是以人的全面发展为中心的包括多种发展趋势的过程,可以也应该围绕人的社会活动,从不同的层次和角度刻画出现代化发展趋势的特征。据此,可以描述出社会现代化发展过程的如下特征。

1. 科学技术发展带动整个社会的发展

人的全面发展首先表现为人认识世界、改造世界能力的发展,人在整个客观世界系统里地位的提高。现代科学技术作为独立存在的知识系统的发展,正是人的能力发展的突出表现。社会的现代化发展从根本上是以科学技术对社会发展的作用及所带来的后果为标志的,这是社会现代化过程同以往社会发展过程不同的基本点。

现代社会生产力的主要形式——"工业"就是在科学技术的带动下发展的,而当代所谓"信息革命"在某种意义上更是当代新技术革命的同义语。大工业的出现和发展水平主要是被新技术所决定的,而新技术的出现则主要源于科学研究成果向技术发明的转化。近代以来的产业革命无一不是以技术革命乃至科学革命为先导。18世纪工业革命以来,社会生产力已形成科学—技术—生产力的发展机制。科学技术的发展不仅导致生产的重大突破,而且引起了经济结构、产业结构、劳动方式和生产组织的变化。现在,科学技术的落后,就意味着经济发展的落后。一个国家如果在社会现代化道路上不能尽快创新和吸收科学技术成果,就会与能够创新和吸收的国家在整个社会发展水平上拉开差距而居于落后的地位。

科学技术的发展同时也促进了人的社会精神生活的发展。新的科学技术成果在生产和工作的应用,使得人们可以有更多的时间从事学习,社会交往和社会活动,密切人们的社会关系,提高人们的交往频率,从而必然提高人的社会化程度。科学技术的发展也给社会价值观念带来了极大冲击。科学技术发展对整个社会发展所做的贡献越大,科学技术研究的规模越大,一个社会现代化的程度和水平就越高。

2. 经济迅速而持续地发展

人类社会活动的基本内容是经济活动,经济发展是任何一个社会存在和发展的基础。人类其他的社会活动如政治活动、文化活动都要以经济活动为基础。

以一定的科学技术成果装备起来的现代化经济发展与长期停滞不前或发展缓慢的过去社会相比,特点之一就是整个社会经济迅速地增长,经济不发达和落后的状况逐渐消失。一个国家如果经济长期没有增长甚至持续下降,这样的国家就不能获得任何有意义的发展。"有增长而无发展"固然不好,但"有发展而无增长"则是不可能的。"零增长"既是一种空想,也是普遍不能被接受的。

现代化意义上的经济增长表现为经济结构的改变,其首先的标志,就是经济增长的内容由以农业为主转变到以工业为主,即所谓的"工业化"。只有工业化的生产,才能使人从仅能维持生存的自然经济状态中解脱出来,摆脱长期困扰人类的饥饿与匮乏,满足人的全面发展需要。在社会现代化过程中,几乎所有国家都曾经经历了工业化过程或正在努力追求工业化,以至在很长一个时期里,"工业化"成了社会现代化的同义语。

需要特别说明的是,第一,工业的发展主要是指制造业的发展,因为制造业是工业中最有自主发展能力、最活跃的部门。第二,工业化直至社会现代化比较成功的国家,都先是或同时保持和促进了农业的持续增长。农业的不发达或在工业化过程中的衰退,会严重阻碍工业化直至社会现代化的过程。

20世纪40年代兴起的新技术革命,又给当代经济增长结构带来了新的变化,即在已经实现工业化的国家中,服务业或第三产业的发展逐渐超过了工业,在整个国民经济中占据主导地位。这表明知识、智力在现代经济发展中越来越成为关键的因素,经济发展越来越依靠科学技术的进步。在整个经济现代化过程中,这种结构性的变化已成为不可更替的趋势。现代化的经济发展不仅表现为总量的增长和结构的变化,同时也应表现为全体社会成员生活水平和生活质量的提高。如果经济增长不能使广大社会成员消除贫困,使教育、社会福利医疗卫生条件等等不断得到改善,而是一部分人上"天堂",一部分人下"地狱",那么,这就是典型的"有增长而无发展"。

概言之,增长、结构改变和生活水平与质量的提高是现代经济发展统一而不可分割的过程。

3. 社会组织的发达与政治民主化

人在物质生产活动和其他社会活动中,必然要结成一定的社会关系,组成一定的群体,进行共同的活动。社会现代化的过程,同时也是人类共同活动形式的现代化过程,这一过程的主要特征就是社会组织的日益发达。

在人类社会发展的很长一个时期,由于社会生产力十分低下和社会分工的不发达,以小农经济为主要内容的经济活动和封闭落后的社会生活导致以血缘关系和地缘关系为纽带的初级群体一直是人们共同活动的主要形式。即使存在诸如国家等社会组织,其中也渗透了大量的初级关系。因此,这样的社会是一种缺乏有机联系和结构松散的社会。

人口的聚集,科学技术的发展和近代大工业的产生,造成社会分工日益细化,社会联系日益频繁,引起人类共同活动的群体形式发生了革命性变革,即人们为了有效地达到特定目标而建立的次级群体——社会组织,例如企业、学校、社团、政党等等日益发达起来,成为现代社会中占主导地位的群体形式。现代社会是一个日益高度组织化的社会,各种性质、各种规模、分工明确、制度化的社会组织承担起现代化社会各方面生活组织功能,相互之间形成极为复杂的结构关系,从而成为现代社会最重要的结构要素。社会组织的发达,意味着整个社会有机联系的加强和整个社会一体化的发展。

在社会组织的现代化发展中,我们尤其对于国家政权组织的发展给予特别的重视。这种重视表现为两个方面。第一,现代国家政权组织的形成和发展,建立在具有共同目标,有明确主权,按照一定的、以法律为依据的正式关系结构组织起来的国家政权组织,是现代社会生产力发展的必要条件。国家政权组织如果缺乏政治渗透力和政治统一能力,现代民族国家就无法形成,现代化大生产也就无法进行。第二,政治制度民主化,消除和改变独裁和专制的政治制度,使更多的社会成员参与整个国家社会生活的管理,这不仅是现代经济和科学技术发展的要求,而且也是现代社会发展给社会治理带来的必然变化。任何一种独裁和专制的政治制度在社会现代化过程中都是不可能长期存在的。

4. 社会价值观念和生活方式的现代化

社会价值观念是指社会中人对周围事物的评价以及由此而采取的行为取向。生活方式是指在一定的价值观念指导下,人们在各种社会生活中所采取的习惯性行为方式。以一定的群体形式从事多种社会活动的人必然要在社会活动中形成一定的价值观念并且在这种价值观念指导下从事活动,因此,以人为中心的社会现代化必然要在这一层次上反映出来。

社会价值观念和生活方式的现代化是许多现代化理论的学者着力耕耘的领域,但也是在理论上极难整理和归纳的领域。这主要是因为社会价值观念和生活方式特别受到社会制度、政治制度及文化传统的影响。在社会现代化过程中,价值观念所发挥的作用和产生的影响要受当时发展环境、发展阶段的制约,表现出极为丰富的个性,这是因为社会现代化的道路是多样化的。但是,在一个社会向现代化发展时,人们的价值观念和生活方式必然要随之发生变化,以适应并促进整个社会的现代化。

5. 人类居住方式的改变——城市化

在整个社会现代化过程中,不仅人类活动的内容和形式发生了革命性变化,人类活动的区域也要发生革命性的变化,这就是从农村到城市的发展趋势。所谓城市化,是指一个国家或社会人口由农村向城市的转移。衡量城市化水平的标志就是城市人口占总人口的比重。

城市化是社会现代化发展的一个极其重要的特征。它是人类居住方式的变化,综合反映了社会生产力和社会关系、精神世界和生活方式的变革,并给予现代社会的发展以深刻影响。城市的存在已有很长的历史,而城市化的过程则是伴随整个社会的现代化而出现的。城市化的发展,是大工业的产生、社会组织的发达和人们价值观念以及生活方式变革的产物,而随着现代城市的产生和发展所形成的物质文明和精神文明又成为推动现代社会发展的基本力量。城市的发展,把人们从封闭的区域式生活环境中解脱出来,城市地区聚集了大量的人口和财富,集中了各种不同的经济活动、社会活动和文化活动,而农村则完全是相反的状况。正是因为城市所特有的聚集形式,因为这种聚集产生了巨大的经济效益和社会效益,所以城市化才在社会现代化过程中成为一种普遍的趋势,并且成为人们衡量一个社会现代化水平的重要标志。

据陆学艺的定义,社会现代化是指社会组织方式和能力的变化过程。其中,社会是相对于政府、市场而言的,主要包括社会结构、社会组织、社区村落等,很重要的一个方面就是社会、政府和市场的演变、互动关系。

中共中央候补委员、中国社科院社会学所所长李培林在接受《中国新闻周刊》采访时,将太仓所进行的一系列探索称为经济现代化之后的社会现代化过程。太仓人均 GDP 超过两万美元,已达日本、韩国水平,如果把物价因素纳入考量,按实际购买力进行比较,甚至已经超过它们,这种情况下,必然会从社会结构、社会组织、社区村落等各个角度产生社会现代化趋势。

二、太仓社会现代化的实践

(一)太仓社会现代化的发展历程

如果把太仓放在过去30多年的时间维度中来观察的话,就会发现太仓社会现代化尽管有自己的一些地方特色,但并没有脱离中国现代化轨迹。这在政府、社会、市场三者关系的演变上得以有效的体现。回顾太仓改革开放三十余年的发展历程,大致经历了以下三个阶段:

1. 第一阶段:总体社会时代的社会自主萌芽

1978年我国走上改革开放道路,太仓拉开了乡镇企业发展的序幕,农民开始"农转工"的历史性跨越,长期以农业为主的传统经济格局被打破。乡镇企业的异军崛起和快速发展,推动了整个产业结构的根本性变化,到20世纪90年代初,太仓以工业为支柱、三次产业联动发展的经济新格局基本形成。改革开放为乡镇拓展了更大的社会和市场空间,反过来也提升了社会的自主能力。

太仓乡镇企业发展与中央政府在经济发展上放权有着密切的关系:过去所有经济计划都是由中央政府制定,然后下达给地方政府去执行,这就是总体社会的特点,严重制约了地方政府的积极性和创造力。改革开放不仅是政府向社会放权,也是上级政府向下级政府放权,在这个放权过程中,地方政府与社会在原有的社队企业发展基础上动用了自己的能力和资源,乡镇企业也有了相应的发展条件和动力。概言之,乡镇企业从原来的社队企业发展过来,借助于改革的体制和政策动员,找到了地方政府和村社的支持,从而得以快速发展,其基本前提是:地方政府和村社不仅为乡镇企业提供法律、体制、资金、土地、劳动力等保证,而且乡镇企业的发展目标是谋求政府、社会和老百姓的富裕,从而获得强有力的政治和社会支持。在这个过程中,市场机制、经济理性、技术等现代性因素得以滋长、扩大,从而带来了太仓的社会结构多样化、复杂化以及自主社会空间的形成和扩大。

2. 第二阶段:向市场社会转型中的乡镇企业改制

20世纪90年代中期,乡镇企业纷纷改制开始,太仓才算迈入了市场社会阶段:地方政府不再参与企业的经营管理,而将企业直接交给市场。当时改制的背景是:1992年中央明确提出了社会主义市场经济体制建设,在国有企业改制、市场快速发展中,集体企业的体制性缺陷显现出来。使乡镇企业退出历史舞台的真正推动力,不是乡镇企业自身的产权明晰化要求,而是企业经营亏损情况下公司化的地方政府的理性。这里且不说乡镇企业改制的真正动力是什么,有一点是确定的,那就是政府退出企业生产经营而让市场对企业的生产经营发挥更大的作用。

从经济学角度看,乡镇企业的改制确实有利于推进太仓的市场经济发展,但是,对社会的冲击也是挺大的。改制至少从三个方面改变了太仓的社会关系形态:其一,社会分化明显加快,改制中少数人成为老板,绝大多数人从集体企业的享有者变为纯粹的打工者,更有人下了岗,失了业,当地人的就业就没有以前那么稳定,完全依赖于市场竞争。其二,集体企业转变为股份制企业甚至私营企业,影响到社区、村庄的福利。其三,改制中产生的社会矛盾自然会增加,特别是老百姓对于改制的具体做法并不是很满意。改制前的社会经济形态是,乡镇政府、村社、企业与老百姓在经济上通过集体所有制捆绑在一起,而改制后这四者出现利益分离,联系的纽带不是集体所有制,而是市场机制:企业盈利如何与老百姓没有直接的关系,老百姓不再是靠集体身份进厂打工,而是作为市场上的劳动力去竞争就业;社区和村庄的收入不再是靠企业提供,最多靠出租厂房和土地,一些村庄根本就没有什么集体收入。在这个时期,市场似乎成为社会资源的绝对主导机制,这显然是一种大不同于以往的社会形态。

改制后太仓市政府的经济工作重心在于利用"沿江""沿沪"的"双沿优势",大力开展招商引资,太仓实现了由单一所有制结构向民营、外资、新国资等的转变。招商引资、企业快速发展,吸引了大量外来人口进入太仓,其人数相当于户籍人口数量。乡镇企业改制、招商引资、外来人口增多,背后的推手似乎都是市场机制,彰显了市场社会的形态和特性。

3. 第三阶段:行政社会的社会建设与社会治理

2005年,太仓完成了建设全面小康社会的任务,实现了人均GDP超8000美元,城乡居民年人均收入分别超2500美元和1200美元。从2005年开始,太仓开始了现代化建设的新征程。十二期间,太仓以率先基本实现现代化为目标,以加快转变经济发展方式为主线,以改革开放和科技创新为动力,以富民惠民为根本,大力实施"创新引领、以港强市、接轨上海、城乡一体、可持续发展"战略,加快建设经济发达、文化繁荣、环境优美、社会和谐、人民幸福的现代化新兴港口城市和最佳宜居城市。

但是,太仓市场发展在促进太仓经济繁荣的同时,也确实带来不少问题,如贫富差距、村社差距不断扩大、利益分配纠纷和矛盾、外来人口管理问题日显突出,特别是城乡差别问题、外地人与本地人之间的问题、阶层关系问题,成为太仓发展中的三大问题。这些都是市场经济快速发展过程中出现的社会结构转型和社会秩序重建问题。由于过度地追求经济效率,损害了人和社会的其他一些属性,比如传统的合作关系、集体福利,弱势群体在市场的竞争中难以获得有效保护等。

2000年后,中央提出新农村建设、和谐社会建设、科学发展观,太仓市政府先后进行了一系列的社会转型、社会秩序和社会现代化行动:强村并弱村、城乡一体化、公共服务均等化、撤乡并镇、撤村并村、富民强村、政社互动和三社联动、社会建设规划等。政府的强力行动,不但有效地遏制了市场对社会关系、社会组织以及公共利益的侵蚀,而且通过工业化、城市化和社会事业现代化"三化"有效地推进了太仓社会现代化。

当前,太仓基本上实现了社会保障全覆盖、公共服务和基础设施城乡一体化、义务教育和高中教育普及、医疗服务有保障等社会现代化基本目标。并且,市政府认为政府职能有调整的必要,推出了"政社互动、三社联动"的社会治理体制改革,试图扭转政府过于强势、包揽一切而社会自治弱小的局面。行政社会不同于总体社会的一个重要标志是,并不排斥社会的自主性、自治性,没有意图也没有能力将社会纳入到行政控制和管理之中。原因在于,市场社会为社会的自主性和自治性奠定了制度和观念基础。由于有了自主的社会空间和社会资源,人们对自主的社会组织有了现实的需求,一些互助性的社会组织应运而生。当然,由于总体社会的运行逻辑并不是短时间内能改变的,因此,尽管进入了市场经济发展时代,但是这种靠行政逻辑去管理和配置社会资源的做法依旧成为首选,进而造就了行政社会这样的社会形态。

社会现代化是一个很长的过程,不可能在短时间内实现。当前太仓正处于社会现代化的一个重要时期,在从总体社会转向市场社会和行政社会的过程中,不论政府发挥什么作用,更多的是关注经济现代化和经济建设,并没有将重点投向社会建设和社会现代化。其间出现的社会现代化变迁,更多的是在转向市场化过程中为社会现代化提供相应的社会空间,使社会获得更大的自由发展空间,但由于社会的自主能力不强,所以就难以抗拒市场力量的侵蚀,由此引发了不少社会问题、社会风险和价值危机。正是在这种情况下,行政力量又走向前台,去主导社会现代化进程,从而出现用行政力量主导社会现代化的行政社会。那么,要迈向现代化社会,行政力量与市场力量、社会力量究竟会形成什么样的合力和关系呢?

根据现代化理论,目前这种以行政力量主导的行政社会还不能算是现代化社会。这里所说的现代化社会是一种目标性的或理想型的社会形态,至少应具备这样一些要素或条件:合理、和谐的社会结构;普惠多元的社会福利;完善的公共服务体系;融合的社会关系和联系;自主、自立、合作的社会组织和社会共同体;没有制度歧视和等级歧视的权利结构;城乡共荣、人与自然共生的花园社会;多元、包容、开放、健康的价值观念。这样的现代化社会不仅应具有自主化解传统与现代矛盾、地方特色与开放矛盾、城乡矛盾、阶层矛盾、人与自然矛盾、市场与社会矛盾、社会与行政矛盾的能力,而且应具有吸纳传统、其他社会优势的能力。

就太仓目前的社会现代化进程而言,要实现如此高水平的现代化社会,其已经具备了一些良好的条件和优势资源。但是也要看到,其离"健全的社会"还有很大距离,即便欧美发达国家本身,也在遭遇一些现代化困境,正如弗洛姆所指出:"西方世界的整个社会——经济发展的目标是:舒适的物质生活、相对平均的财富分配、稳定的民主和持久的和平;但是,正是最接近这个目标的国家表现出了严重的精神不平衡的症状……这些资料就提出了一个问题:关于我们的生活方式及我们的奋斗目标,是否存在某些根本性的错误?"同样,我们在分析和讨论太仓现代化社会该是什么这个问题的时候,不能不把弗洛姆对欧美发达国家研究发现的这个问题作为我们思考的一个起点,期待太仓的社会建设和社会现代化的目的是创造幸福、快乐、共享、健康、和谐的"健全社会",在这个目标中,人应具有核心的目标地位。基于这样的视角,太仓的社会建设和社会现代化应更多地去构建和挖掘社会参与、社会自主、社会合作的机制和资源,太仓提出的"政社互动、三社联动"理念和做法正合乎社会现代化的这种转变和发展。

(二)太仓社会现代化的成就与特色

党的十八大报告中指出,提高人民物质文化生活水平,是改革开放和社会主义现代化建设的根本目的,解决好人民最关心的最直接最现实的利益问题,在学有所教、劳有所得、病有所医、老有所养、住有所居上持续取得新进展,努力让人民过上更好生活。

在近年来探索推进社会现代化的进程中,太仓形成的总体思路是:以经济社会协调发展为主线;以实现社会现代化为目标;以坚持"多元普惠、和谐善治"举措为路径。其在社会建设方面的基本做法是:推进民生建设,以实现基本公共服务均等化为突破口,营造城乡一体、普惠共富、公平和谐氛围的社会"大家庭";推进制度建设,以强化基层民主,构建政府、市场、社会协调网络为主体,建设与经济现代化相适应的社会现代化新格局;大力推进生态建设,以构建江南水乡特色的现代田园城市为终极目标,打造能提振"精气神"和宜业宜居的幸福新太仓。

近年来,太仓在加快推进现代化建设进程中,始终坚持经济与社会协调发展,突出民生改善和社会治理,注重制度设计和创新,推动经济建设和社会治理齐头并进,构建了"多元普惠、和谐善治"的社会治理模式,许多创新做法在全省乃至全国进行推广,取得了一系列的成绩。在公共服务方面,太仓实现了医疗、养老、低保三大城乡一体化,全国首创的"大病再保险"项目2012年被国家医保新政采纳;在城乡发展方面,太仓探索形成了"园区化、合作化、产业化、农场化"发展模式,实现了"三化同步"发展;在生态建设方面,太仓努力打造具有江南水乡特色的田园城市;在社会治理方面,太仓探索形成了"政社互动"机制。太仓已形成了"城乡一体,新老融合;多元普惠,共同富裕;政社互动,善治和谐;民生优先,健康幸福"的社会现代化发展模式。

加强社会建设和管理是党中央提出的重要战略任务,也是太仓全力推进的一项全局性重点工作。近些年,太仓切实把加强社会建设和管理纳入"两个率先"(即率先全面建成小康社会,率先基本实现现代化)的总体布局,深入贯彻落实党中央、省委、苏州市委关于加强社会建设和创新社会治理的重大决策部署,立足太仓实际率先创新、率先实践、率先发展,不断提升社会建设和管理科学化水平,形成了经济社会协调发展、人民群众安居乐业、社会安定有序的社会建设和管理的"太仓特色"。

从2008年开始,太仓从自身实际出发,根据党的十七大报告和《国务院关于加强市县政府依法行政的决定》要求,积极开展"政府行政管理与基层群众自治互动衔接机制"(以下简称"政社互动")课题研究和探索实践。《人民日报》《法制日报》《苏州日报》《江苏法制报》等中央和省市媒体也对太仓的实践进行了专题报道。中国社会科学院专家评价太仓的此项实践是我国行政改革的"第二次革命"。一个符合中央意图、具有地方特色的社会治理方式在太仓生根发芽。

近些年,太仓特别注重把握社会建设工作的整体性、系统性和前瞻性,对社会建设的战略设计、基层基础、主要任务、组织保障进行了全面部署,形成了"多元普惠、和谐善治"的社会建设和管理工作新局面。

"多元普惠"是指社会建设的主体不仅仅是政府,还应该有市场、社会组织、家庭的多元发展和合作,公共服务和社会福利对户籍和非户籍人口广为覆盖。"多元普惠"的核心是实现基本公共服务的均等化和可持续发展,其中,关键是社会服务提供者"多元",通过发动社会组织、企业、家庭等其他社会主体的力量,最大限度地满足群众各种各样的公共服务需求。太仓在全省率先普及了15

年教育,教育的各项主要指标均达到发达国家20世纪末的水平,"双元制"职业教育特色堪称"全国样板"。公共卫生服务体系健全率达到100%,被世界卫生组织授予健康城市优秀实践奖,居民平均预期寿命达到81.79岁,成为长三角首个富裕型中国长寿之乡。太仓还建立健全了以"社会保险、社会救助、社会福利"为重点、各类保障机制相互衔接、城乡一体的多层次社会保障体系,去年率先实现医疗、养老、低保三大保障城乡一体化。建立起完备的住房保障体系,实现了中低收入住房困难家庭、新就业大学生、外来务工人员的住房保障全面覆盖。同时,在推进公共服务体系建设中,太仓创出了不少全国领先的做法。比如在全国首创"大病再保险"项目,参保人员在不增加交费前提下,对享受基本医保报销后剩余的住院个人付费部分给予"二次补偿",提高大病患者实际报销比例,有效解决了因病返贫的难题。这一做法被国家医保新政采纳,写入到全国《关于开展城乡居民大病保险工作的指导意见》中。

"和谐善治"是指社会治理以人为本、依法运行,使群众的权利得到尊重和保护,多元社会利益和社会资源得到合理配置,社会矛盾和社会纠纷得到有效化解,社会公平正义得以全面实现。"和谐善治"的主要目标是实现政府和公众对公共生活的合作管理,促进权力由政府向社会回归,从传统的社会统治向公共治理转变。

正是由于太仓立足本地实际率先创新、率先实践、率先发展,不断提升社会建设和管理科学化水平,才形成了经济社会协调发展、人民群众安居乐业、社会安定有序的社会建设和管理的"太仓特色",这些"太仓特色"衔接互动,创出五大新路径,成为社会现代化的一个"活样本"。

1. 创新"普惠均等"的公共服务新路径

太仓在社会建设和管理中始终把民生作为社会建设的基石,全面提升人民群众的生活质量和幸福指数。近年来,太仓按照"学有优教、住有宜居、病有良医、老有善养"的要求,初步实现了各项公共服务城乡一样全、公共服务设施城乡一样优、公共服务城乡一样好、城乡群众对公共服务的感受度一样满意,使公共服务公平地惠及最广大范围的人民群众,实现城乡居民低保、医保、养老保险"三大并轨"。目前,社会养老保险参保率、医疗保险参保率在99%以上,城乡老人养老保险享受率达到100%,统筹城乡社会保障政策体系覆盖所有人群。

2012年2月7日,家住双凤镇勤力村的姚宝林老汉来到太仓市人社局服务窗口,缴纳了17518元居民补充养老保险金。之后,他从3月起每个月就能领取515元养老金,领取水平与城镇居民养老金水平基本持平。而按照原来的农保办法,他的养老金每月只有205元左右。姚宝林这样的"退休农民"之所以可以拿到城镇养老金,得益于2012年1月份刚刚实施的《太仓市城乡居民社会养老保险办法》。姚宝林只是太仓公共服务日益"普惠均等"后的众多受益者之一。

太仓还推出一系列在全国独创的"土地换保障"制度,使10多万被征地农民纳入城保的达95%,其中5.8万人享受了城镇养老保险待遇,月平均养老金665元;"农民补充养老保障制度",农村社会养老保险金达356元;出台了医保待遇向基层、老人、低收入群体和特殊病人等"四个倾斜"制度,2009年以来已有21万余人得到了实惠;推出了"灵活就业人员工伤保险制度",灵活就业人员也可以享受工伤保险待遇;全国首创的"大病再保险"制度,利用基本医保良性结余的统筹基金,为所有参保人员购买大病补充保险,2011年补充医保筹资2168万元,惠及大病患者达2604人,有效减轻了病人的经济压力,这一做法已被纳入国家医改工作的顶层设计。

太仓成为长三角首个富裕型"中国长寿之乡"

2010年4月12日,江苏省太仓举行"中国长寿之乡"新闻发布会暨授牌仪式,中国老年学会为太仓授牌。太仓正式确定"中国长寿之乡"称号,成为中国第12个,也是长三角第一个富裕型中国长寿之乡。

近年来,随着太仓的发展,太仓老年人口逐渐增多。到目前为止,在太仓现有的46.5万户籍人口中,60岁以上老人10.7万,占人口总数的23.07%;80岁以上老年人16762人;百岁以上老人37人。太仓人口平均寿命也高达81.07岁,远远高于全国平均水平71.3岁。

针对太仓的长寿现象,太仓民政局在2008年开始向中国老年学会申请"中国长寿之乡"称号,中国老年学会通过专家评审组对太仓实地的考察、评审,于2009年12月1日,正式发函,确认太仓"中国长寿之乡"称号。在今天的新闻发布会上,中国老年学会正式授予江苏太仓"中国长寿之乡"铜牌。

"中国长寿之乡"是中国老年学会为帮助地方更加注重环境建设、改善民生而设立的评审项目。评选中国长寿之乡共有15项考核评定标准,其中最主要的指标有3项:一是百岁老人数量占人口总数的十万分之七以上,二是80周岁以上老人占总人口数的1.4%以上,三是区域人均寿命超过全国平均水平(71.3岁)3岁以上。

在这三项必达指标中,太仓年满百岁以上老人数量占总人口数的7.93/10万,超过7/10万标准;80岁以上老人占总人口数的3.59%,达到评定标准1.4%以上;2008年太仓人口平均寿命81.07岁,大大超过了全国平均水平(71.3岁)。获评中国长寿之乡实至名归。

"中国长寿之乡"分为温饱型、小康型和富裕型三种类型。太仓经济发达,经济实力名列全国百强县前十位,专家评审组一致认为太仓属于富裕型"中国长寿之乡"。

中国老年学会会长李本公在接受采访时说:"太仓历史悠久,自然环境优越,经济发达,经济社会实现和谐发展,太仓的长寿现象是个人因素、生态环境和经济发展综合作用的结果。太仓获评中国长寿之乡对促进该市经济、社会、人口、资源、环境和谐发展,对丰富和发展中国的长寿理论和长寿文化都将起到重大的推动作用。"

(来源:2010年4月29日中国新闻网)

2. 创新"三化同步"的城乡发展新路径

太仓在推进城乡一体化进程中,紧扣工业化、城镇化和农业现代化"三化同步"的要求,在工业化、城镇化过程中同步推进农业现代化,实现了农村和城市的逐步接轨,破解城乡二元难题。

作为太仓新型农村发展的典型,城厢镇拆迁安置小区东林佳苑内伫立着40幢漂亮的小洋楼,3500平方米的社区服务中心内,一站式服务大厅、农民喜事厅、亲子活动室、阅览室、保健室、老年人活动中心等设施一应俱全;2000平方米的室外活动场地,音乐喷泉广场、健身游园、网球场、拳操场合理布局在各个角落;2000平方米的商贸配套房,爱心超市、放心粮油店、美容理发室等便民配套应有尽有。57岁的村民周培英用一句话概括她的居住感受:"城里小区有的我们这里全都有!"每天早上,她都要来到小区广场,和邻居们一起练上一个小时太极拳,吃完早饭要到社区服务中心"上班",晚上,她到杨林塘边、金仓湖畔散步慢跑,作为一名"失地农民",她的生活过得充实快乐。东林佳苑的硬件设施和居民的幸福生活,让2012年4月前来参加全国"三化同步"发展经验暨太仓实践研讨会的代表们感慨不已。太仓坚持统筹推进"三化同步",大力实施城乡发展一体化战略,加快转变农业发展方式,扎实推进社会主义新农村建设,连续8年保持了粮食增产、农业增效、农民增收、农村发展的好形势。太仓在探索"三化同步"过程中,逐渐摸索出了"三条路":

第一条路:在发展现代农业上,走园区化、合作化、产业化、农场化的"四化"之路。目前,太仓高效农业占比67.7%,高标准农田建设面积达25.25万亩,被认定为国家现代农业示范区。在全国首创发展合作农场,组建合作农场100个,经营面积15.6万亩,太仓的合作农场被誉为世界农业现代化的"第五种模式"。

第二条路:在体制机制上,走社区股份合作、土地股份合作、农民专业合作、投资富民合作、农村劳务合作"五大合作之路"。2011年底,太仓农村"五大合作"经济组织已累计发展至662个,加入"五大合作"农民达12.72万户次。2014年,太仓城镇居民人均可支配收入46377元,农村居民人均可支配收入23590元,分别比上年增长8.5%和10.0%,城乡居民收入比为1.97:1。

第三条路:在统筹城乡发展上,走发展规划、产业布局、基础设施、公共服务、就业保障、社会管理"六个一体"之路。比如,在基础设施方面,自来水实现了"村村通",农村生活污水处理率达56.3%;在就业保障方面,太仓农村已经享受到与城市同样的服务,做到了获取就业信息、接受培训教育、办理社会保险、享受社会化服务等"四个不出村"。

作为省城乡一体化发展综合配套改革试点区,太仓大力推进"三集中"步伐,"三集中"是指农民居住向新型社区集中、农村工业企业向工业园区集中、农村土地向适度规模经营集中,目前54.7%的农民实现集中居住,85%以上农村工业企业进入工业园区,90%的农村土地进行了流转。太仓城乡一体化的典型经验在全国"三化同步"发展经验研讨会上得到了领导专家的一致肯定,并被国家主流媒体广泛宣传和报道。

3. 创新"田园城市"的生态建设新路径

党的十八大提出把生态文明建设放在突出位置,融入经济建设、政治建设、文化建设、社会建设各方面和全过程,建设美丽中国。太仓在社会建设中始终把生态建设放在重要位置,努力为人民群众打造具有江南水乡特色的宜居环境。

2011年前,太仓浏河镇浏南村还曾是一个垃圾猪违法养殖的"重灾区"。村里猪棚遍布、蚊蝇乱舞,多条河流被污染,散发着阵阵恶臭。2012年,村里花100多万元,对境内几十条河流进行了全面疏浚,对影响环境的犄角旮旯全方位整治。格田成方,绿树成网,河水清清,鱼儿嬉戏的景象又回来了。这是太仓打造田园风光的宜居城市取得的最新成果之一。

2011年6月召开的太仓市第十二次党代会上明确提出,要立足城乡统筹发展,在率先基本实现现代化的进程中,把太仓打造成既有现代城市功能、发达的工商业,又有永久基本农田、优美田园风光,并体现丰富历史文化内涵,形成"城乡一体、产城融合、城在田中、园在城中"的现代田园城市。现代田园城市该怎么来建?"一市双城三片区"的空间布局形态为人们展示了未来蓝图。按照市"十二五"规划和城市总体规划,太仓将用3至5年时间,基本建成以主城区为核心,港城为副中心,沙溪、浏河、璜泾三个中心镇组团的各具特色的现代化新型城市。

在城市,开展了滨水慢行系统建设、小游园建设、水环境整治和林荫路推广,构建网络化、立体化、林荫化、景观化的城市绿化系统;发挥了太仓"精、巧、雅、静"的城市特点,努力接续历史文脉,挖掘特色传统,融入德国文化元素,提升城市品质品位,打造别具一格的城市景观;近5年投入园林绿化资金近10亿元,目前城区绿化覆盖率达41.58%,人均公园绿地面积达12.19平方米,市区环境空气质量优良率达95.3%。

在农村,实施大型片林工程、城镇绿化工程、道路绿化工程、河道绿化工程、村庄绿化工程和绿色产业工程等,市陆地森林覆盖率达21.2%。2012年初,开展了村庄环境整治工作,以创建省星级康居乡村和沿路沿线村庄整治为重点,对847个自然村庄环境进行整治,这项工作已经通过苏州市级验收。大力发展低碳环保产业,推动节能降耗工作,2013年单位GDP能耗仅为0.52吨标准煤/万元。城市与中心镇之间,以现代基本农田和生态绿地隔离,以快速交通相连接,形成设施完备、功能互补、结构合理、特色鲜明的空间发展布局,形成"城乡一体、产城融合、城在田中、园在城中"的田园城市特色。太仓先后获得了国家园林城市、国家卫生城市、国家环保模范城市、国家节水型城市等荣誉称号,不久前通过了中国人居环境奖现场检查。

太仓:现代田园城市提升幸福指数
五大特征凸显内在精华

现代田园城市究竟是个啥模样?"老百姓就盼吃得安心,住得舒心,购得放心,玩得开心。"家住东林佳苑的徐学海老人今年70岁了,身体看上去依然很硬朗。他说,自从前年从新横村9组搬到东林佳苑后,生活是越来越舒坦。"楼上楼下电灯电话有了,冰箱空调彩电洗衣机有了,自来水抽水马桶燃气灶网线有了,'老保'医保都有了,只要不刮风下雨,几个老人凑到一块,到离家500多米外的金仓湖公园去走一走,赏赏如画风景,附带活络活络筋骨;吃好早饭到小区的商场、农贸市场兜兜,看看农场直供了什么好吃的绿色蔬菜和水果,或者到村里为每户居民提供的一分菜地上忙活一番;中午睡个午觉,再去阅览室、活动室看书、下棋、打球。遇个头疼脑热,碰到琐碎小事,社区的医务室、服务中心就在边上,办事特别方便。我们小老百姓的理解,生活条件改善、环境质量提高、幸福指数增加,就是现代田园城市。"

太仓住建局长叶海生认为,现代田园城市应基本具备五大特征,即布局组团化,构建多中心、组团化、网络状的城市空间布局,中心城市和各组团城市均按高标准配套公共服务和市政基础设施,注重提高土地利用效率,实现地上、地下空间综合利用、集成发展;环境田园化,将"山、水、田、林、路"融为一体,形成"青山绿水抱林盘、大城小城嵌田园"的整体风貌;产业高端化,以"低能耗、低污染、高效能"增长为内涵,构建以现代服务业、现代农业和新型工业为核心的高端产业体系,增强区域辐射能力;交通网络化,既注重快捷、立体、智能的机动化交通网络,又积极构建以自行车、步行为主的新型绿色低碳交通网络,实现贯通城乡、覆盖全域、配置均衡、功能完善的交通体系;生活人本化,重视"以人为本和人文关怀",注重保护历史文化遗产和乡土景观,维护和弘扬城市的人本文化。

叶海生告诉记者,田园城市是英国社会活动家霍华德1898年提出来的,欧美国家近年来在实践"田园城市理论"上已取得重大成就。以德国为例,尽管德国是欧洲人口最为密集的国家之一,但人口超100万的城市仅有柏林等3个,10万左右人口的小城市星罗棋布,全国城乡发展均衡一体,居民生活便利有序,人文气息极其浓郁,现代都市景观与广袤的田园风光交相辉映,高楼大厦、蓝天白云、原野牧场、教堂古堡、乡村民居融为一体,令人流连忘返。而德国建设现代田园城市的实践和经验,正好可供"中国德企之乡"太仓借鉴。

四大要素展示厚重人文底蕴

时任太仓市长王剑锋对建设现代田园城市也有独特见解,他说,工业化、城市化、农业现代化深入推进到今天,有一个严峻的课题已经摆在了面前,那就是接下来的城市化道路应该怎么走?"三化同步"推进的最佳结合点又在哪里?

王剑锋认为,每个城市有自己的特色和品质,综合考虑太仓的城市特色,他的结论是太仓拥有建设现代田园城市的人文底蕴和历史积淀,太仓选择建设现代田园城市之路,无论是从历史基础还是现实条件来分析,都有着很深的渊源,归纳起来至少有四大要素。

其一,太仓具有丰富的耕地、湿地和绿地。相对而言,太仓"田多人少",人均占有耕地2亩多,明显高于周边地区。太仓还拥有长江岸线38.8公里,境内河流众多、水网密布,湿地资源丰富。地处长江南岸中纬度地带,气候温和、四季分明,光照和雨水充沛,十分有利于植物和农作物的生长。

其二,太仓自古就有"锦绣江南金太仓"的美誉,吴王建仓屯粮,至今已有1800多年历史,600多年前郑和七下西洋选择在太仓港起锚,使太仓在东南沿海盛极一时。璀璨的娄东文化,孕育了太仓古典园林、千年古镇和众多文化遗迹,统治明清画坛三百多年的"娄东画派",与"田园城市理论"所追求的"自然之美",实有异曲同工之处。

其三,太仓已经具备良好的现代产业发展基础。"田园城市理论"产生于英国工业化后期,而按照城市化发展进程分析,太仓当前正处于工业化中后期,正在向着实现现代化的目标迈进。近年来,太仓综合实力在全国百强县(市)中连续多年名列前茅,已建成相当规模的现代工业体系,农业产业规模经营和农业园区集中度已达70%以上,现代服务业增长迅猛。

其四,太仓城乡基础设施已基本成型。太仓已建成"六纵七横九连接"的干线公路网络,农村公路通达率为100%,形成了覆盖城乡的区域供水、供电、污水处理、垃圾收集处理和信息传输等城乡合一的市政网络工程,医疗、卫生、文化教育等均等化公共设施、城乡一体化基础设施日趋完善。

另一方面,与国内外城市发展相同,太仓在工业化、城市化进程中,环境污染、交通拥堵、城乡差距等日积月累的"城市病"也不可避免地显现,市域主要河流水质下降,空气质量与欧洲发达国家相比差距明显,汽车拥有量已超过10万辆,目前仍以每年一万辆以上的速度递增,城乡居民之间在收入分配、功能服务等方面存在差距,这一切也在倒逼太仓,必须选择"自然之美、社会公正和城乡一体"的现代田园城市之路。现代田园城市怎么建?"一市双城三片区"勾画美好蓝图江南的城市美在哪,美就美在有青山绿水环抱。

时任太仓委书记陆留生说,建设现代田园城市,能让太仓的现代化内涵更丰富。既然太仓已经走到了基本实现现代化这关键一步,既然太仓可借鉴德国建设现代田园城市的宝贵经验,我们就要从百姓更幸福、城乡更和谐这一角度考虑,坚定不移地往前走,聚精会神打造出一个富有太仓特色的现代田园城市来。

(来源:2012年5月29日《苏州日报》,记者:徐允上、高振华)

4. 创新"精致和谐"的文明提升新路径

太仓把提高全民文明素质作为加强社会建设创新社会治理的基础性工程。一方面,积极实施人才强市战略。大力实施"522"人才工程,优化完善创新创业环境,加速集聚高层次创新创业人才,引进了一批国家千人计划、省双创人才、姑苏人才计划的高端领军人才,截至2014年底,太仓人才总量达12.86万人,同比增长12.7%。近年来,随着外来流动人口大量集聚,太仓外来人口与本地人口比例已达到1:1。太仓主动顺应人口结构的新变化,通过对外来务工人员给予"物质层面的平等、精神层面的尊重、管理层面的关怀和服务层面的包容"等举措,较好解决了外来人口融入城市这一新矛盾,促进了新老太仓人的融合。另一方面,大力加强社会主义精神文明建设,提高市民文明素质,提升城市文明程度。坚持以社会主义核心价值观为引领,以促进人的全面发展为主题,提炼和弘扬了"精致和谐、务实创新"的太仓城市精神,形成了太仓人团结奋斗的共同思想基础。连续多年开展"文明太仓"市民大行动,全面推进文明素质教育、文明风尚弘扬、城乡一体文明建设、文明环境优化、文明创建示范、未成年人思想道德建设提升等六大行动,涌现出一大批"文明村镇""文明单位""文明市民标兵",被评为全国创建文明城市工作先进市。

精致太仓:共建共享文明城市　举城同奏和谐乐章

2009年8月,太仓委宣传部文明办负责人向来自十多家中央、省、市知名网络媒体参加"中国网络媒体太仓行"的记者介绍太仓开展文明创建的工作情况。

该负责人介绍说,全国文明城市测评体系有7大类、30个内容、110项指标,其中很多都涉及市民的日常行为。例如行人是不是闯红灯,驾驶员是不是遵守交通规则,饮用水安全、食品安全、安全生产等等,这些都是测评的一些指标,涉及每一个市民的切身利益,和我们日常生活息息相关。"只有我们大家都做好了,我们才能够经得起测评体系的测评。所以建全国文明城市是我们全体市民共享共建的结果。"

"全民参与,是文明创建的动力之源;全民共建,是文明创建的生机所在。"基于此,太仓把创建的目标锁定在造福于民上,把创建的动力放在群众参与上。近年来,太仓大力开展文明素质教育行动、文明风尚弘扬行动、文明交通倡导行动、文明服务推广行动、文明环境建设行动和文明创建示范行动等六大行动,把文明城市对市民内在素质的要求渗透在群众参与的活动中,内化为群众自觉的行动,从而推动创建工作深入开展。

城市文明是抽象的,更是具体的。普通市民的一张笑脸、一句话语、一个举止……见微知著地体现着太仓人的文明素质,由此表明城市的精神风貌和文明程度。太仓精神文明建设委员会向太仓人民发出了"倡导文明行为,争做文明市民"的倡议书,号召全体市民人人参与,维护环境卫生,遵守公共秩序,保护生态环境,爱惜公共设施,从现在做起,从小事做起,争做文明市民。

同时,组织和动员社会各界、各行各业和广大群众启动了"文明太仓"市民大行动。太仓领导表示,没有文明的市民,就没有文明的城市,市民的素质决定整个城市的文化品位。

生活因城市而美好,城市因文明而美丽。太仓开展"六大行动"全面推进太仓城乡文明程度,提升市民素质,提升城市品位,提高创建水平,营造社会风尚、塑造城市文明,促进社会稳定和谐地发展。

太仓领导认为,城市文明是永无止境的追求,得牌和获奖与否,都改变不了我们继续深化文明创建的坚定信念、坚强决心和坚韧意志。他们感到欣慰的是,创建过程中得到市民高度认同,为太仓的文明城市建设提供了生生不息的动力。

同时表示,创建全国文明城市归根到底就是执政为民、创建惠民。我们要让文明市民造就文明城市,为这座城市创造文明的生活,提供宜居的环境,积累发展的财富,太仓的明天会更美好。

(来源:2009 年 8 月 6 日中国新闻网,记者:崔佳明)

5. 创新"政社互动"的社会治理新路径

2012 年 5 月,投资 1000 多万元、建筑面积 1200 平方米的太仓市社会组织服务中心正式投入使用,太仓义工联、心航社等 10 多个社会组织实现了"合署办公"。服务中心免费为各类社会组织提供场所和设施,定期开展能力培训,组织参观交流,每年为社会组织提供 1 万至 2 万元的行政开支。它打造的是一个集孵化培育、资源整合、提升能力为一体的综合服务、创新管理平台。

据太仓市民政局统计,截至 2014 年 9 月,已登记社会组织总数从 2012 年底的 314 家增长到目前的 644 家。每个社区都有 1 家以上登记的社会组织,最多的达到 5 家,社区服务类社会组织蓬勃发展,涌现了众多"公益服务类""社会事务类""情趣文体类""慈善救助类""法律维权类"等各类型社区社会组织,在满足居民物质文化需求的同时也为社区服务带来便利。"社区、社会组织、社工,是社会建设和管理中的三个基本元素,"时任太仓市民政局社会组织科科长顾群丰说,"太仓专门设立社会组织服务中心,正是为了激活这些基本元素的活力和动力,更加有效地促进经济和社会协调发展,这也是太仓实施'政社互动'的重要任务之一。"为培育社工和社会组织,专门制定了《太仓市"三社联动"实施计划》,2015 年万人拥有社会组织数要达 10 家以上。

加快社会建设过程中,太仓形成了以"政社互动"促进"和谐善治"的社会治理新路径。2008年，太仓开始探索"政社互动"机制，开展政府行政管理与基层群众自治有效衔接和良性互动，通过理清"两份清单"、签订"一个协议"、开展"双向评估"，将政府和基层自治组织的关系变成一种平等、协商关系。为明确政府和自治组织的权责边界，2009年出台了《关于建立政府行政管理与基层群众自治互动衔接机制的意见》，理清了政府和基层自治组织的权责边界。为此，太仓废止了镇政府与基层自治组织签订行政责任书的做法，代之以《基层自治组织协助政府管理协议书》。这样，就使政府从不该管的事情中抽出手来，让村组织的自治功能发挥出来。《基层自治组织协助政府管理协议书》的签订，入选江苏首届"十大法治事件"。"政社互动"的创新举措也被学界誉为我国审批制度改革后行政改革的"第二次革命"，继我国村居干部"海选"后基层民主建设的"第二个里程碑"。

太仓按照加强和创新社会治理的要求，以平安太仓、法治太仓和以"政社互动"为核心的基层民主建设为载体，着力加强理念创新、路径创新和机制创新，切实维护了社会和谐稳定。着力深化平安太仓建设，化解矛盾和防控犯罪能力不断提升，矛盾纠纷化解率持续保持在95%以上，人民群众安全感达到92%，太仓已成为上级充分肯定、各界普遍认可、群众引以为豪的最安全地区之一，连续8年蝉联省社会治安安全县（市），2009年荣获全国平安建设先进县（市）。大力推进法治太仓建设，依法决策、依法行政、公正司法和法治文化建设进一步加强，2010年被评为首批全国法治县（市、区）创建活动先进单位，2012年被确认为省级依法行政示范点。切实推进基层民主自治。太仓首创的村委会换届"一票直选"选举办法被写入了《村民委员会选举法》。村级事务实现"事前共决策、事中听意见、事后有监督"，获得"全国村务公开民主管理制度创新奖"。农村"勤廉指数"测评作为太仓农村基层党风廉政建设的创新做法，通过几年来的实践和探索，已取得了实实在在的成效，并在苏州及全省推广。

和谐太仓再探管理创新　政社互动堪称"太仓模式"

"政社互动"创新实践成为太仓社会管理工作突出品牌，被誉为"太仓模式"；"勤廉指数"测评引起广泛关注，并面向全省推广；对社会建设进行了全面规划，制定十大与民生息息相关的任务，为社会事业发展绘就蓝图……

2011年，加强社会建设、创新社会管理成为经济社会发展中的新课题，太仓的一项项创新举措走在全省、全国前列，并引起各界高度关注和肯定，一个"社会和谐人人有责、和谐社会人人共享"的生动局面正在加速形成。

"政社互动"释放基层活力

"上面千条线，基层一根针。各种检查、评比、考核应接不暇，还有多少时间和精力服务群众？"曾几何时，很多社区、村工作人员发出这样的感叹。随着"政社互动"在去年全面推进,这种局面加速改变,基层干部们工作起来越发得心应手。

党的十七大把"实现政府行政管理与基层群众自治有效衔接和良性互动"作为发展基层民主的重要内容。太仓以敢为人先的开拓精神和求真务实的科学态度,在全国率先探索并全面推进"政社互动"模式。"政社互动"后,51项原来由村、社区承担的任务被清理了,基层组织负担变轻了,把更多的精力放到了为民服务中;"政社"双方平等签订了《协助管理协议书》,政府与基层自治组织关系清晰了,政府变"领导"为"指导",基层群众自治功能得到回归,活力得到激发;政府"行政责任书"变为"协助管理协议书",基层组织工作人员工作去行政化,使得他们一心一意办好村、居难事、实事,实现真正意义上的自治;为民服务、群众自我服务成为自觉追求,基层呈现出和谐安详的崭新风貌……

这一"太仓模式"已引起广泛关注,被学界誉为继中国审批制度改革后行政改革的"第二次革命"。

"勤廉指数"测评群众说了算

2012年8月23日,省纪委在太仓召开现场会,推广"勤廉指数"测评工作,由太仓创新开展的这项工作在2011年结出硕果,开始面向全省推广。

"勤廉指数"测评工作是太仓在加强党的建设、反腐倡廉建设、基层组织建设方面开展的一项创新工作,这项工作将勤政与廉政、上级考核与群众评议、主观判断与量化评估有机结合起来,测评指标包含了经济发展、组织建设、社会和谐指标和教育预防、权力规范、廉洁从政等群众关注的方方面面,并细分为30项内容,最重要的是,普通村民的测评分值权重超过了60%。

开展"勤廉指数"测评后,村民有了更大的话语权,能更有效地行使监督权,而村干部有了"压力感",不仅要富民,把村里的经济指标搞上去,还要为村民创造一个安居乐业、协调发展的环境;测评有结果的反馈,有整改的意见,还有整改结果的汇报和公示,既教育干部、锻炼干部、制约干部,也发现并解决大量群众关注的民生问题,成为赢得群众信任和支持的重要举措。

"十大任务"提升社会建设水平

随着经济社会发展,加强社会建设、创新社会管理成为备受关注的新课题。2011年太仓还出台了《关于加强社会建设创新社会管理的意见》,全面提升社会建设水平,增强社会管理能力,促进社会公平正义。

《意见》对太仓今后几年的社会建设进行了全面规划,提出了加强社会建设、创新社会管理的十大任务,包括:实现居民收入倍增,推进公共服务均等,提高社会保障水平,加强"三社"建设,营造美好城乡环境,提高社会服务信息化水平,提高社会文明程度,深化平安太仓建设,全面推进"政社互动",加强基层基础工作。《意见》把加强社会建设、创新社会管理提高到了前所未有的高度,绘就了一幅"社会和谐人人有责、和谐社会人人共享"的蓝图。随着《意见》的出台和落实,社会建设管理的生动局面正在加速形成。

(来源:2012年1月5日《太仓日报》,记者:张立)

2010年8月,随着《基层群众自治组织协助政府管理协议书》的集中签订,"政社互动"试点实践在城厢、双凤两镇率先启动,取得良好成效。"政社互动"为太仓带来了以下几个方面的收益:

第一,"三大转变"走出"三被三越"怪圈。

鉴于市县两级政府在我国政权体系中所具有的重要地位,国家把坚持政府行政管理与基层群众自治有效衔接和良性互动,作为我国新时期实施经济转轨与社会转型的一项重大战略决策。

2008年11月,太仓在全国率先启动"政社互动"系统工程。近年来,太仓把政府协助管理社会事务、培育非政府组织,作为转变政府职能、提升基层自治能力的"减压器"与"推进器";把倾听群众诉求、有效解决矛盾纠纷,作为了解社情民意、促进社会和谐的"听诊器"与"稳定器",使政府与基层自治组织的关系从"领导"变成了"指导"、从"单向"变成了"双向",基层自治组织的非法定义务劳动从"无偿"变成了"有偿",逐步走出了群众只是在"被民主""被服务""被和谐",政府越来越忙、官员越来越累、群众越来越不满意的怪圈,一个由党委领导、政府负责、社会协同、公众参与的社会管理新格局,在太仓率先破题。

第二,缩短"长臂效应",政府"放手还权"。

"政社互动"直指长期以来地方政府"管得太多,统得过死""一竿子插到底"等积习和弊端,克服政府机关对基层自治组织"还权不忍心、放权不放心"的思想阻力以及基层自治组织对政府衔接互动"有心无力"的现象,大胆思考,勇于创新,从理清政府的权责界限、限制政府的权力入手,依照法律、法规,对政府行政管理与基层群众自治组织各自的职责和权限进行逐条梳理,理出了《基层群众自治组织依法履行职责事项》和《基层群众自治组织协助政府工作事项》"两份清单",将过去"下达"给基层的78项工作任务进行确权勘界,"法无授权"的全部取缔,使协助政府工作事项的"瘦身率"达到了66%。

以这"两份清单"为基石,太仓废除原有的政府与基层自治组织所签订的行政责任状,推出了在我国前无范例、旁无参照的《基层自治组织协助政府管理协议书》,不仅向社会表达了"尊重自治权力,建设有限政府"的现代法治思想和"多元普惠、和谐善治"的现代管理理念,而且,遵循"费随事转、权随责走"的原则,对需要自治组织协助的政府管理事项,推行"一揽子契约服务"运作机制,将"责、权、利"捆绑落实到基层自治组织,认真落实经费、设施和条件保障,不断完善政府事项准入、政府行政指导、协管事项协商、群众代表共决、双向履约评估、党组织监督保障、社会舆情汇集分析、矛盾排查化解、社会稳定风险评估等以利益协调、诉求表达、矛盾调处、权益保障为内核的各项机制,实现了权责对等、还权于民。

太仓市加强社会建设创新社会治理工作领导小组办公室副主任葛为平说:"由于签署的是协议书,镇政府和村组织的关系是平等的。在这种情形下,干部的眼睛不能只'向上'看,更应'向下'看。"时任太仓市双凤镇双凤社区总支书记、社区主任顾雪芬对协议书的签订与执行有着深切的感触。他说:"这不仅摆正了自治组织的位置,还明确了我要服务1600多名社区群众的责任,这样的变化,激发了社区群众参与决策的积极性和主动性。"时任太仓市城厢镇党委书记高扬说,现在有什么事,村(居)委会自己决定,政府提供服务,在群众那里,把"要我干"变成了"我要干"。他指着该镇金仓湖畔一排排现代化的农民公寓说:"这个小区从规划、拆迁到顺利建成,政府未出一人,没有一人上访,这在以前是不可想象的。这完全得益于推进'政府行政管理与基层群众自治衔接互动机制',得益于把决定权还给了群众。"

可以说,这份管理协议书,是太仓"政社互动"机制运行的"牛鼻子"。有了这份协议书,政府管理的"长臂效应"得到矫正,基层自治组织的"软肩现状"彻底改变。

第三,从源头上确保社会和谐。

太仓的实践证明,"政社互动"对规范政府行政管理、强化城乡自治功能,确保社会和谐稳定,起着基础性、源头性和根本性的保障和促进作用。

一是政府自律,权力"瘦身",基层减负。27项政府权力限制清单和10项自治组织履法清单的出台,使基层减负实至名归。

二是群众共决,法人签约,自治规范。"政社互动"的协议书条款必须通过全体村(居)民代表讨论并表决,从程序上保证了"村民自治"在轨运行,"村民自治"不再被扭曲为"村干部自治"。

三是费随事转,饷随费领,取向陡转。太仓各镇镇政府将自治组织协助政府管理事项的经费以"一揽子"形式直接拨付,村(居)干部的报酬演变成"饷随费领"。村(居)干部民主选举的"权把子"和领取报酬的"钱袋子"都握在村(居)民手上,村(居)干部的好坏留去、奖优罚劣是由村(居)民说了算,这便给村(居)干部带来了价值取向上的深刻转变,联系群众、服务群众、对群众负责,便就有了机制性的保障。

四是权限清晰,"双向评估",自治有力。"两份清单"和"履约双向评估"机制,明晰了政府与自治组织的权限,自治组织可以自信地对行政越界的"权力进村(居)""政务进村(居)"等擅入事项,亮出"红牌";对政府在履约中的行政指导、社会服务、行政干预等,基层自治组织将进行等级评估,保障了自治组织话语权、监督权的实质性运用。

五是转变角色,准确代理,社区和谐。过去,当社区群众与政府之间出现了矛盾,社区干部常常以"政府代理"角色出面,矛盾越调越难解;现在,按照自治要求,社区干部充当"群众代理",出面与政府部门沟通,群众的利益诉求有了代表,自治能力大大加强。

为深入推进"政社互动",2012年,太仓专门制定了《太仓"三社联动"实施计划》,力争经过3~5年的不懈努力,基本形成政府调控同社会协调互联、政府行政功能与社会自治功能互补、政府管理力量同社会调节力量互动,具有太仓特色、社会认可、群众满意的新型社会治理模式。

(三)太仓社会现代化的经验

太仓的社会建设和管理一路走来,在探索中实践,在实践中进步,不断实现由模糊到清晰、由感性到理性、由被动到主动、由表象到实质的转变,获得的成果比较显著,受到的教益也十分丰富,主要的经验有:

1. 建设社会现代化必须坚持"以人为本"

"以人为本"就是要做到发展为了人民、发展依靠人民、发展成果由人民共享。太仓大力推动思想"转型",通过一次次思想大讨论、大解放,使太仓上下在思想观念、服务宗旨上发生转变,把"以人为本""民生优先"等理念渗透到社会建设和管理的实践中去,把满足民众期待、实现民生诉求、保障人民权益作为党委政府的根本追求。密切联系群众,始终相信群众,紧紧依靠群众,通过完善机关事业单位工资制度、提高最低工资标准等不断完善收入分配体制,通过服务外来务工人员、改善劳动环境等构建和谐劳动关系,通过实施"522"人才工程招才引智,充分调动广大干部群众的积极性主动性创造性,集中社会各方面的智慧和力量,最广泛地动员和组织太仓上下投身社会建设和管理实践。始终把满足人民群众不断增长的物质文化需求作为根本任务,把近年来改革发展取得的各方面成果,用于不断提高人民的健康水平和生活质量,用于不断提高人民的思想道德素质和科学文化素质,用于充分保障人民享有的经济、政治、文化、社会等各方面权益,让发展成果惠及广大人民。

2. 社会建设必须坚持与经济建设同步协调发展

经济建设是社会建设的基础和保障,社会建设是经济建设的目的和归宿,也是动力和支撑。社会建设滞后,必然成为经济建设的制约因素。在前些年经济大发展的时候,太仓已经开始清醒地意识到社会矛盾爆发期和凸显期先于其他地区到来的现实危机,同时也认识到经济建设走在前列之后,有基础、有条件、有责任率先加强社会建设和管理。2004年,太仓做出了"像抓经济建设一样着力抓好社会建设","在坚持经济建设为中心的条件下,把构建社会主义和谐社会摆到突出位置上"的重要决策,完成了思想观念上的转变和发展方式的转型。立足于经济社会发展全局,注重社会建设和管理的系统性谋划和整体性考虑,明确了以人为本、统筹兼顾、改革创新、固本强基、群众路线、依法治市等六大原则,全面部署了居民收入倍增、公共服务均等、提高社保水平、深化平安太仓建设、推进"政社互动"等十大任务,统筹推进经济社会全面协调发展。重视发挥社会建设和管理对于经济建设的积极影响,着力优化收入分配结构调动积极性,着力破除城乡二元结构促进一体化发展,着力强化政府公共服务职能,着力化解社会矛盾促进社会和谐,以社会结构不断优化推进经济发展方式加快转变,以社会和谐稳定营造良好经济发展环境,使社会转型成为促进经济发展的巨大推动力。

3. 社会建设和管理必须融入率先基本实现现代化大局

率先基本实现现代化是太仓当前的主要任务。20世纪九十年代初,太仓成为苏南第一个小康市,2005年,太仓成为江苏省首批六个全面实现小康的县市之一,2006年,太仓第十一次党代会正式提出率先基本实现现代化的目标。在江苏省、苏州市制定的率先基本实现现代化指标体系中,人民生活水平、社会发展水平、生态环境等社会建设和管理指标占比超过三分之二。社会建设现代化是率先基本实现现代化中极为重要的组成部分,率先基本实现现代化在很大程度上就是要依靠社会建设的支撑和保障。大力加强社会建设和管理的组织保障建设,建立健全社会建设和管理组织领导机构,完善领导小组工作机制,构建多元投入机制,把更多资金投向社会建设和管理领域并保持动态增长,把社会建设和管理工作考核纳入落实科学发展观考评体系,使推进社会建设和管理成为太仓人民的广泛共识和自觉行动,成为推动率先基本实现现代化的重要举措。

三、太仓社会现代化的探索

(一)太仓社会现代化中存在的问题

太仓社会现代化虽然取得了一系列的成果,但毕竟在进行之中,现在的经验不等于在将来依然管用,如果我们换一个角度去看这些经验,会发现这些经验背后潜藏着许多深层次的社会问题。

1. 社会建设与经济发展不平衡

从以经济建设为中心到社会建设的提出,是中国现代化建设向纵深推进的表现,但是,以经济建设为中心的惯性难以在短时间内改变。虽然我们看到最近几年对社会建设、社会普惠越来越受重视,但是,与全国其他地方一样,太仓仍然还是将经济建设和发展作为工作重心,在一定程度上降低了社会建设的效果,出现经济与社会一条腿长、一条腿短的不协调问题。比如太仓居民收入占国民收入的比重比较小、中下层收入人群比较大、就业稳定性比较低、外来人口融入程度不高、中产阶层比重偏小等社会问题,必须依靠促进太仓社会现代化和社会建设才能解决,而不是经济建设自发解决的问题。

2. 政府力量削弱社会的自主能力

政府和集体力量过于强大,在一定程度上削弱了社会的自主能力、合作精神和动力。目前太仓还处于行政社会阶段,政府取代社会的功能和现象依然普遍,在社会建设上主要是政府的声音、行动,社会的声音和影响很小。表面上集体属于社会的一部分,但是在实际运行中,集体的"行政化"相当明显,其自治和自主能力比较弱,难以扮演"社会"角色。由于政府力量过于强大,加上当前政府掌握的资源非常多,尽管政府也很想让"社会"发展起来,尤其要发展社会组织,但是社会建设中政府依赖路径短期内难以改变。因此,在行政社会状态下,社会现代化就会出现一系列问题:"社会需求"与政府供给存在一定程度的错位,尽管政府在社会建设上投入资源很多并快速增加,但是并不一定很好地满足社会需求,因而出现"政府供给的不是社会所需求的、而社会所需求的不一定是政府所供给的"尴尬局面。

另一个问题就是,过度依赖政府,老百姓就会将所有责任、问题和矛盾都归咎于政府,政府承担着无限责任,进一步限制了政府职能转变和体制改革,甚至出现逼迫政府向过去的全能主义型回归的态势。但是政府并不是万能的,在社会福利建设、民生事业发展、社会秩序建构等方面不再具有全方位的能力,所以,太仓市政府表面上财力雄厚,但财政压力仍然很大。由此产生的又一个问题是,民间的资源和创造性、积极性、合作性得不到有效的挖掘、发挥,这对社会现代化建设是很大的损失。实际上,在社会公共性、社区共同体的营造和建设上,财力雄厚固然重要,但是仅仅靠雄厚的财力很难达到良好的效果,更重要和更关键的是让民众有兴趣、有积极性、自愿参加,就可以挖掘到一些仅靠财力无法挖掘的资源——诚信资源、合作资源、幸福资源等。

最后一个问题就是,政府和集体过强过大,一方面会让政府和集体发展为有自身利益的实体,会在行动和决策上优先考虑自身的利益(政治、经济等利益),无形中难以保持公正、公平,甚至会有目的地损害一些社会利益特别是公共利益;另一方面则是社会太弱,无法对政府进行监督,也没有能力影响政府的决策,从而会滋生腐败问题。这两方面都有可能引发社会矛盾(尤其是干群矛盾),而政府自身又缺少解决矛盾的合法性、权威性和公信力。

所以,像中国这样的发展中国家,如果没有强有力的政府力量,是不足以有效动员社会力量和资源去搞现代化建设的;同样,政府力量过于强大甚至到了全能的地步,跟政府力量弱小一样,也不利于社会现代化建设。构建良好的、平衡的、合作的政府与社会关系,本身就是社会现代化内在要求,也是其得以进行的重要条件。社会建设的提出无疑是对此的行动响应。社会建设不仅限于将更多的财力和资源投入到民生社会事业上,更重要的是去扶持、促进"社会"的发展,增强"社会"的自主发展能力。

3. 社会现代化三大关系不易协调

现代与传统、内外、城乡三大关系的调整、协调和建构,还难以适应经济发展和社会现代化要求。一方面传统在推进现代化中发挥了积极的作用,另一方面也面临着现代化的挑战,比如家庭关系和功能因计划生育、就业非农化以及城市化而出现弱化态势,社区联系纽带在撤村并村过程中受到削弱,而替代的关系和功能没有成长出来,降低了社会凝聚的基础。大量外来人口进入太仓,带动和激发了太仓的经济发展,其中占少部分的经济管理和技术人才获得很好的融入,但是大部分外来人口依然处于流动状态,社会融入水平比较低。在三大关系中,城乡关系调整得相对好一些,这得益于太仓农村工业化发展。然而,城乡一体化进程还远没有结束,资源配置依然偏向城市,城乡社会制度还没有达成一体和均衡,在社会保障上仍然存在着城乡差别,其突出表现为失地农民养老保险、农民养老保险、城镇职工养老保险和机关事业单位养老保险等不同制度的并存。此外,一些农村社区的集体经济和福利好于城市社区,则出现一定程度的城乡倒挂现象;但是这种现象并不很显著,不论是基础设施还是公共服务方面,城市社区整体上仍然好于农村社区,大多数农村社区还要自己出部分甚至全部的资金用于基础设施建设和公共服务,尤其是农村的公共服务质量远不如城市社区。

由此看来,催生"社会"成长,促进社会与经济协调发展,处理好现代与传统、内外和城乡三大关系,是太仓继续推进社会现代化的重要内容和方向。太仓目前正在推进的"政社互动"和"三社联动"的改革实践,为催生"社会"成长找到了体制和技术创新路径。但是,如果没有政府职能的转变以及执政方式的创新和调整,这样的改革实践就不能取得有效催生"社会"成长的效果。面向未来,太仓依然肩负着重大的社会现代化任务,其目标是:从宏观层面上形成平衡、合作的政府、市场与社会关系,构建合理的社会结构,促进城乡一体化;从中观层面上增强社会团结和凝聚力;从微观层面上改善人们的生活,提升全社会的幸福感和满意度,由此真正成为一个安全和谐、民主稳定、富裕健康、城乡融合、自然与人融为一体的现代化社会。

2012年11月的"社会现代化:太仓实践"研讨会上,中国社会科学院社会学研究所所长李培林指出,太仓尚存在的问题在于城乡差距。由此,他给太仓出了一个题目:农民住房如何盘活?在目前农民住房没有产权,不能抵押和出售、出租的情况下,由于农民进城导致的大量农村住房闲置,如何在法律允许的前提下盘活这些资源,以吸引城市居民入住农村,进而带动农村全面发展以缩小城乡差距,这确实是太仓社会现代化过程中值得思考破冰的问题。

(二) 太仓加快社会现代化的政策建议

近年来,太仓社会现代化实践探索取得了很大进展、很多成果,也形成了自己的一些成功做法和特色,有的经验已在省内甚至国内普遍推广并产生很好的社会效应,为我国和谐社会建设与社会治理改革做出了很大贡献。但太仓社会现代化存在的问题与挑战依然很多,如何推进县域社会现代化迈上更高水平,是横亘在太仓人面前的一个历史性课题。借鉴西方社会现代化建设理念,根据时代发展和中国国情需要,从太仓实际出发,未来一段时期,太仓社会现代化的路径建议有如下几条:

1. 创新发展理念,经济发展与社会建设并举

经济现代化必然要求推动社会现代化,但两者间并不是同步的,恰恰相反,经济现代化的快速推进将打破原有的社会平衡,引发诸多的社会矛盾和问题。从过去的发展来看,经济建设一直是太仓现代化的核心,对改善太仓社会经济与民生起了重要的支撑作用,但与此同时,在发展过程中凸显出的社会问题,如社会结构合理性问题、社会参与问题、贫富差距导致引发的社会矛盾、居民幸福感提升问题等,都无法单纯依靠经济手段来解决,而是要靠加强社会建设,创新社会治理来逐步完善。

我国社会现代化阶段的主要任务和目标,是以人的社会性的现代化为核心,致力于解决好由于经济发展所带来的各种社会矛盾和社会问题,使得构成社会的各个方面发展走在时代的前列,并成为推动人类文明向更高层面的生态现代化演进的坚实基础、重要保障和主要驱动力。因此,地方政府的发展理念要不断更新与创新,必须将经济建设与社会建设结合起来通盘考虑,以满足人们对安全、健康、民主、幸福等方面的需求。

2. 转变政府职能,构建社会协同新格局

要改变社会治理"强政府、弱社会"的形势,就要发挥"社会协同"的积极作用,使社会治理不仅仅是政府的职能,而成为整个社会与个体积极参与的事务。太仓要进一步深化"政社互动",规范政府行政行为、增强基层自治能力、激发社会组织活力,着力推动"政府转型、社会成长"。

在政府层面,主要是两项举措:一是规范政府行为,让渡基层组织自治空间。推进基层自治组织实现"自主指标、自主考核、自主报酬"的"自主机制",不断完善双向协商、双向履约、双向评估的"委托"机制,使基层组织更加自主、更具活力。二是政府向社会购买服务,转移政府职能。在社会层面,主要是四方面:通过"三社联动""政策面对面""政情入村居"等,不断扩大基层群众的知情权、参与权和监督权,提升基层组织自治能力;大力培育社会组织,建立财政资金对社会组织和社工人才队伍建设的引导机制,促进社会组织发展壮大;充分发挥"枢纽型"群众组织的作用,对同类别同性质同领域的社会组织进行孵

化、整合、服务和引领,培育壮大一批新的社会组织;引导各类企事业单位充分发挥服务民生、协同管理的积极作用。

3. 深化"多元普惠"理念,提升民生建设新水平

民生建设,是社会建设的重中之重。太仓要把提高居民收入作为社会建设的首要任务,以中低收入人群为增收主体,大力拓宽增收渠道,通过全面推行工资集体协商制度,大力提高工资在初次分配中的比重,通过扩大农村"五大合作""合作农场"的地区覆盖和人群覆盖,提高农民对村集体资产的受益程度,通过促进就业创业,打造由"技术白领""技术蓝领"、私营业主构成的庞大中等收入人群,快速提高城乡居民收入。推进公共服务优质均衡,深化"普惠"理念,实现公共服务对城乡、户籍非户籍人口的"全覆盖",并规划、协调好对所有人群的公共服务,从总量上实现不同人群享受公共服务的不断增加、各得其所;深化"多元"理念,动员社会各方积极参与公共服务和公共产品的提供,促进公共服务均等化可持续。营造良好的创新创业环境,革除一切束缚创造的陈旧观念,改变一切妨碍创造活力的做法,调整一切不适应生产力发展的体制约束,大力营造鼓励创造、宽容失败的社会氛围,调动好、发挥好、保护好人才的积极性,积极构建有利于人才充分涌流的社会。

4. 创新社会政策,满足社会需求

从机构设置上来看,目前太仓有众多与社会建设与社会现代化直接关联的党政与事业部门,如教育、卫生、民政、人社、文体、社会团体、公安司法等机构,但是,至今还缺乏能有效整合与协调这些部门的机构。建议建立党委领导下的社会建设委员会,专门从事社会建设相关部门的协调工作,化解各单位在社会事务方面沟通与合作的不足问题。在社会组织培育上,实行引进与培育相结合的制度,降低准入门槛,鼓励与扶持开拓项目与空间,建立科学系统、规范可行的评估监督体系和标准。为促进社会结构合理化,要加大政策力度与效果,出台社会保障、创业培训、技能培训及税收政策等,以促进居民收入增加,同时实施外来人口市民化政策,在外来子女教育与融入、外来技术工人融入、外来人口居住等方面创新政策,增强"新太仓人"对太仓的归属感,有利于社会稳定与长治久安。社会政策创新要在建立在科学的深入调查与广泛的社会讨论基础之上,其最终目的是为了满足人们不断进步的社会需要,更好地体现人们的想法,激发民众积极参与社会决策、社会治理与社会服务等活动,从而更好地促进社会和谐与社会发展。

5. 加快社会建设人才培养,完善统计信息制度

社会建设需要大量的专业化人才,比如社会组织人才、社会服务人才等,而太仓目前这方面的人才相对缺乏,建议在相关单位开设这方面的培训课程或者专业,为社会建设定期培养人才。也可采取人才引进的方式,从周边的上海、苏

州等人才聚集地引入社会治理方面的专门人才。另一方面,作为一个发达地区的县级市,太仓在经济建设上已经形成了比较系统、操作性强并具有重要指导意义的统计信息采集、整理与公布制度,对政府的经济决策起了重要的指导作用,但在社会建设方面,目前尚未建立这样的制度,很多与社会建设及社会现代化评价相关的指标,无法从目前的公布数据中查获。因此,建议民政局、统计局等相关部门,可根据目前较为成熟的社会现代化指标体系开展调查研究,定期公布相关的统计指标与数据,将有利于推动太仓社会建设在大数据时代和信息化背景下高效开展。

6. 加快现代田园城建设,促进城乡协调发展

为更好地实现人与自然、环境与经济、人与社会和谐发展,太仓要加快现代田园城市建设步伐。第一,空间形态城乡一体。整个城市以"一市双城"的格局为框架,新型集中居住区和村庄为基础,连片现代化农业和生态农田为绿心,片区间快速交通为连廊,各种功能设施衔接配套,形成有机疏散、层次分明的城乡空间布局和人性化、生活化的城市空间结构。第二,城乡生态更加良好。保持一定规模的农业生态系统,陆地森林覆盖得到扩张,城乡水系相互连通,水质明显改善,空气质量稳步提升,整个城市由农田、森林、绿地、河道组成了诗意的生态环境。第三,产业和城市融合发展。努力形成现代产业发展体系,进一步优化产业结构和布局,着力打造产业特色,提供足够多的就业岗位,并与城市发展相配套,共同构成一个功能相对完整的城市。第四,城市功能完备。城市要具有发达的工商业等现代社会的各种功能,又具有丰富的历史文化内涵,为农村提供现代化支持和广阔市场。大部分农民进入城镇居住,居民可以凭借方便快捷的交通从城镇进入农村或者从农村进入城镇。第五,人的全面发展得以实现。所有愿意和能够就业的人都实现就业。弱势群体生活不断改善提高,老人和孩子获得关爱。教育、文化、卫生、体育等公共服务持续提升。社会保持平稳有序,个人权益得以维护,社会实现公平正义。全体居民安居乐业,对城市的认同感不断增强,过上幸福而有尊严的生活。

当前城乡发展和居民生活上的差距,更多地体现在公共服务上。近年来,太仓把提升城镇组团和农村居住社区的公共服务设施水平作为建设现代田园城市的紧迫任务,推进更多资源在组团城市之间均衡配置。今后发展的重点应是进一步改善各中心镇和农村社区的交通出行、饮用水安全、社会养老、医疗卫生、教育文化、生态环境等基础设施条件,真正实现城乡居民生活服务上的一体化,促进城乡协调发展。

作为中国版图中的一个县级市,太仓社会现代化建设必然受到个宏观环境、机制体制影响与制约。太仓要敢于突破障碍,大胆创新,持续探索,以"三个有利于"标准,以实实在在的成效取信于民,努力推动社会现代化不断取得新进

展,实现政府、社会、市场三者协同发展,争做我国社会现代化建设的开路先锋。

"十三五"期间,太仓社会现代建设重点:转变社会治理理念、创新社会治理模式,深入推进"政社互动"创新实践,强化"三社联动",提高基层社会治理能力,激发社会组织活力,建设具有太仓特色、覆盖城乡、主体多元、管理有效的现代化社会治理体系。主要任务有:

1. 全面建设法治太仓

依法推进政府职能转变,健全完善依法决策机制,坚持政府及其职能部门法定职责必须为、法无授权不可为,推动政府依法履职,建设法治政府。进一步推进阳光司法,回应人民群众对司法公正公开的关注和期待。认真开展"七五"普法工作,提高全民法治意识。坚持系统治理、依法治理、综合治理和源头治理相统一,依法发挥各类社会组织在社会治理中的积极作用,进一步健全依法维权和化解矛盾纠纷工作机制,推动社会治理法治化。推进覆盖城乡居民的公共法律服务体系建设,实现公共法律服务均等化。

2. 深化提升"政社互动"实践

创新基层社会治理,加快构建党委领导、政府主导、多元主体共同参与的基层社会治理体系。推进村(居)委"去行政化",使村(居)委真正成为回归群众本位的自治主体。加强"5+X"专委会建设,形成以村、居委为中心,多种主体共同参与的自我管理、自我监督、自我教育、自我服务的自治体系。优化"政社互动"机制,实施行政权力清单制度,加快政社分开,完善政府购买服务机制,打造"互联网+为民服务"品牌,完善群众利益诉求表达机制、权益保障机制、举报投诉机制。发挥群众主体作用,建立市、镇、村(居)三级"政社互动"议事平台。加大社会组织培育孵化力度,鼓励社会组织参与社会建设和社会治理,提高公共服务水平。加强社会信用体系建设,推进政务诚信、商务诚信、社会诚信和司法公信建设,形成与经济社会发展水平相适应的社会信用体系建设框架和运行机制,提高全社会诚信意识和诚信水平,改善经济社会信用环境。

3. 确保社会和谐稳定

加快公共安全网建设,形成集打击、防范、管理、控制为一体的社会治安防控体系。抓好数字城管向镇区延伸工作,健全基层综合服务管理平台。创新工作机制,完善矛盾和纠纷多元调解格局。加强社会治安综合治理,深化平安太仓建设,专项打击和重点整治相结合,依法严厉打击严重刑事犯罪,着力解决好当前群众关心的突出问题和反映强烈的治安顽症。善安全保障体系,进一步加强危险品、建筑施工、道路交通、特种设备、消防(火灾)、易燃易爆等各行业(领域)安全生产工作,构建安全发展社会环境。

四、本章小结

社会建设和治理,事关民生,事关全局,事关长远。本章综述了国内外社会现代化的研究现状,并对社会现代化的内涵进行界定;回顾了太仓自改革开放以来社会现代化的历程,总结取得的成就和主要经验;剖析太仓社会现代化进程中存在的突出问题,并提出建设性对策。太仓要着眼大局,瞄准民生,不断创新思路、优化机制,努力创造更多全省乃至全国有影响的先进经验,走出一条富有"太仓特色"的社会现代化新路子。

参考文献

[1] 陈实.现代教育发展的多元化趋势:[D].武汉:华中师范大学,2001.
[2] 杜成宪,丁钢.20世纪中国教育的现代化研究[M].上海:上海教育出版社,2004.
[3] 付铁钰.试谈中国城乡二元社会结构的解构[J].理论观察.2009(01).
[4] 郭永华.内生追赶型中国教育现代化模式研究[M].海口:海南出版社,2009.
[5] 胡卫,唐晓杰.中国教育现代化进程研究教育[M].北京:科学出版社,2010.
[6] 黄济,王策三.现代教育论[M].北京:人民教育出版社,1996.
[7] 江苏省人民政府.江苏省教育事业发展"十二五"规划[Z].2011-12-26.
[8] 江苏省人民政府.江苏省中长期教育改革和发展规划纲要(2010—2020年)[Z].2010-08-26.
[9] 孔春明.均衡优质 开放和谐 高水平区域整体推进教育现代化[J].网络科技时代,2008(2):63-66.
[10] 郎友兴,汪锦军,徐东涛.社会管理体制创新研究论纲[J].浙江社会科学.2011(4).
[11] 陆学艺,浦荣皋.苏南模式与太仓实践[M].北京:社会科学文献出版社,2009.
[12] 陆学艺,陆留生.社会现代化:太仓实践[M].北京:社会科学文献出版社,2012.
[13] 陆学艺.社会建设就是建设社会现代化[J].社会学研究.2011(4).
[14] 秦中春,范皑皑,张要杰.发达地区推进义务教育现代化和高位均衡的探索[N].中国经济时报,2009-7-24.
[15] 苏州市人民政府.苏州市教育事业发展"十二五"规划[Z].2011-08-26.
[16] 太仓人民政府.太仓教育事业发展"十二五"规划[Z].2011-10-09.
[17] 苏州市人民政府.苏州市中长期教育改革和发展规划纲要(2010—2020年)[Z].2010-10-20.

[18] 太仓人民政府.太仓中长期教育改革和发展规划纲要(2010—2020年)[Z].2010-12-25.

[19] 太仓市地方志办公室.太仓年鉴(2002)[M].北京:方志出版社,2002.

[20] 太仓市地方志办公室.太仓年鉴(2003)[M].北京:方志出版社,2003.

[21] 太仓市地方志办公室.太仓年鉴(2004)[M].北京:方志出版社,2004.

[22] 太仓市地方志办公室.太仓年鉴(2005)[M].北京:方志出版社,2005.

[23] 太仓市地方志办公室.太仓年鉴(2006)[M].北京:方志出版社,2006.

[24] 太仓市地方志办公室.太仓年鉴(2007)[M].苏州:古吴轩出版社,2007.

[25] 太仓市地方志办公室.太仓年鉴(2008)[M].苏州:古吴轩出版社,2008.

[26] 太仓市地方志办公室.太仓年鉴(2009)[M].扬州:广陵书社,2009.

[27] 太仓市地方志办公室.太仓年鉴(2010)[M].扬州:广陵书社,2010.

[28] 太仓市地方志办公室.太仓年鉴(2011)[M].扬州:广陵书社,2011.

[29] 太仓市地方志办公室.太仓年鉴(2012)[M].北京:方志出版社,2012.

[30] 太仓市地方志办公室.太仓年鉴(2013)[M].北京:方志出版社,2013.

[31] 太仓市地方志办公室.太仓年鉴(2014)[M].北京:方志出版社,2014.

[32] 太仓市地方志办公室.太仓年鉴(2015)[M].北京:方志出版社,2015.

[33] 太仓市统计局.太仓统计年鉴(2013)[M].北京:中国统计出版社,2013.

[34] 太仓市统计局.太仓统计年鉴(2014)[M].北京:中国统计出版社,2014.

[35] 太仓市统计局.太仓统计年鉴(2015)[M].北京:中国统计出版社,2015.

[36] 太仓县志编纂委员会.太仓县志[M].南京:江苏人民出版社,1991.

[37] 谈松华,王建.教育现代化区域发展模式研究[M].北京:北京师范大学出版社,2011.

[38] 王胜利.论当代中国社会现代化条件的成熟[J].西安建筑科技大学学报(社会科学版),2003(4).

[39] 王铁军.教育现代化论纲[M].南京:南京师范大学出版社,1999.

[40] 王伟民.追寻教育现代化的足迹——来自卢湾的实践报告[M].上海:华东师范大学出版社,2012.

[41] 温铁军,等.解读苏南[M].苏州:苏州大学出版社,2011.

[42] 吴立德,等.现代教育原理探索[M].北京:中国文献资料出版社,2001.

[43] 吴遵民.现代国际终身教育论[M].北京:中国人民大学出版社,2007.

[44] 张铁明,吴开俊.多元化:21世纪中国教育体系构建与发展的必然抉择[J].教育发展研究,2001(8):10-11.

[45] 张新梅.人的现代化是现代城市学习型社区的一个基本特征[J].湖

北大学成人教育学院学报,2006(6).

[46] 张雪桥.世纪之交昆山教育走向现代化[M].苏州:苏州大学出版社,2001.

[47] 张莹.中教育公平度现状和对策分析:[D].大连:东北财经大学,2010.

[48] 周刚.社会现代化的新思考[J].湖北社会科学,1988(9).

[49] 周稽裘.教育现代化:一个特定历史时期的描述[M].北京:教育科学出版社,2009.

[50] 邹农俭.现代化——太仓实践[M].北京:社会科学文献出版社,2010.

后　记

经过两年多的艰苦努力，《现代化之路：太仓实践与探索》一书终于付梓。该书是长期关心、支持、参与太仓现代化建设的社会各界共同完成的研究成果，是对太仓现代化建设的一次全面回顾、深刻反思和远景规划。

本书主编魏晓锋博士是区域经济研究专家，长期致力于江苏省区域共同发展战略研究，继2011年完成太仓"十二五"工业发展规划编制任务后，随即组建太仓现代化研究课题组。课题研究得到王剑锋、陆卫其等太仓市领导的肯定与支持，也得到太仓市部委办局和区镇的积极配合。课题组成员近20人，主要由健雄学院科研能力强的博士和骨干教师组成，并与太仓委研究室、党校建立紧密的研究合作关系，同时邀请苏州大学、华东师范大学相关领域专家担任研究顾问。丁锴负责课题研究组织和编写日常工作，樊奇也为课题研究付出了大量的劳动。课题研究工作启动以来，课题组先后开展五次专题调研、数十次研讨和汇报活动，并通过专题网站及时交流、分享研究成果。本书是课题研究的精华，是集体智慧的结晶。

本书各章节编写分工如下：第一章总论，樊奇；第二章工业现代化，宣春霞、李嘉倩；第三章农业现代化，王海燕、陶泽荣；第四章服务业现代化，陶春柳、廖燕平；第五章教育现代化，顾月琴、何茂昌；第六章科技现代化，张荣海、姚骅珊；第七章文化现代化，苏志勇、邓全明；第八章社会现代化，周三庆、许劲松、周晓娟。丁锴、樊奇、陶春柳完成了全书的统稿工作。

编写过程中，太仓市委研究室刘友佺副主任（后调任太仓民政局）、王伟刚副主任多次参与书稿研讨，提出了有价值的修改建议；张荣海同志调任太仓科技局后仍关注书稿的进展并参与科技现代化部分的修改工作。书稿得以顺利完成，还离不开胡维定教授、薛怀青教授和太仓市委党校管海峰、张明康、王洁、张杨等老师的精心指导,以及健雄学院党办院办赵建中主任、王超慧秘书的周到服务。中国社科院王春光研究员审阅书稿后欣然作序。在此,对他们的热情支持与辛勤付出表示衷心感谢!

现代化是一个永续的过程,中国县域现代化尚在探索之中,本课题的研究成果还是初步的,加之各篇章编写者来自不同部门、不同专业领域,立足点、视角不完全一致,因此,难免存在内容上交叉重复、视野上不够开阔、观点上管中窥豹等问题,欢迎广大读者批评指正。

作 者